PLATON

LACHÈS

EUTHYPHRON

Traduction inédite, introduction et notes
par

Louis-André DORION

GF-Flammarion

Œuvres de Platon
dans la même collection

ALCIBIADE *(nouvelle traduction de Chantal Marboeuf et Jean-François Pradeau).*

APOLOGIE DE SOCRATE — CRITON *(nouvelles traductions de Luc Brisson).*

LE BANQUET *(nouvelle traduction de Luc Brisson).*

LE BANQUET — PHÈDRE.

CRATYLE *(nouvelle traduction de Catherine Dalimier).*

EUTHYDÈME *(nouvelle traduction de Monique Canto).*

GORGIAS *(nouvelle traduction de Monique Canto).*

ION *(nouvelle traduction de Monique Canto).*

LACHÈS — EUTHYPHRON *(nouvelles traductions de Louis-André Dorion).*

LETTRES *(nouvelle traduction de Luc Brisson).*

MÉNON *(nouvelle traduction de Monique Canto).*

PARMÉNIDE *(nouvelle traduction de Luc Brisson).*

PHÉDON *(nouvelle traduction de Monique Dixsaut).*

PHÈDRE *(nouvelle traduction de Luc Brisson).*

PHILÈBE *(nouvelle traduction de Jean-François Pradeau).*

PLATON PAR LUI-MÊME *(textes choisis et traduits par Louis Guillermit).*

PROTAGORAS *(nouvelle traduction de Frédérique Ildefonse).*

PROTAGORAS — EUTHYDÈME — GORGIAS — MÉNEXÈNE — MÉNON — CRATYLE.

LA RÉPUBLIQUE *(nouvelle traduction de Georges Leroux).*

SECOND ALCIBIADE — HIPPIAS MINEUR — PREMIER ALCIBIADE — EUTHYPHRON — LACHÈS — CHARMIDE — LYSIS — HIPPIAS MAJEUR — ION.

SOPHISTE *(nouvelle traduction de Nestor L. Cordero).*

SOPHISTE — POLITIQUE — PHILÈBE — TIMÉE — CRITIAS.

THÉÉTÈTE *(nouvelle traduction de Michel Narcy).*

THÉÉTÈTE — PARMÉNIDE.

TIMÉE — CRITIAS *(nouvelle traduction de Luc Brisson).*

ISBN : 978-2-0807-0652-2

À ma mère.

REMERCIEMENTS

Je remercie chaleureusement tous ceux qui ont lu le manuscrit de cet ouvrage et qui m'ont fait profiter de leurs remarques. Ils m'ont ainsi évité bien des faux pas et m'ont souvent permis d'enrichir l'interprétation de certains passages. Mes remerciements s'adressent donc à Richard Bodéüs, Vianney Décarie, Germain Derome, Claire Frémont, Thomas Gervais, Sylvie Laramée, Annick Latour, Roger Michaud, Gerardo Mosquera et Alain Roy. Enfin, je tiens à exprimer ma plus vive reconnaissance à Luc Brisson, qui m'a fait l'amitié de lire et d'annoter généreusement les différents états de ce travail.

AVANT-PROPOS

Le *Lachès* et l'*Euthyphron* sont unanimement considérés comme deux dialogues de jeunesse, c'est-à-dire qu'ils remontent, selon toute vraisemblance, à la première des trois grandes périodes que l'on a coutume de distinguer au sein de la production philosophique de Platon [1]. Afin de bien mettre en lumière l'incontestable parenté, aussi bien formelle que thématique, qui unit ces deux dialogues, nous présenterons brièvement les principales caractéristiques qu'ils partagent. Ainsi, sur le plan de la structure narrative, le *Lachès* et l'*Euthyphron* offrent une similitude, celle de se présenter sous la forme de discussions auxquelles on assiste « en direct », pourrait-on dire, à la différence d'autres dialogues où l'échange proprement dit est précédé d'un préambule où un personnage explique qu'il va rapporter une discussion à laquelle il était présent ou qu'on lui a racontée [2].

La plupart des dialogues de jeunesse, dont le *Lachès*

1. Pour la classification chronologique des dialogues en trois grandes périodes (jeunesse, maturité, vieillesse), voir G. Vlastos, *Socrate : ironie et philosophie morale* (traduit de l'anglais par Catherine Dalimier), Paris, Aubier, 1994, p. 71-72.

2. Du point de vue de la structure narrative, les écrits de Platon se répartissent en trois groupes : 1) les dialogues directs ; 2) les dialogues racontés ; 3) les exposés continus. À ce sujet, on consultera le tableau de M. Dixsaut (*Platon : Phédon*, Paris, GF-Flammarion, 1991, p. 30).

et l'*Euthyphron*, sont souvent qualifiés de dialogues « socratiques » dans la mesure où ils illustreraient assez fidèlement la méthode et la pensée caractéristiques du Socrate historique. Et, de fait, le *Lachès* et l'*Euthyphron* mettent en scène un Socrate qui correspond étroitement au portrait qu'Aristote nous a laissé du maître de Platon. D'après le témoignage d'Aristote, l'originalité philosophique de Socrate réside surtout dans les traits distinctifs suivants :

1. Les recherches de Socrate portaient uniquement sur des questions qui relèvent du domaine de l'éthique et de la politique [3]. Cette préoccupation exclusive pour la morale est bien illustrée par le *Lachès*, qui s'intéresse à l'éducation et à la nature du courage, et par l'*Euthyphron*, qui cherche à déterminer l'essence de la piété.

2. L'ambition de Socrate était de formuler des définitions universelles pour les principales notions qui ressortissent à l'éthique [4]. Une définition du courage, par exemple, sera universelle si elle couvre la totalité des cas (qu'il s'agisse d'hommes, de comportements, d'attitudes) que l'on reconnaît être des instances particulières de courage. Ici encore, le *Lachès* et l'*Euthyphron* illustrent à merveille le souci de parvenir à une définition universelle [5].

3. Socrate a mis au point le raisonnement inductif et il en a fait un usage abondant [6]. Le raisonnement inductif peut servir à établir, à partir de propositions particulières, une proposition qui est soit coordonnée à ces propositions particulières qui ont servi de points de départ, soit plus générale qu'elles. Le *Lachès* et

3. Cf. Aristote, *Métaphysique* A 6, 987b1-2 ; M 4, 1078b17-18 ; *Des parties des animaux* I 1, 642a28-31. Voir aussi Xénophon, *Mémorables* I 1, 11-16.

4. Cf. Aristote, *Métaphysique* A 6, 987b2-4 ; M 4, 1078b18-32.

5. Cf. *Lachès* 191d-e et *Euthyphron* 5c-d, 6d-e. Les autres dialogues de jeunesse qui se consacrent à la recherche d'une définition d'une vertu particulière sont le *Charmide* (la modération), l'*Hippias majeur* (la beauté), le livre I de la *République* (la justice) et le *Lysis* (l'amitié).

6. Cf. Aristote, *Métaphysique* M 4, 1078b27-28.

l'*Euthyphron* offrent l'un et l'autre plusieurs exemples de raisonnements inductifs [7].

Les rapprochements que l'on peut établir entre le *Lachès* et l'*Euthyphron* ne se limitent pas à ces points, tant s'en faut. En effet, ces deux dialogues témoignent également de la fameuse déclaration d'ignorance et de la non moins célèbre ironie socratique. En accord avec le texte de l'*Apologie* (21d), où Socrate affirme que sa sagesse consiste à savoir qu'il ne sait rien, le *Lachès* et l'*Euthyphron* présentent un Socrate qui invoque son ignorance [8] pour justifier son peu d'empressement à répondre aux questions à résoudre (l'éducation et le courage dans le *Lachès*, la piété dans l'*Euthyphron*). Socrate a recours à l'ironie comme à une ruse : il affecte d'être ignorant dans l'espoir que ses interlocuteurs, qu'il flatte en feignant de leur attribuer le savoir auquel il aspire, accepteront plus facilement de s'engager dans un entretien dialectique au cours duquel il mettra leur prétendu savoir à l'épreuve. Le *Lachès* et l'*Euthyphron* comptent également parmi les meilleures illustrations de la dialectique socratique, que résume presque à elle seule la notion d'*élegkhos* (« réfutation »), qui a fait l'objet d'une foule d'études depuis une quinzaine d'années [9]. Pour le dire très sommairement, la dia-

7. Cf., entre autres, *Euthyphron* 13a-c et *Lachès* 185c-e. Vlastos (p. 364-367 de l'ouvrage cité *supra*, n. 1) préfère parler de raisonnements « épagogiques » (du grec *epagōgē*) afin de bien marquer la différence entre les *epagōgai* de Socrate et ce que nous, modernes, entendons par raisonnement inductif. La mise au point de Vlastos est importante et nous en tiendrons ici compte, mais nous continuerons d'employer, par fidélité à une tradition solidement ancrée, les expressions « induction » et « raisonnement inductif ».

8. Cf. *Lachès* 186e et *Euthyphron* 5a-c, 15c-16a.

9. On lira en tout premier lieu les études marquantes de G. Vlastos : « The Socratic elenchus », in *The Journal of Philosophy*, 1982 (79), p. 711-714 ; « The Socratic elenchus », in *Oxford Studies in Ancient Philosophy*, 1983 (1), p. 27-58 ; « Elenchus and mathematics : a turning point in Plato's philosophical development », in *American Journal of Philology*, 1988 (109), p. 362-396 (il existe deux traductions distinctes, en français, de cette étude : l'une dans M. Canto-Sperber (éd.), *Les Paradoxes de la connaissance. Essais sur le* Ménon *de Platon*, Paris, Odile Jacob, 1991, p. 51-88 ; l'autre dans

lectique réfutative, telle que la pratique Socrate, est un mode d'argumentation très technique, procédant par questions et réponses brèves, qui vise à pousser celui qui répond d'une définition à se contredire lui-même. La démonstration de l'ignorance se fait par le biais de la réfutation : l'interlocuteur ne peut plus prétendre détenir un savoir sur un sujet quelconque une fois qu'il a été surpris, par Socrate, en flagrant délit d'autocontradiction relativement à ce même sujet. Comme Socrate prétend ne rien savoir, il ne répond jamais et interroge toujours [10], c'est-à-dire qu'il occupe invariablement le rôle de celui qui, par ses questions, cherche à faire admettre au répondant qu'il tient sur le même sujet, dans le même temps, des propos incompatibles entre eux [11].

Le *Lachès* et l'*Euthyphron* exposent également une thèse philosophique traditionnellement attribuée à Socrate, et qui constitue en fait la clé de voûte du socratisme, soit le paradoxe dit de la « vertu-science ». Socrate estimait en effet — ce qui n'était pas moins paradoxal pour ses contemporains que ce ne l'est pour nous — que la vertu morale est un savoir et, qui plus est, un savoir infaillible [12] : si nous savons ce qu'est la

G. Vlastos (cité *supra*, n. 1) p. 151-184). — On consultera aussi : W.T. Schmid, « Socrates' practice of elenchus in the *Charmides* », in *Ancient Philosophy*, 1981 (1), p. 141-147 ; L.-A. Dorion, « La subversion de l'*elenchos* juridique dans l'*Apologie de Socrate* », in *Revue philosophique de Louvain*, 1990 (88), p. 311-344 ; H. H. Benson, « The dissolution of the problem of the elenchus », in *Oxford Studies in Ancient Philosophy*, 1995 (13), p. 45-112.

10. Cf. Aristote, *Réfutations sophistiques* 34, 183b6-8 et le commentaire que nous avons donné de ce passage dans *Aristote : Les Réfutations sophistiques*, Paris, Vrin, 1995, p. 410-412.

11. Même si Socrate n'y est pas expressément nommé, c'est bien à lui que l'on songe en lisant ce portrait des « réfutateurs » : « Ils posent, à leur homme, des questions auxquelles, croyant répondre quelque chose de valable, il ne répond cependant rien qui vaille ; puis, vérifiant aisément la vanité d'opinions aussi errantes, ils les rassemblent dans leur critique, les confrontent les unes avec les autres et, par cette confrontation, les démontrent, dans le même temps, sur les mêmes objets, aux mêmes points de vue, sous les mêmes rapports, mutuellement contradictoires » (*Sophiste* 230b ; trad. Diès légèrement modifiée).

12. Cf. *Protagoras* 352b-d.

piété, estime Socrate, il s'ensuivra que nous serons nécessairement pieux. La connaissance de la nature de la piété est une condition nécessaire et suffisante pour adopter un comportement conforme à l'essence de la piété ; et il en va de même, selon Socrate, pour toutes les autres vertus morales. Si la connaissance de ce qu'est la vertu est la condition *sine qua non* de la vie vertueuse, l'on comprend mieux pourquoi Socrate accordait tant d'importance à la définition des vertus. Cette doctrine s'inspire probablement d'une analogie avec le savoir technique : dans les différents arts et métiers, observe Socrate, c'est toujours le plus compétent, celui qui détient le savoir, qui est le plus assuré de parvenir au meilleur résultat [13]. Le *Lachès* est doublement intéressant de ce point de vue, en ce qu'il témoigne à la fois de l'inspiration « technique » de la doctrine de la vertu-science, mais aussi du fait que le savoir moral est néanmoins irréductible et inassimilable au savoir de type technique [14].

Le *Lachès* et l'*Euthyphron* sont aussi qualifiés, parfois, de dialogues « aporétiques » dans la mesure où ils se terminent, en apparence, sur une « aporie », c'est-à-dire sur une impasse. De fait, ces deux dialogues prennent fin sur un constat d'échec : dans l'*Euthyphron*, après que les différentes définitions de la piété formulées par Euthyphron ont toutes été réfutées l'une après l'autre, Socrate exprime sa vive déception de ne pas avoir appris d'Euthyphron ce en quoi consiste la piété ; dans le *Lachès*, les deux principaux interlocuteurs, Lachès et Nicias, ne parviennent pas mieux qu'Euthyphron à mettre au point une définition du courage qui soit à l'abri des assauts répétés de Socrate. Doit-on s'étonner que le *Lachès* et l'*Euthyphron* échouent l'un et l'autre à définir la vertu qui leur est échue ? Le caractère aporétique de ces dialogues n'est-il pas parfaitement conforme non seule-

13. Cf. *Euthydème* 279e-280b ; Xénophon, *Mémorables* I 2, 37.

14. Cf. 195b-c et l'*Introduction*, p. 51 et p. 55-57. Dans l'*Euthyphron*, Socrate semble prendre ses distances par rapport au savoir technique en 13a-d, mais il conçoit finalement la piété d'après ce modèle en 13d-14a.

ment à la déclaration d'ignorance, mais aussi au fait que Socrate est, en dépit de cette ignorance, le plus savant des hommes ? En effet, si Socrate ne sait rien, hormis précisément qu'il sait ne rien savoir, il ne peut pas formuler lui-même une définition adéquate ; par ailleurs, si Socrate est malgré tout le plus savant des hommes, ainsi que l'a proclamé l'oracle de Delphes, ses interlocuteurs ne peuvent pas non plus concevoir une définition qui dévoilerait l'essence de la vertu particulière à définir, car sinon ils seraient plus savants que Socrate, contredisant ainsi la Pythie. Mais est-il certain que le *Lachès* et l'*Euthyphron* sont absolument aporétiques et purement négatifs ? Autrement dit, ces deux dialogues se contentent-ils de réfuter les fausses conceptions de la vertu (courage et piété), sans rien proposer eux-mêmes, fût-ce l'ébauche d'une définition adéquate ? Certains le croient [15]. Pour notre part, nous sommes plutôt d'avis, avec plusieurs interprètes [16], que ces deux dialogues sont également apparentés du point de vue de leur *apparente* dimension aporétique. Une lecture plus attentive révèle en effet qu'ils contiennent, en filigrane, un enseignement positif sur l'essence de la vertu considérée, qu'il s'agisse du courage ou de la piété. Le *Lachès* et l'*Euthyphron*, dialogues en apparence impuissants à déterminer la nature de leur objet de recherche, laisseraient ainsi au lecteur le soin de décrypter l'enseignement qu'ils véhiculent sur l'essence du courage et de la piété respectivement. Bien entendu, nous laissons au lecteur le soin de juger de la pertinence et de la justesse de ce rapprochement, certes plus inattendu et moins explicite que les précédents, mais combien plus déterminant en ce qui a trait à l'interprétation globale du *Lachès* et de l'*Euthyphron*.

15. Cf. L. Robin, *Platon*, Paris, 1938, p. 255 : « Mais tous ces écrits (*scil.* les dialogues de jeunesse), on le sait, laissent en suspens la recherche entreprise et travaillent surtout à purifier l'esprit de ses erreurs, en déblayant le terrain qu'on veut explorer. »

16. Cf. les études que nous mentionnons dans l'*Introduction* au *Lachès* (p. 53 n. 74) et dans l'*Introduction* à l'*Euthyphron* (p. 223 n. 108).

INTRODUCTION

I. LES PERSONNAGES

1. *Lysimaque et Mélèsias*

Lysimaque et Mélèsias sont tous les deux déjà fort avancés en âge (cf. 180d et 189c). Le premier se présente en effet comme un bon ami de Sophronisque, le père de Socrate ; or comme Socrate a au moins quarante-cinq ans à l'époque du dialogue [1], on peut conjecturer que Lysimaque et Mélèsias sont âgés d'environ soixante-dix ans.

Ces deux septuagénaires sont les fils de deux grands hommes d'État athéniens : le premier eut pour père Aristide [2], qui s'est illustré particulièrement lors des guerres médiques, et le second est le fils de Thucydide [3] (que l'on devra bien se garder de confondre avec l'historien), qui fut l'un des principaux opposants de la politique conduite par Périclès. Tout au début du dialogue (179c-d), ces deux fils d'hommes célèbres regrettent amèrement que leur père respectif ait négligé leur éducation et qu'ils n'aient pu, de ce fait, acquérir gloire et renommée auprès de leurs propres enfants [4]. Et comme ceux-ci portent les noms de leurs

1. Cf. 181d et la note 32.
2. Sur Aristide, cf. la note 12 de la traduction.
3. Sur Thucydide, cf. la note 11 de la traduction.
4. Il n'y a sans doute pas lieu de s'étonner que Lysimaque et

grands-pères, Lysimaque et Mélèsias désirent qu'ils reçoivent la meilleure éducation, celle qui les rendra dignes des noms glorieux dont ils ont été honorés.

Les regrets exprimés par Lysimaque et Mélèsias sont apparemment justifiés, car ni l'un ni l'autre ne semble avoir joué un rôle éminent dans la vie politique athénienne [5]. De Mélèsias, on sait seulement qu'il aurait été chargé de mission pour le compte des Quatre-Cents [6], régime oligarchique qui renversa les institutions démocratiques athéniennes, mais qui ne demeura au pouvoir que très peu de temps (411-410). Cela mis à part, ce que nous savons de l'histoire d'Athènes au Vᵉ siècle avant Jésus-Christ confirme donc que Lysimaque et Mélèsias, fils d'hommes illustres, ne se sont signalés par rien d'exceptionnel [7].

Dans le *Lachès,* Lysimaque participe plus activement à la discussion que Mélèsias : non seulement il prononce la longue introduction (178a-180a), où sont exposées les raisons pour lesquelles Nicias et Lachès ont été conviés à une démonstration d'hoplomachie [8], mais, dans la suite du dialogue — du moins jusqu'en 189c, où Lysimaque renonce à participer davantage à l'entretien —, il intervient beaucoup plus souvent que

---

Mélèsias, deux septuagénaires, aient des enfants. Rappelons en effet que dans le *Phédon,* Socrate, qui est alors âgé de soixante-dix ans, dit adieu à ses trois fils, dont deux sont dits « tout petits » (*smikroí,* 116b ; cf. aussi *Apologie de Socrate* 34d). Cela dit, les fils de Lysimaque et de Mélèsias ne sont plus de jeunes enfants, mais plutôt des adolescents, à en juger, du moins, par le fait que Platon emploie souvent le terme *meirákion* pour les désigner (cf. 179a, b, 180e, 181c, 188b, 200c et d).

5. D'après Démosthène (*Contre Leptine* 115), Lysimaque aurait reçu de ses concitoyens une récompense importante, mais on ne sait pas trop pour quelle raison il a touché cette récompense. Assez paradoxalement, l'un des motifs allégués confirme le caractère très effacé de la vie de Lysimaque ; selon Plutarque (*Aristide* LXVI), en effet, les Athéniens lui ont offert ces présents en guise de récompense posthume pour les mérites de son père Aristide !

6. Cf. Thucydide VIII 86, 9.

7. Pour Lysimaque et Mélèsias, voir aussi les données rassemblées par J. K. Davies, *Athenian propertied families 600-300 B.C.*, Oxford, 1971 (sur Lysimaque, cf. nº 9505 et p. 50-51 ; sur Mélèsias, cf. nº 9813 et p. 232-233).

8. L'hoplomachie est le combat (*mákhē*) en armes (*hópla*).

son compagnon. Mélèsias ne prend en effet la parole que sept fois, et encore faut-il observer que ces interventions sont des plus laconiques et qu'elles sont toutes concentrées en un seul passage (184e-185b). Et à la fin du dialogue, c'est à nouveau Lysimaque qui prend l'initiative d'inviter Socrate à reprendre, dès le lendemain, l'examen du sujet débattu.

2. *Nicias et Lachès*

Contrairement à Lysimaque et Mélèsias, Nicias et, dans une moindre mesure, Lachès sont des personnages qui ont rempli des fonctions importantes, aussi bien militaires que politiques. Le choix de mettre en scène deux stratèges [9] très connus n'est donc pas gratuit et une juste appréciation des positions défendues par ces deux personnages exige évidemment que l'on tienne compte des données historiques les concernant. À ce stade-ci de l'*Introduction*, nous nous contenterons de présenter quelques éléments tirés des biographies de ces deux stratèges. Pour ce qui est du portrait de Nicias et de Lachès dans le dialogue, et de l'appréciation de leur rôle respectif, nous en traiterons à l'occasion de la discussion sur la signification du titre que Platon a donné à ce dialogue qui porte sur l'éducation et la nature du courage [10]. En effet, comme l'interprétation du titre dépend en grande partie de l'appréciation des aptitudes philosophiques des deux généraux, nous avons préféré reporter l'examen de ces deux

9. Comme le nom l'indique, le stratège est le chef militaire qui conduit (*ágei*) l'armée (*stratón*). Mais le stratège athénien est beaucoup plus qu'un simple chef militaire. Les stratèges, au nombre de dix, sont des magistrats élus qui ont une influence déterminante sur la vie politique athénienne : « Depuis les guerres médiques 499-478, ils (*scil.* les stratèges) contrôlaient en fait toute la vie militaire de la cité, et par voie de conséquence, sa politique extérieure et financière. C'est dire qu'ils contrôlaient la cité. [...] Mais c'est Périclès qui devait donner à la stratégie qu'il exerça sans discontinuer pendant quinze ans son véritable caractère de magistrature suprême, et jusqu'au début du IVe siècle, les grands noms de l'histoire politique d'Athènes sont ceux des stratèges » (C. Mossé, *Les Institutions grecques*, Paris, Armand Colin, 1967, p. 64).

10. Voir *infra*, section III.6., p. 74 sq.

questions au terme de l'*Introduction*, une fois que nous aurons en main les principaux éléments d'interprétation.

a. *Nicias* [11]

Né vers 470, Nicias devint, dans la période qui suivit la mort de Périclès (429), le principal rival du démagogue Cléon dans la lutte pour le pouvoir politique. Immensément riche, Nicias passait pour le porte-parole des notables et des gens fortunés, mais il n'en était pas moins aimé du peuple en raison de sa modestie et de ses prodigalités. Modéré, il s'opposait aux visées impérialistes et expansionnistes nourries par certains extrémistes du parti démocrate. Sa principale ambition était de conclure aussi tôt que possible la paix avec Sparte. Élu à plusieurs reprises au poste de stratège, il commanda plusieurs expéditions militaires qui, en raison de sa grande prudence, ne se soldèrent pas par des défaites cuisantes, ni non plus, il est vrai, par des victoires éclatantes. Il joua un rôle de premier plan dans les négociations qui aboutirent à l'armistice de 423 et à la paix de 421, cette dernière étant d'ailleurs connue sous le nom de « paix de Nicias » [12]. Après la conclusion de la paix, enfin débarrassé de son rival Cléon, mort en 422, Nicias favorisa une politique de repli. Les partisans d'une reprise des hostilités trouvèrent toutefois un nouveau héraut en la personne du jeune et fougueux Alcibiade, qui plaidait pour des incursions dans le Péloponnèse et pour une expédition de grande envergure en Sicile. En dépit de son opposition farouche au projet, qui fut finalement adopté, Nicias fut désigné, avec Alcibiade et Lamachos, pour diriger l'expédition. À peine débarqué en Sicile, Alcibiade fut rapidement rappelé à Athènes pour répondre des accusations portées contre lui dans l'affaire des Her-

11. Pour la vie de Nicias, nos principales sources sont Thucydide (*Guerre du Péloponnèse*, livres VI et VII) et Plutarque (*Vie de Nicias*). Voir aussi J. K. Davies (cité *supra*, n. 7), nº 10808, p. 403-404.

12. Cf. Plutarque, *Nicias* IX 9.

mocopides [13]. En 414, Syracuse fut assiégée et presque contrainte à capituler ; mais la mort de Lamachos, l'arrivée du Spartiate Gylippe et l'attentisme de Nicias, qui était par ailleurs gravement malade, firent bientôt tourner le vent en faveur des Syracusains et de leurs alliés, et ce, malgré l'arrivée, en 413, de renforts athéniens commandés par Démosthène. Les troupes athéniennes étaient encerclées et Nicias différa longtemps l'ordre d'évacuation ; lorsque enfin il s'y résolut survint une éclipse de lune (27 août 413) ; superstitieux, Nicias se rangea à l'avis des devins qui lui conseillaient de reporter l'évacuation de vingt-sept jours [14]. Quand l'ordre d'évacuer fut finalement donné, il était trop tard et l'armée athénienne, dans une tentative désespérée de prendre la fuite, fut exterminée par ses adversaires. Les survivants, moins nombreux que les morts, furent pour les uns vendus comme esclaves, pour les autres faits prisonniers et gardés sous surveillance dans les latomies [15] de Syracuse, où ils périrent par centaines de faim et de soif. Capturé, Nicias fut mis à mort sur l'ordre des Syracusains, contre l'avis des Spartiates. Dans le récit qu'il fait de cette exécution, Thucydide prononce des paroles louangeuses à l'endroit de Nicias [16] ; mais il n'empêche que le récit d'ensemble de Thucydide

13. Sur cette affaire, voir l'*Introduction* de l'*Euthyphron* (p. 200 n. 59).

14. Dans le *Lachès*, Platon fait deux allusions ironiques à l'ascendant qu'ont exercé les devins sur Nicias (cf. 195e et 199a).

15. Les latomies sont des carrières à ciel ouvert dont les Syracusains se servaient comme prisons (cf. Thucydide VII 87).

16. « Il était des Grecs de mon temps l'homme qui, par son application au bien dans une entière conformité avec les règles, eût le moins mérité d'en venir à cet excès d'infortune » (VII 86, 5 ; trad. Romilly). Aristote rapporte un jugement très favorable : « Ceux qui, après les anciens, semblent avoir été les meilleurs hommes politiques à Athènes, sont Nicias, Thucydide et Théramène. Sur Nicias et Thucydide, presque tous sont d'accord pour dire qu'ils ont été non seulement d'honnêtes gens, mais d'habiles politiques qui ont toujours donné à toute la cité des soins vraiment paternels » (*Constitution d'Athènes* XXVIII 5 ; trad. Mathieu et Haussoulier). On notera toutefois qu'Aristote ne se prononce pas sur la valeur militaire de Nicias.

montre clairement que le désastre de l'expédition de Sicile est en grande partie attribuable aux faiblesses, aux déficiences et à l'indécision chronique du commandement de Nicias [17].

b. *Lachès*

Les sources concernant Lachès sont beaucoup moins nombreuses que celles qui se rapportent à Nicias. Contrairement à ce dernier, Lachès n'a pas joué de rôle politique proprement dit et il a mené une carrière exclusivement militaire. Sa date de naissance et ses origines nous sont inconnues. En 427, alors qu'il occupe le poste de stratège, il commande une flotte de vingt navires qui cingle vers la Sicile et la Grande Grèce ; il y obtient certains succès, mais il ne remporte aucune victoire décisive [18]. Ses succès mitigés lui auraient valu un procès, intenté par Cléon, chef du parti démagogue [19]. En 421, il fait partie, avec Nicias, des Athéniens mandatés pour négocier la paix avec Sparte [20]. Il meurt trois ans plus tard, en 418, au cours de la bataille de Mantinée, où les Athéniens furent défaits par les Spartiates et les Argiens [21].

II. LE CADRE SPATIO-TEMPOREL

1. *Le lieu*

Il n'y a dans le *Lachès* aucun détail, aucune indication qui permette de situer avec précision le lieu où

17. Sur le jugement défavorable porté par Thucydide sur Nicias, cf. l'excellente mise au point de D. Roussel (in *Guerre du Péloponnèse*, Paris, Gallimard (Bibliothèque de la Pléiade), 1964, p. 1251 n. 1). Plutarque souligne à plusieurs reprises les hésitations de Nicias et son incapacité à exploiter à son avantage des situations qui lui étaient favorables (cf. *Nicias* XIV 1-4 ; XV 3 ; XVI 7 et 9). Comme le rappelle Schmid (1992, p. 6-11), la plupart des historiens modernes jugent Nicias très sévèrement.
18. Cf. Thucydide III 86 ; III 90 ; III 103.
19. Cf. Aristophane, *Guêpes* 891 sq.
20. Cf. Thucydide IV 118 ; V 20 et 24 ; V 43.
21. Cf. Thucydide V 69-74.

se déroule la conversation rapportée par Platon. Certains commentateurs [22] ont affirmé que la discussion prenait place dans une palestre. Cette affirmation se fonde sans doute sur le fait que Stésilas, le maître d'armes, devait habituellement se produire dans des lieux de ce genre. Il ne s'agit certes que d'une supposition [23], dans la mesure où le dialogue ne situe pas expressément le lieu de la discussion, mais il y a tout de même un indice qui rend cette supposition très vraisemblable. Cet indice est que Socrate, qui n'a pas été invité par Lysimaque et Mélèsias à la démonstration de Stésilas, se trouve également à cet endroit ; or nous savons que Socrate passait le plus clair de son temps dans les gymnases et les palestres [24], où il aimait s'entretenir avec les jeunes gens qui venaient pour s'y exercer. En fait, « le gymnase est, dans la cité grecque, un lieu d'éducation et de vie intellectuelle : c'est donc un lieu tout désigné pour les philosophes, et Platon y place quelques-uns de ses dialogues [25] », comme l'*Euthydème*. Il est donc tout à fait vraisemblable, pour cette raison, que le cadre du *Lachès* soit bel et bien un gymnase ou une palestre.

2. *Les dates*

Comme nous le verrons, une juste appréciation du personnage de Nicias, ainsi que de la définition du courage qu'il propose, requiert au préalable que l'on distingue bien la date dramatique du *Lachès* de sa date de composition.

22. Cf. Tatham 1888, p. XVI ; Shorey 1933, p. 106.
23. Ainsi que le fait observer Hoerber 1968, p. 99.
24. Cf. Xénophon, *Mémorables* I 1, 10 ; Platon, *Euthydème* 271a, *Banquet* 223d, *Lysis* 203a et *Euthyphron* 2a (cf. note 2).
25. L. Brisson et A.-P. Segonds, *Jamblique : Vie de Pythagore*, [introduction, traduction et notes], Paris, Les Belles Lettres, 1996, p. 156, note § 21-1. Sur le gymnase en Grèce ancienne, voir J. Delorme, *Gymnasion. Étude sur les monuments consacrés à l'éducation en Grèce (des origines à l'Empire romain)*, Paris, Éd. de Boccard, 1960.

a. *Date dramatique*

La date dramatique du dialogue, c'est-à-dire la date à laquelle est censée avoir eu lieu la discussion rapportée dans le *Lachès*, ne peut pas être fixée avec une précision absolue. On sait seulement que cette discussion se situe après l'automne 424, date de la bataille de Délion, à laquelle Lachès et Socrate prirent part [26], et avant l'été 418, date de la bataille de Mantinée où Lachès trouva la mort [27]. Toutes les tentatives de fixer une date entre ce *terminus a quo* et ce *terminus ad quem* se sont révélées bien fragiles et peu convaincantes [28]. Ce qu'il faut retenir, en tout état de cause, c'est donc que la discussion rapportée se situe avant l'expédition de Sicile (415-413), dont l'issue désastreuse peut en grande partie être imputée aux erreurs de commandement commises par Nicias ; or les lecteurs de Platon ne pouvaient pas lire le *Lachès* sans avoir, frais à leur mémoire, les événements qui causèrent la défaite d'Athènes [29]. Comme nous le verrons, le dialogue contient certaines allusions ironiques aux superstitions de Nicias (195e et 199a), superstitions qui furent fatales à l'armée athénienne en Sicile. Par ailleurs, il ne faut pas perdre de vue que le *Lachès* ne consigne pas une discussion qui aurait effectivement eu lieu, puisque Platon, né en 427, n'était qu'un tout jeune enfant au moment où cette discussion est censée avoir réuni les protagonistes du dialogue. Les personnages du *Lachès* sont bel et bien historiques, mais les propos que Platon leur prête sont, pour leur part, fictifs [30].

26. Cf. *Lachès* 181b, 188e-189b ; *Banquet* 220e-221b ; *Apologie* 28e.

27. Cf. Thucydide V 61, 1 ; 74, 3.

28. Ces tentatives, plus ou moins farfelues, ont été réfutées l'une après l'autre par Hoerber 1968, p. 95-96. Tout dernièrement, Schmid (1992, p. 1 n. 1) a avancé la date de 423, mais ses arguments n'emportent pas non plus la conviction.

29. De même, les lecteurs du *Charmide* ne pouvaient pas ne pas penser au rôle de Charmide et de Critias dans les événements sanglants de 404-403 (cf. Sprague 1973, p. VII).

30. Cf. Kahn 1986, p. 8-9.

b. *Date de composition*

Selon la classification des dialogues proposée par Thrasylle [31], le *Lachès* appartient à la cinquième tétralogie, laquelle comprend, outre le *Lachès*, le *Charmide*, le *Lysis* et le *Théagès* [32]. Comme l'*Euthyphron*, le *Lachès* est un dialogue de la jeunesse de Platon dont la rédaction se situe quelque part entre 399 (mort de Socrate) et 388-387 (premier voyage de Platon en Sicile). Certains interprètes ont risqué des dates de composition plus précises [33], mais ces diverses tentatives n'emportent pas la conviction, et il semble qu'un sain scepticisme soit, à ce sujet, de rigueur. Cela dit, même si l'on doit renoncer à une datation plus précise, il se pose, dans le cas du *Lachès*, une question qui ne se pose pas dans le cas de l'*Euthyphron*, soit celle de sa datation relativement à un autre dialogue de la même période, en l'occurrence le *Protagoras*. La querelle au sujet du rapport chronologique entre ces deux dialogues est ancienne et l'on compte de nombreuses prises de position dans un sens comme dans l'autre [34]. Le débat a progressé de façon significative depuis quel-

31. Sur la classification de Thrasylle, voir l'*Introduction* à l'*Euthyphron* (p. 189).
32. Ce dialogue est traditionnellement considéré comme « suspect », c'est-à-dire que son authenticité est douteuse.
33. Hoerber (1968, p. 96-97) mentionne plusieurs essais de datation. Kahn (1986, p. 8 n. 2 et p. 20 n. 17) date le *Lachès* autour de 386-385.
34. En faveur de l'antériorité du *Lachès* : cf., entre autres, H. Raeder, *Platons philosophische Entwicklung*, Aalen, 1905, p. 110-111 ; M. Pohlenz, *Aus Platos Werdezeit*, p. 94 note 1 et p. 112 note 1 ; W. Jaeger, *Paideia*, New York, 1945 (2e éd. anglaise), vol. II, p. 385 ; Festugière 1946, p. 179 sq. ; Steidle 1950 ; H.J. Krämer, *Arete bei Platon und Aristoteles*, Heidelberg, 1959, p. 49 ; Vicaire 1963, p. 3 ; Romilly 1980, p. 322 ; Kahn 1986. — En faveur de l'antériorité du *Protagoras* : cf., entre autres, F. Schleiermacher, *Platons Werke*, Berlin, 1807, I, p. 334 ; U. von Wilamowitz-Moellendorff, *Platon : sein Leben und seine Werke*, Berlin, 1948 (3e éd.), p. 139-140 ; H.F.A. von Arnim, *Platons Jugenddialoge und die Entstehungszeit des Phaidros*, Leipzig, 1914, p. 27 ; J. Moreau, *La Construction de l'idéalisme platonicien*, Paris, 1939, p. 28 ; Friedländer 1964, vol. II, p. 44 ; O. Gigon, « Studien zu Platons *Protagoras* », in *Phyllobolia*, Bâle, 1946, p. 145.

ques années [35], si bien qu'il semble aujourd'hui établi de façon définitive que la rédaction du *Lachès* est postérieure à celle du *Protagoras*. Cette conviction se fonde sur deux passages bien précis [36] qui supposent une évolution, semble-t-il, de la pensée de Platon : 1) en 193c, Socrate utilise exactement le même exemple qu'en *Protagoras* 350a, mais cet exemple conduit, dans le *Lachès*, à une conclusion diamétralement opposée à celle qui est tirée dans le *Protagoras* ; 2) En 194e-195a, Nicias défend une définition du courage qui est en tout point identique à celle formulée par Socrate dans le *Protagoras* (360d) ; or comme la définition de Nicias, dont il ne fait aucun doute qu'elle est d'origine socratique, est par la suite réfutée et rejetée par Socrate, il semble que Platon, dans le *Lachès*, juge désormais insuffisante et insatisfaisante la définition du courage qui avait été présentée dans le *Protagoras* [37].

III. INTERPRÉTATION DU DIALOGUE

1. *La structure du dialogue*

L'une des principales questions auxquelles est aujourd'hui confronté l'interprète du *Lachès* est celle de l'unité de ce dialogue. Peut-on encore suivre l'interprétation traditionnelle qui voit dans le *Lachès* un dialogue portant sur le courage, alors que la question de la définition du courage n'est finalement posée en termes explicites qu'en 190d, soit à la moitié du dialogue ? C'est là un fait inhabituel, car tous les autres dialogues consacrés à la définition d'une vertu posent presque d'entrée de jeu

35. Grâce surtout à l'article de Devereux (1977) et, tout récemment, à l'étude de Vlastos (1994).

36. Comme ces deux passages feront ultérieurement l'objet d'analyses approfondies, et qu'il est inutile, à ce stade-ci, de présenter de façon détaillée les raisons qui militent en faveur de l'antériorité du *Protagoras*, nous nous contentons, pour le moment, de les présenter rapidement. Le lecteur est donc prié, pour chacun de ces passages, de se reporter aux notes de la traduction.

37. Pour une analyse détaillée de ce passage, cf. *infra*, p. 57-63.

la question de l'essence de la vertu à définir. Mais avant d'examiner plus en profondeur le problème de l'unité du *Lachès*, et de tenter d'y apporter une solution, il n'est pas inutile de présenter un plan [38] du dialogue.

I. **Problème de l'éducation** (178a-190c)
  A. Valeur de l'hoplomachie en éducation (178a-184d)
    1) Demande d'un conseil sur l'hoplomachie (178a-181d)
    2) Avis partagés sur la valeur de l'hoplomachie (181e-184d)
  B. L'éducation se rapporte à l'âme (184d-190b)
    1) Première régression : il faut trouver un expert dans le soin des âmes (184d-187b)
    2) Intermède : dialectique et *élegkhos* (187c-189b)
    3) Deuxième régression : la question de la vertu (189c-190c)

II. **La recherche d'une définition du courage** (190c-200a)
  A. Les définitions de Lachès (190e-194b)
    1) Première définition : le courage, c'est de rester dans les rangs (190e-192b)
    2) Deuxième définition : le courage, c'est la fermeté réfléchie de l'âme (192c-194b)
  B. La définition de Nicias (194c-200a) : le courage est la connaissance de ce qui inspire la crainte, ou la confiance
    1) Les objections de Lachès (195a-196b)
    2) Les objections de Socrate et la question de l'unité de la vertu (196c-200a)

III. **Conclusion** (200a-201c)

Comme on le voit, le problème à résoudre est celui du rapport entre les deux premières parties du dia-

38. Le plan de Schmid (1992, p. 39), qui est exagérément détaillé, trahit une recherche excessive de la symétrie. Cela dit, nos deux plans s'accordent sur l'essentiel, c'est-à-dire sur les principales articulations du dialogue.

logue, qui occupent chacune à peu près le même nombre de pages, soit environ onze pages Estienne [39]. Une fois cette question résolue, il restera à expliquer pourquoi le *Lachès*, à la différence de tous les autres dialogues consacrés à la définition d'une vertu, tarde tant à poser la question de la nature du courage. Ces deux questions, celle de l'unité entre les deux premières parties et celle de la raison d'être d'une si longue première partie, seront traitées au fur et à mesure que nous progresserons dans l'analyse des principales articulations du dialogue.

2. *Le problème de l'éducation (178a-190c)*

a. *Valeur de l'hoplomachie dans l'éducation (178a-184d)*

Lysimaque et Mélèsias, fils obscurs de pères illustres, désirent que leurs propres fils, qui portent les noms de leurs célèbres grands-pères, soient à la hauteur des noms qu'on leur a donnés. Ils regrettent amèrement que leur éducation ait été négligée par leurs glorieux pères et c'est pourquoi ils désirent que leurs fils n'aient pas plus tard à se plaindre d'eux, comme eux-mêmes adressent des reproches posthumes à l'endroit de leurs pères. Ce thème, celui de l'homme illustre qui n'a pas su transmettre sa vertu et son excellence à ses enfants, est également développé dans le *Ménon* (93b-94e) et le *Protagoras* (319e-320b ; 326e sq.).

On a observé à juste titre que Lysimaque et Mélèsias possèdent déjà plusieurs traits de l'esprit socratique [40] : ils admettent volontiers leur incompétence en matière d'hoplomachie, c'est-à-dire qu'ils ne préten-

39. Henri Estienne est l'auteur de la première grande édition moderne (publiée en 1578 à Genève) du texte grec des œuvres de Platon. Chaque page de cette édition est divisée en paragraphes, identifiés par les lettres a, b, c, d, e. Afin que tous les lecteurs de Platon, de par le monde, aient une référence commune au texte des dialogues, il est d'usage de reproduire, soit dans la marge, soit dans le corps même du texte, la pagination originelle de l'édition Estienne. Ainsi le *Lachès* s'étend-il de la p. 178 (§ a) à la p. 200 (§ a).

40. Cf. Sprague 1973, p. 4.

dent pas connaître les mérites d'une discipline qu'ils ne connaissent pas, et ils ont recours, pour s'éclairer, à des avis autorisés, en l'occurrence ceux de Lachès et Nicias. En outre, ils reconnaissent sans peine que rien n'est plus important que la question de l'éducation à donner aux enfants, qui sont les biens les plus précieux. C'est là un souci et une préoccupation qu'ils partagent avec Socrate. Bref, il semble que Lachès et Nicias soient, en leur qualité de généraux et de militaires chevronnés, les experts tout désignés pour juger de la valeur de l'hoplomachie comme objet d'apprentissage. Certes, on a raison de noter que Lysimaque s'adresse d'abord et avant tout à Lachès et Nicias, non pas en tant que généraux, mais en tant que pères de famille également préoccupés par la question de l'éducation à donner aux enfants [41]. Mais si c'est la seule raison, pourquoi avoir demandé à eux précisément et non pas à d'autres pères de famille ? Ce n'est tout de même pas un hasard si Lysimaque et Mélèsias s'adressent à deux militaires pour juger la démonstration d'un maître d'armes et pour donner leur avis sur la valeur de l'hoplomachie comme discipline d'apprentissage. Au reste, les deux raisons ne sont pas exclusives l'une de l'autre : ce qui fait le prix de l'opinion de Lachès et de Nicias, c'est qu'ils sont à la fois des stratèges et des pères de famille.

1) Demande d'un conseil sur l'hoplomachie (178a-181d)

Le dialogue s'ouvre alors que prend fin l'exhibition de Stésilas, un maître d'armes qui enseigne l'hoplomachie. Lysimaque et Mélèsias ont convié Nicias et Lachès à assister à cette démonstration (*epídeixis*), afin qu'ils donnent leur avis sur la valeur de l'hoplomachie. Le combat en armes est une forme d'entraînement militaire qui était déjà très répandue dès le début du IVe siècle. Plus précisément, « l'hoplomachie semble avoir été une technique sportive, une sorte de tournoi à l'image de celui qui oppose Ajax et Diomède

41. Cf. Sprague 1973, p. 4.

dans les jeux organisés lors des funérailles de Patrocle » (*Iliade*, XXIII, 811-825)[42]. À la fin du Vᵉ siècle, alors que l'hoplomachie commence à jouir d'une grande vogue, c'est, semble-t-il, une question d'actualité que de débattre de sa valeur éducative[43]. Ces débats ne sont vraisemblablement pas étrangers à certaines nouveautés introduites par l'enseignement dispensé par les sophistes : « En fait, l'importance acquise par l'hoplomachie non moins que les débats que sa pratique suscite sont significatifs d'une profonde transformation dans l'éducation militaire athénienne, peut-être partiellement due à l'enseignement des sophistes et des rhéteurs, enseignement qui se tenait le plus souvent au Lycée, gymnase des éphèbes[44]. » Il y a en effet de bonnes raisons de croire que certains sophistes ont enseigné l'hoplomachie[45]. En tout état de cause, si le *Lachès* témoigne du scepticisme provoqué par la prétendue valeur éducative de l'hoplomachie, il semble que, dans le cas de Platon du moins, ces doutes se soient finalement évanouis au profit de l'hoplomachie, puisque les *Lois* se prononcent très nettement en faveur de l'apprentissage du combat en armes (cf. VII 813d-814c ; VIII 833e-834a)[46].

Que répondent nos deux stratèges à l'invitation, lancée par Lysimaque, de se prononcer sur la valeur éducative de l'hoplomachie ? Alors que Nicias s'empresse d'acquiescer à cette demande et se dit prêt à donner son avis, Lachès s'étonne que Lysimaque n'ait pas plutôt sollicité le conseil de Socrate, lui qui est un spécialiste de ce genre de question et qui passe ses journées à en discuter. Suit alors un concert

42. M. Canto-Sperber, *Platon : Euthydème*, Paris, GF-Flammarion, 1989, p. 181 note 9.
43. Cf. Vicaire 1963, p. 12.
44. M. Canto-Sperber, *Platon : Euthydème*, *op. cit.*, 1989, p. 181 note 9.
45. Cf. *Euthydème* 271d et 273e. Gorgias, dans le dialogue du même nom (cf. 456d-e), parle favorablement de l'hoplomachie, qu'il compare sur certains points à la rhétorique.
46. Sur toute cette question, cf. D. G. Kyle, *Athletics in ancient Athens*, Leiden, Brill, 1987, p. 137-142.

d'éloges à l'endroit de Socrate. Nicias le loue de lui avoir trouvé un excellent professeur de musique pour son fils et Lachès rappelle la bataille de Délion, où il était le compagnon d'armes de Socrate, et où ce dernier se comporta d'une façon tout à fait exemplaire, tellement exemplaire, en fait, qu'Athènes n'aurait pas alors subi de défaite si tous les soldats s'étaient comportés comme lui. Ces premières interventions de Nicias et de Lachès illustrent déjà une opposition qui, même si elle n'est présentée explicitement que plus tard, sous-tend l'ensemble du dialogue. Cette opposition, c'est celle entre les actes (*érga*) et le discours (*lógos*) [47]. Du côté des actes, de l'*érgon*, se trouve Lachès : il apprécie chez Socrate l'homme qui sait triompher des épreuves auxquelles il est confronté ; du côté du discours, du *lógos*, se tient Nicias : il loue en Socrate le pédagogue avisé qui sait recommander de bons professeurs. Comme nous le verrons, ce n'est pas la dernière fois où Nicias incarne le point de vue du *lógos*, et Lachès celui de l'*érgon*.

Lysimaque reconnaît alors en Socrate le fils d'un vieil ami, Sophronisque, qu'il a autrefois bien connu et avec lequel il n'a jamais eu de différend. Il se souvient aussi que ses enfants parlent sans arrêt à la maison d'un certain Socrate. Enchanté d'avoir en sa présence un homme loué à la fois par Nicias et Lachès, et admiré par les enfants, Lysimaque demande à Socrate de prendre la parole en premier et de se prononcer sur la valeur éducative de l'hoplomachie. Socrate *prétexte* toutefois de son jeune âge et de son inexpérience pour se dérober ; il écoutera d'abord Nicias et Lachès, et ajoutera quelque chose à leurs discours si cela se révèle nécessaire.

2) Avis partagés sur la valeur de l'hoplomachie (181e-184d)

Pour Nicias, la valeur éducative de l'hoplomachie ne fait aucun doute (cf. 181e-182d). Elle sera utile au

47. Sur l'omniprésence de cette opposition dans le *Lachès*, on lira la belle étude de M. J. O'Brien (1963). Cf. aussi Hoerber 1968, p. 99-100.

combat, aussi bien lorsqu'il faut se battre en gardant son rang que lorsque, une fois les lignes de bataille brisées, il faut se battre un contre un, en combat singulier [48]. En outre, l'hoplomachie ouvre la voie à des savoirs plus élevés ; elle donne en effet le désir d'apprendre la discipline qui a trait aux ordres et celle qui concerne la stratégie. Bref, l'hoplomachie mène à « tous les objets d'étude et les exercices qu'il est beau et hautement digne pour un homme d'apprendre et de pratiquer » (182c).

Lachès, lui, se montre extrêmement sceptique pour ce qui est de la valeur de l'hoplomachie. Il croit en effet que ce n'est pas un objet d'apprentissage, ou alors que cet apprentissage est de peu d'utilité ; quoi qu'il en soit, il ne vaut pas la peine d'apprendre l'hoplomachie. Lachès fonde d'abord son scepticisme sur le fait que les Spartiates, dont tous reconnaissent qu'ils excellent à la guerre et au combat, n'enseignent pas l'hoplomachie et que les maîtres d'armes ne se risquent pas en territoire spartiate pour vendre leurs leçons. Et pourtant, se dit Lachès, si l'hoplomachie avait une quelconque valeur militaire, cela n'aurait pas échappé aux Spartiates ! De plus, et c'est la deuxième raison qui motive le scepticisme de Lachès, l'épreuve du combat montre bien, s'il en était besoin, qu'il ne suffit pas de pratiquer l'hoplomachie pour devenir un meilleur soldat, bien au contraire. Lachès raconte à ce sujet une anecdote dont Stésilas, celui-là même qui vient de faire une démonstration, est l'infortuné héros. Lors d'un combat naval, Stésilas a accompli un véritable exploit, celui de se couvrir de ridicule et de provoquer l'hilarité générale parce que lui, le maître d'armes, ne parvenait plus à décrocher sa lance qui était prise dans les gréements du navire ennemi ! De

48. Le lecteur désireux d'approfondir ses connaissances sur l'armée et la guerre en Grèce ancienne, notamment sur les hoplites et le combat hoplitique, consultera avec profit les deux ouvrages suivants : J.-P. Vernant (éd.), *Problèmes de la guerre en Grèce ancienne*, Paris, 1968 (réimpression 1985) ; V. D. Hanson, *Le Modèle occidental de la guerre : la bataille d'infanterie dans la Grèce classique* (traduit de l'anglais par A. Billaut), Paris, 1990.

deux choses l'une : ou bien l'hoplomachie n'est pas un savoir, et alors elle ne mérite pas d'être enseignée ; ou bien c'est un savoir, mais de peu d'utilité, et il ne vaut pas non plus la peine de l'enseigner. Lachès termine son réquisitoire contre l'hoplomachie en se tournant une fois de plus vers Socrate, dont il sollicite l'avis.

On remarquera, avant d'aborder l'intervention de Socrate, que les avis respectifs de Nicias et de Lachès incarnent derechef l'opposition *lógos-érgon*. Nicias croit à la valeur éducative de l'hoplomachie, il est persuadé que celle-ci peut faire l'objet d'un enseignement, d'une science, d'un *lógos* ; Lachès, lui, s'en remet presque exclusivement aux faits, aux *érga* : d'une part, les maîtres incontestés dans l'art militaire, les Spartiates, ne jugent pas que l'hoplomachie est digne d'être enseignée et, d'autre part, ceux qui enseignent ou qui ont appris l'hoplomachie se révèlent de piètres soldats. Contrairement à Nicias, dont le plaidoyer pour l'hoplomachie est plutôt abstrait, Lachès n'hésite pas, dans son réquisitoire, à mentionner des noms et à présenter des exemples.

On notera aussi que les arguments de Nicias et de Lachès ont été développés de façon rhétorique, c'est-à-dire sous la forme de discours longs qui s'opposent l'un à l'autre sans qu'il puisse y avoir entre eux une forme de médiation [49]. Il faut attendre l'entrée en scène de Socrate pour que soit employée une méthode dialectique d'argumentation, qui procède par questions et réponses brèves. Cette opposition entre les deux méthodes correspond en fait à l'opposition entre brachylogie et macrologie, dont il est souvent fait état dans les dialogues de Platon [50].

49. Comme l'écrit justement Grenet (1956, p. 122), « on voit deux thèses contradictoires s'affronter, sans qu'il y ait chance apparemment de voir jamais la thèse l'emporter sur l'antithèse ».

50. Cf., entre autres, *Protagoras* 335b-c, 336b-c ; *Gorgias* 449c, 461d. À ce sujet, on consultera D. Samb, « Brachylogie et macrologie dans les dialogues de Platon », in *Revue philosophique de la France et de l'étranger*, 1985 (110), p. 257-266 ; R. J. Connors, « Greek rhetoric and the transition from orality », in *Philosophy and Rhetoric*, 1986 (19), p. 38-65.

b. *L'éducation se rapporte à l'âme (184d-190b)*

Cette partie du dialogue, qui voit la véritable entrée en scène de Socrate, est cruciale, car elle opère la transition entre le prétexte du dialogue, soit le débat autour de la valeur éducative de l'hoplomachie, et une question plus fondamentale, celle de l'essence de la vertu. Cette transition est assurée par ce que l'on a appelé [51] une double « régression » qui conduit Socrate à poser à ses interlocuteurs une question plus originaire, plus fondamentale, au sens propre du terme.

1) Première régression : il faut trouver un expert dans le soin des âmes (184d-187b)

La situation semble inextricable, puisque Nicias et Lachès ont émis des avis contradictoires. Lysimaque croit que pour dénouer l'impasse il suffit que Socrate accorde sa préférence à l'une ou l'autre des deux thèses en présence. Il demande en conséquence à Socrate pour laquelle des deux thèses il *vote* (184d). Cette façon de procéder déplaît souverainement à Socrate, pour la bonne raison que la vérité d'une thèse ne dépend pas du nombre de suffrages qu'elle peut recueillir en sa faveur. Cette critique est un trait constant de la pensée de Socrate et il est tout à fait légitime d'y voir, aussi, une critique du régime démocratique où les décisions ne sont pas fondées sur le savoir et la véritable compétence, mais sur la majorité des voix.

Socrate refuse de trancher entre Nicias et Lachès, car il faudrait premièrement examiner, avant de se prononcer, qui a reçu en ce domaine une formation poussée de la part d'un maître compétent. Mais Socrate délaisse aussitôt cette question au profit d'une autre, qu'il juge plus essentielle, et qui concerne cette fois-ci la *finalité* de l'examen sur l'hoplomachie (185b-e). En vue de quoi examine-t-on l'hoplomachie ? N'est-ce pas parce que l'objectif de cet examen est, en définitive, de rendre meilleures les âmes des jeunes gens (185e) ? Laissons ici la parole à Grenet (1956, p. 123), qui a fort bien résumé l'argumentation

51. Il s'agit de Grenet 1956.

de Socrate : « Le véritable sujet dont discutent les interlocuteurs n'est pas le combat en armes. Le combat en armes n'est qu'un moyen en vue du seul véritable objet de la discussion, qui est le traitement de l'âme des jeunes gens. Par cette première régression, Socrate oblige donc les quatre comparses à laisser de côté l'objet sur lequel ils délibéraient : ils délibéraient sur un moyen [l'hoplomachie], Socrate leur montre qu'ils ne peuvent en sortir à moins de donner au dialogue son vrai début et de discuter non plus du moyen, mais de la fin [traitement des âmes]. »

On s'attendrait normalement à ce que Socrate réponde à la question qu'il a lui-même posée. Mais, une fois de plus, et fidèle à son habitude, Socrate se défile et évite soigneusement de donner une réponse [52]. Il avait un peu plus tôt (181d) prétexté de son inexpérience et du respect qu'il devait à ses aînés (Lachès et Nicias) pour ne pas répondre le premier à la question portant sur la valeur éducative de l'hoplomachie. Cette fois-ci (186c-e), Socrate se déclare impuissant à répondre à la question qu'il a lui-même soulevée pour les raisons suivantes : *premièrement*, il n'a pas eu de maître en la matière, bien qu'il en nourrisse le désir depuis sa prime jeunesse. Ironique, Socrate affirme qu'il aurait bien aimé suivre les leçons des sophistes, qui promettent au premier venu d'en faire un homme de bien (*kalòs kagathós*), mais ses maigres ressources ne lui permettent pas de payer le salaire demandé par les sophistes. *Deuxièmement*, Socrate n'est pas non plus parvenu à découvrir par lui-même les secrets de l'art de rendre les âmes meilleures. Pour ces deux raisons, Socrate s'estime inapte à répondre à la question posée, et il invite Lysimaque (186d et 187b) à interroger Nicias et Lachès, car eux ont plus de chance de s'y connaître dans l'art de rendre les âmes meilleures : non seulement ils ont les moyens financiers d'étudier auprès d'un maître qui

52. Cf. 181d, 186c-e, 194e et les notes 33 et 160 de la traduction.

leur enseigne cet art, mais aussi leur âge avancé leur a peut-être permis de le découvrir eux-mêmes. Socrate souffle donc à Lysimaque les questions qu'il doit poser aux deux généraux (186e-187a).

2) Intermède : dialectique et élegkhos *(187c-189b)*

Cette section du dialogue a beau constituer une sorte d'intermède et de pause dans le dialogue — comme on en rencontre d'ailleurs souvent dans plusieurs dialogues de Platon —, elle n'en remplit pas moins une fonction importante, car elle introduit à la méthode dialectique pratiquée par Socrate et montre quelle est l'attitude idéale ou espérée que doit adopter celui qui accepte, à titre de répondant, de croiser le « fer dialectique » avec Socrate.

Lysimaque se tourne donc vers Lachès et Nicias, et il leur demande très clairement s'ils acceptent de se prêter au jeu des questions et des réponses et d'assumer à tour de rôle les fonctions de répondant et de questionneur (187c-d). Cette demande de Lysimaque ne laisse pas d'être étonnante, car elle témoigne d'une connaissance approfondie de ce qui est la méthode d'examen et d'enquête privilégiée par Socrate. Ce dernier préfère en effet la brachylogie, c'est-à-dire la méthode dialectique qui consiste en une succession de questions et réponses brèves, à la macrologie, qui procède plutôt, de façon rhétorique, à la juxtaposition de discours longs qui s'opposent l'un à l'autre sans qu'il y ait de médiation entre eux. Or, si l'on excepte un court passage (184d-185e) — au demeurant conduit par Socrate —, la méthode dialectique n'a pas été jusqu'à maintenant employée, et l'invitation lancée ici par Lysimaque de se prêter à un examen de type dialectique annonce clairement que c'est bien cette méthode qui sera appliquée à l'étude de la question jusqu'à la fin du dialogue. Et, de fait, après les réponses successives où Nicias et Lachès font part de leur consentement à être examinés par Socrate (187e-189b), c'est bien la méthode dialectique qui est mise en œuvre jusqu'à la fin de la discussion infructueuse sur la nature du courage (189e-200a). Et s'il est pour le moins bizarre, pour ne pas dire incongru, d'entendre Lysimaque lancer une invitation à participer à un entretien de type dialectique, c'est tout simplement que cette invitation témoigne, de la part de quelqu'un qui a avoué un peu plus tôt avoir une connaissance bien superficielle de Socrate, d'une connaissance approfondie et de première main de ce qui est la méthode caractéristique de Socrate.

Nicias est le premier à répondre à l'invitation de Lysimaque (187e-188c). Il fait observer à ce dernier que sa méconnaissance de Socrate saute aux yeux ; en effet, les familiers des entretiens de Socrate savent bien que le sujet annoncé de la discussion n'est qu'un prétexte et que l'objet réel de l'examen est l'interlocuteur même de Socrate, sa façon de vivre, le bien ou le mal qu'il a fait ou continue de faire, etc. Socrate, en somme, transforme toujours l'entretien en un examen de la façon dont son interlocuteur mène sa vie. La description que Nicias fait de l'entretien socratique est confirmée par deux importants passages où Socrate expose lui-même les visées de l'échange dialectique : l'un, célèbre, tiré de l'*Apologie* (38a), où il affirme qu'une vie qui n'a pas été mise à l'épreuve ne vaut pas d'être vécue ; l'autre, dans le *Gorgias* (500b-c), où il précise que l'objet véritable de la discussion est en fait la façon dont il faut conduire sa vie. Il faut aussi rattacher à ce thème les nombreux passages où Socrate enjoint à ses interlocuteurs de répondre en fonction de ce qu'ils pensent vraiment [53]. La dimension « existentielle » de cette injonction souvent répétée a été bien mise en lumière [54] : si le répondant doit dire ce qu'il pense, c'est bien parce que l'examen porte sur sa vie et qu'il faut assurer un lien entre la pensée et les paroles.

Même si le mot n'apparaît pas dans ce passage, c'est bien de l'*élegkhos* socratique que Nicias fait ici

53. Cf. *Criton* 49c-e ; *Protagoras* 331c-d ; *Gorgias* 495a, 500b ; *Ménon* 83d ; *Euthydème* 286d ; *République* I 346a, 349a, 350e.

54. Cf. G. Vlastos, « The Socratic elenchus », in *Oxford Studies in Ancient Philosophy*, 1983 (1), p. 27-58 (voir surtout p. 37).

une description. L'*élegkhos* est le test, l'épreuve qui a pour but de vérifier et de mettre en lumière si l'individu possède bien les qualités (morales ou intellectuelles) qu'il prétend posséder [55]. Il est d'ailleurs significatif que le terme *basanizein* (« éprouver ») apparaisse à deux reprises dans ce passage (188a-b), car c'est un terme qui est souvent associé à *élegkhos* [56].

On n'a semble-t-il pas accordé à cette réponse de Nicias toute l'attention qu'elle mérite. En un sens, Nicias a raison de souligner que Lysimaque est naïf de croire que l'examen portera sur les questions annoncées par Socrate ; en effet, dès que Socrate reprendra la parole, il abandonnera les questions annoncées, et posées avec beaucoup d'insistance, au profit d'une autre question, qu'il estime plus fondamentale (cf. 189e sq.). Mais il est cependant faux de prétendre, ainsi que l'affirme Nicias, que la question que Socrate substituera aux premières concernera plus directement la vie et la façon de vivre de ses interlocuteurs. Car quelles sont, en somme, les questions annoncées par Socrate ? Elles concernent au plus près la vie de ses interlocuteurs : elles visent en effet à déterminer s'ils ont eu des maîtres compétents dans l'art de rendre les âmes meilleures, ou s'ils ont découvert par eux-mêmes cet art ; et, s'il s'avère qu'ils le possèdent réellement, les questions de Socrate chercheront à identifier quelles sont les personnes, esclaves ou hommes libres, qu'ils ont rendues meilleures grâce à cet art dont ils ont la connaissance. On conviendra aisément qu'il s'agit là de questions qui concernent d'on ne peut plus près la vie et la façon de vivre de ses interlocuteurs. Or ces questions, qui ont une portée « existentielle » évidente, sont abandonnées pour une question très abstraite, celle de l'essence de la vertu,

55. Cf. L.-A. Dorion, « La subversion de l'*elenchos* juridique dans l'*Apologie de Socrate* », in *Revue philosophique de Louvain*, 1990 (88), p. 311-344.

56. Chez Platon, cf. *Gorgias* 486c-487a ; *Sophiste* 241d-e ; *Philèbe* 23a ; *Lois* XII 946c. Cf. aussi R. Robinson, *Plato's earlier dialectic*, Oxford, 1953 (2e éd.), p. 7.

dont on voit mal, de prime abord, en quoi elle porte plus directement sur la vie et la façon de vivre des interlocuteurs de Socrate.

C'est maintenant au tour de Lachès de se déclarer prêt à être examiné par Socrate ; mais s'il accepte de si bon cœur de s'engager dans ce type de discussion, lui qui est plutôt étranger aux arguments et aux discours, c'est uniquement parce que Socrate, dont il a été le compagnon d'armes, lui a déjà donné par ses actes (*érga*) la preuve de sa valeur et qu'il peut en conséquence se permettre des discours (*lógoi*) sur ces sujets. Lachès n'accepte en effet les discours que s'ils sont prononcés par des personnes dont les actes (*érga*) concordent avec les paroles (*lógoi*). Et Socrate est précisément l'un de ces hommes, rares, chez lesquels les paroles et les actes sont en parfaite harmonie. L'opposition *érgon-lógos* est ici exposée en termes explicites pour la première fois dans le dialogue, mais on a vu qu'elle affleure ici et là depuis le début du *Lachès*. Une manifestation de cette opposition risque de passer inaperçue dans le passage même où elle est présentée explicitement pour la première fois. Il peut en effet échapper à l'attention que les réponses respectives de Lachès et de Nicias recouvrent une fois de plus l'opposition *lógos-érgon* : Nicias connaît Socrate parce qu'il est un familier des discussions (*lógoi*) conduites par ce dernier, alors que Lachès, qui n'est pas du tout un habitué des entretiens philosophiques animés par Socrate, a fait la connaissance du maître de Platon à l'occasion d'une bataille où il a, par ses actes (*érga*), fait montre de sa valeur. Bien qu'elle soit exposée par Lachès, l'opposition *érgon-lógos* est un thème éminemment socratique, puisque les enquêtes menées par Socrate ont en partie pour but de vérifier s'il y a bien concordance entre les paroles et les actes. La réponse de Lachès rejoint donc celle de Nicias pour autant qu'elle expose elle aussi l'un des principaux objectifs de l'*élegkhos* socratique.

On retiendra, en conclusion de l'analyse de cet « intermède », dont on voit à quel point il est riche et savamment construit, que les réponses, qui sont à peu près d'égale longueur, de Nicias et de Lachès contiennent plusieurs éléments communs :

1. chacun prononce, à sa façon, un éloge de Socrate ; et tous deux insistent sur l'importance qu'il y a à faire concorder les actes et les paroles ;

2. Nicias et Lachès reprennent tous deux à leur compte le mot de Solon (cf. 188b et 189a) ;

3. dans les deux cas, on accepte volontiers et de bonne grâce d'être soumis à un examen approfondi de la part de Socrate et d'être éventuellement réfuté [57].

La dernière caractéristique commune aux deux réponses mérite d'être relevée avec une insistance toute particulière. Ces passages, où Nicias et Lachès affirment à tour de rôle qu'il ne leur sera pas désagréable d'être examinés et réfutés par Socrate, sont tout à fait exceptionnels dans la mesure où ils expriment l'attitude et l'état d'esprit dont Socrate et Platon auraient souhaité qu'ils correspondissent, dans les faits, au comportement d'un répondant réfuté. Les réponses de Nicias et Lachès doivent en effet être rapprochées de la sixième définition du *Sophiste* (230b-d) et d'un passage du *Théétète* (168a) où Platon brosse le portrait type du répondant idéal. Ce répondant se soumet de bon cœur aux questions concernant sa vie que lui pose Socrate et si, d'aventure, il est réfuté, c'est-à-dire si Socrate révèle une contradiction flagrante entre ses paroles et ses actes, ou entre différentes propositions, ce répondant éprouvera de la bienveillance à l'endroit de son réfutateur, et il lui témoignera même de la reconnaissance, car il n'est pas de plus grand service qu'on puisse rendre à quelqu'un que de le débarrasser, en le réfutant, des erreurs, des illusions et des faux savoirs qui entachent l'âme et qui font obstacle à la véritable connaissance.

57. Nicias emploie à deux reprises le verbe *basanízein* (« mettre à l'épreuve », 188a-b), alors que Lachès utilise les verbes *exetázein* (« examiner », 189a) et *elégkhein* (« réfuter », 189b). Lorsqu'ils apparaissent dans un contexte dialectique, tous ces verbes sont étroitement apparentés.

Le répondant docile et soumis que Socrate et Platon appellent de leurs vœux, c'est le répondant qui, une fois réfuté, se met en colère, non pas contre celui qui l'a réfuté, mais bien contre lui-même, tout furieux et honteux qu'il est de s'apercevoir qu'il ne sait pas, en réalité, ce qu'il avait jusqu'alors cru savoir. Dans les faits toutefois, il semble que les interlocuteurs réfutés par Socrate n'aient pas été aussi bienveillants et reconnaissants que l'aurait souhaité Platon. En effet, la colère éprouvée par la personne réfutée peut parfois, nous dirions même souvent, prendre Socrate pour cible. Si l'on en juge par l'animosité et l'impopularité dont la personne de Socrate était devenue l'objet, il semble que les enquêtes qu'il menait auprès des Athéniens ont plus d'une fois « capoté ». Il y a d'ailleurs quelques passages qui confirment très clairement que le métier de réfutateur était une occupation des plus impopulaires — peu de gens prenant plaisir à se faire réfuter — et même à haut risque, puisque plusieurs des victimes de Socrate, ou de ses disciples, se sont juré d'obtenir vengeance [58].

3) Deuxième régression : la question de la vertu (189c-190c)

Après que Nicias et Lachès eurent donné leur assentiment pour être questionnés, Lysimaque prétexte de son grand âge et de sa mémoire défaillante pour se retirer de l'entretien et confier l'initiative des questions à Socrate. Ce retrait de Lysimaque n'a rien d'étonnant car il était prévisible qu'il allait passer la main à Socrate dès le moment où il demanda à Lachès et Nicias s'ils étaient d'accord pour participer à un entretien de type dialectique.

Tout est donc fin prêt pour que Socrate puisse poser à sa guise les questions qui, il y a peu, lui brûlaient les lèvres : Nicias et Lachès ont-ils suivi les leçons d'un maître dans le soin des âmes ? Si oui, quel est le nom de cet oiseau rare ? Sinon ont-ils découvert par eux-mêmes l'art en question ? Et s'ils l'ont décou-

58. Cf. *Théétète* 161c-d, *Gorgias* 506b-c, *Apologie de Socrate* 23c.

vert, sont-ils en mesure de révéler les noms de personnes qu'ils ont rendues meilleures grâce à cet art ? Ces questions, dont Socrate a rappelé à plusieurs reprises l'importance, sont finalement abandonnées au moment même où tout a été mis en œuvre pour qu'elles puissent enfin être posées. Elles sont en effet délaissées au profit d'une autre question, qui paraît plus fondamentale aux yeux de Socrate. Si nous savons, explique-t-il, qu'une chose particulière, une fois ajoutée à l'âme, rend celle-ci meilleure, et si, de plus, nous savons comment opérer cette addition de l'une à l'autre, il est évident que nous connaissons la nature de cette chose particulière et que, forts de cette connaissance, nous sommes en mesure d'expliquer comment on peut l'acquérir. Or cette chose qui rend l'âme meilleure une fois qu'elle y est associée, c'est la vertu. Mais savons-nous vraiment ce qu'est la vertu et comment elle peut être « introduite » dans l'âme ? Car si nous ne connaissons pas la nature de la vertu, nous pourrons difficilement expliquer à Lysimaque et à Mélèsias ce que leurs enfants doivent faire pour l'acquérir et rendre ainsi leurs âmes meilleures. Au terme de cette nouvelle régression, la question qui fait maintenant l'objet de la discussion est celle de l'essence de la vertu.

Mais pourquoi Socrate précise-t-il que cette question « revient au même » (*eis tautòn phérei*, 189e) tout en étant « plus originaire » (*mâllon ex arkhês*, 189e), c'est-à-dire plus fondamentale [59] ? Cette nouvelle question, qui porte sur l'essence de la vertu, revient au même en ce sens qu'elle permettra, aussi bien, sinon mieux que les questions relatives à l'enseignement suivi auprès de maîtres autorisés et à l'identité des élèves rendus meilleurs, de déterminer qui est véritablement un expert quant au soin des âmes. Mais cette question que Socrate substitue aux questions précédentes, laissées en plan, est en même temps plus originaire, plus fondamentale, dans la mesure où elle

59. Pour l'analyse qui suit, cf. Griswold 1986, p. 184-185.

serre de plus près ce qui constitue le point de départ (*arkhê*) de la présente recherche. En effet, toute l'éducation vise à rendre l'âme meilleure ; or la vertu est précisément l'excellence de l'âme, de sorte que si nous savons ce qu'est la vertu, nous saurons du même coup comment l'introduire dans l'âme. Sans la connaissance de l'essence de la vertu, il est impossible de déterminer ce qu'il faut enseigner pour rendre l'âme meilleure. Comme on le voit, la question de l'essence de la vertu est une question préjudicielle, c'est-à-dire que l'identification des matières dont l'enseignement est susceptible de rendre les jeunes meilleurs exige au préalable que l'on connaisse la vertu et, partant, les moyens de la communiquer.

3. *La recherche d'une définition du courage (190c-200a)*

« ce n'est pas savoir ce qu'est le courage que nous désirons mais être courageux »[60].

La question à laquelle on doit désormais s'efforcer de répondre est celle de l'essence de la vertu. Mais c'est une question considérable, sans doute trop vaste pour l'entretien présent. Socrate suggère donc à Lachès que l'entretien se limite à une partie seulement de la vertu, les parties de la vertu étant précisément les différentes vertus particulières, comme la modération, la justice, la piété, le courage, etc. Mais quelle partie choisir ? Socrate intervient alors pour dire qu'il faut *évidemment* (*dêlon* 190d) choisir le courage, puisque, selon certains, c'est la vertu à laquelle aspire l'apprentissage du combat en armes. Parmi ces personnes que Socrate ne nomme pas, et qui croient que l'hoplomachie développe le courage, il faut bien sûr compter Nicias (cf. 182c). Mais est-il pour autant évident que le choix d'une vertu à définir devait nécessairement porter sur le courage ? Nous ne le croyons pas ; en effet, lorsque Socrate se demande quelle vertu choisir, la question de l'hoplomachie a été complètement évacuée. À ce stade de l'argumentation, il a été déterminé

60. Aristote, *Éthique à Eudème* I 5, 1216b21-22 (trad. Décarie).

que c'est la vertu en général qui peut rendre l'âme meilleure, d'où l'intérêt maintenant de savoir ce qu'est la vertu et comment on peut l'acquérir. Étant donné que Socrate renonce à définir la vertu tout entière, et que n'importe quelle vertu, en tant que vertu, est susceptible de rendre l'âme meilleure, le choix d'une vertu à définir aurait pu porter tout aussi bien sur la modération, la justice, la piété que sur le courage. Le choix du courage ne paraît *évident* que parce qu'on a jusqu'à maintenant parlé d'hoplomachie et que Nicias a émis l'opinion (182c) que c'est là un apprentissage qui favorise le courage. Mais, au risque de nous répéter, étant donné que la question de l'hoplomachie a été définitivement écartée, n'importe quelle vertu autre que le courage aurait tout aussi bien pu faire l'affaire [61]. Socrate tire donc prétexte de l'opinion de Nicias pour tenter d'établir assez maladroitement un lien, dont il faut bien reconnaître qu'il est plutôt lâche, entre la première et la deuxième partie du dialogue. Constater que le choix du courage comme vertu à définir ne découle pas nécessairement de la première partie est une chose, mais une autre chose est d'expliquer la raison d'être et la longueur de toute la première partie. Nous laissons cette deuxième question en suspens et nous en reportons l'examen à plus tard [62].

a. *Les définitions proposées par Lachès (190e-194b)*

1) Première définition (190e-192b)

Pressé de dire ce qu'est le courage, Lachès répond que l'homme courageux, c'est celui qui « est prêt à repousser les ennemis tout en gardant son rang, et sans prendre la fuite » (190e).

On ne s'étonnera pas outre mesure que Lachès, l'homme de l'*érgon*, propose une définition qui est avant tout la description d'un *comportement* courageux.

61. Dans le même sens, Friedländer (1964, p. 41 n. 4) estime que le choix du courage comme vertu à définir n'obéit à aucune nécessité, mais est purement accidentel. Cf. aussi Cron 1891, p. 15.

62. Cf. *infra*, section III.5., p. 65 sq.

Mais cette définition, on l'aura deviné, ne satisfait pas du tout Socrate. Celui-ci pourrait immédiatement objecter à Lachès qu'il n'a pas défini ce qu'est le courage, mais qu'il s'est contenté de présenter un exemple d'homme courageux. Mais cette objection, décisive et définitive, n'est pas la première que Socrate adresse. Si l'on suit pas à pas la réfutation de cette définition, on s'aperçoit qu'au lieu d'employer dès le début une objection massue, Socrate fait comme si la définition de Lachès était valable et, élargissant peu à peu la perspective, il en montre progressivement toutes les insuffisances. La critique de Socrate visera en fait à montrer que la définition est doublement étroite : *premièrement*, si l'on ne considère que la guerre, cette définition du courage ne s'applique pas à toutes les situations de combat où des soldats peuvent faire preuve de courage ; *deuxièmement*, la définition proposée ne convient évidemment pas à tous les domaines, autres que la guerre, où il est également possible de se montrer courageux. Reprenons une à une ces deux étapes de la réfutation.

Socrate va donc premièrement montrer que même si l'on ne s'en tient qu'au domaine militaire, la définition de Lachès est proprement insuffisante. Socrate procède par régressions successives. Ne loue-t-on pas, demande-t-il à Lachès, certains guerriers qui combattent en pourchassant et *en fuyant*, tels les cavaliers scythes et Énée ? Si, répond Lachès, mais c'est la cavalerie et les chars de guerre qui combattent de cette façon, en alternant l'offensive et la retraite, alors que je parlais, poursuit-il, des hoplites, où l'homme courageux est celui qui repousse l'ennemi en gardant son rang et sans fuir. Première limitation de la définition de Lachès : elle ne s'applique pas à tous les soldats, mais seulement aux hoplites. Socrate va maintenant revenir à la charge en montrant que la définition ne s'applique même pas à tous les hoplites, puisque les Spartiates, lors de la bataille de Platées, remportèrent une éclatante victoire contre les Perses en se battant à la façon des cavaliers, c'est-à-dire en faisant volte-face [63]. La définition de Lachès est vraiment trop étroite puisqu'elle ne s'applique, au mieux, qu'à une fraction de ceux qui combattent comme hoplites. Au reste, cette définition est à ce point restrictive que, si on l'appliquait à la lettre, on serait contraint de refuser à Socrate un comportement courageux lors de la *retraite*, ou mieux, lors de la *fuite* de Délion (*en gàr têi apò Dēlíou phugêi*, 181b) [64], alors que Lachès lui-même est le premier à reconnaître le courage de Socrate en cette occasion.

Socrate a donc montré, dans un premier temps, que même si l'on adopte le cadre militaire de la définition proposée par Lachès, la définition souffre de plusieurs insuffisances. Dans un deuxième temps, qui correspond aux objections vraiment essentielles formulées par Socrate, celui-ci va montrer que le cadre même de la définition est trop étroit, c'est-à-dire qu'il faut élargir la perspective et inclure tous les cas de courage qui se rencontrent aussi dans des domaines étrangers à la guerre, comme la politique, la navigation, la maladie, la pauvreté, etc.

Lachès n'a donc fourni, au mieux, qu'un exemple particulier de courage parmi des milliers d'autres. Et, à ce titre, sa définition, qui en vérité n'est pas une définition mais l'illustration d'une vertu par un exemple, doit être rapprochée des premières définitions proposées par les interlocuteurs de Socrate dans les autres dialogues consacrés à la définition de vertus. Dans tous ces dialogues, la première définition proposée n'est jamais qu'une exemplification parmi

63. Deux des contre-exemples que Socrate oppose à Lachès, celui d'Énée (191a-b) et celui de la stratégie adoptée par les Spartiates à Platées (191c), ne correspondent pas à ce que nous en savons par ailleurs par l'intermédiaire d'autres sources, plus « directes » que Platon, soit Homère lui-même et Hérodote. On peut vraisemblablement supposer que Platon a quelque peu travesti, dans un cas l'interprétation obvie du texte d'Homère, dans l'autre le récit de la bataille de Platées, pour servir les fins de son argumentation. Pour une analyse détaillée de ces « distorsions » et des « accrocs » à la vérité littéraire et historique, on se reportera aux notes 122 et 129 de la traduction.

64. Comme le souligne pertinemment Santas 1969, p. 440.

d'autres de la vertu à définir ; dans l'*Euthyphron* (5e), consacré à la piété, Euthyphron répond que la piété consiste à faire ce qu'il fait, c'est-à-dire poursuivre le coupable d'une injustice ; dans le *Charmide* (159b), dont l'objet est la modération, le jeune Charmide répond que la modération consiste — ce qui convient à son âge — à être silencieux et modeste ; dans le livre I de la *République* (331b), où l'on cherche à définir la justice, l'homme d'affaires Céphale soutient que la justice consiste à dire la vérité et à payer ses dettes ; dans l'*Hippias majeur* (287e), consacré à la beauté, le sophiste Hippias affirme que la beauté, c'est tout simplement une jolie fille.

Plusieurs commentateurs modernes se montrent très indulgents à l'endroit de tous les infortunés interlocuteurs auxquels Socrate demande de répondre à la question « qu'est-ce que X ? », où X représente une vertu. Dans le *Lachès*, par exemple, le sens de cette question n'est pas très bien saisi par Lachès, et Socrate, ironique, souligne à deux reprises (190e et 191c) qu'il est sans doute cause des difficultés qu'éprouve son ami à comprendre ce qui lui est demandé. Socrate ne croit pas si bien dire ! En posant cette question, il ne commettrait en effet rien de moins qu'un paralogisme, que les anglophones ont baptisé « Socratic fallacy [65] ». Le « paralogisme socratique » repose en fait sur les deux assomptions suivantes :

A. Si je sais que je prédique correctement un attribut X, c'est-à-dire si je sais de façon certaine que cette chose est X, je dois nécessairement savoir ce que c'est que d'être X, en ce sens que je dois être en mesure d'en donner un critère distinctif.

65. La paternité de cette appellation revient en fait à P. T. Geach, dans son article « Plato's *Euthyphro* : an analysis and commentary », *Monist*, 1966 (50), p. 369-382. L'exposé qui suit doit beaucoup à la p. 371 de cette étude. Pour des analyses très critiques de la thèse de Geach, on lira J. Beverluis, « Does Socrates commit the Socratic fallacy ? », in *American Philosophical Quarterly*, 1987 (24), p. 211-223 ; et G. Vlastos, « Is the "Socratic fallacy" Socratic ? », in *Ancient Philosophy*, 1990 (10), p. 1-16 (reproduit dans G. Vlastos, *Socratic studies*, Cambridge, 1994, p. 67-86).

B. Il ne sert de rien de saisir la signification de X en donnant des exemples de choses qui sont X.

(B) découle de (A), car, d'une part, si l'on peut rendre compte de la signification de X, alors on n'a pas besoin d'exemples pour en cerner la signification et, d'autre part, si l'on ne peut pas rendre compte de la signification de X, on ne peut pas être vraiment sûr que les prétendus exemples de X sont authentiques, puisqu'on ne sait pas quand on prédique X correctement. Les partisans de la « Socratic fallacy » soutiennent qu'il s'agit bel et bien d'un paralogisme, puisque nous connaissons une foule de choses sans que nous soyons capables de définir les termes au moyen desquels nous exprimons notre connaissance. Les définitions formelles ne sont qu'une façon d'élucider les termes que nous employons ; dans certains cas, une série d'exemples peut se révéler plus utile qu'une définition formelle.

Mais Socrate est-il vraiment fondé à reprocher à Lachès d'avoir défini le courage en fonction d'un cadre militaire ? On sait que pour Socrate, la guerre n'est que l'un des domaines où l'on peut faire preuve de courage ; en d'autres termes, la guerre ne mérite aucune préséance par rapport à la politique, la maladie et la navigation, qui sont autant de domaines où l'on peut se montrer courageux. On peut toutefois appeler, à la rescousse de Lachès, l'analyse du courage qu'Aristote fait au livre III de l'*Éthique à Nicomaque*. Le chapitre IX, en particulier, est tout entier dirigé contre Platon. Aristote y combat en effet l'extension du courage à des domaines comme la maladie, la navigation et la pauvreté. Il n'y a que pour les choses extrêmement redoutables que l'on peut parler de courage ; et ce qu'il y a de plus redoutable, c'est la mort ; or la forme la plus noble de la mort, celle qui est donc la plus intimement liée au courage, c'est à la guerre qu'on la rencontre : « Au sens principal du terme, on appellera dès lors courageux celui qui meurt sans crainte en présence d'une noble mort, ou de quelque péril imminent pouvant entraîner la mort : or tels sont particulièrement les dangers de la guerre[66]. » Mais comme l'on est également exposé à la mort dans les maladies et dans les périls de la navigation, ne peut-on pas à bon droit appeler « courageux » ceux qui affrontent la mort dans ces cas ? Non, précise Aristote, car ce n'est pas dans tous les cas où l'on risque la mort que l'on peut parler de courage. Il faut en effet qu'il s'agisse d'une mort noble, d'une « belle mort », c'est-à-dire d'une situation où l'on fait preuve de bravoure, en présence d'un péril mortel, pour une noble cause. Ceux qui meurent de maladie ou dans un naufrage ne meurent évidemment pas pour une « noble cause » ; seule la guerre, aux yeux d'Aristote, offre cette occasion de mourir pour une noble cause et, partant, elle est la seule situation où, à strictement parler, l'on puisse faire preuve de courage. Aristote reconnaît que l'on appelle courageux ceux qui, dans la maladie ou dans une tempête en mer, affrontent un péril mortel ; mais c'est uniquement par extension et en vertu d'une similitude qu'on leur attribue ce qualificatif, qui doit être réservé, dans son emploi strict et rigoureux, à celui qui fait preuve de bravoure sur le champ de bataille. On voit donc qu'Aristote veut, contre Platon, restreindre l'emploi du terme « courage » au domaine militaire uniquement.

Une autre critique, moderne celle-ci[67], peut être adressée à Socrate. En incluant les désirs et les plaisirs dans la liste des sentiments à l'égard desquels on peut faire montre de courage, Socrate élargirait inconsidérément le domaine du courage. Si un homme surmonte ses peurs ou supporte une douleur intense, on peut le louer pour son courage ; en revanche, s'il résiste à des plaisirs vifs ou bride des désirs impétueux, on le féliciterait plutôt pour sa tempérance, ou sa modération, ou encore son contrôle de soi, que pour son courage. En incluant les désirs et les plaisirs, Socrate confond le courage avec d'autres vertus,

66. *Éthique à Nicomaque* III 9, 1115a33-35 (trad. Tricot).
67. Cf. Santas 1969, p. 442.

comme la modération et la tempérance, et rend plus malaisée la tâche de déterminer en quoi ces différentes vertus se distinguent les unes des autres.

2) Deuxième définition (192c-194b)

L'extension tous azimuts de la conception du courage a pour conséquence directe d'interdire, à toutes fins utiles, une définition qui se référerait à des comportements particuliers ou à des circonstances précises. La très grande variété des comportements et des circonstances que l'on peut associer au courage fait en sorte que cette vertu ne peut désormais être définie qu'en termes abstraits et généraux. L'extension du courage prônée par Socrate entraîne nécessairement une définition d'un degré plus élevé d'abstraction [68].

Lachès propose donc une nouvelle définition : le courage est une certaine fermeté de l'âme. Cette définition renvoie à la précédente : la fermeté est en effet la qualité illustrée par le comportement du soldat qui tient son rang dans la bataille. Il reste que cette nouvelle définition marque un réel progrès, puisque, à la différence de la première, elle formule une caractéristique qui serait commune à toutes les formes de courage. Socrate objecte néanmoins à Lachès que c'est une définition trop large, dans la mesure où toute forme de fermeté ne peut pas être considérée comme du courage. Il fait ensuite admettre à Lachès que la fermeté intelligente est belle et bonne, et que la fermeté secondée par la sottise est une chose laide et nuisible. Comme le courage est une belle chose, il s'ensuit que seule la fermeté intelligente peut véritablement être du courage. Socrate dispose maintenant de tous les éléments nécessaires pour démontrer l'insuffisance de la définition de Lachès. Cette démonstration comporte deux étapes, qu'il est important de bien distinguer : 1) ce n'est pas toute forme de fermeté intelligente qui est du courage ; 2) il y a des cas de fermeté irraisonnée qui sont du courage. Voyons plus en détail chacune de ces deux étapes.

68. Cf. Santas 1969, p. 441.

Alors que la première définition était trop étroite, la définition selon laquelle le courage est une fermeté intelligente de l'âme est trop large, car il y a manifestement des cas où ce type de fermeté n'est pas synonyme de courage. Et Socrate de produire deux contre-exemples (192e-193a) : celui de l'homme qui se montre ferme en dépensant son argent de façon intelligente, sachant que cette dépense lui procurera de gros bénéfices ; celui du médecin qui se montre ferme dans son refus de permettre à son patient de boire ou de manger. Aucun de ces deux hommes ne mérite d'être appelé « courageux », quoiqu'ils aient fait preuve de « fermeté intelligente ». La définition de Lachès est trop large, en ce qu'elle omet de préciser, comme le fera plus tard Nicias (cf. 194e-195a), que le courage suppose, pour s'exercer, qu'il y ait une dimension de risque et de péril [69].

La définition de Lachès est également insuffisante dans la mesure où elle exclut des cas de fermeté irraisonnée que l'on s'entend à reconnaître comme des actes courageux. Socrate présente en effet à Lachès des cas où la fermeté irréfléchie semble plus courageuse que la fermeté secondée par la raison. Des cinq exemples présentés par Socrate (cf. 193a-c), nous ne retiendrons ici que le premier (193a). Socrate demande à Lachès lequel de ces deux soldats mérite le plus d'être appelé courageux : est-ce celui qui se montre ferme, alors qu'il sait qu'il a pour lui l'avantage du terrain, la supériorité numérique et le secours de ses camarades, ou le soldat du camp adverse, qui se montre ferme bien qu'il n'ait pas en sa faveur tous les avantages dont jouit le premier ? Lachès répond sans détour que c'est le soldat le plus démuni, mais qui se montre ferme, qui est le plus courageux des deux, et ce, bien que sa fermeté soit beaucoup plus irraisonnée et irréfléchie que celle dont fait preuve son adversaire. Les autres exemples présentés par Socrate visent pareillement à montrer qu'il y a plusieurs cas où l'on

69. Cf. Buford 1977, p. 163.

s'accorde à reconnaître que celui qui fait preuve d'une fermeté irréfléchie est plus courageux que celui qui fait étalage d'une fermeté raisonnée. Tous ces exemples, empruntés au domaine militaire et à l'expérience quotidienne, reçoivent aisément l'assentiment de Lachès, ce qui n'est guère étonnant, puisque Lachès, l'homme de l'*érgon*, est toujours prêt à privilégier les exemples concrets de courage effectif. Or comme Lachès a admis, au tout début de l'examen de cette définition, que le courage est une belle chose, et que la fermeté irraisonnée ne pouvait être que laide et dommageable, il s'ensuit que la définition ne peut pas être retouchée ou reformulée de façon à inclure les cas de fermeté irraisonnée qui passent pour du courage.

Attardons-nous un instant sur ces prétendus exemples de fermeté irréfléchie, car la leçon que l'on doit en tirer n'est pas immédiatement claire [70]. L'erreur à ne pas commettre est de prendre Socrate au pied de la lettre, c'est-à-dire croire qu'il tient des exemples de fermeté irréfléchie pour des actes de courage. Mais sont-ce vraiment des exemples de fermeté irréfléchie ? La fermeté du soldat désavantagé est-elle vraiment moins réfléchie que celle du soldat qui jouit d'avantages décisifs ? Rien n'est moins sûr. Pour démontrer cela, nous devons anticiper quelque peu sur la suite du dialogue. Nicias fera bientôt une importante distinction dont la signification profonde échappera complètement à Lachès. Il s'agit d'une distinction entre deux sortes de connaissances :

A) La première est la connaissance de l'alternative qui s'offre à nous en cas de danger, des risques que comporte chacune des branches de l'alternative, et de nos chances de succès selon que l'on opte pour une branche ou l'autre.

B) La seconde est plutôt la juste appréciation de la valeur intrinsèque des possibilités entre lesquelles nous devons choisir.

70. Pour l'analyse qui suit, on consultera surtout Taylor 1929, p. 62 et Santas 1969, p. 446-448.

La connaissance (A) est donc de nature purement technique : elle consiste essentiellement à évaluer les risques encourus et à calculer les chances de succès. La connaissance (B) est plutôt éthique, puisqu'elle consiste à déterminer la valeur respective des possibilités en présence [71]. Or les exemples du soldat et du plongeur tiennent uniquement compte des informations qui relèvent de la connaissance (A) et Socrate ne dit rien au sujet de la façon dont le soldat et le plongeur conçoivent la valeur de l'objectif en vue duquel ils ont finalement décidé d'être fermes. Ce que ces exemples tendent à montrer, c'est qu'il est de nombreux cas où, bien que la situation soit objectivement désespérée, tant les risques sont grands et nulles les chances de succès, on doit malgré tout opter pour l'action pratiquement promise à l'échec, car c'est le seul choix digne d'être fait ; et, ce faisant, on se montrera courageux et on ne fera pas moins preuve de *fermeté réfléchie*. Pour illustrer ce point, reprenons les exemples du soldat et du plongeur. Supposons un instant que les soldats désavantagés sont ceux de Léonidas aux Thermopyles [72]. Leur situation est objectivement désespérée ; mais, en dépit d'une évaluation peu encourageante de leurs chances de succès, ils restent sur place et engagent le combat. Leur courage, que nul ne contestera, n'est un exemple de fermeté irréfléchie que si l'on apprécie leur choix en fonction

71. D'après Vlastos (1994, p. 110-114), la distinction entre ces deux types de connaissances est *suggérée* par Socrate lui-même en 192e, alors qu'il demande à Lachès si le courage, en tant que fermeté réfléchie, s'applique à tous les objets, qu'ils soient grands ou petits. Vlastos argumente de façon convaincante que les « petits objets » relèvent du savoir technique et que les grands ressortissent plutôt à la connaissance morale. Cf. aussi Devereux 1992, p. 776 note 18.

72. En 480 av. J.-C., une poignée de soldats grecs, placés sous le commandement du Spartiate Léonidas, bloquaient le défilé des Thermopyles, en Thessalie, pour en interdire le passage à l'envahisseur perse. Bien que les Grecs fussent très inférieurs en nombre, et leurs chances de succès à peu près nulles, ils remportèrent, contre toute attente, cette bataille (cf. Hérodote VII, 193-238). Nous empruntons cet exemple éclairant à Santas (1969, p. 447).

de la connaissance (A) ; leur décision est au contraire hautement réfléchie si, prenant en compte la connaissance (B), on s'aperçoit que leur décision procède du jugement qu'il était à leurs yeux préférable de se battre pour leur patrie et d'éviter d'être réduits en esclavage, dussent-ils périr dans la bataille. Comme l'expliquera bientôt Nicias, l'homme courageux est celui qui sait ce qu'il faut craindre ; et il est bien des cas où il faut davantage craindre la vie — si rester en vie implique qu'on accepte de se couvrir d'opprobre — qu'une mort employée à sauver l'honneur [73]. Quant au plongeur, on s'accordera à reconnaître qu'il fait preuve de fermeté irréfléchie s'il prend des risques en plongeant, alors qu'il ne sait pas plonger, voire nager, et qu'aucune situation extrême ne le poussait à courir un tel danger. Mais si, en revanche, il plonge afin de sauver la vie d'un enfant tombé au fond d'un puits, son acte n'est plus du tout irréfléchi, bien au contraire, car il eût été indigne et déshonorant de ne pas risquer sa vie pour tenter de sauver celle de l'enfant. En conclusion, ces exemples d'authentique courage ne peuvent être tenus pour des cas de fermeté irréfléchie que si l'on considère le courage comme une simple évaluation des risques encourus et un banal calcul des chances de réussite. Le courage ne dépend pas seulement de la situation objective, et de ce que l'on croit être les risques et les chances de succès, mais il est aussi, voire surtout, fonction de la valeur que l'on attache à ce pour quoi l'on est prêt à courir un risque, à la valeur de l'objectif que l'on cherche à atteindre. Bref, le courage implique un jugement sur le bien et le mal, ainsi que Nicias, aidé de Socrate, l'exposera bientôt.

73. Dans le *Phédon* (68d), Socrate affirme de même qu'il y a des maux pires que la mort, et que c'est précisément la crainte de ces maux, et l'espoir de les éviter, qui détermine certains hommes à affronter la mort. Dans le *Criton* (48b), Socrate observe que l'essentiel n'est pas de vivre, mais de vivre bien. L'idée que la mort n'est pas le pire des maux est également exprimée dans l'*Apologie* (28b, 28d-e, 38e-39a).

Nous devons à tout prix souligner, à la suite de très nombreux commentateurs [74], que cette deuxième définition proposée par Lachès n'est pas entièrement rejetée par Socrate. Il ressort en effet très clairement du passage 193e-194a, où Socrate exhorte Lachès à se montrer ferme dans la quête d'une définition du courage, que la fermeté est une composante essentielle du courage. Mais la fermeté, à elle seule, ne suffit pas à rendre compte du courage ; elle doit nécessairement être associée à un type de savoir et c'est précisément cette indispensable dimension intellectuelle que Lachès ne parvient pas à circonscrire.

b. *La définition de Nicias (194c-200a)*

Nicias prend donc le relais et il fait aussitôt remarquer à ses interlocuteurs que la recherche lui semble mal engagée. Il s'étonne en effet que l'on n'ait pas exploité ou examiné une observation judicieuse qu'il a souvent entendu faire par Socrate. Cette observation est que le courage constitue une forme de savoir. Et, de fait, c'est une thèse constante de Socrate que la vertu est une connaissance, un savoir [75]. En ce qui concerne plus directement le courage, il n'a échappé à personne que la définition ici proposée par Nicias est en effet défendue ailleurs par Socrate lui-même [76]. Cela n'est pas sans importance, car dans la mesure où l'on sait que la définition de Nicias sera elle aussi

74. Cf. Bonitz 1886, p. 216 ; Laguna 1934, p. 177 ; O'Brien 1963, p. 139 ; Santas 1969, p. 439 et p. 448 ; Devereux 1977, p. 135-136 ; 1992, p. 774-777 ; Kahn 1986, p. 12, p. 18-19.

75. Cette thèse de Socrate, communément appelée « paradoxe de la vertu-science », est souvent mentionnée par Aristote dans ses *Éthiques* (cf., entre autres, *Éthique à Nicomaque* VI 13, 1144b17-30 ; *Éthique à Eudème* I 5, 1216b3-8 ; *Grande Morale* I 1, 1182a15-24, 1183b8 sq.).

76. Cf. *Protagoras* 349d-360e ; Aristote, *Éthique à Nicomaque* III 11, 1116b4-9 ; *Éthique à Eudème* III 1, 1229a12, 14-16 ; 1230a7-10 ; *Grande Morale* I 20, 1190b27-29 ; Xénophon, *Mémorables* III 9, 1 sq. ; IV 6, 10 sq. Dans le *Banquet* (II 12) de Xénophon, Socrate affirme que le courage peut faire l'objet d'un enseignement (*didaktón*) ; or ce qui est transmissible par l'enseignement doit nécessairement se présenter comme une connaissance ou un savoir (cf. *Ménon* 87c).

jugée insatisfaisante, un délicat problème d'interprétation se pose : comment doit-on interpréter le fait que Socrate écarte une définition qui s'inspire de l'une des positions maîtresses de sa pensée ? Pour certains commentateurs, l'idée que Socrate puisse rejeter une définition conforme à l'une des principales thèses socratiques est à ce point intolérable, qu'ils ont même contesté que la définition de Nicias soit en fait empruntée à Socrate, l'attribuant plutôt qui à Damon [77], qui à Antisthène [78]. Qu'il nous suffise, pour le moment, de souligner cette difficulté ; nous verrons plus tard quelle solution on peut y apporter.

Étant donné que « savoir » en grec est un terme relatif, c'est-à-dire que le savoir est toujours savoir de quelque chose, Lachès et Socrate pressent Nicias de leur indiquer de quel objet le courage peut bien être le savoir. Nicias répond aussitôt que « le courage est la connaissance de ce qui inspire la crainte, ou la confiance, que ce soit à la guerre ou en toutes autres circonstances » (194e-195a). On remarquera que cette définition parle d'abord du courage à la guerre — c'est le seul domaine précis qui soit mentionné —, comme Lachès l'avait fait et ainsi qu'Aristote l'exige, mais qu'elle étend également la notion de courage à plusieurs domaines autres que la guerre, satisfaisant ainsi au vœu de Socrate formulé en 191d-e. Et de même que la première définition de Lachès était conforme à sa préférence marquée pour les actes (*érga*), de même la définition intellectualiste de Nicias correspond tout à fait à son goût pour les arguments et les discours (*lógoi*). L'examen de la définition de Nicias se fera en deux temps : 1) Lachès formule des objections contre lesquelles Nicias se défend bien ; 2) Socrate prend l'initiative de l'examen et montre que la définition de Nicias s'applique en fait à la vertu tout entière, et pas seulement au courage. Voyons plus en détail chacun des deux moments de cet examen.

77. Cf. Laguna 1934, p. 177-178.
78. Cf. Romilly 1980, p. 318 note 10.

1) Les objections de Lachès (195a-196b)

Lachès affirme d'entrée de jeu qu'il ne peut admettre que le courage soit une forme de savoir. Courage et savoir, ce sont là deux choses distinctes. Et il adresse sans tarder cette objection à Nicias : si le courage est la connaissance de ce qui est à redouter, on devra alors dire des médecins qu'ils sont courageux, puisque ce sont eux qui savent quelles sont les maladies que l'on doit craindre. Mais n'est-il pas incongru d'accorder le courage aux médecins, eux qui ne risquent rien et ne sont pas menacés, et ne pas le reconnaître aux malades, qui supportent parfois avec bravoure les pires souffrances, et ce, même s'ils n'ont aucune idée de ce qui est à craindre ou à redouter dans la maladie qui les afflige ? De même, les agriculteurs et les artisans savent ce qui est à craindre dans leur domaine respectif, mais ils ne sont pas courageux pour autant. Ces exemples ne sont pas indifférents en ce qu'ils montrent bien que Lachès conçoit le courage sur le modèle du savoir technique. Et comme nous l'expliquions tout à l'heure, à propos des prétendus cas de fermeté irréfléchie, il s'agit là d'une conception purement « calculatrice » du savoir. Dans tous les savoirs techniques, la connaissance de ce qui est ou non à craindre consiste à évaluer les risques compris dans certaines situations et à calculer les chances de succès que comportent les différentes possibilités de faire échec à des circonstances contraires. On se souvient que Socrate avait en vain tenté de faire comprendre à Lachès que le courage n'est pas une connaissance de ce type ; or la distinction qui avait alors été suggérée, plutôt que véritablement exposée, Nicias va maintenant l'établir de façon très nette. En dépit de cette clarification, Lachès ne saisira pas davantage la différence qui existe entre les savoirs techniques d'un côté, et le savoir moral de l'autre. C'est pourquoi ses objections n'atteignent pas leur cible et qu'il ne parvient pas à réfuter Nicias.

Pour Nicias, le savoir des médecins se limite à distinguer la santé de la maladie. Or ce qui est à craindre, ce n'est pas nécessairement la maladie, puisqu'il y a de nombreux hommes pour lesquels il vaudrait mieux être morts que vivants. La vie n'est donc pas une valeur absolue que l'on doit toujours préférer à tout. L'homme courageux est précisément celui qui sait dans quelles circonstances la vie vaut la peine d'être vécue, et dans quelles autres il est préférable d'opter pour la mort [79]. L'homme courageux se soucie uniquement de la valeur de l'action envisagée, sans qu'il soit influencé, dans son choix, par les risques prévisibles d'encourir des pertes, ou de subir des blessures, ou même de trouver la mort. Car la mort n'est pas nécessairement redoutable, alors qu'être injuste ou vivre de façon déshonorante l'est au plus haut point [80]. Les exemples du plongeur et du soldat illustrent bien ce type de connaissance, auquel Nicias identifie le courage. Ainsi, pour reprendre l'exemple de la médecine présenté par Lachès, selon qu'il est préférable d'être mort ou vivant, on devra craindre la santé ou la maladie respectivement. Mais ce savoir n'appartient pas aux médecins.

Dans ce cas, rétorque Lachès, ce sont les devins qui sont courageux, car ce sont eux qui savent pour qui il vaut mieux vivre ou mourir. Cette allusion aux devins n'est pas gratuite : elle est très certainement ironique, car l'on sait d'après Thucydide (cf. VII 50, 3-4) que Nicias était très superstitieux et que, dans une situation critique, il préféra complaire aux devins plutôt que de prendre les mesures qu'exigeait la situation désespérée de l'armée athénienne. Socrate fera lui aussi, d'une façon encore plus directe et plus ironique, allusion aux devins et à l'ascendant qu'ils

79. Cette conception du courage peut être rapprochée de ce qu'Aristote écrit au sujet de la magnanimité dans l'*Éthique à Nicomaque* : « L'homme magnanime ne se jette pas dans des dangers qui n'en valent pas la peine, pas plus qu'il n'aime les dangers en eux-mêmes, car il y a peu de chose qu'il apprécie. Mais il affronte le danger pour des motifs importants, et quand il s'expose ainsi il n'épargne pas sa propre vie, dans l'idée qu'on ne doit pas vouloir conserver la vie à tout prix » (IV 8, 1124b6 sq. ; trad. Tricot).

80. Cf. Schmid 1985, p. 115-116 et Griswold 1986, p. 187.

exerçaient sur Nicias (cf. 198e-199a). Quoi qu'il en soit, Nicias répond à Lachès que le devin n'est pas l'homme courageux auquel il songe. La compétence du devin se borne en effet à reconnaître les signes annonciateurs du futur ; mais le devin n'est, pas plus que le médecin, habilité à dire s'il vaut mieux, pour telle personne, éprouver tel ou tel sort. En d'autres termes, être courageux ne consiste pas à avoir la prescience des événements sur le point de se produire, mais à savoir s'il est préférable ou non de les affronter.

Lachès abandonne la partie car il ne comprend pas du tout où veut en venir Nicias, qu'il accuse d'être obscur et de parler pour ne rien dire. Lachès passe donc la main à Socrate, qui dirigera désormais l'examen de la définition de Nicias. En déclarant forfait, Lachès ne fait pas vraiment preuve de courage, si l'on entend par courage « fermeté » et « persévérance ». Le départ de Lachès explique sans doute pourquoi Socrate veut à tout prix l'associer à l'argument (196c-d) et à l'examen de la définition de Nicias : Socrate avait déjà invité Lachès à faire preuve de fermeté (cf. 194a) et lorsqu'il s'aperçoit, un peu plus tard, que Lachès quitte la partie, il l'associe à sa recherche, laissant ainsi entendre qu'il ne faut pas abandonner.

2) Les objections de Socrate et la question de l'unité de la vertu (196c-200a)

Si le courage est une forme de savoir, et que le médecin et le devin ne sont pas courageux s'ils n'ont pas, en plus de leur science respective, ce savoir particulier, c'est donc que le courage n'est pas à la portée du premier venu. Chose certaine, cette définition interdit à Nicias d'appeler « courageuses » certaines bêtes auxquelles les hommes s'accordent pourtant tous à reconnaître cette qualité, à moins évidemment que Nicias ne soutienne que ces bêtes sont plus « savantes » que les hommes, ce qui leur vaudrait d'être reconnues comme courageuses. Faisant, à la manière du sophiste Prodicos, des distinctions entre des mots qui semblent à première vue de parfaits synonymes, Nicias répond qu'il faut bien se garder de confondre le courage et la témérité, laquelle est le propre de tous les insensés, aussi bien les animaux que certains hommes, femmes et enfants, qui affrontent le danger de façon irréfléchie. La hardiesse et la témérité sont donc le lot de tous ceux qui, mis en présence du danger, n'ont pas peur, du fait de leur irréflexion. Le courage est l'apanage exclusif de ceux dont le comportement devant le danger se fonde sur une connaissance certaine de ce qui est à craindre ou non.

Dans la deuxième étape de son examen de la définition de Nicias, Socrate va montrer que la définition à l'étude n'est pas assez précise, puisqu'elle revient en fait à identifier le courage, non pas à une partie de la vertu, c'est-à-dire à une vertu particulière, mais à la vertu dans sa totalité. L'argumentation de Socrate se laisse assez aisément résumer, mais elle ne laisse pas de soulever plusieurs questions que nous examinons en détail dans l'*Annexe*[81].

Socrate rappelle (198a) tout d'abord à Nicias que l'on s'est entendu pour dire que le courage constitue une partie de la vertu (190d) et que celle-ci comporte également d'autres parties, comme la modération, la justice, etc. À partir de là, toute l'argumentation de Socrate tend à montrer que la définition de Nicias a pour conséquence d'assimiler le courage à la vertu entière, plutôt que de le cerner et le circonscrire en tant qu'il est une partie de la vertu. Le courage a donc été défini comme la connaissance de ce qui est à craindre et de ce qui inspire confiance. Or la crainte est l'anticipation d'un mal futur. Il s'ensuit que le courage est la connaissance des maux futurs. Mais les objets sur lesquels portent les sciences sont en quelque

81. Cf. *infra*, p. 171-178. Comme l'examen de ces questions est assez technique et que nous ne désirons pas alourdir plus qu'il n'est nécessaire le texte de l'*Introduction*, il nous a semblé préférable de consacrer une annexe à l'étude des tenants et des aboutissants de l'argument développé en 197e-199e.

façon intemporels, en ce sens qu'ils n'appartiennent pas à une tranche définie du temps, qu'il s'agisse du passé, du présent ou du futur. Par exemple, la médecine, en tant que science dont l'objet est la santé, ne se limite pas à une tranche temporelle définie, car elle embrasse l'étude de la santé à toutes les époques. Autrement dit, pour un objet X, ce n'est pas une science A qui l'étudie dans le passé, une science B dans le présent, et une science C dans le futur. Partant, si le courage est bel et bien une science, il doit avoir comme objets d'étude non seulement les maux futurs, mais aussi les maux passés et les maux présents, de même que les biens passés, présents et futurs, puisque le courage, en tant que science de ce qui est à craindre et de ce qui inspire confiance, porte à la fois sur des maux (objets de crainte) et des biens (objets de confiance).

Sur une suggestion de Socrate, Nicias accepte de modifier sa définition comme suit : le courage est la science de tous les maux et de tous les biens de toutes les époques. Mais l'homme qui possède une telle science possède par le fait même la vertu entière, et pas seulement le courage, puisque la connaissance du bien et du mal confère *ipso facto* toutes les autres parties de la vertu, comme la piété, la sagesse, la justice, etc. La science des biens et des maux de toutes les époques n'a donc pas pour objet une partie de la vertu, en l'occurrence le courage, mais bien la vertu dans sa totalité. Or comme il a été admis que le courage ne constitue qu'une partie de la vertu, force est de reconnaître qu'aucune définition appropriée n'a été découverte pour le courage.

Comme nous le signalions tout à l'heure, il a paru tellement invraisemblable à certains commentateurs que Socrate réfute lui-même l'une de ses propres thèses qu'ils ont attribué la paternité de la définition rapportée par Nicias, qui à Antisthène, qui à Damon. On peut toutefois balayer du revers de la main ces attributions, dans la mesure où nous disposons de témoignages précis et nombreux qui s'accordent tous à faire de Socrate l'auteur de la thèse d'après laquelle le courage est une forme de savoir [82]. Rappelons que cette thèse est d'une parfaite orthodoxie socratique, puisqu'elle découle tout naturellement de cette autre thèse, véritable clé de voûte du socratisme, qui soutient que la vertu est une connaissance. Si la vertu dans sa totalité est une connaissance, ainsi que Socrate l'affirme à de nombreuses reprises [83], il s'ensuit nécessairement que chaque vertu particulière est elle aussi une forme de savoir. En ce qui a trait plus particulièrement au courage, plusieurs témoignages confirment que Socrate ne faisait pas de cette vertu une exception, c'est-à-dire qu'il se refusait à considérer que le courage n'était pas, contrairement aux autres parties de la vertu, une forme de savoir [84]. Cela dit, il est vrai que le courage constituait une espèce de cas limite, un véritable test pour la thèse de la vertu-science, dans la mesure où le courage est probablement la vertu la moins intellectuelle, bref la vertu où la connaissance semble le moins nécessaire ou indispensable [85].

Chose certaine, on peut tout de suite écarter l'hypothèse que la définition de Nicias soit de son propre cru. D'abord, il reconnaît lui-même qu'il la formule en s'inspirant de ce qu'il a entendu dire à Socrate (194c) ; et par la suite, Nicias montre à quelques reprises que ses réponses sont souvent le reflet ou l'écho des propos et des enseignements qu'il a entendus ailleurs (cf. 197d, 200a-b). On peut opposer ce comportement de Nicias à celui de Lachès, qui présente toujours des réponses de son cru et qui ne rapporte jamais des opinions qu'il a entendues ailleurs.

Mais si la définition de Nicias est bien conforme à la doctrine socratique de la vertu-science, il reste à

82. Cf. *supra*, note 76.
83. Cf. *supra*, note 75.
84. Cf. *Protagoras* 349d-360e ; Xénophon, *Mémorables* III 9, 1 ; IV 6, 10 ; Devereux 1977, p. 132 note 9 et p. 135 note 15.
85. Cf. Devereux 1977, p. 129 et Griswold 1986, p. 178.

expliquer comment il se fait que Socrate rejette une définition qui s'inspire fidèlement de l'une des positions maîtresses de sa pensée. On peut risquer la réponse suivante : le *Lachès* développe, à propos des relations entre la vertu et la connaissance, une position analogue à celle du *Ménon*, où Platon critique la thèse socratique de la vertu-science [86]. Cette critique procède du constat qu'il n'est plus possible d'adhérer au point de vue du *Protagoras*, c'est-à-dire de définir le courage exclusivement en termes de savoir et de connaissance [87]. Une définition adéquate du courage doit en effet prendre en considération certains éléments extra-cognitifs, comme la fermeté et l'endurance. Le *Lachès* n'est pas, à proprement parler, une espèce d'autocritique à laquelle se livre Socrate, mais plutôt une critique de Socrate (incarné par Nicias) par Platon (représenté par Socrate).

Une autre question que l'on peut poser à propos de la définition de Nicias est celle de sa complémentarité avec la deuxième définition de Lachès, en l'occurrence celle qui conçoit le courage comme une fermeté de l'âme accompagnée de prudence [88]. Le mérite de l'une correspond en fait au défaut de l'autre. Ainsi le principal mérite de la définition de Lachès est-il d'avoir mis en lumière l'importance d'une qualité de caractère, celle de fermeté et de persévérance. Mais cette qualité, à elle seule, ne suffit pas à définir adéquatement le courage, car il y a plusieurs cas où la fermeté n'est pas synonyme de courage. Socrate fait admettre à Lachès qu'il faut, outre une qualité de caractère, une qualité proprement intellectuelle qui introduit une dimension de connaissance. Or l'échec de Lachès vient précisément de son impuissance à déterminer le type de connaissance qui

86. Cette interprétation a été brillamment développée par Devereux (1977, p. 129, p. 132, p. 136-137).

87. Cf. Devereux 1992, p. 767.

88. Pour la complémentarité de ces deux définitions, voir les pages suggestives et éclairantes de O'Brien (1963, p. 139-140). Cf. aussi Hoerber 1968, p. 102.

doit être associé au courage. Inversement, le mérite de la définition de Nicias est qu'elle précise d'emblée quelle est la connaissance représentée par le courage. Alors que Lachès était incapable de nommer l'objet sur lequel porte « la fermeté intelligente », Nicias précise d'entrée de jeu que le courage est la connaissance de ce qui est à craindre et de ce qui inspire confiance. La définition de Nicias est toutefois insuffisante dans la mesure où elle omet de reconnaître la nécessité d'une qualité de caractère, comme la fermeté, et ce, bien que Socrate ait explicitement reconnu la pertinence de la fermeté comme élément constitutif du courage. Nicias a donc eu tort de considérer que le courage est essentiellement une connaissance et de ne pas avoir prêté davantage attention à l'idée, juste, selon laquelle le courage est plutôt une fermeté *secondée* par la connaissance.

Chaque définition comporte donc un élément qui n'est pas révoqué en doute par Socrate. Le courage est bien une sorte de fermeté et, d'un autre côté, il implique la connaissance du bien et du mal, au même titre que toute autre vertu. Le point fort de l'une correspondant ainsi au point faible de l'autre, on aurait tort de voir dans ces deux définitions deux conceptions radicalement antithétiques qui n'admettraient pas une complémentarité. Quand le dialogue prend fin, il pointe très nettement en direction d'une conception du courage qui allie la connaissance du bien et du mal à une qualité de caractère, comme la fermeté et la persévérance. Certains commentateurs se sont même plu à formuler une définition du courage qui intègre les éléments des définitions de Lachès et de Nicias qui n'ont pas été réfutés par Socrate. On arrive ainsi à la définition suivante : « Dans une situation qui présente des risques, le courage est une fermeté de l'âme, secondée par la connaissance — qui n'est toutefois pas de nature technique — des biens que l'on doit espérer et des maux que l'on doit craindre ; plus précisément, cette connaissance du bien et du mal revient à savoir quand la vie vaut d'être vécue, et quand elle ne le vaut pas [89]. »

4. *Conclusion (200a-201c)*

Lachès et Nicias dressent l'un et l'autre un constat d'échec tout en échangeant des propos acerbes, se reprochant l'un l'autre d'avoir failli à la tâche. C'est toutefois Nicias qui abandonne la partie : il affirme que cette discussion suffit pour le moment et qu'il la reprendra plus tard — le fait vaut d'être souligné — en compagnie de Damon, le professeur de musique que Socrate lui a recommandé pour son fils. Chose certaine, en abandonnant ainsi la partie et en signifiant que c'est avec d'autres interlocuteurs qu'il réexaminera la question, Nicias ne fait pas montre de cette fermeté, de cette persévérance dont Socrate admet qu'elles sont des éléments constitutifs du courage. C'est à Lachès que revient le mérite de conseiller à Lysimaque et Mélésias de les renvoyer, lui et Nicias, et de ne faire appel, pour l'éducation de leurs fils, qu'aux services du seul Socrate [90]. Cette observation de Lachès n'est pas sans importance, car elle renoue avec la question initiale du dialogue, à savoir l'éducation à donner aux jeunes gens. Ce n'est donc pas en vue de définir la nature du courage que Lachès invite Lysimaque et Mélésias à ne pas renvoyer Socrate, mais pour reprendre à nouveaux frais la question débattue dans la première partie du dialogue. L'intervention de Lachès oriente toute la suite de la conclusion ; désormais, la discussion porte à nouveau sur le

89. C'est Bonitz (1886, p. 216) qui formula le premier une définition du courage à partir des éléments laissés irréfutés. Cette règle exégétique, parfois appelée « principe de Bonitz », est encore appliquée par certains commentateurs contemporains, dont Griswold (1986, p. 189), auquel nous avons d'ailleurs emprunté cette définition « complète » du courage. Le « principe de Bonitz » a été récemment (et injustement) critiqué par Schmid (1992, p. 42-45, p. 94).

90. Rappelons que Lachès s'étonnait déjà, au tout début du dialogue (cf. 180b-c), que Lysimaque et Mélèsias n'aient pas demandé conseil à Socrate en ce qui a trait à l'éducation qu'il faut donner aux jeunes gens.

thème de l'éducation et de l'éducateur, et il n'est plus du tout question du courage, ni de la définition que l'on peut en donner. Comme on le voit, la conclusion du *Lachès* relance la question de l'unité entre les deux grandes parties du dialogue, question dont nous débattrons sous peu.

C'est Socrate qui a le dernier mot. Dans une longue intervention (200e-201b), où il répond à l'invitation qu'on vient de lui faire de s'occuper activement de l'éducation des fils de Lysimaque et Mélèsias, Socrate affirme qu'aucun des participants à la discussion qui prend fin n'est habilité à diriger l'éducation des jeunes, puisqu'ils ont tous été dans l'embarras, dans l'*aporía*. Cette impuissance de tous les interlocuteurs à répondre adéquatement aux questions posées démontre en fait la nécessité où ils se trouvent tous — non seulement les jeunes, mais aussi bien Lysimaque et Mélèsias que Nicias, Lachès et même Socrate — de trouver dans les plus brefs délais le meilleur maître possible. On se souvient que Socrate avait déjà abordé, plus tôt dans le dialogue, cette question du maître. Il avait alors demandé à Nicias et Lachès, avec une certaine insistance, qu'ils lui indiquent le maître qui leur avait enseigné et qu'ils lui nomment les individus qu'il avait rendus meilleurs. Mais cette question avait finalement été abandonnée au profit d'une autre, celle de l'essence de la vertu, qui semblait plus fondamentale aux yeux de Socrate. Il semble donc que deux voies s'offraient à Socrate pour découvrir comment l'on rend quelqu'un meilleur : A) on s'enquiert de l'identité de son maître et on vérifie s'il a effectivement amélioré certaines personnes ; B) si c'est la vertu qui rend l'âme meilleure, il faut étudier la nature de la vertu pour déterminer comment elle peut en effet améliorer l'âme. Plus tôt dans le dialogue, Socrate a donc, après avoir privilégié la voie (A), abandonné soudainement cette seconde voie pour explorer plutôt la voie (B). Or comme cette voie a abouti à une impasse, Socrate reprend semble-t-il l'autre voie, qu'il avait quittée avant même de l'avoir véritablement explorée.

Tout à la fin du dialogue, Lysimaque presse Socrate de revenir le lendemain matin pour reprendre la discussion, à laquelle ne sont conviés, cette fois-ci, ni Lachès ni Nicias. C'est donc un retournement complet par rapport à la situation initiale, où, l'on s'en souvient, seuls les deux généraux avaient été invités à donner leur avis sur les questions d'éducation.

5. *L'unité du* Lachès

La conclusion du *Lachès* pose donc elle aussi la question de l'unité du dialogue. Cette question avait été soulevée plus tôt, mais nous avions préféré en différer l'examen, dans l'idée qu'une telle question ne devait être débattue qu'une fois terminée l'analyse des principales parties du dialogue. Nous allons sans plus tarder passer en revue les trois principales interprétations qui ont été proposées en guise de solutions au problème de l'unité du *Lachès* [91].

a. *L'opposition* érgon-lógos

La première interprétation voit l'unité du *Lachès* dans la présence, d'un bout à l'autre du dialogue, de l'opposition *lógos-érgon*. On a vu, tout au long de l'analyse de ce dialogue, que Lachès incarne le pôle *érgon* de cette opposition, et que Nicias représente à n'en pas douter la dimension *lógos*. Mais le véritable équilibre, qui correspondrait à une conception authentique du courage, exige qu'un même individu réconcilie en lui-même les deux pôles de l'opposition. Or aucun des deux généraux n'y parvient : Lachès privilégie avant tout les faits, les preuves effectives de

91. Afin de résoudre le problème de l'unité du *Lachès*, certains commentateurs ont proposé une quatrième interprétation, qui consiste à lire le dialogue à la lumière de l'analogie de la Ligne (*République* VI 509d-511e). Cette interprétation cherche à établir des correspondances entre les principaux personnages du *Lachès* (Lysimaque, Lachès, Nicias, Socrate) et les différents modes de connaissance (*eikasía, pístis, diánoia, nóēsis*) identifiés par la *République*. Nous avons exposé ailleurs (cf. Dorion 1994) les raisons, tant méthodologiques que philosophiques, pour lesquelles cette interprétation doit être, selon nous, rejetée.

comportements courageux, et il se méfie plutôt du *lógos*, des raisonnements, où d'ailleurs il n'excelle pas. Ainsi, il a de la difficulté à saisir une distinction établie par Nicias (cf. 195b-196b), et son incompréhension le pousse à abandonner la discussion [92] ; ce faisant, il est dans les faits (*érgon*) en contradiction avec la définition (*lógos*) qu'il a donnée et qui faisait du courage une fermeté, une persévérance. Le conflit entre *lógos* et *érgon* se situe donc, pour Lachès, à l'intérieur même du dialogue, alors que pour Nicias, ce conflit n'éclate au grand jour que si l'on fait appel à des éléments biographiques extérieurs au dialogue, mais auxquels ce dernier fait assez clairement allusion. Dans le dialogue, Nicias est avant tout l'homme du *lógos* : il connaît Socrate pour avoir suivi ses entretiens, il est un familier du sophiste Damon, il fait des distinctions à la manière de Prodicos, il définit le courage en termes exclusivement intellectualistes, etc. La tension, chez Nicias, entre le *lógos* et l'*érgon* apparaît surtout lorsque l'on considère le commandement qu'il a assumé lors de l'expédition de Sicile. Alors que la situation militaire désespérée de l'armée athénienne commandait une retraite rapide — ce dont Nicias était lui-même convaincu —, Nicias ne fit pas preuve de résolution et de fermeté en différant l'exécution de cette retraite, et ce pour complaire aux devins qui estimaient qu'une telle manœuvre était prématurée. Il y a dans le *Lachès* deux allusions très nettes (195e et 199a) au comportement superstitieux de Nicias, et à l'ascendant qu'exerçaient sur lui les devins, ce qui causa en définitive la perte de l'armée athénienne. Mais, en y réfléchissant bien, on peut également montrer, sans faire intervenir de données externes au dialogue, qu'il y a une contradiction patente entre le discours (*lógos*) de Nicias et son attitude (*érgon*) effective.

92. Il est sans doute excessif d'affirmer, comme O'Brien (1963, p. 142-143), que Lachès se comporte comme un poltron dans l'argumentation. Au reste, Nicias ne se distingue pas vraiment de Lachès de ce point de vue, puisqu'il abandonnera lui aussi la partie (cf. 200a-b).

En effet, le comportement de Nicias, après qu'il a été réfuté par Socrate (200a-b), n'est pas du tout conforme à son discours antérieur (188a-c), dans lequel il se déclare prêt, alors qu'il décrit l'objet et l'objectif de l'*élegkhos* socratique, à accepter volontiers toutes les conséquences d'une réfutation. Or Nicias, à la différence de Lachès, reconnaît à grand-peine qu'il a été réfuté. En fait, il en convient si peu qu'il demeure persuadé, malgré tout, de la justesse de sa définition (200b). Il y a donc, dans le cas de Nicias également, une opposition, interne au dialogue, entre le *lógos* et l'*érgon*. Nicias pèche surtout du côté de l'*érgon*, du côté du comportement effectif.

Seul Socrate, on l'aura deviné, parvient à réconcilier en lui, en un parfait équilibre et une parfaite harmonie, les dimensions pratique (*érgon*) et théorique (*lógos*) [93]. Les jugements que les deux généraux portent sur Socrate confirment ce bel équilibre : Lachès loue Socrate pour ses actes (cf. 181b et 189b), et Nicias l'admire pour ses grandes aptitudes intellectuelles (cf. 188a-c). Il a donné une preuve de sa bravoure et de sa vaillance lors de la bataille de Délion, où, d'après le témoignage d'Alcibiade [94], il a même surpassé Lachès en présence d'esprit et en vigueur. Pour ce qui est du *lógos*, il se montre plus persévérant que Lachès et Nicias ; en effet, alors que les deux généraux abandonnent à tour de rôle la discussion, Socrate poursuit vaillamment l'enquête et ne se dérobe pas quand on l'invite à reprendre la discussion le lendemain ; qui plus est, il se déclare même prêt à retourner chez Lysimaque dès l'aurore ! Socrate se révèle aussi plus pénétrant que Nicias en ce qui a trait aux rapports entre la vertu et la connaissance ; de

93. Ailleurs dans le corpus platonicien, Socrate approuve à plusieurs reprises le souci de réaliser un accord entre l'*érgon* et le *lógos* (cf. *Criton* 42c-d, *Gorgias* 461d, *République* III 389d, VI 498e, *Timée* 19e).

94. Cf. *Banquet* 220e-221b. Un peu plus tôt (219d), Alcibiade avait loué Socrate pour son courage (*andreía*), son intelligence (*phrónēsis*) et sa fermeté (*karteria*).

plus, son esprit aiguisé lui permet d'identifier rapidement et avec sûreté les lacunes et les points faibles des différentes définitions qui lui sont soumises. En outre, comme on a eu raison de le rappeler [95], la façon dont Socrate est mort démontre, s'il en était besoin, qu'il a fait preuve non seulement d'une fermeté tout à fait exemplaire, mais aussi d'une grande clairvoyance à l'égard de ce qui était à craindre, à savoir l'injustice (cf. *Criton* 54c), et de ce qui ne l'était pas, soit la mort elle-même (cf. *Apologie* 29a et *Phédon* 67e).

Nul ne contestera que l'opposition *lógos-érgon* soit présente d'un bout à l'autre du dialogue et qu'elle fournisse de précieuses clés d'interprétation. Mais cette opposition, si importante soit-elle, suffit-elle à rendre compte de l'unité du dialogue et du lien entre les deux grandes parties ? Nous ne le croyons pas. Et il est d'ailleurs significatif que O'Brien lui-même, qui le premier a attiré l'attention sur l'importance de cette opposition, ne signale jamais l'existence de deux grandes parties, à peu près d'égale longueur, dont on voit mal comment elles s'articulent l'une à l'autre. On chercherait en vain dans son étude le constat, pourtant élémentaire, qu'il faut attendre d'être arrivé à mi-chemin dans le dialogue pour que soit enfin posée la question de la définition du courage. Il est vrai que l'interprète du *Lachès* ne saurait négliger l'importance de l'opposition *lógos-érgon*, mais la découverte de ce thème n'est pas une panacée, c'est-à-dire qu'elle ne résout pas tous les problèmes soulevés par ce dialogue, notamment celui de son unité.

b. *Le* Lachès *comme introduction programmatique*

La deuxième solution au problème de l'unité est passablement hardie. Contrairement à la solution précédente, elle pose clairement la question de l'articulation problématique des deux grandes parties du dialogue. L'unité de ces deux parties semble à ce point factice et désespérante que les tenants de la présente solution renoncent à ne rendre compte de l'articulation

95. Cf. O'Brien 1963, p. 147.

de ces deux parties qu'à partir du *Lachès*. En d'autres termes, l'explication de l'articulation de ces deux parties n'est pas à chercher dans le *Lachès* lui-même, mais dans les autres dialogues de jeunesse consacrés à la définition d'une vertu. Qu'est-ce à dire ? On a développé la thèse que la première partie du *Lachès*, qui est exceptionnellement longue et dont aucun autre dialogue de jeunesse n'offre l'équivalent, est en fait une espèce d'introduction programmatique à tous les dialogues de jeunesse où les interlocuteurs s'efforcent de définir une vertu en particulier [96]. Cette thèse comporte au moins deux implications : 1) le *Lachès* doit nécessairement être, dans l'ordre chronologique de rédaction, le premier des dialogues consacrés à la vertu, puisqu'il leur sert d'introduction ; 2) au moment où il rédigeait le *Lachès*, Platon avait déjà conçu le projet d'écrire d'autres dialogues consacrés à la vertu. Avant d'examiner le bien-fondé de cette thèse, expliquons d'abord en quoi la première partie du *Lachès* doit être lue comme l'introduction programmatique de plusieurs dialogues à suivre. D'après le principal argument de l'auteur de cette interprétation, le *Lachès* serait le dialogue où l'on trouve sous sa forme la plus détaillée et la plus approfondie l'argumentation en faveur du principe de la priorité de la définition, principe qui domine par la suite dans le *Ménon* et auquel il est fait allusion dans d'autres dialogues, comme le *Charmide* (159a), l'*Euthyphron* (6d-e), le *Lysis* (223b) et même la *République* (I 354b). Dans le *Ménon*, par exemple, Platon prend ce principe pour acquis car il aurait été établi antérieurement dans le *Lachès* grâce à l'argumentation suivante :

a) Nous cherchons des études et des exercices qui mènent à la vertu.

b) Afin de choisir les études appropriées, nous avons besoin du jugement d'un expert dans la discipline considérée.

96. Cette thèse a été abondamment développée par C. Kahn (1986). Il faut toutefois souligner que la même thèse avait été esquissée, ou plutôt suggérée, dès 1973 par R. K. Sprague (cf. p. 3).

c) La discipline est déterminée par la finalité de l'éducation, en l'occurrence instiller la vertu dans l'âme de l'élève.

d) Pour être en mesure d'instiller la vertu, il faut savoir ce qu'elle est.

e) Et si nous savons ce qu'elle est, nous pouvons dire ce qu'elle est.

Pour cette raison, le *Lachès* aurait été conçu par Platon comme une espèce d'introduction à un groupe de dialogues entre lesquels on constate une unité thématique. Tous ces dialogues s'intéressent en effet de près à certaines questions liées entre elles, telles que la définition des vertus, l'unité des vertus, la possibilité d'enseigner la vertu et, enfin, les relations entre la vertu et le savoir. Ce groupe comprendrait les dialogues suivants, ici classés selon l'ordre chronologique proposé par l'auteur de cette interprétation : *Lachès, Charmide, Euthyphron, Protagoras, Ménon, Lysis, Euthydème* [97].

Cette thèse est certes suggestive, mais elle n'emporte pas la conviction car elle n'offre pas de réponses satisfaisantes à un certain nombre d'objections. *Premièrement*, on fait comme s'il allait de soi que le *Protagoras* était postérieur au *Lachès*, et on ne signale jamais qu'il s'agit d'une question des plus controversées. On affirme même [98] que le *Protagoras* développe la définition du courage présentée par Nicias, alors que le seul fait que Nicias présente sa définition comme un écho de l'enseignement de Socrate suggère plutôt et d'emblée le contraire. De plus, nous avons vu que tout porte à croire que le *Lachès* rectifie et corrige la définition du courage exposée dans le *Protagoras* [99]. *Deuxièmement*, étant donné que le *Lachès* développe une critique de la thèse

97. Cf. Kahn 1986, p. 15 et p. 19. Sont donc exclus de ce groupe les dialogues de jeunesse suivants : *Apologie de Socrate, Criton, Ion, Gorgias, Hippias majeur, Ménexène, Cratyle.*

98. Cf. Kahn 1986, p. 20.

99. Nous sommes sur ce point d'accord avec Devereux (1977) et Vlastos (1994, p. 126). Cf. *Annexe*, p. 173-174.

socratique de la vertu-science, il serait pour le moins étonnant que ce dialogue soit le premier d'une série de dialogues consacrés à la vertu, dont plusieurs exposent, sans la critiquer (notamment le *Protagoras*), la doctrine de la vertu-science. En fait, le *Lachès* expose, au sujet des relations entre la vertu et la connaissance, des positions qui sont déjà passablement avancées [100]. Il est d'ailleurs significatif que l'auteur de cette interprétation esquive à plusieurs reprises [101] la question des relations entre le *Lachès* et les dialogues prétendument postérieurs en ce qui a trait au rapport entre la vertu et la connaissance.

c. *Le* Lachès *entre le courage et l'éducation*

La troisième interprétation consiste à mettre en doute l'interprétation traditionnelle selon laquelle le thème central du *Lachès* est la recherche d'une définition du courage. Il a été démontré qu'une telle interprétation est absolument incapable de dégager l'unité entre les trois principales sections du dialogue, soit le problème de l'éducation (178a-190c), la recherche d'une définition du courage (190c-200a) et la conclusion (200a-201c). La première partie ne traite pas du tout du courage, car elle pose le problème de l'éducation à donner aux enfants, du choix d'une discipline à enseigner et du choix d'un maître approprié. Quant à la conclusion du dialogue, elle demeure elle aussi muette sur la question du courage, ce qui est plutôt exceptionnel dans la mesure où la discussion sur ce sujet vient de prendre fin, et elle renoue avec le problème posé dans la première partie du dialogue, soit celui de l'éducation et du choix d'un maître. En outre, comme nous l'avons fait remarquer auparavant [102], il n'y a dans le *Lachès* aucune nécessité véritable qui préside au choix du courage comme vertu à définir. Rappelons en effet que Socrate délaisse soudainement la question qu'il posait avec tant d'insistance, celle de

100. Comme Devereux (1977) l'a bien mis en lumière.
101. Cf. Kahn 1986, p. 15 et p. 18.
102. Cf. *supra*, p. 41-42.

l'identité des maîtres qui ont rendu les jeunes meilleurs, au profit d'une autre question, qui concerne l'essence de la vertu. Socrate voit dans la vertu le moyen privilégié d'améliorer les âmes ; mais pour savoir comment s'opère cette amélioration, on doit connaître l'essence de la vertu. Comme la définition de la vertu tout entière est une question trop considérable, il vaut mieux se borner à l'examen d'une partie de la vertu. Il faut donc souligner avec force que, *pour les fins de l'examen poursuivi par Socrate, n'importe quelle partie de la vertu aurait fait l'affaire*. Si le choix se porte finalement sur le courage, c'est uniquement parce que c'est la vertu dont l'épanouissement serait favorisé par l'hoplomachie [103]. Or dans la mesure où la question de la valeur de l'hoplomachie avait été définitivement écartée un peu plus tôt, le choix du courage n'obéit à aucune nécessité interne. On voit à quel point le *Lachès* diffère, sur ce point, d'un dialogue comme l'*Euthyphron*, où il est évident et nécessaire, et ce dès le début du dialogue, que c'est la piété qui doit faire l'objet d'une définition. Mais si c'est un peu « par hasard » que le courage est choisi comme vertu à définir, peut-on vraiment interpréter le *Lachès* comme un dialogue dont le thème principal est la recherche d'une définition du courage ? Il semble que non.

Dans ces conditions, quel est le thème principal et doit-on désespérer de trouver l'unité du dialogue ? Nous sommes résolument d'avis que le thème central du *Lachès* est l'éducation [104] et le choix d'un maître compétent. Ce thème, qui est clairement exposé dans

103. C'est du moins la seule raison dont il soit explicitement fait mention (cf. 190d). Une autre raison est que le courage est la vertu que Nicias et Lachès sont le plus susceptibles, en tant que militaires, de posséder.

104. C'était déjà l'avis de Saisset : « Le véritable sujet du *Lachès* n'est pas le courage, mais, à propos du courage, l'éducation des enfants, c'est-à-dire la science des études et des exercices qui leur conviennent le mieux » (1869, p. 299). Plus près de nous, Kohák (1960, p. 124), Buford (1977) et Nichols (1987, p. 269-272) ont également placé le thème de l'éducation au centre du *Lachès*.

la première partie du dialogue, sous-tend aussi la deuxième partie, celle qui est en apparence tout entière consacrée à la définition du courage. Il n'y a pas solution de continuité entre ces deux sections, car la recherche d'une définition du courage n'a en fait pas d'autre but que de déterminer d'une façon plus certaine la compétence de l'expert ou du maître en éducation. Une lecture superficielle du passage 189d-e peut laisser croire que Socrate abandonne la question de l'éducation et du choix d'un maître au profit d'une autre question, celle relative à l'essence de la vertu. Or si on relit attentivement ce passage, on s'aperçoit que pour Socrate la question de l'essence de la vertu revient au même (*eis tautòn phérei*, 189e), c'est-à-dire qu'elle vise elle aussi, mais d'une façon plus fondamentale, ou plus originaire (*mâllon ex arkhês*, 189e), à déterminer les critères auxquels doit satisfaire le maître compétent. Et la conclusion du dialogue confirme de façon décisive que la recherche de la définition du courage est subordonnée à la question du choix d'un maître compétent. En effet, tout à la fin du *Lachès*, Socrate considère comme une incapacité rédhibitoire l'impuissance de tous les interlocuteurs — y compris lui-même — à définir le courage. Autrement dit, il voit dans cette impuissance la confirmation éclatante de leur incompétence en matière d'éducation, de leur inaptitude foncière à occuper la fonction d'éducateur (cf. 200e-201a). Le thème central du *Lachès* est donc bien l'éducation ; quant au courage, c'est une question subsidiaire, tout entière subordonnée à la recherche d'un « éducateur » compétent.

Peut-on par ailleurs soutenir, comme d'aucuns l'ont fait [105], que ce maître ès éducation existe et qu'il a pour nom Socrate ? Cela revient à affirmer que Platon, dans le *Lachès*, présente Socrate comme l'expert idéal en matière d'éducation. Cette opinion est-elle à ce point évidente ? Rien n'est moins sûr, et

105. Cf. Buford 1977, p. 169.

ce pour au moins deux raisons : *premièrement*, une telle interprétation implique que l'on accorde une signification ironique au passage de la conclusion où Socrate se défend d'être l'éducateur parfait que l'on cherche et où il invite ses interlocuteurs à se joindre à lui dans la quête d'un éducateur compétent et incontesté. Comme on le verra à l'instant, ce passage est peut-être moins ironique qu'il ne peut le sembler à première vue. *Deuxièmement*, on doit se garder de commettre l'erreur naïve, dernièrement dénoncée à juste titre [106], qui consiste à croire que Platon est l'auteur d'un document historique objectif, où il se contente de rapporter les propos de son maître sans y mêler ou y introduire ses propres intérêts philosophiques et projets éducatifs. Il ne faut pas oublier qu'entre la date dramatique du dialogue (*ca.* 424-418) et la date de sa composition (*ca.* 399-388), il y a un écart de vingt à trente-cinq ans, si bien que la rédaction du *Lachès* obéit beaucoup plus aux préoccupations qui agitaient alors Platon qu'à l'improbable souci d'être fidèle à une conversation qui est d'ailleurs fictive [107]. Enfin, il ne faut pas perdre de vue que Platon écrit d'abord et avant tout pour ses contemporains ; c'est pourquoi la fin du *Lachès* peut être comprise comme une invitation à philosopher à l'Académie, auquel cas l'éducateur recherché par Socrate ne serait autre que Platon lui-même. La dimension protreptique du *Lachès* concorde parfaitement avec l'interprétation qui voit dans ce dialogue une œuvre qui est avant tout préoccupée par les questions d'éducation.

6. *Le titre*

Nous n'avons pas évoqué, jusqu'à maintenant, la question du titre, et pourtant c'est une question qui vaut d'être posée dans la mesure où elle concerne

106. Cf. Kahn 1986, p. 9-11.

107. Rappelons que Platon était enfant au moment où la discussion rapportée dans le dialogue est censée avoir eu lieu ; il est donc impossible qu'il y ait assisté en personne (cf. *supra*, p. 22).

l'interprétation globale du dialogue [108]. Pour la très grande majorité des dialogues de Platon, le titre ne pose aucun problème, puisque le dialogue est intitulé d'après le nom du principal interlocuteur de Socrate. Ainsi en est-il, par exemple, de l'*Euthyphron*, des deux *Hippias*, des deux *Alcibiade*, du *Protagoras*, du *Théétète*, du *Criton*, de l'*Ion*, du *Phèdre*, du *Parménide*, du *Timée* et du *Critias*. Le *Lachès* pose à cet égard un problème particulier, puisque Socrate n'a pas d'interlocuteur principal dans ce dialogue, Lachès et Nicias jouant un rôle à peu près équivalent. Et le *Lachès* n'est pas non plus comme le *Gorgias*, dont le titre ne vient pas du fait que Gorgias est l'interlocuteur principal de Socrate — la discussion avec Gorgias est plus courte que celles avec Polos et Calliclès —, mais plus vraisemblablement du fait que la renommée de Gorgias éclipse largement celle de ses deux acolytes. Une telle explication ne peut être invoquée dans le cas du *Lachès*, puisque de tous les interlocuteurs présents dans le dialogue, c'est Nicias qui jouit, et de loin, de la plus grande notoriété. Alors, encore une fois, pourquoi le dialogue s'intitule-t-il *Lachès* et non pas *Nicias* ? D'après l'un des rares interprètes qui se soient penchés sur cette question [109], la raison pour laquelle le dialogue est ainsi intitulé est que la réaction de Lachès à l'*élegkhos* socratique est philosophiquement plus prometteuse et plus féconde que celle affichée par Nicias. Après que sa deuxième tentative de définition a elle aussi été réfutée par Socrate, Lachès reconnaît sa propre ignorance (193d) et se met en colère contre lui-même, tant il enrage d'être à ce point impuissant à formuler correctement la définition du courage. Il est vrai que cette attitude correspond, à un détail près

108. La question de la signification du titre perdrait beaucoup de son intérêt si le titre *Lachès* ne remontait pas à Platon lui-même. Nous ne disposons d'aucune preuve certaine que ce titre ait été choisi par Platon, mais nous n'avons pas non plus de raisons de douter que le titre traditionnel soit aussi le titre originel.

109. Cf. Sprague 1973, p. 6-8. L'interprétation du titre que donne Nichols (1987, p. 273-274) rejoint pour l'essentiel celle de Sprague.

— sur lequel nous reviendrons dans un instant —, au portrait du répondant idéal que Platon brosse dans le *Théétète* (168a) et le *Sophiste* (230b-d). L'individu réfuté n'éprouve aucune animosité à l'endroit de son réfutateur, puisque ce dernier lui a rendu un service inestimable, celui de l'avoir débarrassé d'une erreur qui s'était jusqu'alors fait passer pour un savoir véritable ; le répondant éprouvera une honte tout intérieure, qui procède du constat qu'il ne sait pas ce qu'il croyait savoir [110]. Lachès réagit comme ce répondant idéal, à une exception près, à savoir le désir de victoire dont il affirme avoir été saisi. Ce désir de victoire, qui est un sentiment étranger à l'attitude du répondant idéal, apparenterait plutôt Lachès aux sophistes et aux éristiques, pour lesquels seule compte la victoire remportée à n'importe quel prix dans la discussion, si ce n'était que Lachès ne semble pas vouloir remporter de victoire sur qui que ce soit, sinon sur lui-même, c'est-à-dire sur sa propre ignorance et sur son impuissance, auquel cas ce désir de victoire n'est pas du tout condamnable ni incompatible avec l'attitude du répondant idéal. Même si dans la suite du dialogue Lachès multiplie les sarcasmes et les attaques à l'endroit de Nicias, il demeure qu'il reconnaît toujours son incompétence et qu'il décline l'invitation d'agir à titre d'éducateur des jeunes (200c).

À la différence de Lachès, Nicias ne fait pas preuve d'une grande modestie après avoir été réfuté, si bien qu'il n'est pas moins satisfait de lui-même à la fin du dialogue qu'il ne l'était au début. N'affirme-t-il pas, avec une présomption affectée, qu'il trouvera facilement une solution lorsqu'il en discutera avec Damon et qu'il s'empressera d'en instruire Lachès, qui lui semble avoir le plus urgent besoin de recevoir son enseignement (cf. 200a-b) ? Ainsi, contrairement à Lachès, Nicias n'a pas tiré profit du fait d'avoir été

110. Comme nous l'avons vu plus haut (cf. p. 39), il s'en faut toutefois de beaucoup que, dans les faits, l'attitude des personnes réfutées corresponde en tout point au comportement du répondant idéal.

réfuté, puisqu'il éprouve d'un bout à l'autre du dialogue le même contentement de lui-même. Même si Nicias est plus doué et plus talentueux que Lachès sur le plan intellectuel, ses progrès seront moindres que ceux de son collègue, car il n'éprouve pas cette colère contre lui-même que doit en principe ressentir quiconque s'aperçoit qu'il ne connaît pas ce qu'il croyait jusqu'alors savoir. Le titre du dialogue est donc un indice des préférences de Platon eu égard à la réaction et à l'attitude qu'il souhaite être celles de l'individu réfuté dans le cadre d'un entretien dialectique.

Si cette interprétation du titre est juste, il faut à tout prix réviser le jugement que la tradition a porté sur les personnages de Lachès et de Nicias dans le dialogue. Ce jugement, sans nuance et typiquement manichéen, voit en Lachès un soldat balourd, mal dégrossi, ignare et obtus, et en Nicias un intellectuel raffiné, familier des philosophes et des sophistes, subtil et agile dans les raisonnements. Voici un exemple parmi d'autres du mépris que l'interprétation traditionnelle voue à Lachès : « Il est impétueux, passablement cynique et plafonne au niveau du sens commun : il sera excellent pour fournir à Socrate les solutions vulgaires que celui-ci rejettera au profit de solutions supérieures. [...] Mais Lachès est prisonnier du sens commun. Il est déconcerté et retire sa définition. Socrate, lui aussi, est fatigué de la lourdeur de Lachès. Il se tourne vers le général lettré, Nicias, et aussitôt la conversation prend un autre ton [111]. » Toujours d'après cette interprétation, il irait de soi que Platon accorde sa préférence à Nicias plutôt qu'à Lachès ; en conséquence, les définitions de celui-ci ne seraient rien de plus que des définitions « préparatoires », vite écartées au profit de la définition « supérieure » développée par Nicias. Bref, Platon attribuerait à Lachès le rôle ingrat de faire-valoir de Nicias.

111. R. Violette, « La voie royale des dialogues socratiques de Platon », in *Revue philosophique de la France et de l'Étranger*, 1982, p. 229-230. Dans le même sens, Taylor (1929, p. 59) décrit Lachès comme « un vaillant soldat dépourvu de toute capacité intellectuelle » (« a brave fighting-man with no intellectual capacity »).

Or ce jugement a aujourd'hui fait long feu et l'on doit s'en féliciter. Qu'en est-il en effet du prétendu béotisme de Lachès et de la prétendue supériorité intellectuelle de Nicias ? Il est possible de réhabiliter le personnage de Lachès sans tomber dans les excès inverses de ceux que nous dénonçons dans l'interprétation traditionnelle, c'est-à-dire sans échanger purement et simplement, mais tout aussi injustement, les qualités reconnues à Nicias contre les défauts attribués à Lachès. Pour délivrer ce dernier de l'injuste réputation de balourdise attachée à son nom, on peut par exemple faire valoir que c'est lui qui le premier reconnaît la supériorité de Socrate et qui, partant, s'étonne du fait qu'il n'ait pas été invité ; c'est encore lui qui, à la fin du dialogue, conseille à Lysimaque de retenir les services du seul Socrate. En outre, les arguments développés par Lachès contre l'hoplomachie sont tout à fait valables. Le long passage où il prononce l'éloge de Socrate ne le cède en rien, ni en beauté ni en justesse, à celui composé par Nicias ; par ailleurs, ce même passage, où est exposée l'opposition fondamentale entre l'*érgon* et le *lógos*, témoigne du fait que Lachès possède une bonne culture musicale, et ce, bien qu'il ne suive pas comme Nicias l'enseignement de Damon. Et pour un homme qui prétend ne pas être familier des entretiens socratiques, Lachès apprend plutôt vite et bien à mener un examen à la manière de Socrate. Ce fait mérite d'autant plus d'être souligné que Nicias ne joue jamais le rôle de questionneur dans le *Lachès*. Enfin, la deuxième définition de Lachès, qui présente le courage comme une fermeté de l'âme, est loin d'être une simple définition préparatoire qui « plafonne au niveau du sens commun », puisque, de l'avis même de Socrate, elle contient un élément constitutif du courage que Nicias aura tort de ne pas prendre en considération. Quant à Nicias, il est vrai qu'il est plus à l'aise que Lachès dans les raisonnements, mais jusqu'à un certain point seulement. Cette plus grande aisance dans l'argumentation, qui n'est vraiment perceptible qu'en 195a-196c, est toute relative dans la mesure où Nicias se contente le plus souvent de rapporter des idées et des théories qu'il a entendues ailleurs. Ainsi emprunte-t-il à Socrate la définition du courage qu'il développe, mais qu'il échoue finalement à défendre efficacement contre les objections qui lui sont adressées. Et lorsqu'il établit une distinction sémantique entre « courage » et « témérité », il s'inspire des recherches linguistiques du sophiste Prodicos. Enfin, il fera appel à Damon, le professeur de son fils, pour mettre au point une définition du courage qui soit invincible. Comme on le voit, Nicias ne défend pas ses idées personnelles et, surtout, il est dépourvu de cette modestie qui caractérise Lachès et qui est indispensable à l'homme désireux de progresser en philosophie. En conclusion, les portraits respectifs de Lachès et de Nicias sont beaucoup plus nuancés et équilibrés que ne l'a prétendu la tradition ; chose certaine, on ne peut plus soutenir, sans commettre par le fait même une grave erreur d'interprétation, que Lachès sert de repoussoir.

Louis-André DORION.

BIBLIOGRAPHIE

La bibliographie qui suit, classée par ordre alphabétique, est loin d'être exhaustive. Pour la compléter, on consultera l'indispensable bibliographie des études platoniciennes publiée dans la revue *Lustrum* : H. Cherniss, « Plato 1950-1957 », *Lustrum* 4 et 5, 1959 et 1960 ; L. Brisson, « Platon 1958-1975 », *Lustrum* 20, 1977 ; L. Brisson (avec la collaboration de H. Ioannidi), « Platon 1975-1980 », *Lustrum* 25, 1983, p. 31-320 ; « Platon 1980-1985 », *Lustrum* 30, 1988, p. 11-294 ; « Platon 1985-1990 », *Lustrum* 34, 1992, p. 7-329.

Dans l'*Introduction*, l'*Annexe* et les notes de la traduction, nous avons fait référence aux études qui apparaissent dans cette bibliographie en mentionnant uniquement le nom de l'auteur, l'année de publication et la page concernée (e.g. « Devereux 1977, p. 130 »).

A) *Éditions, traductions et commentaires*

BURGES, G. (1903), *The Works of Plato*, [introduction, traduction et notes], Londres, George Bell & Sons, vol. IV, p. 145-179.

BURNET, J. (1903), *Platonis Opera*, [texte], Oxford, Clarendon Press, vol. 3.

CHAMBRY, E. (1936), *Platon : Œuvres complètes*, [introduction, traduction et notes], Paris, Garnier, vol. I ; réédition en format de poche : *Platon : Premiers Dialogues*, Paris, GF-Flammarion (n° 129), 1967, p. 213-260.

COUSIN, V. (1823), *Platon : Œuvres*, [introduction, traduction et notes], Paris, vol. 5, p. 331-396.

CRON, C. (1891), *Platons Laches*, [introduction, texte et commentaire], Leipzig, Teubner (5e éd.), X-86 p.

CROISET, A. (1921), *Platon : Hippias majeur, Charmide, Lachès, Lysis*, [texte et traduction], Paris, Les Belles Lettres, 155 p.

JOWETT, B. (1953), *The Dialogues of Plato*, [introduction et traduction], Oxford, Clarendon Press (4e éd.), vol. I, p. 67-102.

KERSCHENSTEINER, J. (1975), *Laches*, [texte et traduction], Stuttgart, Reclam (Universal Bibliothek nr. 1785-1786), 102 p.

LAMB, W. R. M. (1924), *Plato : Laches, Protagoras, Meno, Euthydemus*, [texte et traduction], Cambridge (Mass.), Harvard University Press (The Loeb Classical Library), XX-508p.

LANE, I. (1987), traduction du *Lachès*, *in* T. J. Saunders (éd.), *Early Socratic Dialogues*, [introduction, traduction et notes], Londres, Penguin Books, p. 69-115.

NICHOLS, J. H. (1987), traduction du *Lachès*, *in* T. L. Pangle (éd.), *The Roots of Political Philosophy. Ten Forgotten Socratic Dialogues*, [traduction et notes], Ithaca, Cornell University Press, p. 240-280.

ROBIN, L. (1950), *Platon : Œuvres complètes*, [traduction et notes], Paris, Gallimard, Bibliothèque de la Pléiade, vol. I, p. 287-320.

SAISSET, É. (éd.) (1869), *Œuvres complètes de Platon*, [introduction et traduction], Paris, Charpentier, tome I, p. 299-352.

SCHRASTETTER, R. (1970), *Laches*, [texte et traduction], Hamburg, Meiner (Philosophische Bibliothek nr.270), XXXIX-101 p.

SPRAGUE, R. K. (1973), *Plato : Laches and Charmides*, [traduction, introduction et notes], Indianapolis, Bobbs Merrill Co., X-102 p.

TATHAM, M.T. (1888), *Laches*, [introduction, texte et notes], London, Macmillan & Co., XXVI-99 p. ; réimpression : New York, St Martin's Press, 1966.

VICAIRE, P. (1963), *Platon : Lachès et Lysis*, [introduction, texte et commentaire], Paris, PUF (coll. « Érasme »), IV-108 p.

WARRINGTON, J. *et alii* (1964), *Plato : Symposium, Ion, Meno, Laches, Euthydemus*, [introduction et traduction], London-New York, Dent-Dutton, Everyman's Library nº 418, 195 p.

B) *Études*

Lorsqu'une étude traite d'un passage précis du dialogue, nous avons indiqué entre crochets droits, à la fin de l'entrée bibliographique, la référence du passage analysé. Une telle indication est toutefois absente si le titre de l'étude est lui-même explicite à cet égard (cf., par exemple, Klonoski 1986).

BLITZ, M. (1975-76), « An introduction to the reading of Plato's *Laches* », in *Interpretation* (5), p. 185-225.

BONITZ, H. (1886), « Zur Erklärung des Dialogs *Laches* », in *Platonische Studien*, Berlin (3e éd.), p. 210-226 ; réimpression : Hildesheim, G. Olms, 1968.

BUCCELLATO, M. (1967), « La mimesis e la regia platonica dell'actio nel *Lachete* », in *Revista critica di Storia della Filosofia* (22), p. 123-140.

BUFORD, T. O. (1977), « Plato on the educational consultant. An interpretation of the *Laches* », in *Idealistic Studies* (7), p. 151-172. [sur 178a-189d et 200a-201c].

CATTANEI, G. (1968), *Civismo e valentia nel Lachete di Platone. Note sul disarmo dei polemarchi nell'utopia platonica*, Genova, 117 p.

COOLEY, K. W. (1968-69), « Unity and diversity of the virtues in the *Charmides*, *Laches* and *Protagoras* », in *Kinesis* (1), p. 100-106.

DEVEREUX, D. T. (1977), « Courage and wisdom in Plato's *Laches* », in *Journal of History of Philosophy* (15), p. 129-141. [sur 198a-199e].

— (1992), « The unity of the virtues in Plato's *Protagoras* and *Laches* », in *Philosophical Review* (101), p. 765-789.

DOBBS, D. (1986), « For lack of wisdom : courage and inquiry in Plato's *Laches* », in *Journal of Politics* (48), p. 825-849.

DORION, L.-A. (1993), « La misologie chez Platon », in *Revue des études grecques* (106), p. 109-127. [sur 188c-189b].

— (1994), « Le *Lachès* et l'analogie de la Ligne », in *Laval théologique et philosophique* (50), p. 607-618.

FESTUGIÈRE, A.-J. (1946), « Sur un passage difficile du *Protagoras* », in *Bulletin de correspondance hellénique* (70), p. 179-186. [sur 192e].

FRIEDLÄNDER, P. (1964), *Plato*, vol. II : *The Dialogues (first period)*, New York, Pantheon Books (sur le *Lachès*, cf. p. 38-49).

GALLI, G. (1953), « Sul *Lachete* di Platone », in *Il Saggiatore* (3), p. 62-82 ; reproduit, avec modifications, dans G. Galli, *Socrate ed alcuni dialoghi platonici*, Torino, 1958, p. 153-182.

GARDEYA, P. (1981), *Das Problem des Besten in Platons Laches*, Interpretation und Bibliographie, Würzburg, Königshausen & Neumann, 54 p.

GOULD, C. S. (1987), « Socratic intellectualism and the problem of courage. An interpretation of Plato's *Laches* », in *History of Philosophy Quarterly* (4), p. 265-279.

GRAESER, A. (1975), « Zur Logik der Argumentationesstruktur in Platons Dialogen *Laches* und *Charmides* », in *Archiv für Geschichte der Philosophie* (57), p. 172-181.

GRENET, P. (1956), « Note sur la structure du *Lachès* », in *Mélanges Auguste Diès*, Paris, p. 121-128.

GRISWOLD, C. L. Jr. (1986), « Philosophy, education, and courage in Plato's *Laches* », in *Interpretation* (14), p. 177-193.

GROTE, G. (1865), *Plato and the Other Companions of Socrates*, vol. I, Londres, John Murray, (cf. chapitre XVI : « Laches », p. 468-481).

GUTHRIE, W. K. C. (1975), *A History of Greek Philosophy*, vol. IV : *Plato, the Man and his Dialogues : Earlier Period*, Cambridge, Cambridge University Press (sur le *Lachès*, cf. p. 124-134).

HINSKE, N. (1968), « Zur Interpretation des platonischen Dialogs *Laches* », in *Kant-Studien* (59), p. 62-79.

HOERBER, R. G. (1968), « Plato's *Laches* », in *Classical Philology* (63), p. 95-105.

INGENKAMP, H. G. (1967), « Laches, Nikias und platonische Lehre », in *Rheinisches Museum für Philologie* (110), p. 234-247.

JOËL, K. (1906), « Zu Platons *Laches* », in *Hermes* (41), p. 310-318.

— (1907), « Nochmals Platons *Laches* », in *Hermes* (42), p. 160.

KAHN, C. H. (1986), « Plato's methodology in the *Laches* », in *Revue internationale de Philosophie* (40), p. 7-21.

KLONOSKI, R. J. (1986), « Plato's discussion of seers in *Laches* 195e-199a », in *The Ancient World* (13), p. 7-9.

KOHÁK, E. V. (1960), « The road to wisdom : lessons on education from Plato's *Laches* », in *The Classical Journal* (56), p. 123-132.

LAGUNA, T. de (1934), « The problem of the *Laches* », in *Mind* (43), p. 170-180.

MEISTER, R. (1921), « Thema und Ergebnis des platonischen *Laches* », in *Wiener Studien* (42), p. 9-23 ; p. 103-114.

MÉRON, E. (1979), *Les Idées morales des interlocuteurs de Socrate dans les dialogues platoniciens de jeunesse,* Paris, Vrin, 234 p. (sur le *Lachès,* cf. p. 195-203).

NAGEL, W. (1962), « Zur Darstellungskunst Platons, insbesondere im Dialog *Laches* », *in* R. Muth, F. Gschnitzer, J. Knobloch (éd.), *Serta philologica Aeniponta,* Innsbrucker Beiträge zur Kulturwissenschaft 7-8, Innsbruck, p. 119-142.

O'BRIEN, M. J. (1963), « The unity of the *Laches* », in *Yale Classical Studies* (18), p. 133-147 ; reproduit, avec des modifications mineures, *in* J. P. Anton et G. L. Kustas (éd.), *Essays in Ancient Greek philosophy,* Albany, 1971, p. 303-315.

PENNER, T. (1992), « What Laches and Nicias miss — and whether Socrates thinks courage merely a part of virtue », in *Ancient Philosophy* (12), p. 1-27.

ROMILLY, J. de (1980), « Réflexions sur le courage chez Thucydide et chez Platon », in *Revue des études grecques* (93), p. 307-323.

ROSSETTI, L. (1988), « Plat. *Lach.* 187d6-188c2 : tra le pieghe del dichiarato », in *Problemi dell'uomo,* Quaderni dell'Istituto di Filosofia 7, Università degli Studi di Perugia, Facoltà di Magistero, Naples, Edizioni Scientifiche Italiane, p. 51-71.

SANTAS, G. (1969), « Socrates at work on virtue and knowledge in Plato's *Laches* », in *Review of Metaphysics* (22), p. 433-460 ; reproduit *in* G. Vlastos (éd.), *The Philosophy of Socrates : a Collection of Critical Essays*, Garden City (N.Y.), 1971, p. 177-208.

SCHMID, W. T. (1985), « The Socratic Conception of Courage », in *History of Philosophy Quarterly* (2), p. 113-129.

— (1992), *On Manly Courage : a Study of Plato's* Laches, Carbondale, Southern Illinois University Press, XVII-226 p.

SHOREY, P. (1933), *What Plato said*, Chicago, The University of Chicago Press (sur le *Lachès*, cf. p. 106-112).

STEIDLE, W. (1950), « Der Dialog *Laches* und Platons Verhältnis zu Athen in den Frühdialogen », in *Museum Helveticum* (7), p. 129-146.

STOKES, M. C. (1986), *Plato's Socratic Conversations. Drama and Dialectic in Three Dialogues*, London, The Athlone Press, XIV-520 p. (cf. chap. II : « Socrates and a pair of generals », p. 36-113).

TAYLOR, A. E. (1929), *Plato : the Man and his Work*, London, Methuen (3e éd.), XI-562 p. (sur le *Lachès*, cf. p. 57-64).

TESSITORE, A. (1994), « Courage and comedy in Plato's *Laches* », in *Journal of Politics* (56), p. 115-133.

UMPHREY, S. P. (1976a), « Plato's *Laches* on courage », in *Apeiron* (10), p. 14-22. [sur 190b-194c].

— (1976b), « On the theme of Plato's *Laches* », in *Interpretation* (6), p. 1-10.

VLASTOS, G. (1973), « The argument in *Laches* 197e ff. », in *Platonic Studies*, Princeton, Princeton University Press, p. 266-269.

— (1981), Note complémentaire à Vlastos 1973, in *Platonic Studies*, Princeton, Princeton University Press (2e éd.), p. 443-445.

— (1994), « The *Protagoras* and the *Laches* », in *Socratic Studies*, Cambridge, Cambridge University Press, p. 109-126.

WOODRUFF, P. (1988), « Expert knowledge in the *Apology* and *Laches*. What a general needs to know », *in* J. J. Cleary (éd.), *Proceedings of the Boston Area Colloquium in Ancient Philosophy*, vol. III, Lanham (Md.), University Press of America, p. 79-115.

REMARQUES PRÉLIMINAIRES

1. *Le texte*

Le texte traduit est celui établi par J. Burnet, *Platonis Opera*, tome III, Oxford, 1903. Voici la liste des quelques passages où nous nous en sommes écarté :

	Burnet	nous lisons	source
185b11	[*kaì skeptómetha*]	*kaì skeptómetha*	manuscrits
191b6	[*tò ekeínōn*]	*tò ekeínōn*	manuscrits
191b6-7	[*tó ge tȏn Hellḗnōn*]	*tó ge tȏn Hellḗnōn*	manuscrits

Pour la division du texte en pages (178-201) et en paragraphes (a, b, c, d, e), qui remonte à l'édition d'Henri Estienne (Genève, 1578), nous avons également suivi l'édition de J. Burnet.

2. *La traduction*

Comme Platon est non seulement un très grand philosophe, mais aussi un formidable écrivain, le traducteur est d'emblée confronté à un double défi, celui de rendre le plus fidèlement possible le texte argumentatif à traduire tout en rendant justice, autant que faire se peut, au style inimitable de Platon. Or il nous a paru que cette traduction devait viser avant tout à la précision et à la clarté ; c'est pourquoi le souci de l'élégance a été le plus souvent sacrifié à celui d'être fidèle au texte grec, y compris en ce qui a trait à l'ordre des mots, quand le permet la syntaxe propre à la langue française. Lorsqu'un problème particulier de traduction se pose — par exemple trouver des équivalents pour les calembours et autres jeux de mots présents dans le texte grec —, nous exposons en note la nature du problème et la solution retenue.

3. *Les notes*

Les notes de la traduction sont conçues comme des explications ponctuelles de certains passages du texte, qu'il s'agisse d'éclaircir le sens des allusions géographiques, mythologiques et historiques (hommes, événements et institutions), ou de mettre en lumière la portée d'un argument précis, ou d'exposer un problème textuel, ou d'attirer l'attention sur la signification technique et philosophique du vocabulaire employé, ou encore de faire état de divergences importantes entre les traducteurs ou les commentateurs. Étant donné que le dialogue, considéré dans son ensemble, est analysé en profondeur dans l'*Introduction*, les notes de la traduction y renvoient fréquemment. La fonction des notes est le plus souvent complémentaire à celle de l'*Introduction*, en ce qu'elles fournissent des explications ponctuelles sur des points précis qui n'ont pas été traités dans l'*Introduction*. Enfin, lorsque le texte du dialogue peut être utilement rapproché d'autres textes (qu'ils soient de Platon ou d'un autre auteur de l'Antiquité grecque), nous le signalons en note.

LACHÈS [1]

[*ou : Sur le courage, genre maïeutique* [2]]

LYSIMAQUE

[178a] Nicias [3] et Lachès [4], vous avez vu cet homme [5] combattre en armes [6]. Et la raison pour laquelle Mélèsias [7] et moi [8] nous vous avons invités à le voir en notre compagnie, nous ne vous l'avons pas dite alors, mais nous allons vous la dévoiler à l'instant. Nous pensons en effet qu'il faut parler franchement, du moins avec vous. Car il y a des gens qui se moquent de ce genre de choses [9], et si d'aventure [178b] quelqu'un leur demande conseil, ils ne répondront pas ce qu'ils pensent, mais, cherchant à deviner la pensée de celui qui les consulte, ils tiennent des propos qui ne correspondent pas à leur opinion personnelle. Quant à vous, nous estimons que vous êtes en mesure aussi bien de connaître le sujet, que de nous livrer votre sentiment sur ce que vous connaissez à fond ; c'est pourquoi nous vous avons conviés à nous conseiller sur le sujet que nous sommes sur le point de vous communiquer. Voici [179a] donc la question à la source de tout ce préambule que je fais depuis tout à l'heure. Voici nos fils : celui-ci est le fils de Mélèsias, et il porte le nom de son grand-père [10] Thucydide [11] ; quant au mien, que voici, il porte lui aussi le nom de son grand-père

paternel : nous l'appelons de fait Aristide [12]. Nous avons donc résolu de nous occuper d'eux le plus possible, et de ne pas faire comme la plupart des gens, qui laissent leurs enfants, une fois devenus adolescents, faire tout ce qui leur chante ; non, nous croyons que nous devons dès maintenant commencer à nous occuper d'eux autant que nous en sommes capables. Comme nous savons que [179b] vous aussi avez des fils [13], nous avons pensé que vous vous êtes préoccupés, comme personne au monde, de savoir comment il faut en prendre soin pour qu'ils deviennent meilleurs. Mais si, par hasard, vous n'aviez pas appliqué votre esprit à pareille question, nous vous rappellerions qu'il ne faut pas s'en désintéresser, et nous vous inviterions à prendre soin de vos fils en commun avec nous. D'où nous vient ce projet, Nicias et Lachès, il faut que vous en écoutiez le récit, même s'il est un peu long. Mélèsias et moi prenons nos repas ensemble et nos fils mangent à notre table. [179c] Comme je l'ai dit en commençant mon exposé, nous nous adresserons à vous en toute franchise : chacun de nous a au sujet de son père plusieurs belles actions à raconter aux jeunes, actions qu'ils ont accomplies tant à la guerre qu'en période de paix, alors qu'ils administraient les affaires des alliés et celles de la cité ; mais nous n'avons ni l'un ni l'autre d'exploits personnels à raconter. Nous en rougissons devant nos enfants et nous en faisons reproche à nos pères, parce que, à l'époque où nous entrions dans l'adolescence, ils nous [179d] ont laissés vivre une vie désordonnée, alors qu'eux s'occupaient des affaires des autres [14]. C'est cela même que nous expliquons à ces jeunes : nous leur disons que s'ils se négligent et ne nous obéissent pas, ils vivront sans gloire, tandis que s'ils ont souci d'eux-mêmes, ils se montreront peut-être dignes des noms qu'ils portent [15]. Nos fils, pour leur part, s'engagent à nous obéir ; nous, nous examinons cette question : que doivent-ils apprendre ou pratiquer pour devenir meilleurs [16] ? [179e] Or il se trouve que quelqu'un nous a recommandé cet apprentissage [17], affirmant qu'il est bien pour un jeune d'apprendre à combattre en armes. Il vantait celui [18] dont vous venez d'assister à la démonstration, et il nous a pressés de l'aller voir. Il nous a donc semblé que nous devions aller au spectacle offert par cet homme et qu'il fallait vous y convier, non seulement en tant que spectateurs, mais aussi comme conseillers, et, si le cœur vous en dit, comme partenaires en ce qui touche l'éducation de nos fils [19]. [180a] Voilà ce dont nous souhaitions vous faire part. C'est désormais à votre tour de nous conseiller sur cet objet d'étude, selon qu'à votre avis l'on doive, ou non, en acquérir la connaissance, de même que sur tout autre apprentissage ou exercice, si jamais vous étiez en mesure d'en recommander un à un jeune homme ; et il vous appartient de nous dire ce que vous comptez faire relativement à notre offre d'association.

NICIAS

Pour ma part, Lysimaque et Mélèsias, je loue votre projet et je suis disposé à y participer, de même, je pense, que Lachès ici présent.

LACHÈS

[180b] Tu as raison de le penser, Nicias. Et ce que Lysimaque vient de dire à propos de son père et de celui de Mélèsias m'a semblé leur convenir parfaitement ainsi qu'à nous et à tous ceux qui administrent les affaires de la cité ; il leur arrive à peu de chose près ce qu'il dit : à l'égard de leurs enfants et de leurs affaires privées, ils sont négligents et insouciants. C'est à juste titre que tu dis cela, Lysimaque. Mais que tu t'adresses à nous pour vous conseiller sur l'éducation de ces jeunes hommes, [180c] et que tu ne fasses pas appel à Socrate ici présent [20], je m'en étonne, d'abord parce qu'il est de ton dème [21], ensuite parce qu'il passe tout son temps dans les endroits [22] où l'on peut trouver ce que tu cherches pour ces jeunes gens, soit un objet d'étude ou un exercice valable.

LYSIMAQUE

Que veux-tu dire, Lachès ? Socrate s'est-il déjà soucié de questions de ce genre [23] ?

LACHÈS

Bien sûr, Lysimaque.

NICIAS

Je ne suis pas moins bien placé que Lachès pour te le certifier : tout récemment, il m'a en effet procuré pour mon fils [180d] un professeur de musique. Il s'agit de Damon [24], un élève d'Agathoklès [25] : c'est le plus compétent des hommes, non seulement en musique, mais aussi dans les autres disciplines dont tu as raison de souhaiter qu'elles occupent les jeunes de cet âge.

LYSIMAQUE

Les gens de ma génération, Socrate, Nicias et Lachès, ne connaissent plus les jeunes, car notre âge avancé nous fait passer le plus clair de notre temps à la maison. Mais si toi, fils de Sophronisque [26], tu as quelque bon conseil à donner à un homme qui est du même dème que toi, [180e] il faut le lui donner. Et ce sera justice, car tu te trouves être notre ami par l'intermédiaire de ton père ; en effet, ton père et moi avons toujours été compagnons et amis, et il est mort sans avoir eu le moindre différend avec moi. D'ailleurs il me revient à la mémoire des propos tenus par ces adolescents : lorsqu'ils discutent ensemble à la maison, ils font souvent mention de Socrate et le couvrent d'éloges. Je ne leur ai toutefois jamais demandé [181a] s'ils parlaient du fils de Sophronisque [27]. Allons, les enfants, dites-moi : ce Socrate est-il bien celui dont vous faisiez mention à tout bout de champ ?

LES ENFANTS

Tout à fait, père, c'est bien lui.

LYSIMAQUE

Par Héra [28], Socrate, il est bien que tu maintiennes

la réputation de ton père, lui qui était le meilleur des hommes, et il est particulièrement heureux que ta famille et la mienne soient à nouveau étroitement liées.

LACHÈS

En tout cas, Lysimaque, ne laisse pas aller notre homme, car moi je l'ai vu ailleurs soutenir la réputation non seulement de son père, [181b] mais aussi de sa patrie. En effet, il battait en retraite avec moi lors de la déroute de Délion [29], et je puis t'affirmer que si les autres avaient voulu se comporter comme lui, notre cité serait restée debout et n'aurait pas connu une telle chute.

LYSIMAQUE

C'est assurément un bel éloge, Socrate, dont tu fais maintenant l'objet de la part d'hommes dignes de confiance en les matières pour lesquelles ils te louent. Sache donc bien que je me réjouis d'entendre que tu as bonne réputation, et tu peux me considérer comme l'un de ceux qui te sont le plus bienveillants. [181c] Il aurait fallu que tu prennes l'initiative de nous fréquenter beaucoup plus tôt et de nous traiter en proches, comme il était juste. Mais, à compter de ce jour, étant donné que nous nous sommes reconnus l'un l'autre, ne prends pas un autre parti : sois notre confident et apprends à nous connaître, nous et les enfants, de sorte que vous [30] préserviez fidèlement notre amitié [31]. Voilà ce que tu dois faire et nous aurons d'autres occasions de te le rappeler. Mais qu'avez-vous à dire sur les questions que nous avons soulevées au début ? Quelle est votre opinion ? Apprendre à combattre en armes est-il, oui ou non, un apprentissage indiqué pour des adolescents ?

SOCRATE

[181d] Eh bien, sur ces questions, Lysimaque, j'essaierai volontiers de te conseiller du mieux que je pourrai, et aussi de remplir tous les engagements que

tu me proposes. Il m'apparaît toutefois beaucoup plus convenable, étant donné que je suis plus jeune [32] et plus inexpérimenté qu'eux, d'écouter d'abord ce qu'ils ont à dire et d'ainsi apprendre d'eux [33]. Et si jamais j'ai quelque chose à ajouter à ce qu'ils auront dit, j'essaierai alors de vous l'expliquer et de vous en convaincre, aussi bien eux que toi. Eh bien, Nicias, pourquoi l'un de vous deux ne prend-il pas la parole ?

NICIAS

Mais, Socrate, rien ne l'empêche. Mon sentiment [181e] est que cet objet d'étude est sous de nombreux aspects utile à connaître pour les jeunes gens. Il est en effet bon qu'ils ne se consacrent pas aux occupations auxquelles les jeunes sont attachés lorsqu'ils ont du loisir, mais plutôt à cet exercice, par lequel leur corps acquerra nécessairement une meilleure résistance, car cet exercice demande un effort qui, en valeur et en intensité, ne le cède à aucun des exercices pratiqués au gymnase ; [182a] en même temps [34], ce type d'exercice et l'équitation [35] sont ce qui sied le plus à un homme libre. En effet, les seuls qui soient exercés aux luttes où nous sommes impliqués, de même qu'aux situations auxquelles la lutte nous expose, sont ceux qui s'exercent avec les instruments mêmes qui servent à la guerre. Ensuite, cet apprentissage sera aussi profitable en pleine bataille, lorsqu'il faut combattre en rang avec plusieurs autres guerriers. Cependant, la plus grande utilité de cet apprentissage, c'est lorsque les rangs sont rompus et qu'il faut désormais se battre en combat singulier, que ce soit dans la poursuite, lorsqu'on [182b] s'attaque à celui qui est repoussé, ou dans la fuite, lorsqu'on repousse soi-même un attaquant. Le guerrier isolé qui connaît cette technique ne se verra rien infliger par un seul homme, ni même probablement par plusieurs, mais par ce moyen il aura partout l'avantage [36]. De plus, une technique de ce genre inspire aussi le désir d'un autre bel apprentissage ; en effet, quiconque a appris à combattre en armes désirera l'apprentissage qui lui fait suite, celui qui a trait au commandement ; et une fois qu'il aura maîtrisé ces apprentissages et qu'il y aura remporté des honneurs, [182c] il se lancera dans l'étude de tout ce qui concerne la stratégie. Il est clair désormais que ce qui se rattache à ces disciplines, c'est-à-dire tous les objets d'étude et les exercices qu'il est beau et hautement digne pour un homme d'apprendre et de pratiquer, ont cet objet d'étude-ci pour point de départ [37]. Et à cela nous ajouterons ce complément, qui n'est pas négligeable : à la guerre, ce savoir rendra tout homme beaucoup plus audacieux et courageux [38] qu'il ne l'était lui-même. Et ne dédaignons pas de dire, même si d'aucuns ont l'impression que c'est très peu de chose, qu'on aura plus fière allure dans les cas où il est impérieux que [182d] l'homme paraisse avoir plus fière allure, et où, en même temps, une fière allure fait que l'on paraît plus redoutable à ses ennemis. Mon opinion, Lysimaque, est donc, comme je l'ai dit, qu'il faut donner aux jeunes cet enseignement, et j'ai exposé les raisons pour lesquelles c'est là mon sentiment. Quant à Lachès, s'il a quelque chose à dire qui va à l'encontre de cela, je serai ravi de l'entendre.

LACHÈS

Eh bien, Nicias, il est difficile de soutenir, à propos de quelque objet d'étude que ce soit, qu'il ne faut pas l'apprendre, car il semble bon de savoir toutes choses. Pour ce qui est du maniement des armes, [182e] si c'est bien un objet d'étude, comme le prétendent ceux qui l'enseignent, et comme le soutient Nicias, il faut s'en instruire. Mais si ce n'est pas un objet d'étude et que nous abusent complètement ceux qui s'engagent à l'enseigner, ou bien s'il se trouve que c'est un objet d'étude, mais qui n'est toutefois pas très sérieux, qu'avons-nous alors besoin de nous en instruire ? En parlant de la sorte à ce sujet, j'ai en vue les considérations suivantes : je pense que s'il y avait là quelque chose d'important, cela n'aurait pas échappé aux Lacédémoniens [39], eux qui ne se soucient de rien d'autre dans la vie que de chercher et pratiquer [183a] ce qui leur conférera, une fois qu'ils l'auront appris et pratiqué, la supériorité sur les autres à la guerre [40]. Et à supposer que cela leur a échappé, du moins il n'aurait pas dû échapper à ceux qui enseignent cette discipline que les Lacédémoniens sont ceux des Grecs qui se préoccupent le plus de ces questions, et que celui qui jouit auprès d'eux de prestige en ce domaine est aussi celui qui est susceptible de gagner le plus d'argent chez les autres, comme il en va pour l'auteur de tragédie qui jouit chez nous de prestige. Et c'est la raison pour laquelle celui qui s'imagine être un bon auteur de tragédie ne sort pas du cercle de l'Attique [41] [183b] pour donner représentation de sa pièce dans les autres villes, mais il l'apporte plutôt directement ici et c'est à juste titre qu'il la présente aux gens d'ici [42]. En revanche, ceux qui combattent en armes, je les vois qui considèrent Lacédémone comme un sanctuaire inviolable et qui n'y posent pas même la pointe des pieds [43]. Ils rôdent autour d'elle et préfèrent se produire devant tout le monde, surtout devant ceux qui reconnaissent eux-mêmes qu'il y en a plusieurs qui les devancent dans les choses de la guerre. [183c] Ensuite [44], Lysimaque, j'ai côtoyé pas mal de ces hommes dans le feu de l'action, et j'ai vu de quelle trempe ils sont. Mais il nous est possible d'examiner cette question à partir de ce seul fait : comme s'ils le faisaient exprès, aucun de ceux qui se sont exercés au maniement des armes n'est jamais devenu un homme réputé à la guerre. Et pourtant, dans tous les autres domaines, ceux qui deviennent renommés le deviennent en raison des exercices qu'ils ont faits ; mais eux, contrairement aux autres, sont à cet égard, semble-t-il, au comble de la malchance. Car enfin, ce Stésilas [45], que vous avez vu [183d] avec moi donner une représentation devant une foule nombreuse, et qui parlait de lui-même en mégalomane, moi je l'ai vu ailleurs, dans la réalité, faire malgré lui une démonstration vraiment plus belle. En effet, après que le vaisseau sur lequel il servait comme soldat de marine [46] eut abordé un navire de transport, il se battit avec une lance-faux, arme peu commune pour l'homme hors du commun qu'il est. Les autres faits de cet homme ne méritent pas d'être racontés, mais je dirai ce qui advint de son invention [47] : cette faux [183e] montée sur une lance. Alors qu'il se battait, sa faux se prit de quelque façon dans les gréements du navire ennemi et y demeura fixée [48]. Stésilas tirait donc sur sa lance, voulant la dégager ; mais il n'y parvenait pas, tandis que son navire passait le long de l'autre navire. Pendant ce temps, donc, il courait le long de son navire en demeurant accroché à sa lance. Mais comme l'autre bateau dépassait son navire et le tirait, lui qui s'accrochait à sa lance, [184a] il la laissa glisser dans sa main jusqu'à ce qu'il s'agrippât à l'extrémité du manche [49]. Les hommes du navire de transport riaient et applaudissaient à sa vue, et lorsque, après que quelqu'un eut lancé une pierre à ses pieds, sur le pont de son navire, il lâcha la lance, alors même les hommes de la trière ne purent plus contenir leur rire, à la vue de cette faux montée sur une lance suspendue au navire de transport. Peut-être y a-t-il du bon dans cet exercice, comme Nicias le prétend, mais ma propre expérience correspond plutôt à ce que je vous ai décrit. [184b] Comme je le dis depuis le début [50], ou bien c'est un objet d'étude qui a peu d'utilité, ou bien ce n'en est pas un, mais on le prétend et on fait comme si c'était un objet d'étude, auquel cas il ne vaut pas la peine de s'efforcer de l'apprendre. Et, à mon avis, si un lâche s'imaginait connaître cet objet d'étude, il deviendrait plus téméraire par ce moyen et il afficherait avec plus d'évidence le type d'homme qu'il est [51], alors qu'un homme courageux, comme il est épié de tous, encourrait de grands reproches s'il commettait la moindre petite faute. [184c] De fait, la prétention de maîtriser un savoir de ce genre suscite la jalousie, de sorte que si un homme ne se distingue pas étonnamment des autres sous le rapport de l'excellence, il ne lui sera pas possible d'échapper au ridicule s'il affirme qu'il possède ce savoir. À mon avis, Lysimaque, telle est la valeur de cet objet d'étude. Par ailleurs, comme je te le disais au début [52], il ne faut pas laisser filer Socrate, mais nous devons le consulter pour connaître son avis sur la question qui nous occupe.

LYSIMAQUE

Eh bien, je te le demande personnellement, Socrate, car [184d] notre conseil me semble avoir besoin de quelqu'un qui tranchera. Si ces deux-là étaient tombés d'accord, un tel avis serait moins nécessaire. Mais, comme tu vois, Lachès a défendu une thèse opposée à celle de Nicias ; il est donc bien que nous t'écoutions toi aussi pour savoir auquel de ces deux hommes tu accordes ton vote [53].

SOCRATE

Qu'est-ce à dire, Lysimaque ? Vas-tu rejoindre les rangs de celle des positions qui recueillera le plus grand nombre de nos suffrages [54] ?

LYSIMAQUE

Mais que pourrait-on faire d'autre, Socrate ?

SOCRATE

Est-ce que toi aussi, Mélèsias, tu ferais de même ? Suppose [184e] qu'il y ait un conseil pour décider ce que devrait pratiquer ton fils en vue d'une compétition, t'en remettrais-tu à la majorité d'entre nous, ou bien à celui qui a été formé et entraîné par un bon pédotribe [55] ?

MÉLÈSIAS

Selon toute vraisemblance à celui-là, Socrate.

SOCRATE

Tu t'en remettrais donc davantage à lui seul qu'à nous quatre ?

MÉLÈSIAS

Sans doute.

SOCRATE

Pour qu'un choix soit juste, je crois en effet qu'il doit se régler sur le savoir, et non pas sur le nombre [56].

MÉLÈSIAS

Comment ne pas être d'accord ?

SOCRATE

Eh bien, il en va de même en ce moment : il faut d'abord que nous examinions [185a] s'il y a, ou non, quelqu'un d'entre nous qui est expert sur le sujet à propos duquel nous délibérons ; s'il y en a un, il faut s'en remettre à lui, même s'il est seul, et donner leur congé aux autres ; mais s'il n'y en a pas, il faut chercher quelqu'un d'autre. Ou bien croyez-vous, Lysimaque et toi, que vous courez présentement un risque négligeable ? Ne s'agit-il pas de ce qui se trouve être le plus grand de vos biens [57] ? En effet, j'imagine, selon que vos fils deviennent vertueux ou le contraire, c'est la vie de toute la maisonnée paternelle qui correspondra à ce que ces enfants seront devenus.

MÉLÈSIAS

Tu dis vrai.

SOCRATE

C'est par conséquent une question qui nécessite une grande prévoyance.

MÉLÈSIAS

Tout à fait.

SOCRATE

[185b] Comment donc — pour en revenir à ce que je disais il y a un instant [58] — procéderions-nous si nous désirions examiner lequel d'entre nous est le plus expert en ce qui a trait à l'entraînement physique ? Ne serait-ce pas celui qui l'a étudié, qui s'y est exercé et qui a eu de bons maîtres en cette matière ?

MÉLÈSIAS

C'est bien mon avis.

SOCRATE

Ne devons-nous pas examiner, au préalable, la nature même de l'art pour lequel nous recherchons des maîtres ?

MÉLÈSIAS

Que veux-tu dire [59] ?

SOCRATE

Ce sera peut-être plus clair de cette façon : je n'ai pas l'impression que nous ayons commencé par nous mettre d'accord sur ce qu'est le sujet de notre délibération [60], et à propos duquel nous examinons [61] qui d'entre nous est expert et [185c] s'est procuré des maîtres à cette fin, et qui ne l'est pas.

NICIAS

N'est-ce pas, Socrate, le combat en armes qui fait l'objet de notre examen et dont nous nous demandons si les jeunes gens doivent l'apprendre ou non [62] ?

SOCRATE

Parfaitement, Nicias. Mais lorsqu'on examine un remède pour les yeux, afin de déterminer s'il faut l'appliquer ou non, quel est alors, à ton avis, l'objet de la délibération ? Le remède ou les yeux ?

NICIAS

Les yeux.

SOCRATE

[185d] Et lorsqu'on examine s'il faut, ou non, mettre un mors à un cheval, et à quel moment, j'imagine qu'on délibère alors à propos du cheval, et non à propos du mors ?

NICIAS

C'est vrai.

SOCRATE

Eh bien, pour le dire en un mot, lorsqu'on examine une chose en vue d'une autre chose, la délibération porte sur ce en vue de quoi on a entrepris l'examen, et non sur ce qu'on cherchait en vue d'une autre chose [63].

NICIAS

C'est obligé.

SOCRATE

Il faut donc que notre examen porte aussi sur le conseiller, et que nous nous demandions à son sujet s'il est un expert dans le soin de la chose en vue de laquelle nous faisons l'examen que nous sommes en train de faire.

NICIAS

Tout à fait.

SOCRATE

[185e] Eh bien, affirmons-nous que c'est en ayant en vue l'âme [64] des jeunes gens que nous examinons présentement cet apprentissage ?

NICIAS

Oui.

SOCRATE

Ce qu'il faut examiner, c'est donc la question de savoir si quelqu'un d'entre nous est expert dans le soin de l'âme, s'il est capable d'en bien prendre soin, et s'il a eu, à cette fin, de bons maîtres [65].

LACHÈS

Mais quoi, Socrate ? N'as-tu jamais vu en certains domaines des gens qui sont devenus plus experts sans maîtres, plutôt qu'avec leur concours [66] ?

SOCRATE

Bien sûr, Lachès ; mais toi-même tu ne voudrais pas leur accorder ta confiance, s'ils affirmaient être de bons artisans, à moins qu'ils n'aient à te montrer un produit de leur art qui soit bien exécuté, et plutôt [186a] plusieurs produits qu'un seul [67].

LACHÈS

En cela tu dis vrai.

SOCRATE

Ce que, nous aussi, nous devons alors faire, Lachès et Nicias — étant donné que Lysimaque et Mélèsias nous ont demandé conseil pour leurs fils, désireux qu'ils sont de voir leurs âmes devenir les meilleures possible [68] —, c'est de leur signaler, si nous prétendons être en mesure de le faire, les maîtres qui ont d'abord fait montre de leur valeur en prenant soin des âmes de plusieurs jeunes gens, [186b] et qui, par la suite, nous ont livré leur enseignement. Ou alors, si l'un d'entre nous affirme qu'il n'a pas eu de maître personnel, mais qu'il peut faire état de ses accomplissements, il faut qu'il montre ceux des Athéniens ou des étrangers, qu'ils soient esclaves ou libres [69], qui de l'aveu de tous sont devenus bons grâce à ses soins. Mais si rien de cela n'est notre apanage, il faut les inciter à chercher d'autres conseillers [70] et à ne pas risquer, en corrompant [71] les fils d'hommes qui sont nos amis, d'encourir la plus grave accusation de la part de leurs plus proches parents. Pour ma part, donc, Lysimaque et Mélèsias, je suis le premier [186c] à reconnaître que je n'ai pas eu de maître en cette matière. Et pourtant j'en nourris le désir depuis ma prime jeunesse. Mais je n'ai pas les moyens de payer un salaire aux sophistes [72], qui sont précisément les seuls à prétendre être en mesure de faire de moi un homme de bien [73]. Moi-même, d'un autre côté, je suis incapable, encore aujourd'hui, de découvrir cet art. Nicias ou Lachès l'auraient-ils découvert ou appris que je n'en serais pas étonné ; en effet, ils sont plus en moyen que moi pour ce qui est de la fortune [74], de sorte qu'ils ont pu l'apprendre auprès d'autres maîtres, et ils sont en même temps plus âgés [75], si bien qu'ils ont pu l'avoir déjà découvert. J'ai donc l'impression [186d] qu'ils sont en mesure de former un homme, car ils ne se seraient pas prononcé si librement sur les exercices utiles et nuisibles au jeune homme, s'ils ne croyaient pas eux-mêmes posséder là-dessus une connaissance suffisante [76]. En d'autres matières donc, je suis prêt à leur faire confiance ; mais qu'il y ait eu divergence d'opinion entre eux, je m'en suis étonné [77]. Lysimaque, je te demande donc à mon tour ceci : de même que Lachès te recommandait à l'instant [78] de ne pas me laisser partir, mais de m'interroger, de même moi je te prie maintenant de ne pas laisser partir Lachès et Nicias mais de les questionner. Tu leur diras : « Socrate [186e] affirme ne rien entendre au sujet débattu [79] et ne pas même être en mesure de déterminer lequel de vous dit la vérité, puisque, à l'en croire, il n'a pas fait de trouvailles en la matière et il n'est le disciple de personne sur des questions de ce genre. Mais vous, Lachès et Nicias, dites-nous chacun quel est l'homme le plus brillant que vous ayez fréquenté en ce qui a trait à l'éducation des jeunes gens, et quelles sont les choses que vous avez apprises auprès de lui, ou découvertes par vous-mêmes [80] ; et si vous les avez apprises, [187a] dites-nous quels furent vos maîtres respectifs et quels sont les autres qui exercent le même art qu'eux, afin que, si l'administration des affaires de la cité ne vous accorde aucun loisir, nous puissions aller à eux et les convaincre, soit par des dons, soit par des faveurs, soit par les deux ensemble, de s'occuper de vos enfants et des nôtres, pour éviter qu'ils ne fassent honte à leurs ancêtres en tournant mal. Mais si vous avez vous-mêmes découvert un tel art, présentez-nous des exemples, nommez ceux que par vos soins vous avez rendus hommes de bien, de mauvais qu'ils étaient. Car si maintenant vous vous apprêtez à enseigner pour la première fois, [187b] vous devez vous rendre compte que ce n'est pas sur la personne d'un Carien [81] que le risque sera couru, mais sur vos fils et sur les enfants de vos amis, et votre situation correspond précisément à ce que dit le proverbe : vous apprenez la poterie sur une grosse jarre [82]. En conséquence, dites-nous quel est celui de ces deux cas [83] dont vous affirmez, ou niez, qu'il est le vôtre et s'applique à vous. » Voilà, Lysimaque, ce dont tu dois t'enquérir auprès de ces hommes, sans les laisser s'échapper.

LYSIMAQUE

Mes amis, mon sentiment est que Socrate a raison. [187c] Mais il vous appartient, Nicias et Lachès, de décider si vous consentez, sur de tels sujets, à être interrogés et à rendre raison [84]. Quant à Mélèsias et moi, il saute aux yeux que nous nous réjouirions si vous consentiez à répondre par des arguments détaillés à toutes les questions de Socrate. Car, ainsi que j'ai commencé par le dire au début [85], la raison pour laquelle nous vous avons invités à nous conseiller est que nous pensions que vous vous étiez vraisemblablement souciés de ces questions, et ce d'autant plus que vos enfants, comme les nôtres, ont à peu de chose près l'âge [187d] de recevoir une formation [86]. Donc, si vous n'avez pas d'objection, dites-le et examinez la question en commun avec Socrate [87] en assumant à tour de rôle les fonctions de répondant et de questionneur [88]. Car il a raison lorsqu'il dit que nous délibérons maintenant sur le plus important de nos biens [89]. Mais voyez si, à votre opinion, nous devons procéder ainsi.

NICIAS

Tu me donnes vraiment l'impression, Lysimaque, de connaître Socrate uniquement par le biais de son père, et de ne pas l'avoir fréquenté, lui, sinon [187e] lorsqu'il était enfant — il t'aura approché, j'imagine, lorsqu'il accompagnait son père chez les gens du dème, ou au temple, ou dans une autre assemblée des gens de son dème. Mais depuis qu'il a pris de l'âge, il saute aux yeux que tu n'as pas encore été en contact avec lui.

LYSIMAQUE

Qu'est-ce qui te fait dire cela, Nicias ?

NICIAS

Tu me parais ignorer que pour celui qui est un intime de Socrate et qui s'approche de lui pour discuter, il arrive immanquablement, même s'il avait d'abord entamé un autre sujet de discussion, que l'argumentation de Socrate le retourne continuellement dans tous les sens, jusqu'à ce qu'il s'offre enfin à répondre à des questions sur lui-même, questions qui se rapportent tant à la [188a] façon dont il vit présentement qu'à la façon dont il a vécu sa vie jusque-là. Et lorsqu'il s'offre, tu ne sembles pas te rendre compte que Socrate ne le laissera pas partir avant d'avoir examiné à fond toutes ces questions. Pour ma part, je suis habitué à Socrate et je sais qu'il est nécessaire que nous subissions le traitement qu'il nous inflige ; qui plus est, je sais fort bien que je subirai moi-même ce traitement. De fait, je me réjouis, Lysimaque, de fréquenter cet homme, et je crois qu'il n'y a rien de mauvais à se remettre en mémoire ce que nous avons fait [188b] ou faisons d'inacceptable. Celui qui ne se dérobe pas à cette épreuve, mais qui, selon le mot de Solon [90], a l'intention et juge digne d'apprendre aussi longtemps qu'il vit — ne croyant pas que la vieillesse lui apportera l'esprit — celui-là accorde nécessairement plus d'attention à la suite de sa vie. Pour moi donc, il n'y a rien de déplacé ni même de déplaisant [91] à être mis à l'épreuve par Socrate [92], et il y a longtemps que j'ai compris que notre discussion, conduite en sa présence, porterait non pas sur nos adolescents, mais sur [188c] nous-mêmes [93]. Voici en fin de compte ce que je dis : en ce qui me concerne, rien ne s'oppose à ce que Socrate s'entretienne avec nous de la façon qui lui plaira ; mais vois plutôt quel est le sentiment de Lachès sur ce point.

LACHÈS

Elle est simple, Nicias, ma position à l'égard des discours. En fait, si tu me permets, elle n'est pas simple, mais plutôt double, car je pourrais passer tantôt pour un homme épris de discours [94], et tantôt, au contraire, pour un homme qui les déteste [95]. En effet, lorsque j'entends discuter, au sujet de la vertu ou d'un savoir particulier, un homme qui en est vraiment un et qui est à la hauteur du discours qu'il tient, [188d] je me réjouis sans mesure de contempler la convenance mutuelle et l'harmonie qui règnent entre l'homme et son discours. Un pareil homme est à mon avis un musicien accompli, celui qui produit le plus bel accord, non pas sur une lyre, ni non plus sur des instruments visant à divertir, mais dans les faits sur sa propre vie, en faisant accorder ses paroles avec ses actes [96] selon le mode authentiquement dorien [97] ; ce n'est pas le mode ionien [98], et pas non plus, je crois, le phrygien [99] ou le lydien [100], mais c'est le seul qui soit vraiment grec. Le discours d'un tel homme me réjouit le cœur et fait [188e] croire à chacun que je suis un homme épris de discours, tant j'accueille avec enthousiasme les paroles qui viennent de lui ; mais l'homme dont le comportement est contraire à celui du précédent m'afflige, et ce d'autant plus qu'il donne l'impression de bien parler, et il est cause que je passe pour quelqu'un qui déteste les discours. Pour ma part, je n'ai pas l'expérience des discours de Socrate, mais, à ce qu'il me semble, j'ai déjà fait l'épreuve de ses actes [101], et, sur ce point, [189a] j'ai découvert qu'il pouvait se permettre de beaux discours et de parler en toute franchise. Si donc il possède aussi cette qualité, je formule le même souhait que Nicias, et c'est avec plaisir que je me laisserais examiner par un tel homme. Je ne serais pas fâché d'apprendre, car moi aussi je suis d'accord avec le mot de Solon [102], même si j'y ajoute cette légère précision : je veux, à mesure que je vieillis, apprendre une foule de choses, mais auprès d'hommes de qualité seulement. Que l'on me concède en effet que le maître doit être lui-même homme de valeur, sinon je ferai l'effet d'un élève pour qui apprendre est difficile et désagréable [103]. Que le maître soit plus jeune que moi, ou qu'il n'ait pas encore de renommée, ou qu'il ait quelque [189b] autre handicap de ce genre, je n'en ai cure. Je t'engage donc, Socrate, à m'enseigner et à m'éprouver comme il te plaira, et, au rebours, à t'instruire de ce que je pourrais savoir. Les sentiments que tu m'inspires remontent à ce jour où tu as affronté le danger avec moi et où tu m'as donné la preuve de ta valeur [104], celle que l'on doit à juste titre fournir le moment venu. Parle donc comme il te plaira, et ne fais pas du tout cas de notre âge [105].

SOCRATE

[189c] Ce n'est pas vous, apparemment, que nous pourrons accuser de ne pas être prêts à donner conseil et à vous joindre à la recherche.

LYSIMAQUE

Mais c'est notre tâche à tous, Socrate, car, pour ma part, je te considère comme l'un d'entre nous. Prends donc ma place et examine pour le compte des jeunes gens ce que nous devons chercher à apprendre auprès de ces deux-là, et avise-nous en discutant avec eux. Car mon âge fait que j'oublie désormais la plupart des questions que j'avais l'intention de poser, et, aussi, la plupart des réponses que j'ai entendues. Et si d'autres arguments surviennent au beau milieu de la discussion, ma mémoire m'abandonne complètement [106]. [189d] Prenez donc la parole et approfondissez entre vous les sujets que nous avons proposés. Je me contenterai d'écouter et, après vous avoir entendus, je ferai, en compagnie de Mélèsias, ce que vous aurez jugé bon.

SOCRATE

Nicias et Lachès, nous devons accéder aux demandes de Lysimaque et de Mélèsias. Sans doute n'était-il pas mauvais que nous nous penchions sur des questions du genre de celles que nous avions entrepris d'examiner à l'instant [107], à savoir quels ont été nos maîtres pour une formation de ce genre [189e] et quels sont ceux que nous avons rendus meilleurs. Je crois toutefois qu'un autre type d'examen conduit au même but [108], tout en étant, sans doute, encore plus fondamental. S'il se trouve que nous savons, à propos de quoi que ce soit, que la présence d'une chose en une autre rend meilleure celle où la première est présente, et si, en outre, nous sommes en mesure de rendre l'une présente en l'autre, il est évident que nous connaissons la chose même à propos de laquelle nous donnerions des conseils, notamment sur la manière de l'acquérir facilement et parfaitement. Peut-être ne comprenez-vous pas ce que je veux dire, mais vous comprendrez plus facilement si je m'exprime ainsi : [190a] s'il se trouve que nous savons que la présence de la vue dans les yeux rend meilleurs ces derniers, en lesquels elle est présente, et si, en outre, nous sommes en mesure d'assurer sa présence dans les yeux, il est évident que nous connaissons la vue elle-même, ce qu'elle est, et que nous pourrions donner des conseils sur la façon de l'acquérir facilement et parfaitement. Car si nous ne connaissions pas la nature de la vue ou de l'ouïe, nous ne mériterions pas du tout de donner des conseils ou d'être médecins, que ce soit pour les yeux ou pour les oreilles, quant à la façon [190b] dont on pourrait le mieux recouvrer l'ouïe ou la vue [109].

LACHÈS

Tu dis vrai, Socrate.

SOCRATE

Eh bien, Lachès, ces deux pères ne nous invitent-ils pas maintenant à les conseiller sur la façon d'assurer la présence de la vertu dans les âmes de leurs fils de manière à les rendre meilleurs ?

LACHÈS

Tout à fait.

SOCRATE

N'est-il donc pas indispensable que nous commencions par savoir ce qu'est la vertu ? Car, j'imagine, si nous ne connaissions pas parfaitement ce qu'elle se trouve être, [190c] comment pourrions-nous donner des conseils à qui que ce soit sur la meilleure façon de l'acquérir [110] ?

LACHÈS

À mon avis, Socrate, nous ne le pourrions en aucune manière.

SOCRATE

Nous affirmons donc, Lachès, que nous savons ce qu'est la vertu.

LACHÈS

Nous l'affirmons.

SOCRATE

Et ce que nous savons, nous pourrons aussi dire, je suppose, ce que c'est [111].

LACHÈS

Comment ne le pourrions-nous pas ?

SOCRATE

Ne procédons cependant pas tout de suite, mon cher, à un examen de la vertu dans sa totalité — car c'est sans doute une tâche trop considérable — mais considérons d'abord une partie de la vertu pour voir si nous en avons une connaissance satisfaisante. [190d] Selon toute vraisemblance, nous aurons aussi plus de facilité à conduire l'examen [112].

LACHÈS

Eh bien, Socrate, faisons comme tu le désires.

SOCRATE

Laquelle des parties de la vertu choisirons-nous

donc ? N'est-il pas évident que c'est celle à laquelle semble tendre l'apprentissage du combat en armes [113] ? Et l'avis de la majorité [114], j'imagine, est que cet apprentissage tend au courage. N'est-ce pas ?

LACHÈS

C'est tout à fait leur avis.

SOCRATE

Alors tentons en tout premier lieu, Lachès, de dire ce qu'est le courage [115]. Après cela, nous examinerons [190e] aussi de quelle façon on peut en assurer la présence chez les jeunes gens, et dans quelle mesure cette présence peut se fonder sur les exercices et les apprentissages [116]. Eh bien, essaie de formuler ce que je demande : qu'est-ce que le courage ?

LACHÈS

Par Zeus, Socrate, ce n'est pas difficile à formuler [117]. Si un homme est prêt à repousser les ennemis tout en gardant son rang, et sans prendre la fuite, sois assuré que cet homme est courageux [118].

SOCRATE

Bien parlé, Lachès. Mais sans doute suis-je responsable, en raison de l'obscurité de mon langage, du fait que tu n'as pas répondu à la question que j'avais en tête en te la posant, mais à une autre.

LACHÈS

Que veux-tu dire, Socrate ?

SOCRATE

[191a] Je vais te l'expliquer, pour autant que j'en aie la capacité. Il est courageux, j'imagine, cet homme dont tu parles, celui qui combat les ennemis tout en restant à son poste.

LACHÈS

C'est bien ce que j'affirme.

SOCRATE

Et moi donc ! Mais qu'en est-il de celui qui combat les ennemis en fuyant, et qui ne reste pas à son poste ?

LACHÈS

Qu'entends-tu par « en fuyant » ?

SOCRATE

Je l'entends à la façon de ce que l'on rapporte des Scythes [119] : ils ne combattent pas moins en fuyant qu'en pourchassant. Et Homère loue quelque part les chevaux d'Énée [120] « prompts à se déplacer ici et là » [191b] et il dit qu'ils savent « pourchasser et fuir » [121]. Quant à Énée lui-même, Homère a aussi prononcé son éloge sous ce rapport, c'est-à-dire le savoir de la fuite, et il a affirmé qu'il est un « maître de la déroute [122] ».

LACHÈS

Et Homère avait raison, Socrate, car il parlait des chars de guerre. Et toi tu parles des cavaliers scythes ; leur cavalerie [123] combat en effet de cette façon, mais les hoplites, en tout cas ceux des Grecs [124], se battent comme je le dis.

SOCRATE

À l'exception peut-être des hoplites lacédémoniens [125], Lachès. [191c] On rapporte en effet qu'à Platées [126] les Lacédémoniens, quand ils firent face aux soldats armés de boucliers d'osier [127], ne voulurent pas se battre contre eux en demeurant sur place, et ils prirent la fuite ; et quand les lignes perses furent brisées, ils se battirent à la façon des cavaliers, en faisant volte-face [128], et c'est ainsi qu'ils remportèrent la bataille livrée à cet endroit [129].

LACHÈS

Tu dis vrai.

SOCRATE

Eh bien, comme je le reconnaissais il y a un instant [130], je suis cause que tu ne m'aies pas répondu correctement, parce que je n'ai pas correctement formulé ma question. Je voulais **[191d]** en effet m'enquérir auprès de toi non seulement des hommes qui sont courageux dans l'infanterie, mais aussi de ceux qui le sont dans la cavalerie et dans toute forme de corps militaire. Et je m'intéressais non seulement à ceux qui sont courageux à la guerre, mais aussi à ceux qui font preuve de courage à l'égard des périls de la mer, et bien entendu à tous ceux qui sont courageux face aux maladies, à la pauvreté, à la politique [131] ; et je pensais en outre non seulement à ceux qui sont courageux face aux douleurs et aux craintes, mais aussi à ceux qui excellent dans la lutte contre les désirs et les plaisirs [132], **[191e]** que ce soit en tenant ferme ou en faisant volte-face. Car enfin, Lachès, il y a bien, j'imagine, des hommes courageux dans ce genre de choses [133] !

LACHÈS

Ils sont même extrêmement courageux, Socrate.

SOCRATE

Ainsi, tous ces hommes sont courageux, mais, pour ceux-ci, c'est à l'égard des plaisirs qu'ils font preuve de courage ; pour ceux-là, c'est dans les souffrances ; pour d'aucuns, c'est contre les désirs ; pour certains, c'est par rapport aux craintes. Mais il y a en d'autres, je crois, qui manifestent de la lâcheté dans ces mêmes occasions.

LACHÈS

Parfaitement.

SOCRATE

Alors qu'est-ce que le courage et la lâcheté ? Voilà ce que je cherchais à savoir. Essaie donc à nouveau de dire, en commençant par le courage, en quoi il demeure identique dans tous ces cas [134]. Ou bien ne saisis-tu pas encore ce que je veux dire ?

LACHÈS

Non, pas très bien.

SOCRATE

[192a] Eh bien, voici ce que je veux dire : c'est comme si je demandais ce qu'est la vitesse, elle qui se trouve aussi bien, pour nous, dans l'activité de courir, dans celle de jouer de la cithare, celle de parler, d'apprendre et dans plusieurs autres ; et nous la possédons presque en tout ce qui mérite qu'on en parle, qu'il s'agisse de l'exercice des mains, des jambes, de la bouche, de la voix ou de la pensée. N'est-ce pas ainsi que tu t'exprimerais toi aussi ?

LACHÈS

Oui, tout à fait.

SOCRATE

Si donc quelqu'un me demandait : « Dis, Socrate, en quoi consiste ce que tu appelles "vitesse" dans tous ces cas ? », je lui répondrais [192b] qu'en ce qui me concerne, j'appelle vitesse la capacité de faire plusieurs choses en peu de temps, qu'il s'agisse de la voix, de la course, etc. [135].

LACHÈS

Et tu aurais raison de le dire.

SOCRATE

Essaie donc toi aussi, Lachès, de parler du courage de cette façon. Qu'est-ce que cette capacité qui demeure la même dans le plaisir, dans la souffrance et dans tous les cas où nous avons dit tout à l'heure [136] qu'elle se manifeste, et qui a reçu le nom de « courage » ?

LACHÈS

Eh bien, il me semble que c'est une certaine fermeté de l'âme [137], si [192c] vraiment il faut dire ce qu'est sa nature dans tous les cas.

SOCRATE

Mais il le faut, si nous avons à cœur de répondre à ce qui nous est demandé. Voici en tout cas mon impression : je ne crois pas que tu regardes toute fermeté comme du courage. Et je me fonde sur ceci : je suis à peu près sûr, Lachès, que tu comptes le courage au nombre des très belles choses [138].

LACHÈS

Sache bien que c'est l'une des plus belles choses.

SOCRATE

N'est-ce pas la fermeté secondée par la réflexion [139] qui est belle et bonne ?

LACHÈS

Certainement.

SOCRATE

[192d] Mais qu'en est-il de la fermeté secondée par l'irréflexion ? N'est-elle pas, au contraire de la première, nuisible et dommageable ?

LACHÈS

Si.

SOCRATE

Et qualifieras-tu de belle une chose de ce genre, qui est dommageable et nuisible ?

LACHÈS

Je n'en ai pas le droit, Socrate !

SOCRATE

Tu n'accorderas donc pas qu'une pareille fermeté soit du courage, étant donné qu'elle n'est pas belle, et que le courage est beau.

LACHÈS

Tu dis vrai.

SOCRATE

Selon ton point de vue, c'est donc la fermeté réfléchie qui serait le courage.

LACHÈS

Apparemment.

SOCRATE

[192e] Voyons alors à quel objet s'applique cette fermeté réfléchie. À moins qu'elle ne s'applique à tous les objets, les grands aussi bien que les petits ? Par exemple, si quelqu'un se montre ferme en dépensant son argent de façon réfléchie, sachant que cette dépense lui rapportera gros, appelleras-tu cet homme courageux ?

LACHÈS

Par Zeus, je m'en garderais bien [140].

SOCRATE

Eh bien, suppose qu'un médecin, dont le fils ou quelque autre patient souffre d'une inflammation des poumons et réclame qu'on lui donne à boire ou à manger, [193a] ne se laisse pas fléchir et persévère dans le refus.

LACHÈS

Cette fermeté ne serait pas non plus du courage, pas le moins du monde [141].

SOCRATE

Et à la guerre, voici un homme dont la fermeté et la détermination à engager le combat résultent d'un calcul réfléchi : il sait que les autres lui prêteront main-forte, qu'il se bat contre des ennemis moins nombreux que ses camarades, et inférieurs à eux, et qu'il a en outre l'avantage du terrain. Dirais-tu que cet homme, dont la fermeté est secondée par une réflexion pareille et une telle préparation, est plus courageux que l'homme du camp adverse qui veut demeurer sur place et être ferme ?

LACHÈS

[193b] Mon impression, Socrate, est que le plus courageux est l'homme du camp adverse.

SOCRATE

Et pourtant sa fermeté est bien plus irréfléchie que celle de l'autre.

LACHÈS

Tu dis vrai.

SOCRATE

En conséquence, tu dirais aussi de celui dont la fermeté, dans un combat de cavalerie, repose sur une connaissance de l'équitation, qu'il est moins courageux que celui auquel cette connaissance fait défaut.

LACHÈS

C'est bien mon impression.

SOCRATE

Il en va de même pour celui dont la fermeté est secondée par la connaissance du lancer de la fronde, ou du tir à l'arc, ou d'un autre art.

LACHÈS

[193c] Tout à fait.

SOCRATE

De même, tous ceux qui, à l'occasion d'une descente ou d'un plongeon dans un puits, sont déterminés à faire preuve de fermeté dans cette action, ou dans toute autre de ce genre, alors qu'ils n'ont pas la compétence requise, tu les diras plus courageux que ceux qui sont compétents en la matière [142].

LACHÈS

Que pourrait-on dire d'autre, Socrate ?

SOCRATE

Rien, si précisément on croit qu'il en est ainsi.

LACHÈS

Alors c'est bien ce que je crois !

SOCRATE

Et pourtant, Lachès, en courant ces risques avec fermeté, ces hommes se montrent beaucoup plus irréfléchis, j'imagine, que ceux qui accomplissent la même chose avec le secours de l'art.

LACHÈS

C'est manifeste.

SOCRATE

[193d] La hardiesse et la persévérance irréfléchies ne nous avaient-elles pas semblé, précédemment [143], laides et nuisibles ?

LACHÈS

Parfaitement.

SOCRATE

Et il avait été convenu que le courage est une belle chose [144].

LACHÈS

De fait, cela a été convenu.

SOCRATE

Maintenant, au contraire, nous affirmons que cette laide chose, la persévérance irréfléchie, est du courage.

LACHÈS

Apparemment.

SOCRATE

As-tu l'impression que nous parlons de façon sensée ?

LACHÈS

Par Zeus, Socrate, j'ai l'impression que non.

SOCRATE

Toi et moi n'avons donc pas produit, Lachès, cet accord dorien [145] [193e] dont tu as parlé ; en effet, il n'y a pas accord entre nos actions et nos paroles. Pour ce qui est des actes, on reconnaîtrait vraisemblablement que nous avons part au courage, mais, en ce qui concerne le discours, je ne crois pas qu'on le reconnaîtrait si l'on prêtait l'oreille à notre conversation présente.

LACHÈS

Ce que tu dis est la vérité même.

SOCRATE

Mais quoi ? Te paraît-il beau que nous nous retrouvions dans cette situation ?

LACHÈS

Non, pas le moins du monde.

SOCRATE

Veux-tu, dans ces conditions, que nous nous

conformions à notre discours, sur un point à tout le moins ?

LACHÈS

Sur quel point, et de quel discours ?

SOCRATE

[194a] Celui qui nous exhorte à être fermes [146]. Si tu veux bien, nous aussi nous ferons preuve de persévérance et de fermeté dans cette recherche, de peur que le courage lui-même [147] n'ironise à nos dépens parce que nous ne partons pas courageusement à sa recherche — dans l'hypothèse où, sait-on jamais ? la fermeté est souvent synonyme de courage.

LACHÈS

Pour ma part, Socrate, je suis disposé à ne pas me retirer, et pourtant je n'ai pas l'habitude des discussions de ce genre ; mais un désir de victoire s'est emparé de moi relativement à ce qui a été dit, et vraiment [194b] j'enrage d'être à ce point incapable d'exprimer ce que je pense [148]. Car il me semble que j'ai une conception de ce qu'est le courage, mais elle m'a tout à l'heure fait faux bond — comment ? je ne le sais pas —, si bien que je n'arrive pas à la saisir en une formule et à l'exprimer [149].

SOCRATE

Eh bien, mon ami, un bon chasseur [150] doit suivre à la trace et ne pas abandonner [151].

LACHÈS

Absolument.

SOCRATE

Veux-tu alors que nous conviions aussi Nicias à la chasse, au cas où il aurait plus de ressources que nous ?

LACHÈS

[194c] Je veux bien ; pourquoi pas ?

SOCRATE

Allons, Nicias ! Si tu en as la capacité, prête main-forte à tes amis ébranlés par la discussion et qui se retrouvent dans une impasse ; car tu vois bien que nos propos ne trouvent pas d'issue. Alors tire-nous de cette impasse [152] par l'expression de ta conception du courage, et, du même coup, confirme en paroles ce que tu as en tête.

NICIAS

Mon sentiment depuis un certain temps, Socrate, est que vous ne définissez [153] pas correctement le courage [154]. En effet, vous ne mettez pas à profit l'excellente observation que je t'ai déjà entendu faire [155].

SOCRATE

Laquelle, Nicias ?

NICIAS

[194d] Je t'ai souvent entendu dire que chacun de nous est bon relativement aux choses où il est savant, et mauvais relativement à celles où il est ignorant [156].

SOCRATE

Par Zeus ! tu dis vrai, Nicias [157].

NICIAS

Par conséquent, s'il est vrai que l'homme courageux est bon [158], il est clair qu'il est savant [159].

SOCRATE

Tu as entendu cela, Lachès ?

LACHÈS

Oui, mais je ne vois pas très bien où il veut en venir.

SOCRATE

Pour ma part j'ai l'impression de le comprendre : il me semble affirmer que le courage est une forme de savoir.

LACHÈS

Quel genre de savoir, Socrate ?

SOCRATE

[194e] N'est-ce pas à lui que tu poses cette question [160] ?

LACHÈS

Si.

SOCRATE

Allons, Nicias, dis-lui en quel genre de savoir consiste, d'après toi, le courage. Car ce n'est pas, j'imagine, l'art de jouer de la flûte.

NICIAS

Certainement pas.

SOCRATE

Ni l'art de jouer de la cithare.

NICIAS

Pas vraiment.

SOCRATE

Alors quel type de savoir est-ce ? Autrement dit : de quoi est-ce le savoir [161] ?

LACHÈS

Tu l'interroges tout à fait comme il se doit, Socrate, et qu'il nous dise enfin quel est ce savoir dont il affirme l'existence.

NICIAS

J'affirme, Lachès, que le courage est la connaissance de ce qui inspire la crainte, ou la [195a] confiance [162], que ce soit à la guerre ou en toutes autres circonstances [163].

LACHÈS

Comme il dit des choses étranges, Socrate !

SOCRATE

Qu'as-tu en vue en disant cela, Lachès ?

LACHÈS

Ce que j'ai en vue ? C'est que le savoir n'a rien à voir avec le courage [164].

SOCRATE

Ce n'est pourtant pas ce que prétend Nicias.

LACHÈS

Non, par Zeus ! C'est d'ailleurs pour cela qu'il raconte n'importe quoi.

SOCRATE

Dans ce cas, instruisons-le, mais ne l'injurions pas.

NICIAS

Tu n'y es pas, Socrate. À mon avis, le désir de Lachès est que je passe pour quelqu'un qui n'a rien à dire, étant donné qu'il a lui-même paru [195b] en faire autant tout à l'heure.

LACHÈS

Parfaitement, Nicias, et je tenterai de te le démontrer, car tu parles pour ne rien dire. Prenons le premier exemple qui se présente : dans les maladies, n'est-ce pas les médecins qui savent ce qui est à craindre ? Et n'est-ce pas les hommes courageux qui, à ton avis, possèdent ce savoir ? N'est-ce pas les médecins alors que tu appelles courageux ?

NICIAS

Non, pas le moins du monde.

LACHÈS

Non plus que les agriculteurs, je crois. Et pourtant ce sont bien eux, j'imagine, qui savent ce qui est à craindre en agriculture, de même que tous les autres artisans savent ce qui, dans leurs arts respectifs, inspire la crainte ou [195c] la confiance [165] ; mais ils ne sont pas plus courageux pour autant.

SOCRATE

Qu'est-ce que Lachès veut dire, Nicias ? Car il semble bien y avoir quelque chose dans ce qu'il dit.

NICIAS

De fait, il y a quelque chose, mais ce qu'il dit n'est pas vrai.

SOCRATE

Comment cela ?

NICIAS

Parce qu'il croit qu'en ce qui a trait aux malades, le savoir des médecins surpasse la capacité de dire ce qui est favorable à la santé et ce qui lui est dommageable, alors que, à mon sens, leur savoir se limite à cela précisément. Mais crois-tu, Lachès, que les médecins savent s'il n'est pas plus à craindre, pour un homme, d'être en santé plutôt que d'être malade ? Ne crois-tu pas qu'il y a beaucoup de cas où il soit préférable de ne pas relever de maladie, plutôt que d'en relever [166] ? Réponds en effet à cette question : [195d] soutiens-tu que pour tous les hommes il est préférable de vivre ? N'y en a-t-il pas plusieurs pour qui il vaudrait mieux être morts ?

LACHÈS

Si, je le crois, cela du moins.

NICIAS

Et crois-tu que ce sont les mêmes choses qu'ont à craindre ceux qui ont avantage à mourir et ceux pour qui il est avantageux de vivre ?

LACHÈS

Non, je ne le pense pas.

NICIAS

Mais accordes-tu cette connaissance aux médecins, ou à tout autre artisan ? Ou la réserves-tu à celui qui sait ce qui est à craindre et ce qui ne l'est pas, celui que j'appelle, pour ma part, l'homme courageux ?

SOCRATE

Comprends-tu ce qu'il raconte, Lachès ?

LACHÈS

[195e] Bien sûr, je comprends qu'il appelle les devins des hommes courageux [167]. Qui d'autre en effet saura pour qui il vaut mieux vivre ou mourir ? Quant à toi, Nicias, reconnais-tu être un devin, ou n'être ni devin ni courageux ?

NICIAS

Quoi ? Tu crois donc que c'est au devin qu'il sied de connaître les choses qui inspirent la crainte ou la confiance ?

LACHÈS

Oui, car à qui d'autre cela siérait-il ?

NICIAS

Cela sied bien davantage à l'homme dont je parle,

mon cher, puisque le rôle du devin consiste seulement à reconnaître les signes précurseurs du futur : tel homme connaîtra la mort, ou la maladie, ou bien la perte de ses richesses, [196a] ou encore la victoire ou la défaite, que ce soit à la guerre ou dans une autre compétition. Mais s'il vaut mieux, pour cet homme, de subir ou non ces épreuves, en quoi le devin est-il plus habilité que n'importe qui d'autre pour en juger ?

LACHÈS

Je ne comprends pas, Socrate, ce qu'il veut dire, car l'homme courageux dont il parle, il ne l'associe ni au devin, ni au médecin, ni à personne d'autre, à moins qu'il ne veuille parler de quelque dieu [168]. Mon sentiment est que Nicias ne veut pas admettre [196b] franchement qu'il ne dit rien qui vaille ; il tournique plutôt en tous sens pour dissimuler son embarras [169]. Et pourtant toi et moi nous aurions aussi pu, tout à l'heure, tourniquer de la sorte, si nous avions voulu éviter d'avoir l'air de nous contredire. Si nous présentions nos discours au tribunal, il y aurait quelque justification à faire cela ; mais dans une réunion comme la nôtre, pourquoi quelqu'un procède-t-il vainement à son autocélébration avec des arguments creux [170] ?

SOCRATE

[196c] Il n'y a aucune raison, à mon avis non plus, Lachès ; mais ne perdons pas de vue que Nicias a la conviction de dire quelque chose d'important, et de ne pas prendre la parole pour le simple plaisir de parler. Cherchons donc à savoir plus clairement auprès de lui ce qu'il veut dire ; s'il s'avère qu'il dit réellement quelque chose qui vaille, nous tomberons d'accord avec lui ; sinon, nous l'instruirons.

LACHÈS

Si tu veux t'en enquérir, Socrate, vas-y et enquête ; en ce qui me concerne, j'ai sans doute assez enquêté.

SOCRATE

Eh bien, je n'ai aucune objection, étant donné que l'enquête se fera en commun, en ton nom et le mien.

LACHÈS

Très bien.

SOCRATE

Alors, dis-moi, Nicias — ou plutôt dis-nous, car [196d] Lachès et moi prenons la parole en commun —, tu affirmes que le courage est la connaissance des choses qui inspirent la crainte ou la confiance ?

NICIAS

Oui, je l'affirme.

SOCRATE

Et cette connaissance n'est pas à la portée de tout le monde, attendu que ni le médecin ni le devin ne la possèdent, et qu'ils ne seront pas courageux, à moins qu'ils n'acquièrent en outre cette connaissance [171]. N'est-ce pas ce que tu soutenais ?

NICIAS

Précisément.

SOCRATE

Comme le dit le proverbe [172], il n'est vraiment pas à la portée du premier cochon venu d'avoir cette connaissance et de devenir courageux.

NICIAS

À mon avis, non.

SOCRATE

[196e] Il est donc clair, Nicias, que tu ne crois

même pas, pour ta part, que la laie de Krommyon [173] ait été courageuse. Je ne dis pas cela pour plaisanter, mais parce que je crois que celui qui tient ces propos doit nécessairement refuser le courage à toute bête, ou alors reconnaître qu'une bête quelconque, lion, panthère ou sanglier, est à ce point savante qu'elle sait ce que peu d'hommes savent en raison de la difficulté qu'il y a à acquérir cette connaissance. Et celui qui définit le courage comme toi précisément tu le définis, doit nécessairement soutenir que le lion et le cerf, le taureau et le singe sont par nature sur le même pied eu égard au courage [174].

LACHÈS

[197a] J'en jure par les dieux, tu parles drôlement bien Socrate. Réponds-nous franchement à cette question, Nicias : affirmes-tu que ces bêtes — celles que nous reconnaissons tous être courageuses — sont plus savantes que nous, ou bien te risques-tu, t'opposant en cela à tout le monde, à ne pas les appeler courageuses [175] ?

NICIAS

En aucune façon, Lachès, je n'appelle courageuses les bêtes [176], ou quoi que ce soit d'autre, qui, du fait de leur sottise, n'ont pas peur de ce qui est à craindre ; je les appelle plutôt téméraires et insensées. Ou alors t'imagines-tu que j'appelle [197b] courageux tous ces enfants qui, du fait de leur sottise, n'ont peur de rien [177] ? Au contraire, je crois que la témérité et le courage ne sont pas la même chose [178]. Je crois que le courage et la prévoyance sont le lot de personnes très peu nombreuses, tandis que l'audace, la hardiesse et la témérité associées à l'imprévoyance sont le fait de très nombreux hommes, femmes, enfants et bêtes. Ces actions que toi et la plupart des gens appelez courageuses, je [197c] les appelle, moi, téméraires, et je réserve le nom de courageux aux actes réfléchis dont je parle.

LACHÈS

Vois, Socrate, comme il use de la parole pour se

célébrer lui-même, et à bon droit à ce qu'il croit [179]. Et ceux que tous reconnaissent être courageux, il entreprend de les dépouiller de cet honneur.

NICIAS

Sois sans crainte, Lachès, ce n'est pas toi que je dépouille. Je soutiens en effet que tu es savant, de même que Lamachos [180], dans la mesure précisément où vous êtes courageux, et j'affirme la même chose de plusieurs autres Athéniens.

LACHÈS

Je ne dirai rien là-dessus — quoique j'aie quelque chose à dire — de peur que tu ne me traites de fieffé habitant d'Aixonè [181].

SOCRATE

[197d] Ne lui réponds pas, Lachès. Tu ne me sembles pas t'être aperçu qu'il a acquis ce savoir auprès de notre ami Damon [182], lequel fréquente assidûment Prodicos [183], qui passe pour être celui des sophistes qui excelle dans les distinctions verbales de ce genre.

LACHÈS

En effet, Socrate, s'adonner à de pareilles subtilités [184] convient davantage à un sophiste qu'à un homme que la cité juge digne d'être à sa tête [185].

SOCRATE

[197e] J'imagine qu'il convient, mon bon ami, à celui qui préside aux affaires les plus importantes d'avoir en partage la plus grande réflexion. Or il me semble qu'il vaut la peine d'examiner ce que Nicias a en vue lorsqu'il définit le mot « courage ».

LACHÈS

Alors procède toi-même à l'examen, Socrate.

SOCRATE

C'est ce que je m'apprête à faire, mon cher. Ne

t'imagine cependant pas que je vais te libérer de notre association relative à l'argument [186]. Sois plutôt alerte d'esprit et joins-toi à moi dans l'examen de ce qui est dit.

LACHÈS

Qu'il en soit donc ainsi, si cela paraît indispensable.

SOCRATE

Mais ce l'est. Et toi, Nicias, réponds-nous à nouveau en reprenant depuis le [198a] commencement. Te souviens-tu que lorsque nous avons examiné le courage au début de l'entretien, nous l'avons regardé comme une partie de la vertu [187] ?

NICIAS

Tout à fait.

SOCRATE

Et as-tu donné ta réponse en pensant que le courage est une partie, et qu'il y a aussi d'autres parties, qui toutes ensemble sont appelées « vertu » ?

NICIAS

Comment le contester ?

SOCRATE

Parles-tu également des mêmes parties que moi ? En plus du courage, j'appelle parties de la vertu la modération, la justice [188] et toutes les autres qualités de ce genre. Toi aussi, n'est-ce pas ?

NICIAS

[198b] Si, parfaitement.

SOCRATE

Eh bien, voyons. Nous sommes d'accord sur ces points, mais procédons maintenant à l'examen de ce qui est à craindre et de ce qui inspire confiance, afin d'éviter que sur ces sujets tu aies une opinion, et nous une autre. Nous t'exposerons ce que nous pensons sur ces sujets, et si jamais tu n'es pas d'accord, tu nous instruiras. Nous considérons que sont à craindre les choses qui suscitent la crainte, et qu'inspirent confiance les choses qui ne suscitent pas la crainte. Et ce qui suscite la crainte, ce ne sont pas les maux passés, ni même les maux présents, mais ceux que l'on anticipe. De fait, la crainte est l'anticipation d'un mal futur [189]. Ne partages-tu pas aussi cet avis, Lachès ?

LACHÈS

[198c] Tout à fait, Socrate.

SOCRATE

Ce que nous avions à dire, Nicias, tu viens de l'entendre : ce qui est à craindre, ce sont les maux futurs, et ce qui inspire confiance, ce sont les événements futurs qui ne sont pas mauvais, ou qui sont bons. Est-ce là le discours que tu tiens sur ces choses ou es-tu d'un autre avis ?

NICIAS

C'est le discours que je tiens.

SOCRATE

Et tu appelles « courage » la connaissance de ces choses ?

NICIAS

C'est exact.

SOCRATE

Il nous reste un troisième point [190] à examiner afin de vérifier si ton avis s'accorde bien avec le nôtre.

NICIAS

Quel est-il ?

SOCRATE

[198d] Je vais te l'expliquer. Notre impression, à Lachès et à moi [191], est qu'à propos de tous les sujets dont il y a connaissance, il ne revient pas à une connaissance différente de savoir, à propos d'un fait passé, comment il s'est produit ; ni à une autre connaissance de savoir, relativement aux faits présents, comment ils se produisent ; ni enfin à une autre connaissance de se pencher sur la façon dont pourrait se produire, et se produira au mieux, ce qui n'a pas encore eu lieu ; notre sentiment est plutôt qu'il s'agit d'une seule et même connaissance [192]. Prenons l'exemple de la santé : pour toutes les époques, il n'y a pas d'autre connaissance que la médecine et, bien qu'elle soit unique, c'est elle qui se penche sur les faits passés, sur les faits présents et, dans le cas des faits futurs, sur la façon dont ils [198e] se produiront. Et en ce qui concerne les produits de la terre, l'agriculture fait de même. Et j'imagine que pour ce qui se rapporte à la guerre, vous-mêmes pourriez témoigner que la stratégie étend sa parfaite prévoyance à tout, y compris à ce qui est sur le point de se produire, et qu'elle ne pense pas devoir se mettre au service de la divination, mais au contraire lui commander, dans l'idée qu'elle connaît mieux [199a] les faits présents et futurs qui concernent la guerre. Au reste, c'est bien ce que la loi fixe : ce n'est pas le devin qui commande au stratège [193], mais le stratège au devin. Est-ce bien ce que nous affirmerons, Lachès ?

LACHÈS

Oui, nous l'affirmerons.

SOCRATE

Mais quoi ? Te joins-tu à nous, Nicias, pour affirmer que c'est la même connaissance qui est compétente relativement aux mêmes objets, qu'ils soient futurs, présents ou passés ?

NICIAS

Oui, car il me semble bien qu'il en est ainsi, Socrate.

SOCRATE

Eh bien, mon cher, d'après ce que tu prétends, le courage est la connaissance **[199b]** des choses à craindre et de celles qui inspirent confiance, n'est-ce pas ?

NICIAS

Si.

SOCRATE

Or il a été reconnu que les choses redoutables et les choses qui inspirent confiance sont respectivement les maux futurs et les biens futurs [194].

NICIAS

Parfaitement.

SOCRATE

Et le même savoir porte sur les mêmes objets, qu'ils appartiennent au futur ou à toute autre époque.

NICIAS

C'est bien cela.

SOCRATE

Le courage n'est donc pas seulement la connaissance des choses redoutables et de celles qui inspirent confiance, car sa compétence s'étend non seulement aux biens et aux maux futurs, mais aussi à ceux du présent et du passé, **[199c]** bref de toutes les époques [195], comme c'est le cas pour les autres connaissances [196].

NICIAS

Il semble bien.

SOCRATE

Tu nous as donc répondu, Nicias, sur une partie

qui représente à peu près un tiers du courage [197], alors que nous te demandions ce qu'est le courage en son entier. Et maintenant il semble que le courage ne se réduit pas, conformément à ta définition, à la connaissance des choses qui inspirent la crainte ou la confiance, mais qu'il serait en somme, en vertu de ta nouvelle définition du moment, la connaissance de la totalité des biens et des maux de toutes les époques. [199d] Acceptes-tu cette modification à ta définition, Nicias ? Qu'en dis-tu ?

NICIAS

Cette modification me semble juste, Socrate.

SOCRATE

As-tu l'impression, divin Nicias, qu'un pareil homme négligerait quelque chose de la vertu, si vraiment il connaissait tous les biens et toutes les façons dont ils se produisent, se produiront et se sont produits, et pareillement pour les maux ? Et crois-tu qu'il manquerait ou de modération, ou de justice et de piété, lui qui serait le seul en mesure de se prémunir, tant à l'égard des dieux que des hommes, de ce qui est redoutable et de ce qui ne l'est [199e] pas, et de se procurer des biens grâce à sa connaissance de la bonne manière d'avoir commerce avec eux ?

NICIAS

Tu me sembles marquer un point, Socrate.

SOCRATE

Ce dont tu parles présentement, Nicias, ce ne serait donc pas une partie de la vertu, mais la vertu tout entière [198].

NICIAS

Il semble bien.

SOCRATE

Et pourtant nous avons affirmé que le courage n'est qu'une des parties de la vertu.

NICIAS

Nous l'avons affirmé, en effet.

SOCRATE

Mais notre présent discours ne va manifestement pas dans ce sens.

NICIAS

Apparemment non.

SOCRATE

Nous n'avons donc pas découvert, Nicias, ce qu'est le courage [199].

NICIAS

Nous n'en donnons pas l'impression.

LACHÈS

Et moi, mon cher Nicias, je croyais pourtant bien que tu ferais cette découverte, [200a] vu que tu affichais du mépris à mon endroit lorsque je répondais à Socrate. Je nourrissais un très grand espoir, tout à l'idée que tu ferais cette découverte grâce au savoir que tu as acquis auprès de Damon [200].

NICIAS

Toutes mes félicitations, Lachès : tu ne fais plus grand cas de ta déconfiture de tout à l'heure, lorsque tu as toi-même montré que tu ne savais rien sur le courage ; mais ce qui retient ton attention, c'est de savoir si moi aussi je me révélerai être pareil à toi. Et il te sera apparemment indifférent de partager mon ignorance des choses dont il convient pourtant, à un homme qui se figure être quelqu'un, d'avoir la connaissance. Tu [200b] me parais agir d'une façon on ne peut plus humaine lorsque tu ne prends en considération que les autres, et non pas ta propre personne. En ce qui me concerne, je crois que j'ai convenablement parlé de l'objet de notre entretien présent, et que, si je n'ai pas traité de façon satisfaisante l'un des points débattus, je pourrai le rectifier plus tard en compagnie de Damon — dont toi tu crois pouvoir te moquer, et ce même si tu ne le connais pas le moins du monde — et avec l'aide d'autres personnes. Et lorsque j'aurai de l'assurance en ces matières, je t'instruirai sans ménager ma peine, [200c] car tu me sembles avoir un urgent besoin d'apprendre !

LACHÈS

C'est que toi, Nicias, tu es savant [201] ! Je conseille néanmoins à Lysimaque et à Mélèsias de nous donner notre congé, à toi et à moi, pour ce qui est de l'éducation des jeunes, et de ne pas laisser s'envoler Socrate, comme je le disais au début [202]. Si j'avais, moi aussi, des enfants de cet âge [203], c'est cela même que je ferais.

NICIAS

Je suis aussi de cet avis. Si Socrate consent à s'occuper des jeunes, ne cherchez personne d'autre. De fait, [200d] je lui confierais Nicératos [204] le plus volontiers du monde, si seulement il consentait à s'en occuper. Mais lorsque je lui rappelle ce projet, il me met chaque fois en relation avec d'autres personnes et il ne consent pas à s'engager [205]. Vois plutôt, Lysimaque, si Socrate te prête davantage l'oreille.

LYSIMAQUE

Ce ne serait que justice, Nicias, puisque, pour ma part, je serais prêt à faire en sa faveur bien des choses, que je ne consentirais pas à faire pour quantité de gens. Qu'en dis-tu, Socrate ? Accéderas-tu à ma demande et apporteras-tu ton soutien actif pour que ces jeunes deviennent les meilleurs possible ?

SOCRATE

[200e] Ce serait une chose bien épouvantable, Lysimaque, que de ne pas consentir à prêter main-forte à quelqu'un pour qu'il devienne le meilleur possible [206].

Si dans nos entretiens de tout à l'heure je m'étais révélé savant, et que ceux-ci avaient fait preuve d'ignorance, il serait légitime que ce soit d'abord et avant tout moi que l'on convie à cette tâche ; mais, dans les faits, nous étions tous pareillement dans l'embarras [207]. Pourquoi, dans ces conditions, accorderait-on la préférence à tel ou tel d'entre nous ? Mon sentiment est que [201a] personne ne mérite d'être choisi [208]. Mais les choses étant ce qu'elles sont, examinez le conseil que je m'apprête à vous donner. Ce que je dis, mes amis — et aucune de mes paroles ne sera divulguée à l'extérieur [209] —, c'est que nous devons chercher tous ensemble, en ne ménageant ni notre argent ni quoi que ce soit d'autre [210], le meilleur maître possible [211], d'abord pour nous-mêmes — car nous en avons grand besoin ! — ensuite pour les jeunes. Mais que nous nous permettions de rester dans l'état où nous sommes présentement, cela je me refuse à le conseiller. Et si l'on se moque de nous parce que [201b] nous croyons, à notre âge, qu'il vaut la peine de fréquenter des maîtres d'école [212], il me semble que nous devrons appeler Homère à notre rescousse, lui qui a dit : « la pudeur n'est pas indiquée pour l'homme dans le besoin [213] ». Envoyons donc promener ceux qui trouveraient quelque chose à dire, et que notre projet commun soit de prendre soin de nous-mêmes et des jeunes.

LYSIMAQUE

Tes paroles m'agréent, Socrate. Et c'est avec d'autant plus d'ardeur que je suis prêt à apprendre en compagnie des jeunes que je suis le plus vieux. Mais fais ceci pour moi : demain, [201c] arrive dès l'aurore à la maison — ne me fais pas faux bond ! — afin que nous délibérions sur ces projets ; pour le moment, mettons un terme à notre réunion.

SOCRATE

Eh bien, je ne ferai pas autrement, Lysimaque. J'irai chez toi demain, si dieu y consent.

NOTES
de la traduction du *Lachès*

1. L'interprétation de ce titre soulève certains problèmes, dont nous avons présenté les tenants et les aboutissants dans l'*Introduction* (cf. *supra*, p. 74-79).

2. Les deux sous-titres (« Sur le courage » et « genre maïeutique ») ne remontent pas à Platon et c'est d'ailleurs la raison pour laquelle ils ont été placés entre crochets droits. Leur ancienneté ne laisse néanmoins aucun doute. En effet, non seulement lit-on, pour chaque dialogue, des sous-titres analogues dans les manuscrits médiévaux (dont les plus anciens datent du IXe siècle), mais on les trouve déjà, d'après le témoignage de Diogène Laërce (III 56-61), dans le catalogue des dialogues de Platon établi au début du Ier siècle de notre ère par le grammairien alexandrin Thrasylle. Le premier sous-titre indique le sujet (*skopós*) traité par le dialogue, alors que le second sous-titre précise, lui, le « caractère » du dialogue, c'est-à-dire sa tendance philosophique. Dans le cas du *Lachès*, le premier sous-titre (« Sur le courage ») véhicule bien évidemment l'interprétation d'après laquelle ce dialogue vise avant tout à définir la vertu de courage. Cette interprétation ne laisse pas de soulever plusieurs difficultés, que nous avons examinées en détail dans l'*Introduction* (p. 65-74). Le second sous-titre (« genre maïeutique ») est une allusion évidente à la profession d'« accoucheur des esprits » que Socrate se flattait de pratiquer (cf. *Théétète* 149a-151d). De façon générale, les seconds sous-titres sont passablement arbitraires, dans la mesure où ils obéissent davantage à une volonté de systématisation qu'à un réel effort de déterminer le « caractère » du dialogue. Ainsi, on ne voit pas très bien pourquoi le *Lachès* est qualifié de « maïeutique » plutôt que de « critique », ou de « réfutatif », ou encore d'« éthique » — trois épithètes qui font également partie de la liste des caractères (il y en a huit en tout) entre lesquels se répartiraient les dialogues platoniciens. Bref, les « caractères » n'ont pas une grande vertu classificatoire car ils ne sont pas exclusifs les uns des autres, ainsi que l'attestent les nombreux recoupements que l'on peut constater entre eux. Sur la question des

sous-titres, on consultera H. Alline (*Histoire du texte de Platon*, Paris, 1915, p. 124-134) et L. Brisson (« Diogène Laërce, "Vies et doctrines des philosophes illustres", Livre III : Structure et contenu », in *Aufstieg und Niedergang der Römischen Welt*, Berlin, De Gruyter, 1992, Band 36.5, p. 3698-3721).

3. Sur Nicias, cf. *Introduction*, p. 18-20.

4. Sur Lachès, cf. *Introduction*, p. 20.

5. « Cet homme », qui fait profession d'enseigner le combat en armes, ou hoplomachie, s'appelle Stésilas (cf. *infra*, 183c sq.).

6. Le *Lachès* débute donc au moment où se termine la « démonstration » (*epídeixis*) d'un professeur d'hoplomachie. Ce genre d'ouverture se rencontre également dans le *Gorgias* et l'*Hippias mineur*, qui débutent l'un et l'autre après une « démonstration » du savoir-faire rhétorique des sophistes, de même que dans l'*Ion*, où Socrate et Ion engagent la discussion alors que celui-ci revient d'un concours de rhapsodes où il a remporté le premier prix. Dans tous ces dialogues, Socrate procède à l'examen et à la critique de la prétendue compétence dont on a fait la « démonstration ». Par ailleurs, l'hoplomachie était aussi enseignée par certains sophistes, si l'on en croit, du moins, le témoignage de Platon (cf. *Euthydème* 271d).

7. Sur Mélèsias, cf. *Introduction*, p. 15-17.

8. Sur Lysimaque, cf. *Introduction*, p. 15-17.

9. C'est à dessein que la traduction (« ce genre de choses ») n'est pas plus précise. L'expression grecque correspondante (*tôn toioútōn*) est vague et il est impossible de déterminer son antécédent avec certitude. La plupart des traducteurs préfèrent trancher, mais force est de constater qu'aucune traduction ne fait l'unanimité : ainsi *tôn toioútōn* désignerait-il les spectacles de combat en armes (Croiset, Chambry, Robin), ou bien le type de franchise prôné par Lysimaque (Sprague), ou encore le genre de conseil que Lysimaque est sur le point de solliciter (Lamb).

10. C'est en effet la coutume, à Athènes, de donner le nom du grand-père paternel au premier-né de sexe masculin. Ainsi, le fils de Nicias, mentionné en 200d, a été nommé Nicératos d'après le nom de son grand-père paternel (cf. Thucydide VI 8). On pense aussi à Aristote, dont le fils, Nicomaque, porte le nom de son grand-père.

11. Thucydide — à ne pas confondre avec son homonyme, l'auteur de la *Guerre du Péloponnèse* — fut un politicien athénien très influent. Chef du parti aristocratique, il fut l'un des principaux rivaux politiques de Périclès (cf. Plutarque, *Périclès* VI 8, 11), dont il combattit l'ambitieux et coûteux programme de construction. L'opposition acharnée de Thucydide à la politique de Périclès lui valut d'être ostracisé en 443, pour une période de dix ans. De retour à Athènes, il ne renonça pas à attaquer la politique conduite par Périclès et aurait même été à l'origine des poursuites judiciaires dirigées contre des proches de son rival, parmi lesquels le philosophe Anaxagore, le sculpteur Phidias et Aspasie. D'après Aristote (*Constitution d'Athènes* XXVIII 5), Thucydide fut l'un des meilleurs hommes politiques athéniens.

12. Illustre politicien athénien, Aristide fut l'un des principaux partisans de la résistance contre la Perse. En 490-489, alors qu'il

occupait le poste de stratège, il appuya les plans de Miltiade pour la bataille de Marathon. L'année suivante, il fut élu au prestigieux poste d'archonte. Ostracisé en 482, sans doute en raison de sa rivalité avec Thémistocle, il fut rappelé dès 480, car les Athéniens, confrontés à la menace que faisait peser sur eux l'approche des armées de Xerxès, ne pouvaient se passer de ses services. Il s'illustra comme militaire à l'occasion de la guerre contre Xerxès : il joua un rôle de premier plan lors de la bataille de Salamine (480) et c'est lui qui commanda le contingent athénien à Platées (479), où les Grecs coalisés remportèrent une éclatante victoire qui bouta les Perses hors de Grèce. Après la guerre, il appuya Thémistocle dans son projet de reconstruire les Grands Murs, imposante fortification qui liait Athènes à son port, le Pirée. Aristide participa également à l'organisation de la Ligue de Délos, fer de lance de la politique impérialiste athénienne. La réputation de justice et d'honnêteté attachée à son nom (cf. Plutarque, *Aristide* XXV) remonte à ses propres contemporains (cf. aussi *Gorgias* 526a-b).

13. Nous ne savons absolument rien de la progéniture de Lachès. Quant à Nicias, il eut un fils, nommé Nicératos (cf. 200d), qui fut mis à mort sous la tyrannie des Trente (cf. Xénophon, *Helléniques* II 3, 39 ; Lysias XVIII 6 et Diodore Sicile XIV 5, 5). Dans le *Banquet* (III 5) de Xénophon, Nicératos affirme que son père lui a fait apprendre par cœur l'ensemble de l'*Iliade* et de l'*Odyssée* ! Enfin, le fils de Nicias apparaît comme auditeur dans la *République* (I 327c).

14. Dans le *Ménon* (93a-94d), Socrate cite Aristide et Thucydide, de même que Thémistocle et Périclès, au nombre des politiciens illustres, réputés pour leur vertu, mais impuissants à la transmettre à leurs propres enfants. Cf. en particulier 94d, où Socrate laisse clairement entendre que l'administration des affaires de la cité empêcha Thucydide de veiller lui-même à l'éducation de ses enfants.

15. À en juger par le silence des sources historiques à leur sujet, les fils de Lysimaque et de Mélèsias ne semblent pas s'être illustrés d'une façon ou d'une autre. Les seules autres références à ces personnages se trouvent en fait dans le corpus platonicien. Ainsi, dans le *Théétète* (150d-151a), Socrate mentionne Aristide, le fils de Lysimaque, au nombre des jeunes gens ignorants et présomptueux qui ont prématurément cessé de le fréquenter, tout convaincus qu'ils étaient d'être devenus savants et d'être les principaux artisans de leur conversion au savoir. Le *Théagès* (130a-e), dialogue dont l'authenticité est suspecte, rapporte la même anecdote, mais dans une version plus flatteuse pour Aristide ; Thucydide, le fils de Mélèsias, y est également mentionné (130a-b) pour avoir colporté des propos railleurs à l'endroit de Socrate.

16. Il y a donc deux moyens envisagés de rendre les jeunes « meilleurs », à savoir l'étude (*manthánein*) et la pratique (*epitēdeúein*). Dans la suite du texte, les termes *máthēma* (« apprentissage » ou « objet d'étude », voir note suivante) et *epitḗdeuma* (« exercice ») seront souvent associés (cf. 180a, 180c, 182c, 183a, 190e). Toute la question est d'identifier l'apprentissage ou l'exercice approprié, c'est-à-dire celui qui peut contribuer à rendre les jeunes meilleurs.

17. Le terme *máthēma* — que nous avons, toutes les fois où cela était possible, traduit par « apprentissage » pour conserver le lien avec le verbe *manthánein* (« apprendre ») dont il dérive — est employé pour désigner tout ce qui peut constituer un objet d'étude, comme les règles auxquelles obéit un art.

18. Cf. *supra*, 178a. Nous apprendrons bientôt (183c) que ce professeur d'hoplomachie se nomme Stésilas.

19. Lysimaque renvoie ici aussi bien à son propre fils et à celui de Mélèsias qu'à ceux de Nicias et de Lachès (cf. *supra*, 179b). La question de l'éducation des jeunes gens concerne en effet tous les pères de famille.

20. Cette remarque de Lachès montre bien que Socrate n'avait pas au départ été convié à la discussion. On ne peut toutefois pas dire que Socrate se trouve là « par hasard », puisqu'il a coutume de fréquenter les gymnases et les palestres (cf. *infra*, n. 22).

21. À l'origine, le « dème » est ni plus ni moins qu'un village. À Athènes, les importantes réformes de Clisthène (fin VIe siècle) firent du dème la plus petite unité politique et administrative. Clisthène divisa les quelque cent cinquante dèmes en trois groupes : 1) ceux de la ville (incluant le Pirée) ; 2) ceux de l'intérieur, essentiellement ruraux ; 3) ceux de la côte. Chacune des dix tribus d'Athènes comprenait des dèmes dans ces trois secteurs. La population variait considérablement d'un dème à l'autre et ces différences se reflétaient dans la composition de la *Boulè*, ou conseil des Cinq-Cents, où chaque dème était représenté proportionnellement au nombre de ses habitants. Les dèmes tenaient à jour plusieurs registres (citoyenneté, propriété, cadastre, etc.) essentiels à l'administration de la cité d'Athènes. Socrate, Lysimaque et Mélèsias sont du dème d'Alopèce (du Renard) de la tribu Antiochide (cf. Plutarque, *Périclès* XI ; *Aristide* I ; Platon, *Gorgias* 495d ; *Apologie* 32b).

22. Socrate a en effet coutume de fréquenter les palestres et les gymnases (cf. Xénophon, *Mémorables* I 1, 10). On le voit à la palestre de Tauréas (cf. *Charmide* 153a), de même qu'à une toute nouvelle palestre (cf. *Lysis* 204a), et le gymnase du Lycée était l'un de ses endroits de prédilection (cf. *Euthyphron* 2a ; *Euthydème* 271a ; *Banquet* 223d ; *Lysis* 203a).

23. Cette question montre bien que Lysimaque ne connaît pas du tout Socrate, ainsi qu'il le confessera d'ailleurs lui-même sous peu (cf. 180e-181a). Voir toutefois *infra*, les notes 84 et 88.

24. Damon était un professeur de musique réputé qui a compté, parmi ses élèves, Périclès (cf. *Premier Alcibiade* 118c) et peut-être même Socrate (cf. Diogène Laërce II 19). D'après Plutarque (*Périclès* IV), Damon était non seulement un professeur réputé de musique, mais aussi, et surtout, un homme très versé en politique, et c'est précisément cette compétence qui fit de lui l'éminence grise de Périclès (cf. aussi Isocrate, *Sur l'échange* 235). Dans la *République*, Socrate fait référence à deux reprises (III 400b et IV 424c) — et chaque fois avec une déférence qui n'est, semble-t-il, pas feinte — à l'autorité de Damon en matière de musique (cf. aussi *infra*, n. 97). Au reste, le fait que Damon ait été recommandé par Socrate constitue à lui seul un honneur qui confirme la réalité et la solidité de sa compétence. Pour l'état actuel des connaissances au

sujet de Damon, voir l'excellente mise au point de D. Delattre, « Damon d'Athènes », *in* R. Goulet (éd.), *Dictionnaire des philosophes antiques*, tome II, Paris, 1994, p. 600-607.

25. Agathoklès passe également pour avoir été l'un des maîtres du poète Pindare. Protagoras affirme qu'Agathoklès a préféré se présenter comme un professeur de musique, plutôt que de s'afficher pour ce qu'il était, c'est-à-dire un sophiste (cf. *Protagoras* 316e). Il est à noter qu'Agathoklès ne fut pas le seul maître de Damon, puisque Socrate présentera bientôt ce dernier comme un élève du sophiste Prodicos (cf. 197d).

26. Sophronisque, le père de Socrate, aurait exercé le métier de tailleur de pierre (cf. *Euthyphron* 11c et n. 118).

27. Cette remarque est pour le moins curieuse. En effet, bien qu'il fût un bon ami de Sophronisque, Lysimaque ignore complètement que le Socrate adulé par ses propres enfants est le fils de son ami.

28. Le juron « par Héra » est assez rare dans le corpus platonicien puisqu'il n'apparaît en tout que six autres fois (cf. *Apologie* 24e, *Gorgias* 449d, *Hippias majeur* 287a et 291e, *Théétète* 154d et *Phèdre* 230b). Cette occurrence-ci est remarquable dans la mesure où, dans tous les autres cas, c'est invariablement Socrate qui jure par Héra. De même, dans les *Mémorables* de Xénophon, toutes les occurrences du juron par Héra sont placées dans la bouche de Socrate (cf. I 5, 5 ; III 10, 9 ; III 11, 5 ; IV 2, 9 ; IV 4, 8). Il n'en fallait pas plus pour que d'aucuns considèrent ce juron comme un trait distinctif du Socrate historique. D'après W. M. Calder, qui a analysé de près toutes les occurrences de ce juron dans le corpus platonicien (cf. « The oath by Hera in Plato », in *Mélanges Édouard Delebecque*, Aix-en-Provence, 1983, p. 35-42), le juron par Héra est ironique en ce qu'il exprime une admiration feinte. Ce passage-ci n'est pas non plus dépourvu d'ironie. En dépit des apparences, Lysimaque s'adresse ici aux enfants, et non pas à Socrate. L'ironie consiste à insister auprès des enfants sur le fait que Socrate est digne d'éloges pour avoir rendu son père fameux. Lysimaque insinue plaisamment par là qu'il aimerait bien que les enfants fassent de même à l'endroit de Mélèsias et de lui-même.

29. Situé en Béotie, au nord de l'Attique, Délion fut le théâtre d'une bataille entre Athènes et Thèbes en novembre 424, sept ans donc après le début de la guerre du Péloponnèse. Vaincus par l'armée thébaine, les Athéniens durent battre en retraite. Pour le récit de la bataille, on consultera Thucydide (IV 91-96) et on se reportera également au *Banquet* (220e sq.) où Alcibiade décrit le comportement exemplaire de l'hoplite Socrate (cf. aussi *Apologie* 28e). Ainsi que de nombreux commentateurs l'ont souligné, le fait que Lachès ait combattu comme hoplite aux côtés de Socrate indique qu'il n'avait pas encore été nommé stratège au moment de la bataille de Délion.

30. Le « vous » désigne Socrate et les enfants.

31. D'après Tatham (1888, p. 50), « notre amitié » désigne l'amitié passée entre Lysimaque et Sophronisque. Lysimaque souhaiterait donc que l'amitié qui a autrefois lié les pères (Sophronisque et lui-même) soit conservée et préservée par l'amitié qui régnera entre les fils (Socrate et les enfants).

32. Il est possible de se faire une idée de l'âge de Socrate à l'époque de cette discussion avec Nicias et Lachès. Nous savons en effet d'après l'*Apologie* (17d) que Socrate était âgé de soixante-dix ans lors de son procès en 399 ; il serait donc né en 469. Comme la discussion rapportée dans le *Lachès* se situe entre 424 et 418 (cf. *Introduction*, p. 22), Socrate est à ce moment âgé au moins de quarante-cinq ans, au plus de cinquante et un. Qu'en est-il maintenant des deux généraux, dont Socrate précise qu'il est « plus jeune » (*neôteron*) qu'eux ? Il n'existe malheureusement aucune information qui permettrait de déterminer, fût-ce très approximativement, l'âge de Lachès. Nous ne connaissons en effet que la date de sa mort (418), sans que soit précisé son âge lorsqu'il perdit la vie lors de la bataille de Mantinée. Pour ce qui est de Nicias, il serait né en 470, ce qui fait de lui l'aîné de Socrate d'une seule année. Si ces renseignements sont exacts, et que l'écart d'âge est à ce point négligeable, il reste à expliquer pourquoi Platon insiste à plusieurs reprises (cf. *infra*, 186c et 189b) sur la différence d'âge qui existe entre Nicias et Lachès d'une part, et Socrate d'autre part. Une première explication serait que la remarque de Socrate à propos de l'aînesse de ses interlocuteurs est tout simplement une boutade, un prétexte plaisant qu'il fait valoir pour ne pas parler en premier. Après tout, il est bien vrai que Nicias est plus âgé que lui et a droit, à ce titre, au respect et à la déférence que l'on doit aux aînés, fussent-ils à peine plus âgés. Cette explication est toutefois insatisfaisante : dans un autre passage (189b), c'est Lachès lui-même qui invite Socrate à ne pas tenir compte de son âge et de celui de Nicias, ce qui laisse clairement entendre qu'il y a bel et bien une différence d'âge considérable entre eux et Socrate. Selon une autre explication, déjà suggérée au siècle dernier (cf. Tatham 1888, p. XXI), Platon aurait pris quelques libertés avec la chronologie. Et ce ne serait pas la première fois que Platon traite avec une certaine désinvolture les dates des événements et l'âge des hommes ; on compte en effet de nombreux exemples d'anachronismes dans les dialogues platoniciens. L'intention de Platon aurait tout simplement été de mettre Socrate en présence de deux généraux plus âgés que lui et réputés pour leur grande expérience de la vie militaire et des combats. Et c'est précisément en raison de cette expérience et de cette autorité conférées par l'âge qu'ils prennent la parole avant Socrate et qu'ils s'expriment en premier sur le sujet débattu. C'est pour satisfaire aux exigences d'une telle mise en scène que Platon, transgressant une nouvelle fois les limites imposées par une stricte chronologie, a délibérément « vieilli » les personnages de Nicias et de Lachès.

33. Fidèle à son habitude, Socrate évite de remplir le rôle de répondant et d'avoir ainsi à soutenir une thèse dont il aura à répondre. Ses raisons de ne pas prendre la parole en premier ne doivent pas nous abuser : elles procèdent d'une feinte modestie et sont en vérité des prétextes, puisque Socrate désire en fait être libre de pouvoir s'engager, le moment venu, dans la voie de l'interrogation et de la réfutation. Ainsi qu'en témoignent de nombreux passages où il invoque toutes sortes de raisons pour ne pas soutenir

lui-même de thèse, Socrate est un véritable maître de l'esquive (cf. *République* I 337a ; Xénophon, *Mémorables* IV 4, 9 ; Aristote, *Réfutations sophistiques* 34, 183b7-8).

34. Nicias s'apprête ici à introduire la deuxième raison pour laquelle il valorise l'hoplomachie. La première raison était double : d'une part, l'hoplomachie est une occupation salutaire dans la mesure où elle préserve les jeunes de l'oisiveté et des bêtises qu'ils pourraient commettre s'ils étaient inoccupés ; d'autre part, elle constitue un excellent exercice corporel. La deuxième raison insiste sur le fait que l'hoplomachie est digne d'un homme libre, puisqu'elle contribue significativement à enseigner l'art du combat et celui de la guerre en général.

35. Comme l'a bien vu Tatham (1888, p. 51), l'ajout inopiné de l'équitation n'est pas ici indifférent, ni innocent. En effet, comme l'équitation est un art prestigieux dont personne ne conteste l'importance et l'utilité, le fait de placer d'entrée de jeu l'hoplomachie sur le même pied que l'équitation est une ruse rhétorique, une espèce de pétition de principe.

36. Cette affirmation fait irrésistiblement penser à un passage du *Bourgeois gentilhomme*, où le maître d'armes démontre à M. Jourdain, « par raison démonstrative », que l'apprentissage du combat en armes le rendra invulnérable : « M. Jourdain : De cette façon donc, un homme, sans avoir de cœur, est sûr de tuer son homme, et de n'être point tué. — Maître d'armes : Sans doute. N'en vîtes-vous pas la démonstration ? » (Acte II, scène II).

37. Dans le *Traité de la chasse* (I 18 ; XII), Xénophon attribue à la chasse le rôle d'introduire et de former à tout ce qui touche la guerre et la vie militaire (endurance, commandement, stratégie, tactique, etc.). Comme l'hoplomachie pour Nicias, la chasse, pour Xénophon, n'est pas pratiquée d'abord pour elle-même, mais surtout en raison de la formation irremplaçable qu'elle procurerait en vue des arts de la guerre.

38. C'est la première fois qu'il est fait mention du « courage » dans le dialogue et, si l'on excepte un court passage où Lachès conteste l'affirmation ici avancée par Nicias (cf. *infra*, 184b), il ne sera plus question du courage avant 190d, où Socrate se réfère implicitement à ce passage-ci et suggère que le courage fasse l'objet d'une définition.

39. Les Lacédémoniens sont les habitants de Lacédémone, plus connue sans doute des lecteurs modernes sous le nom de « Sparte ». Bien qu'Homère utilise indifféremment Sparte et Lacédémone pour désigner la grande rivale d'Athènes, il reste que Lacédémone est le nom usuel auquel les anciens Grecs ont ordinairement recours, alors que Sparte a plutôt des résonances poétiques et patriotiques. En outre, Lacédémone peut référer à la fois à la ville et au territoire qui l'entoure, et sur lequel elle exerce son autorité, tandis que l'emploi de Sparte se limite exclusivement à la ville.

40. Cf. Xénophon, *République des Lacédémoniens* XII 7 : « de toutes les pratiques militaires qui méritent l'attention, on n'en trouverait guère qui aient échappé aux Lacédémoniens » (trad. P. Chambry). Pour tout ce qui touche la guerre et l'art militaire, Sparte jouissait dans le monde grec d'un prestige inégalé (cf. *Pro-*

tagoras 342b). À ce sujet, c'est toujours avec profit que l'on consultera l'ouvrage classique de F. Ollier, *Le Mirage spartiate. Étude sur l'idéalisation de Sparte dans l'Antiquité grecque, de l'origine jusqu'aux Cyniques*, Paris, de Boccard, 1933.

41. L'Attique est la région de la Grèce centrale où se situe Athènes. C'est en fait une péninsule qui est bordée au nord par la Béotie, dont elle est séparée par les monts Parnès et Cithéron. L'Attique comprend elle-même quatre grandes montagnes (Aegaleos, Hymette, Pentélique et Laurion) où l'on trouve différentes ressources naturelles, dont le marbre (Pentélique et Hymette) et l'argent (Laurion). Essentiellement rurale, l'Attique comprend également des plaines propices à la culture de la vigne, des olives et des figues. Sur le plan politique, la tyrannie de Pisistrate (561-528) et les réformes démocratiques de Clisthène (508-507) eurent pour effet d'accroître la dépendance de la campagne attique à l'endroit d'Athènes, dont la croissance et la montée en puissance étaient alors irrésistibles.

42. Bien qu'elle n'ait pas été le berceau historique de la tragédie, Athènes fut, au sens propre, le « théâtre » de l'épanouissement et de l'apogée de ce genre littéraire. C'est en effet à Athènes, lors des nombreux concours annuels de tragédies (Dionysies, Lénéennes), que furent présentés les chefs-d'œuvre du répertoire tragique. Rappelons que les trois plus grands auteurs de tragédies (Eschyle, Sophocle et Euripide) sont tous originaires d'Athènes ou des environs. On comprend alors aisément que tout auteur de tragédie ait caressé l'ambition de « percer » à Athènes, où il trouvait à la fois le public le plus averti et les meilleures conditions pour présenter ses pièces.

43. Platon rapproche sans doute, dans cette phrase, l'adjectif « inviolable » (*ábaton*) de l'expression « poser la pointe des pieds » (*epibaínein ákrōi podí*). En effet, l'adjectif *ábaton* signifie précisément, conformément à son étymologie (négation *a* + *bainein* : « poser le pied »), « où l'on ne peut poser le pied ».

44. Lachès va maintenant exposer la deuxième raison pour laquelle il est hostile à l'hoplomachie (cf. *Introduction*, p. 30-31). Ce nouvel argument consiste à faire valoir que les soi-disant experts en hoplomachie font piètre figure lorsque vient le temps, dans une vraie bataille, de manier efficacement leurs armes.

45. C'est le nom du professeur d'hoplomachie qui a donné une démonstration de son savoir-faire devant une foule nombreuse, dont faisaient partie Lysimaque, Mélèsias, Lachès et Nicias (cf. *supra*, 178a sq.).

46. Le texte grec, usant ici d'un terme technique, précise en fait que Stésilas était monté sur ce vaisseau comme « épibate » (*epebáteuen*). Provenant habituellement de la classe des « thètes » (la plus humble des classes de citoyens athéniens), l'épibate est un hoplite qui remplit le rôle de soldat combattant sur une trière, le navire de guerre de l'époque (cf. Thucydide VI 43). L'équipage d'une trière se composait d'environ deux cents personnes, soit une vingtaine d'épibates et quelque cent quatre-vingts rameurs.

47. Littéralement : un « sophisme » (*sóphisma*). Le terme *sóphisma* a ici la signification usuelle, non péjorative, de « procédé ingénieux »

et « invention habile ». Le discrédit que Platon et Aristote jettent sur le terme *sophistḗs* (« sophiste ») rejaillit inévitablement sur tous les mots apparentés ; c'est ainsi que le terme *sóphisma* en est venu à désigner un raisonnement *trop* habile, c'est-à-dire une tromperie, un *sophisme*.

48. Bien que ce ne soit pas ici explicite, il faut comprendre, à la lumière de la suite du récit, que la faux de Stésilas s'est accrochée dans les gréements du navire ennemi, soit le navire de transport.

49. Comme Stésilas se trouve sur la trière et que sa lance est fixée aux gréements de l'autre navire, sa position n'est pas trop fâcheuse aussi longtemps que les deux vaisseaux se trouvent côte à côte. Mais comme le navire de transport passe le long de la trière, en sens inverse de celle-ci, Stésilas se trouve écartelé entre la trière, sur le pont de laquelle il se trouve, et le navire de transport, auquel il est accroché par sa lance. C'est pourquoi il doit laisser filer entre ses mains le manche de sa lance, jusqu'à ce qu'il ne s'agrippe plus qu'à l'extrémité de la lance, que finalement il lâchera.

50. Cf. *supra*, 182e.

51. Le poltron qui s'imagine connaître l'hoplomachie deviendra probablement plus téméraire et plus hardi — et non pas plus courageux — mais, une fois mis en présence du danger et du péril, sa véritable nature, la lâcheté, aura tôt fait de reprendre ses droits. Bref, l'hoplomachie ne donnerait tout au plus qu'un vernis de témérité à celui dont la nature profonde, et indélébile, est la couardise.

52. Cf. *supra*, 181a. Lachès donnera à nouveau ce conseil en 200c.

53. Cette intervention de Lysimaque est remarquable en ce qu'elle est une espèce de métaphore des institutions et des procédures démocratiques athéniennes. En effet, après que deux discours longs de type rhétorique se sont affrontés sur la place publique, le conseil (*boulḗ*) a peine à départager ces deux discours qui sont en apparence de force égale, et doit par conséquent avoir recours au vote pour trancher entre les deux positions antagonistes. La réponse de Socrate à Lysimaque (cf. note suivante) ne laisse aucun doute sur le jugement de Platon à l'endroit de ces procédures démocratiques.

54. Aux yeux de Socrate, l'opinion du plus grand nombre n'est en rien le signe, l'indice ou la marque de la vérité. En d'autres termes, une opinion qui est partagée par plusieurs personnes n'a pas, pour cette seule raison, plus de chance d'être vraie. C'est un trait constant de la pensée de Socrate que l'on doit uniquement faire cas non pas de l'opinion de la multitude, mais de l'avis autorisé de celui qui sait et qui détient une compétence effective (cf., entre autres, *Criton* 46d sq.).

55. Comme le mot l'indique, le « pédotribe » est le maître de gymnastique, responsable des exercices corporels, qui a pour tâche d'exercer et d'entraîner (*tribesthai*) les enfants (*paidás*).

56. Comme nous le signalions un peu plus haut (cf. n. 54), cette affirmation est un véritable leitmotiv du socratisme. L'idée que l'on doit régler sa vie sur le savoir — et non sur l'opinion, toujours incertaine, fût-elle « en vogue » chez une majorité de personnes — est en effet exprimée en plusieurs passages (cf. en particulier *Gorgias* 471e-472d).

57. Les propos tenus par Lysimaque au début du dialogue (cf. *supra*, 178a-180a) montrent clairement qu'il reconnaît sans peine, avec Socrate, que les enfants constituent le bien le plus précieux. Cf. aussi *infra*, 187d et note 89.

58. Cf. *supra*, 184d-e.

59. Alors qu'elle vient à peine de s'amorcer (cf. *supra*, 184e), la participation active de Mélèsias au dialogue prend définitivement fin avec cette question. En tout et pour tout, le pauvre Mélèsias n'aura prononcé que dix-sept mots (dans le texte grec) lors de cette courte (et unique) intervention.

60. Dans ses dialogues, Platon insiste à plusieurs reprises sur l'importance de bien circonscrire l'objet de la recherche (cf., entre autres, *Gorgias* 457c, *Banquet* 199c, *Phèdre* 237b et 264a, *Sophiste* 218c).

61. Nous traduisons *kaì skeptómetha* (« et nous examinons ») que Burnet, à la suite de Ast, retranche du texte. Ces mots nous semblent nécessaires à la bonne intelligence de la phrase.

62. Ainsi que le souligne Sprague (1973, p. 23 n. 16) avec beaucoup de perspicacité, il est pour le moins bizarre de voir Nicias s'étonner que l'on délaisse la question de l'hoplomachie, étant donné qu'il se présentera bientôt (cf. *infra*, 187d) comme un familier de Socrate et que, partant, il sait très bien que les discussions conduites par Socrate finissent immanquablement par porter sur les interlocuteurs eux-mêmes et le soin qu'ils accordent à leur âme.

63. Socrate procède ici à une induction, c'est-à-dire qu'il dégage une règle générale, en l'occurrence que la délibération porte sur la fin et non sur les moyens, à partir de quelques cas particuliers entre lesquels il a perçu une similitude. Ici, il n'y a que deux cas (yeux, cheval) envisagés ; mais dans d'autres passages, Socrate procède à l'induction après avoir fait état d'un nombre beaucoup plus considérable de cas particuliers. Rappelons que l'induction est tout à fait caractéristique du mode d'argumentation socratique et qu'elle constitue même, selon le témoignage d'Aristote (cf. *Métaphysique* M 4, 1078b17-32 ; 9, 1086a37-b10), l'une des principales contributions de Socrate à la philosophie. Cf. *Avant-propos*, p. 10-11.

64. Socrate parvient ainsi à substituer à la discussion originelle, qui portait sur les mérites de l'apprentissage de l'hoplomachie, une discussion qui est à ses yeux plus essentielle, en ce qu'elle s'intéresse, non plus à un simple moyen comme l'exercice corporel, mais à la véritable fin de l'éducation, qui est l'amélioration de l'âme. Ce « détournement » de la discussion correspond à la première des deux « régressions » opérées par Socrate (cf. *Introduction*, p. 32-34). On consultera aussi le début du *Charmide* (156d-157c), où Socrate effectue un « détournement » analogue ; il y montre en effet que la découverte du remède au mal physique dont souffre Charmide, en l'occurrence un mal de tête, nécessite que l'on s'intéresse au préalable à l'âme et aux moyens de la rendre meilleure. Cf. aussi *République* III 410b-c.

65. Le *Gorgias* (514a-e) offre un passage parallèle des plus intéressants. Socrate y explique abondamment que si un Athénien désire s'occuper de chantiers de construction publics, il devra accepter de se soumettre à un examen, dont le but est de déter-

miner si le candidat maîtrise bien l'art en question. Or cet examen s'applique surtout à vérifier, d'une part si le candidat a reçu l'enseignement de maîtres compétents et renommés, d'autre part s'il a construit, par la suite, de belles et solides maisons. Comme on le voit, ce passage du *Gorgias* formule les deux mêmes exigences formulées par Socrate dans le *Lachès*, soit la nécessité d'avoir acquis un savoir auprès de maîtres réputés, et la non moins nécessaire aptitude à mettre en œuvre, dans la réalité, l'enseignement reçu.

66. On ne s'étonnera pas de ce que Lachès formule cette objection, puisqu'elle est tout à fait conforme à la préférence qu'il accorde aux faits (*érga*) et à la suspicion correspondante qu'il nourrit à l'endroit des beaux discours (*lógoi*).

67. La position de Socrate concilie le *lógos* et l'*érgon* : il faut non seulement avoir reçu l'enseignement (*lógos*) de bons maîtres, mais aussi mettre cet enseignement en pratique et faire la preuve qu'on peut le mettre à profit dans la réalité (*érgon*). Si la réponse de Socrate satisfait finalement Lachès, c'est bien parce qu'elle ne perd pas de vue l'importance de ce qui est accompli dans les faits.

68. Socrate prête ici à Lysimaque et Mélèsias un projet qu'ils n'ont pas explicitement formulé, et pour cause, puisque la question de la prééminence de l'âme vient à peine d'être introduite (cf. *supra*, 185e), et encore l'a-t-elle été par Socrate lui-même ! Certes, Lysimaque a exprimé le souhait que son fils et celui de Mélèsias deviennent « meilleurs » (*áristoi*, 179b), mais il ne se rendait sans doute pas compte que cela consistait d'abord et avant tout à rendre leurs âmes « meilleures » (*arístas*, 186a).

69. Dans le passage du *Gorgias* (514a-e) signalé *supra* à la note 65, Socrate expose un cas analogue. Si je brigue une charge de médecin public, explique-t-il, on serait en droit de me demander quels sont ceux, *qu'ils soient esclaves ou hommes libres*, qui ont été délivrés d'une maladie grâce à mon intervention (cf. 514d). Cf. aussi *Premier Alcibiade*, 119a.

70. À la fin du dialogue (200e-201b), une fois qu'il aura été établi qu'aucun des participants à la discussion ne possède la compétence nécessaire pour s'occuper de l'éducation des jeunes gens, Socrate conclura qu'il ne leur reste plus qu'à chercher un maître qualifié, auquel on demandera de veiller non seulement à l'éducation des jeunes gens, mais aussi à celle des plus vieux, étant donné que leur échec collectif atteste leur ignorance et le besoin où ils se trouvent de recevoir un enseignement.

71. Il y a ici une allusion évidente à l'accusation de « corrupteur de la jeunesse » qui sera plus tard lancée contre Socrate (cf. *Apologie* 24b-c ; Xénophon, *Mémorables* I 1, 1). En prêtant à Socrate des propos qui témoignent d'un souci extrême pour la compétence et la qualification des maîtres auxquels on demandera d'enseigner aux jeunes gens, Platon cherche en fait à montrer que l'accusation portée contre son maître était injustifiée et sans fondement.

72. On sait que les sophistes exigeaient une rémunération pour l'enseignement qu'ils dispensaient et que cette pratique fut vertement condamnée non seulement par Socrate et Platon, mais aussi par Aristote (cf., entre autres, *Réfutations sophistiques*, chapitres 1 et 11). Platon fait souvent allusion aux sommes considérables que

touchaient les sophistes pour leur enseignement (cf. *Apologie* 19e, *Hippias majeur* 281b et 282b, *Ménon* 91d, *Théétète* 161d). Il y a au moins deux raisons pour lesquelles cette pratique provoquait l'indignation. *Premièrement*, « la rétribution de l'enseignement sophistique a dû paraître assez scandaleuse aux contemporains de Socrate, dans la mesure où cet enseignement avait pour objet la vertu traditionnellement comprise comme l'objet d'un don gratuit » (M. Canto-Sperber, *Platon : Euthydème*, Paris, GF-Flammarion, 1989, p. 32). Il était donc choquant de voir les sophistes assimiler la vertu à n'importe quel autre objet de savoir techniquement transmissible (cf. *Gorgias* 520d-e). En outre, la rapidité avec laquelle les sophistes prétendaient transmettre la vertu rendait cet enseignement des plus suspects aux yeux de Socrate et de Platon. Un tel enseignement ne pouvait dispenser que des connaissances apparentes, qu'un faux-semblant de *sophia* et de vertu. *Deuxièmement*, l'enseignement rétribué limite considérablement l'indépendance de celui qui le pratique, puisqu'il devient en quelque sorte l'esclave de quiconque possède de l'argent (cf. Xénophon, *Mémorables* I 6, 13). Comme le souligne G. B. Kerferd (*The Sophistic Movement*, Cambridge, 1981, p. 25), Platon et Aristote doutent fort qu'il suffise d'avoir de l'argent pour devenir compétent dans les matières qu'enseignent les sophistes ; c'est pourquoi ils préfèrent se réserver le droit de choisir comme disciples les jeunes gens qui présentent les qualités (intellectuelles et morales) requises. Il est indéniable, par exemple, que Socrate a pratiqué une forme d'élitisme en ce qui a trait au choix de ses « disciples » (cf. *Euthydème* 304c, *Théétète* 151a-b). Il semble toutefois que l'idée de toucher un salaire en échange d'un enseignement ait peu à peu fait son chemin, c'est-à-dire qu'elle a graduellement cessé de choquer et de scandaliser. Au IVe siècle, déjà, « le professeur rémunéré était dans l'ensemble une figure respectée, même si on se plaignait souvent de ses honoraires trop élevés » (M. Canto-Sperber, *Platon : Gorgias*, Paris, GF-Flammarion, 1987, p. 295 n. 234 ; cf. aussi Isocrate, *Sur l'échange* 154). Pour toute la question de l'opposition entre Socrate et les sophistes relativement à l'enseignement rétribué, on consultera l'étude fondamentale de D. L. Blank (« Socratics versus Sophists on payment for teaching », in *Classical Antiquity* 1985 (4), p. 1-49), où l'on trouvera, en plus d'une analyse approfondie (p. 1-24), une riche et indispensable compilation des *testimonia* (p. 25-49) qui concernent les rapports entre Socrate, les sophistes et l'argent. — Il reste que la présente affirmation de Socrate, selon laquelle il n'a jamais payé de salaire aux sophistes, est difficilement conciliable avec tous les passages où il reconnaît avoir reçu l'enseignement de Prodicos (cf. *Charmide* 163d, *Protagoras* 341a-b, *Ménon* 96d). Dans le *Cratyle* (384b), Socrate précise même qu'il a hélas dû se contenter de la leçon à une drachme offerte par Prodicos et qu'il regrette de ne pas avoir eu assez d'argent en sa possession pour suivre la leçon à cinquante drachmes. Quand bien même les allusions de Socrate à Prodicos seraient souvent et fortement teintées d'ironie, il n'en demeure pas moins que Prodicos a l'honneur d'être le seul sophiste dont Socrate affirme à plusieurs reprises avoir suivi l'enseignement ; en outre, comme nous le verrons tout à l'heure (cf. *infra*, 197d et n. 183),

Socrate tient en haute estime les distinctions sémantiques que Prodicos s'efforce d'établir entre des mots qui passent habituellement pour de parfaits synonymes. En conclusion, il n'est pas du tout impossible que Socrate ait suivi les cours de Prodicos et qu'il ait même consenti, pour ce faire, à payer un certain montant, si modeste soit-il.

73. Mot à mot : « beau et bon » (*kalòn te kagathón*). L'expression *kalós te kagathós* est la formule consacrée pour désigner l'honnête homme, l'homme de valeur qui incarne l'idéal d'excellence de la civilisation grecque. Sur cet idéal, qui n'est donc pas propre à Platon, on lira avec profit H. I. Marrou, *Histoire de l'éducation dans l'Antiquité*, vol. I : *Le Monde grec*, Paris, Seuil (coll. « Points Histoire » n° 56), 1981, p. 79-81 : « L'idéal de la *kalokagathia* ».

74. Il y a peut-être ici une allusion à l'immense fortune personnelle de Nicias, qui provenait en grande partie de l'exploitation de ses mines d'argent du Laurion (cf. Plutarque, *Nicias*, III 1 - IV 1). On ne sait rien de la fortune de Lachès ; en tout état de cause, elle était certainement plus considérable que celle de Socrate, qui, à l'en croire, vivait dans un état d'extrême pauvreté (cf. *Apologie* 23b-c, 31b-c, 38b ; *République* I 338b ; Xénophon, *Mémorables* I 2, 1 ; I 6, 2 ; *Économique* II 2-3, II 11, XI 3).

75. Cf. *supra*, 181d et la note 32.

76. Dans l'*Euthyphron* (15d), Socrate fait une observation analogue : si Euthyphron poursuit son père pour meurtre, sans craindre de commettre par le fait même un acte impie, c'est assurément parce qu'il sait de façon certaine ce qu'est la piété. De même, dans ce passage du *Lachès*, Socrate ironise aux dépens des deux généraux : s'ils n'ont pas hésité à se prononcer sur la valeur éducative de l'hoplomachie, c'est donc qu'ils connaissent à fond le sujet débattu.

77. Pour Socrate, le seul fait qu'il y ait eu divergence d'opinion entre Lachès et Nicias suffit à les discréditer tous les deux. Or de ce qu'il y a un différend entre eux, on ne peut pas du tout conclure à l'incompétence des deux généraux, puisque rien n'empêche que l'un dise vrai, et l'autre faux. La question qui se pose est plutôt celle de savoir si et comment on peut départager, en cas de conflit, l'individu qui est réellement un expert de celui qui se donne pour un expert, mais qui est en réalité incompétent.

78. Lachès formule cette recommandation pour la première fois en 181a ; il la réitère en 184c et une dernière fois en 200c.

79. Cette affirmation est l'un des nombreux passages des dialogues de jeunesse (aussi dits « socratiques ») où Socrate reconnaît qu'il ne sait rien (cf. *Apologie* 21b-d ; *Euthyphron* 5a-c, 15c-16a ; *Charmide* 165b-c, 166c-d ; *Lysis* 212a, 223b ; *Gorgias* 509c ; *Ménon* 71a, 80d ; *Hippias majeur* 286c-e, 304d-e ; *Banquet* 216d). À la fin du dialogue (200e), Socrate constatera de nouveau son ignorance du sujet à l'étude. Sur la façon dont il faut interpréter la fameuse (et prétendue) ignorance socratique, cf. G. Vlastos, « Socrates' disavowal of knowledge », in *The Philosophical Quarterly* 1985 (35), p. 1-31 (repris dans G. Vlastos, *Socratic Studies*, Cambridge, C.U.P., 1994, p. 39-66) ; J. H. Lesher, « Socrates' disavowal of knowledge », in *The Journal of History of Philosophy* 1987 (25), p. 275-288.

80. Dans l'*Euthydème* (285a), Socrate adresse une demande analogue aux sophistes Dionysodore et Euthydème, qui prétendent connaître le moyen de faire d'un scélérat un homme de bien. « Enseignez-moi ce moyen, leur demande Socrate, soit que vous l'ayez appris d'un autre, soit que vous l'ayez découvert vous-mêmes. »

81. La Carie est une région d'Asie Mineure qui se situe sur la côte sud-ouest de la Turquie actuelle. « Faire courir un risque à un Carien » est une expression proverbiale dont la signification est : « faire courir un risque à un homme de rien ». Ce mépris à l'endroit des Cariens s'explique vraisemblablement par le fait qu'ils fournissaient des mercenaires aussi bien aux Grecs qu'aux Barbares et qu'ils étaient, pour cette raison, considérés comme un véritable bétail humain. Pour d'autres emplois de cette expression proverbiale, cf. *Euthydème* 285b-c ; Euripide, *Cyclope* 654 ; Aristophane, *Oiseaux* 764.

82. Cet autre proverbe vise les néophytes qui désirent réaliser immédiatement, sans s'astreindre aux exigences d'un long et difficile apprentissage, l'œuvre la plus difficile à fabriquer dans un métier donné, celle qui exige, même d'un spécialiste aguerri, le plus d'adresse et de compétence. Le *pithos* était le plus grand type de jarre à vin, et sa réalisation ne pouvait pas être confiée à un débutant dans l'art de la poterie. Cf. aussi *Gorgias* 514e, où Platon emploie la même expression.

83. Ces « deux cas » correspondent aux deux possibilités évoquées plus haut par Socrate au sujet de la façon de rendre les jeunes meilleurs : soit Nicias et Lachès l'ont apprise auprès d'un maître compétent, soit ils l'ont découverte par eux-mêmes.

84. Les termes mêmes de l'invitation lancée à Nicias et Lachès par Lysimaque témoignent d'une grande connaissance du vocabulaire technique de la dialectique. En effet, certaines expressions employées par Lysimaque font clairement référence aux rôles respectifs du questionneur et du répondant dans un débat dialectique. Or cette connaissance du vocabulaire très spécialisé de la dialectique ne laisse pas de surprendre de la part d'un homme qui, l'on s'en souvient (cf. *supra*, 180c et 181a), connaît à peine Socrate ! Car si Lysimaque n'est pas un familier de Socrate, *a fortiori* le sera-t-il encore moins de la méthode d'argumentation qu'il affectionne tout particulièrement. Par ailleurs, l'intervention de Lysimaque marque ici un tournant, en ce sens que la méthode rhétorique jusqu'ici employée sera maintenant délaissée au profit de la dialectique chère à Socrate, et qui procède, elle, par questions et réponses brèves.

85. Cf. *supra*, 179a-b.

86. D'après Tatham (1888, p. 66), il s'agit de la formation en vue de la vie publique et du service militaire. Cela implique que les jeunes étaient âgés d'environ quatorze ans et qu'ils avaient déjà reçu une formation dans les domaines de la musique et de la gymnastique.

87. Lysimaque s'exprime ici comme s'il avait déjà renoncé, au profit de Socrate, à la responsabilité de conduire la discussion, alors que, dans les faits, Socrate vient à peine de l'inviter à assumer cette

responsabilité (cf. *supra* 187b). Il faut attendre 189c-d pour que Lysimaque remette définitivement les rênes de la discussion entre les mains de Socrate.

88. Mot à mot, le grec dit : « donnant et recevant un argument » (*didóntes te kaì dekhómenoi lógon*). La première expression (« donnant un argument ») désigne la tâche du répondant, c'est-à-dire de celui qui, dans un entretien dialectique, doit rendre raison (*dídonai lógon*) de la position qu'il défend ; la seconde expression (« recevant un argument ») renvoie quant à elle au rôle du questionneur, soit de celui qui examine la thèse que lui soumet le répondant. Lysimaque fait donc une fois de plus preuve d'une excellente connaissance du vocabulaire technique de la dialectique. Comme nous le soulignions un peu plus haut (cf. n. 84), cette familiarité avec le vocabulaire technique de la dialectique étonne de la part d'un homme qui, pour dire le moins, n'est pas un familier de Socrate, ni, partant, des aspects techniques de la méthode de discussion pratiquée par celui-ci.

89. Cf. *supra*, 185a et 187d, où Socrate affirme en effet que l'éducation des jeunes est une question d'une extrême importance, étant donné que les enfants constituent la principale richesse des familles. On ne doit pas s'étonner de ce que Lysimaque approuve Socrate, puisqu'il a lui-même insisté fortement sur l'importance de donner aux enfants la meilleure éducation possible (cf. *supra*, 179b sq.).

90. Solon est un célèbre législateur et poète athénien qui a vécu à la fin du VIIe siècle av. J.-C. Il fait partie de ces fameux « Sept Sages » auxquels une antique tradition, rapportée par Platon lui-même (cf. *Protagoras* 343a-b, *Timée* 20d-e), attribue une série de préceptes moraux, tels que « connais-toi toi-même », « rien de trop », etc. Le mot de Solon auquel Platon fait ici allusion, et qui sera rapporté plus fidèlement en 189a, est : « je vieillis en apprenant chaque jour plusieurs choses » (d'après Plutarque, *Solon* II = fr.18 West ; cf. aussi *République* VII, 536c-d, où Socrate critique en passant ce même mot de Solon). Notons aussi que Solon est un ancêtre de Platon du côté maternel.

91. Il y a dans le texte grec un jeu de mots (« *ā̆ēthes oud'aû aēdés* ») difficilement traduisible en français et que nous avons finalement rendu, faute de mieux, par « rien de déplacé ni même de déplaisant ». Par ailleurs, il se peut que le goût développé par Nicias pour les jeux de mots soit attribuable à Damon (cf. 197d et 200b). Ce dernier était en effet un élève du sophiste Prodicos (cf. 197d) qui était réputé pour les distinctions subtiles qu'il établissait entre les mots.

92. En déclarant qu'il n'y a rien de désagréable à être mis à l'épreuve et réfuté, Nicias exprime une idée chère à Socrate. Celui-ci affirme en effet à plusieurs reprises qu'il y a profit à être réfuté (cf. *Gorgias* 458a-b, 461a, 470c, 506b-c ; *Euthydème* 295a ; *Ménon* 84a-c). Dans la mesure où elle débarrasse l'âme du répondant de toutes les erreurs et fausses opinions qu'elle abrite, la réfutation (*élegkhos*) ouvre au répondant la voie qui mène à la vraie connaissance. Aussi ne devrait-il pas se mettre en colère contre le questionneur qui l'a réfuté, car ce dernier lui a rendu un inestimable

service (cf. *Sophiste* 230b-d). Dans les faits, cependant, les répondants réfutés par Socrate n'ont, semble-t-il, pas été très reconnaissants à l'endroit de leur soi-disant bienfaiteur (cf. *Introduction*, p. 39).

93. Sprague (1973, p. 27 n. 25) souligne à juste titre que cette observation de Nicias est en contradiction avec la question qu'il pose en 185c, où il fait part de son étonnement de voir la discussion s'éloigner de ce qui en était l'objet originel, soit la question de l'utilité ou de l'inutilité de l'hoplomachie.

94. La périphrase « un homme épris de discours » traduit le terme *philólogos*, dont la signification ne correspond pas à notre « philologue ». Dans son acception moderne, le terme « philologue » désigne en effet le spécialiste qui se consacre à l'étude des textes de l'Antiquité, ainsi qu'à l'histoire de leur transmission. Cette acception est évidemment inconnue de Platon, qui emploie ici *philólogos* conformément à l'étymologie de ce terme : celui qui est épris (*phileî*) de raisonnements et de discours (*lógous*).

95. Le *misólogos* est aux antipodes du *philólogos* (cf. note précédente), c'est-à-dire qu'il est celui qui a pris en haine (*miseî*) les raisonnements et les discours (*lógous*), tout comme le misanthrope est celui qui hait (*miseî*) les hommes (*anthrṓpous*). Dans un célèbre passage du *Phédon* (89d-91c), Socrate établit d'ailleurs un parallèle entre la misanthropie et la misologie : de même que nous devenons peu à peu misanthropes à force d'être trompés par des hommes en qui nous avions aveuglément placé notre confiance, de même nous versons progressivement dans la misologie à force de constater la fausseté des raisonnements que nous avions d'abord crus vrais et dont nous n'attendions rien de moins qu'ils rendissent compte de ce qui est. Pour en revenir maintenant au *Lachès*, la misologie de Lachès procède plus précisément de la contradiction qu'il constate entre les discours et les actes d'une même personne. Il semble toutefois qu'il y ait une différence entre la conception de la misologie développée dans le *Phédon* et celle exprimée par le *Lachès*. Dans le *Phédon*, la misologie vient de l'expérience répétée de l'inadéquation entre les discours et l'être, alors que dans le *Lachès*, la misologie naît plutôt du constat d'un désaccord entre les actes et les paroles d'une même personne (cf. Dorion 1993).

96. L'opposition entre les actes (*érga*) et la parole (*lógos*) est un lieu commun de la pensée grecque, ainsi qu'en témoignent les nombreux auteurs qui y ont eu recours (cf., entre autres, Eschyle, *Prométhée* 338 ; Sophocle, *Électre* 59-60, 357-58, 625, 1360 ; *Œdipe-Roi* 517, 864-65 ; Euripide, *Andromaque* 265 ; *Alceste* 339 ; *Oreste* 287 ; Hérodote VI 38 ; Thucydide I 128, 3 ; II 40, 1-2 ; II 43, 2 ; Aristote, *Éthique à Eudème* VII 12, 1245a26-28 ; Xénophon, *Mémorables* I 3, 1, etc.). Cette opposition est aussi fréquemment exploitée par Platon lui-même (cf. *Phédon* 100a, *Protagoras* 325d, *Criton* 52d, *Ménexène* 244a, *Gorgias* 461d, *République* II 382e, III 389d, 396a, VI 492d, 498e ; *Phèdre* 240e, *Timée* 19e, *Lois* 679d-e, 717d, 769e, 907d-e). Rappelons enfin que M. J. O'Brien (1963) a montré de façon très convaincante que l'opposition *lógos-érgon* est un thème central du dialogue (cf., sur ce point, *Introduction*, p. 65-68).

97. À la suite de Damon (cf. *supra*, n. 24), et à l'exemple de la plupart des auteurs grecs de l'époque classique, Platon (cf. *République* III 398c-401a et *Protagoras* 326a-b) accorde une grande importance à l'étude des différents modes musicaux, en raison de l'influence qu'on leur prête sur le caractère et sur les passions (cf. aussi Aristote, *Politique* VIII 5-7). Étant donné que l'influence exercée par la musique sera funeste ou bénéfique, selon que l'on a affaire à tel ou tel mode, le moraliste soucieux de l'éducation des jeunes gens ne peut pas faire l'économie d'une étude approfondie des différents modes musicaux. Pour ce qui est du mode dorien, son caractère viril et grave convient tout particulièrement à l'éducation des guerriers que l'on doit former à la bravoure et au courage (cf. *République* III 399a-c).

98. Le « mode ionien » passait pour efféminé ; il était approprié pour les banquets où les convives passaient la soirée en buvant du vin (cf. *République* III 398e).

99. Dans la *République* (III 399a-c), le mode phrygien est l'un des deux modes — l'autre étant le dorien — à être vivement et chaleureusement recommandés par Socrate. Le mode phrygien favoriserait la détermination et la résolution, en même temps que la tempérance et la modération.

100. Le « mode lydien », de caractère gracieux, est funeste en ce qu'il encourage à la mollesse et à la paresse. Dans la *République* (III 398e), Socrate précise que l'influence de ce mode est pernicieuse pour tout le monde, y compris les femmes.

101. Lachès fait bien sûr allusion à la conduite de Socrate lors de la retraite de Délion (cf. *supra*, 181b et n. 29).

102. Cf. *supra*, 188b et la note 90.

103. La précision que Lachès ajoute au mot de Solon n'est pas indifférente, puisqu'elle confirme à nouveau l'importance qu'il attache à l'*érgon*. Les maîtres dont Lachès consentira à suivre les leçons doivent en effet être des hommes de qualité qui ont déjà fourni, dans les faits, des preuves de leur valeur.

104. Lachès évoque à nouveau la bataille de Délion, au cours de laquelle Socrate fut son compagnon d'armes (cf. *supra*, 181b et n. 29).

105. On fait une fois de plus allusion à la grande différence d'âge qui existait entre Lachès et Nicias d'une part, et Socrate d'autre part (cf. *supra*, 181d et 186c). Or nous avons vu qu'il y a d'excellentes raisons de croire que Socrate était en réalité à peine moins âgé que les deux généraux (cf. *supra*, n. 32).

106. Dans le *Protagoras* (324c-d), Socrate fait également allusion à sa mauvaise mémoire des arguments. La ressemblance entre Lysimaque et Socrate n'est toutefois qu'apparente. En effet, Lysimaque se retire de la discussion, car, explique-t-il, il est à ce point oublieux qu'il ne conserve aucun souvenir des questions et des réponses dont est ponctué un échange dialectique ; quant à Socrate, comme il a tendance à oublier les interminables discours de type rhétorique, il enjoint à Protagoras de délaisser la rhétorique et de poursuivre l'examen en utilisant de préférence la dialectique. Lysimaque est donc beaucoup plus oublieux que ne prétend l'être Socrate.

107. Dans ce qui précède (cf. *supra*, 185b-c, 186a-b, 186e), Socrate demande à plusieurs reprises à ses interlocuteurs quels ont été les maîtres dont l'enseignement leur a conféré une compétence et une autorité réelles en ce qui a trait au sujet débattu.

108. Nous sommes ici à un tournant du dialogue. En effet, Socrate s'apprête à délaisser la question de l'éducation et du maître compétent au profit d'une autre question, celle de la vertu. Celle-ci « conduit au même but », soit rendre les jeunes meilleurs, mais elle est plus originaire, ou plus fondamentale (*mâllon ex arkhês*), puisqu'elle est la première et la principale cause de l'excellence et de l'amélioration de l'âme. Ce tournant correspond à ce que nous avons appelé, à la suite de Grenet (1956), la deuxième « régression » opérée par Socrate. Sur l'importance de ce tournant, voir aussi l'*Introduction*, p. 39-41.

109. Dans le même sens, cf. *supra* 185c, où Socrate affirme que, avant de donner un conseil concernant un remède pour les yeux, on doit d'abord s'assurer de bien connaître la nature de l'œil lui-même.

110. Avant de se demander si ou comment on peut acquérir la vertu, il faut chercher à savoir ce qu'est l'essence ou la nature de la vertu. C'est uniquement après avoir répondu à cette question préjudicielle que l'on pourra se pencher sur les modes d'acquisition de la vertu. La prééminence de la question sur la nature de la vertu est également affirmée avec force et netteté dans le *Protagoras* (360e-361a) et le *Ménon* (71a-b, 100b).

111. Dans le *Charmide* (158e-159a), Socrate fait la même observation : si Charmide possède la modération (*sōphrosúnē*), il doit être en mesure d'expliquer ce en quoi elle consiste. De même, selon Xénophon, Socrate « pensait que, quand on connaît bien ce qu'est un objet donné, on peut l'expliquer aux autres, mais que, si on l'ignore, il n'est pas étonnant qu'on se trompe soi-même et qu'on trompe les autres » (*Mémorables* IV 6, 1 ; trad. Chambry).

112. La suite du dialogue montre au contraire qu'il est somme toute plus facile de définir la vertu entière que l'une de ses parties, en l'occurrence le courage. Le conseil de restreindre le champ de l'examen à une partie de la vertu constitue un nouveau tournant dans le dialogue, en ce qu'il engage l'entretien sur une nouvelle voie. Lu à la lumière de la fin du dialogue (cf. *infra*, 199e), ce conseil, en apparence inspiré par la modestie, ne semble pas dénué d'ironie.

113. Contrairement à ce qu'affirme Socrate, il est loin d'être évident que le choix d'une partie de la vertu doive se porter sur le courage ; en effet, à partir du moment où la question de l'hoplomachie est abandonnée au profit d'une recherche sur la vertu, n'importe quelle partie de la vertu aurait pu faire l'objet d'une tentative de définition (cf. *Introduction*, p. 41-42). D'un autre côté, il est vrai que les interlocuteurs de Socrate sont souvent appelés à définir la vertu qu'ils sont censés détenir au premier chef. Ainsi, le devin Euthyphron est appelé, dans le dialogue du même nom, à définir la piété ; de même, dans le *Lysis*, les deux amis Menexène et Lysis sont invités à dire ce qu'est l'amitié ; de même encore, le jeune Charmide, qui passe pour le plus sage des jeunes gens d'alors (cf. *Charmide* 157d), est convié à définir la modération

(*sōphrosúnē*). De ce point de vue, il est « logique » que les deux généraux, Lachès et Nicias, soient interrogés sur une vertu éminemment militaire.

114. Bien que Socrate ne l'indique pas expressément, il faut compter Nicias (cf. *supra*, 182c) au nombre de ceux qui estiment que l'apprentissage du combat en armes favorise l'épanouissement du courage.

115. Selon l'interprétation traditionnelle, l'objet du *Lachès* est de parvenir à une définition du courage. Or, comme on peut le constater, la question du courage n'est finalement posée, en termes explicites, qu'au milieu du dialogue, soit à la douzième des vingt-trois pages Estienne comprises dans le *Lachès*. C'est donc à bon droit que plusieurs commentateurs ont dernièrement soulevé le problème de l'unité de ce dialogue. Sur ce problème, et sur la question de savoir si le courage constitue le thème principal du *Lachès*, on se reportera à l'*Introduction* (p. 65 sq.).

116. Cette seconde étape du programme ici esquissé par Socrate ne sera jamais entamée, étant donné que la première étape, la définition du courage, se solde par un échec.

117. Dans l'*Hippias majeur* (286e), peu avant qu'il ne formule sa première définition de la beauté, Hippias fait preuve de la même assurance présomptueuse que celle ici affichée par Lachès. À les entendre, on croirait presque que c'est un jeu d'enfant de définir la beauté (Hippias) ou le courage (Lachès). Et pourtant...

118. Voici enfin la première des trois définitions du courage qui seront analysées et discutées dans le dialogue. On notera aussi que Lachès ne définit pas le courage proprement dit, mais plutôt l'homme courageux, comme le fera d'ailleurs bientôt Nicias (cf. *infra*, 194d). Cette première définition de Lachès exprime très certainement la conception traditionnelle de ce qu'est un soldat courageux (cf., par exemple, Tyrtée, poème 12, lignes 13-19 Edmonds ; Théognis v. 1003-1006 ; Xénophon, *Cyropédie* III 3, 45 et VII 1, 42). Dans l'*Apologie*, Socrate insiste lui-même sur la nécessité et le devoir de rester ferme à son poste, qu'il s'agisse de la vie (refus du suicide), de la guerre (ne pas fuir devant l'ennemi) ou même de la philosophie (continuer à philosopher coûte que coûte, envers et contre tous) : « ... Voici, en effet, la vérité sur la question, Athéniens. Quelle que soit la place dans le rang qu'on occupe — qu'on ait choisi soi-même cette place comme la plus honorable ou qu'on y ait été placé par son chef —, le devoir impose, à mon avis du moins, d'y demeurer quel que soit le risque encouru, sans mettre dans la balance ni la mort ni rien d'autre, en faisant tout passer avant le déshonneur. Moi donc, Athéniens, je me conduirais d'une façon bien étrange si, quand mes chefs, ceux que vous aviez élus pour me commander, que ce soit à Potidée, à Amphipolis ou à Délion, m'avaient assigné un poste, j'étais alors demeuré à ce poste, comme n'importe quel autre homme en courant le risque d'être tué, et que à l'inverse, quand le dieu m'a assigné pour tâche — comme je l'ai présumé et supposé —, de vivre en philosophant, c'est-à-dire en soumettant moi-même et les autres à examen, à ce moment-là, par peur de la mort ou de quoi que ce soit d'autre, je quittais mon poste » (28d-e ; trad. Brisson).

119. Les Scythes sont les habitants d'une vaste région comprise, pour l'essentiel, entre les Carpates et le Don. Leur territoire s'étendit même aussi loin que ce qui correspond, aujourd'hui, à l'est de la Turquie et au nord-ouest de l'Iran ; ils furent toutefois chassés de ces contrées par le roi perse Darius à la fin du VIe siècle. Platon fait lui-même allusion à ce conflit entre les Scythes et les Perses (cf. *Gorgias* 483d). Réputés pour leur bravoure et leur humeur guerrière, les Scythes furent parmi les premiers à développer et maîtriser toutes les ressources de l'équitation. Leurs succès militaires s'expliquent d'ailleurs en grande partie par les prouesses et l'efficacité redoutable de leurs fameux archers montés sur des chevaux. Les Scythes faisaient du commerce avec les Grecs établis sur la côte nord de la mer Noire. Signalons enfin que leurs us et coutumes ont été abondamment décrits et commentés par l'historien Hérodote (cf. IV 1-144 ; au sujet de ce reportage ethnographique d'Hérodote, cf. F. Hartog : *Le Miroir d'Hérodote. Essai sur la représentation de l'autre*, Paris, Gallimard, Bibliothèque des histoires, 1980).

120. Fils de la déesse Aphrodite et du mortel Anchise, Énée est, après Hector, le plus vaillant des héros troyens. Dans l'*Iliade*, Énée apparaît comme un héros protégé des dieux et promis à une grande destinée. L'*Énéide*, le chef-d'œuvre du poète romain Virgile (Ier siècle av. J.-C.), est le récit des voyages et des aventures d'Énée après la chute de Troie. Après des années de navigation, ponctuées de nombreuses escales, le héros parvient finalement en Italie méridionale, où il s'établit définitivement, et, toujours d'après la légende, c'est aux descendants d'Énée que revient l'honneur d'avoir fondé Rome.

121. Cette description des chevaux d'Énée se rencontre à deux reprises dans l'*Iliade*, soit au chant V (223) et au chant VIII (107). Dans le premier passage, c'est Énée lui-même qui vante en ces termes ses propres chevaux, alors que dans le second, c'est Diomède qui fait l'éloge des chevaux qu'il a pris à Énée !

122. Citation de l'*Iliade* V 272 (cf. aussi VIII 107). Notons cependant que Platon lit ici *mēstora phóboio* (« maître de fuite »), ce qui a pour conséquence que cette expression s'applique nécessairement à Énée, tandis que les meilleurs manuscrits à notre disposition donnent aujourd'hui à lire *mēstore phóboio* (« maîtres de fuite »), lecture qui implique — *pace* Nichols 1987, p. 255 note 27 — que ce sont les chevaux d'Énée qui sont ainsi qualifiés. Cela n'a toutefois guère d'importance, puisque Homère emploie à plusieurs reprises cette même expression pour qualifier différents personnages : voir, par exemple, VI 97 et 278 (Tydée), XII 39 (Hector), XXIII 16 (Patrocle). — Ce qui, en revanche, mérite d'être souligné avec plus d'insistance, c'est que l'expression *mēstor phóboio* a une signification diamétralement opposée à celle que Platon lui attribue dans ce passage ; en effet, le *mēstor phóboio* est celui qui excelle, non pas à *fuir* (comme le suggère plaisamment Platon), mais à *mettre les autres en fuite*. Platon a sans doute délibérément détourné le sens de cette expression pour l'utiliser aux fins de son argumentation. Cf. J. Labarbe, *L'Homère de Platon*, Liège, 1949, p. 306-309 et p. 405-406.

123. Nous traduisons *tò ekeinōn* (« la cavalerie de ceux-ci », c'est-à-dire la cavalerie des Scythes) que Burnet retranche du texte sur la foi d'un papyrus. Il n'est pas du tout évident que ces deux mots, qui sont attestés par tous les manuscrits sans exception, soient des interpolations et qu'ils méritent, à ce titre, d'être placés entre crochets droits.

124. Nous traduisons *tó ge tôn Hellḗnōn* (mot à mot : « en tout cas l'infanterie des Grecs ») que Burnet retranche du texte sur la foi du même papyrus (cf. note précédente). Derechef, tous les manuscrits comprennent ces quatre mots que nous n'avons pas de bonnes raisons de considérer comme des interpolations.

125. Socrate s'apprête à présenter un contre-exemple tiré des manœuvres des hoplites spartiates lors de la bataille de Platées. Socrate choisit cet exemple avec beaucoup de soin : comme Lachès considère les Spartiates comme les maîtres incontestés de tout ce qui a trait à l'art militaire (cf. 182e-183b), il sera d'autant plus sensible, et vulnérable, à une objection qui s'inspire de la pratique effective (*érgon*) des hoplites grecs les plus réputés.

126. La bataille de Platées (en Béotie), qui fut livrée en août 479, opposait l'armée grecque, sous les ordres de Pausanias, à l'armée perse commandée par Mardonios. La victoire que les Grecs remportèrent à Platées mit fin à la troisième guerre médique (480-479).

127. Mentionné et décrit par de nombreux auteurs (cf., entre autres, Hérodote VII 61 ; Xénophon, *Anabase* I 8, 9 ; *Cyropédie* I 2, 9 ; II 1, 9), le gerrhophore (*gerrhophóros*) est un fantassin perse qui porte (*phérōn*) un bouclier fait d'osier tressé (*gérrhon*), au lieu de métal. Dans les batailles, les fantassins perses s'abritaient souvent derrière leurs boucliers d'osier, lesquels constituaient de véritables remparts lorsque les fantassins serraient étroitement les rangs (cf. Hérodote IX 61 et 102).

128. La tactique ici décrite par Socrate correspond exactement à ce que rapporte Xénophon, dans les *Helléniques* (V 3, 4), au sujet des cavaliers d'Olynthe.

129. Cette brève description de la bataille de Platées ne concorde pas tout à fait avec le récit plus détaillé qu'en fait Hérodote (IX 61-63). D'après l'historien, les fantassins perses, retranchés derrière leurs boucliers d'osier (cf. n. 127), firent d'abord pleuvoir des flèches sur les Spartiates. Ces derniers marchèrent ensuite contre les Perses qui mirent aussitôt fin à l'offensive déclenchée par leurs archers. Les Spartiates renversèrent le rempart constitué par les boucliers d'osier et les deux armées engagèrent le combat rapproché. Les troupes perses opposèrent une résistance farouche, mais elles durent néanmoins concéder la victoire aux Spartiates. Hérodote précise que les Perses étaient de vaillants soldats et que leur défaite s'explique non pas par leur manque d'ardeur au combat, mais plutôt par l'absence d'armes défensives dans leur équipement et par le désespoir causé par la mort de Mardonios, leur commandant en chef.

130. Cf. *supra*, 190e.

131. Socrate vient d'énumérer des circonstances, des situations, qui sont grosses de danger pour celui qui doit les affronter. Il est à noter que ces circonstances sont ou bien naturelles (tempêtes en mer, maladies) ou bien sociales (pauvreté, politique).

132. Après la guerre et les circonstances, naturelles ou sociales, où l'on peut faire preuve de courage, Socrate énumère maintenant des sentiments et des sensations à l'égard desquels on peut se montrer courageux : en supportant la douleur, en surmontant ses peurs, en contrôlant ses désirs et en résistant aux plaisirs. Comme on le voit, Socrate estime que l'« adversaire » qui suscite l'exercice du courage est non seulement extérieur, comme l'ennemi sur le champ de bataille ou encore des circonstances (naturelles ou sociales) contraires, mais aussi interne à l'âme de chacun (cf. Santas 1969, p. 440-441). L'homme est assiégé par les passions, qui sont autant d'« ennemis » intérieurs, et contre lesquels il doit apprendre à lutter. En nommant des sentiments comme la douleur, la peur, le désir et le plaisir, Socrate invite clairement Lachès à prendre l'âme en considération dans sa définition du courage.

133. Plusieurs passages, tirés d'autres dialogues (cf., entre autres, *Gorgias* 507b-c, *République* IV 429c sq., *Lois* I 633c-d), montrent que Platon a, semble-t-il, toujours favorisé l'extension du courage, qui est à l'origine une vertu éminemment militaire, à des domaines qui n'ont rien à voir avec la guerre, comme les plaisirs, les désirs, les maladies, etc. Cf. aussi *Introduction*, p. 46-47.

134. Cf. aussi *Euthyphron* 5d et *Ménon* 72c, où Socrate formule également la même exigence, celle de dégager la caractéristique générale qui est commune à toutes les manifestations particulières d'une vertu et qui fait que toutes ces manifestations, aussi disparates qu'elles puissent sembler à première vue, sont précisément des exemples d'une seule et même vertu.

135. On aura noté que Socrate se garde bien de choisir, pour son exemple de définition, un terme qui ressortisse au domaine éthique, comme la piété, la modération, la justice, etc. Socrate élude systématiquement la difficulté à définir un terme éthique et choisit plutôt des termes qui se laissent plus aisément définir, comme la vitesse, la figure (*Ménon* 75b et 76a), la boue (*Théétète* 147c) et le soleil (*Théétète* 208d).

136. Cf. *supra*, 191d.

137. C'est la première formulation de la deuxième définition proposée par Lachès. Cette définition recevra en effet sous peu (cf. 192d) la précision suivante : le courage est une fermeté de l'âme secondée par la réflexion. On notera par ailleurs que « la fermeté devant le danger, la souffrance » est l'une des définitions du courage que l'on trouve dans le dictionnaire *Robert*.

138. En tant qu'il est une vertu, le courage est forcément une belle chose. Sur la « beauté » du courage, cf. aussi *Protagoras* 349d sq., *Premier Alcibiade* 115b-e et *Apologie de Socrate* 28d-e.

139. Socrate introduit ici l'idée, plus tard reprise par Nicias (cf. *infra*, 194d), que le courage est aussi une forme de savoir et qu'il a par le fait même une dimension intellectuelle. Cette idée répugne en fait à Lachès, car à ses yeux le courage et le savoir sont deux choses tout à fait distinctes (cf. *infra*, 195a). Pour le moment, Lachès souscrit malgré tout à cette idée, mais, comme la suite du dialogue le montrera, il sera incapable de la défendre dans la mesure où il ne parviendra pas à cerner l'objet sur lequel porte le courage entendu comme « fermeté secondée par la réflexion ». C'est

le terme *phrónēsis* que nous avons traduit par « réflexion ». Bien que ce terme soit polysémique, il ressort clairement de toute cette discussion entre Lachès et Socrate (192c-193e), où *phrónēsis* et des mots de même famille apparaissent plusieurs fois, que Platon considère ici la *phrónēsis* comme une intelligence pratique et calculatrice. D'après la définition de Lachès, l'homme courageux est en effet celui qui évalue les risques et qui calcule les chances de succès. Or cette conception purement calculatrice du courage ne satisfait pas Socrate, ainsi qu'en témoignent les exemples présentés en 193a-c (sur ce point, cf. *Introduction*, p. 49-52). Mais Socrate est en grande partie responsable du fait que Lachès s'empêtre dans une conception calculatrice du courage, puisque c'est lui qui suggère au général d'ajouter la *phrónēsis* à sa définition du courage comme fermeté de l'âme. Il est à cet égard significatif que lorsque Nicias reprendra à nouveaux frais la question des rapports entre le courage et la connaissance (cf. 194c-199e), le terme *phrónēsis* sera définitivement abandonné au profit du terme *sophía* (« savoir »).

140. Pourquoi au juste le cas exposé par Socrate n'est-il pas un exemple de courage ? Aucune réponse n'est explicitement proposée, mais nous pouvons risquer la suivante : s'il est vrai que le courage est une noble (*kalón*) chose, où réside la noblesse dans ce cas-ci ? Un homme dépense son argent avec une « belle » persévérance, sachant que par ce moyen il fera des profits considérables. La finalité de sa persévérance est donc le gain. Or celui-ci ne peut en aucune façon être considéré comme une fin noble. Il semble donc que le caractère noble du courage est fonction, du moins en partie, de la fin en vue de laquelle on se montre ferme et persévérant. Si cette fin n'est pas élevée ou grande, l'endurance dont on fait preuve pour l'atteindre ne peut être qualifiée de « courage ». Sur ce point, on consultera l'analyse éclairante de Santas (1969, p. 443-444).

141. Une fois de plus, il n'est pas dit clairement pour quelle raison ce nouvel exemple de persévérance n'est pas du courage. Dans l'explication qui suit, nous nous inspirons à nouveau de l'importante étude de Santas (1969, p. 444). À la différence de l'exemple précédent, la finalité de la persévérance manifestée par le médecin est éminemment noble, puisqu'elle consiste en la guérison du malade. Alors pourquoi cette persévérance n'est-elle pas du courage ? Il faut tout d'abord se demander ce que le médecin peut bien endurer en refusant de donner à boire ou à manger à son patient. En fait, ce qu'il doit endurer se limite sans doute aux cris et aux plaintes de son patient, ce qui est somme toute bien peu de chose si l'on considère qu'il s'agit de guérir, voire de sauver, un homme malade. Il semble donc que le médecin n'encourt aucun danger lorsqu'il refuse fermement de donner à manger ou à boire. Comme le médecin n'est exposé à aucun risque qui le menacerait dans sa personne, cela ne prend pas véritablement du courage pour refuser la nourriture et la boisson réclamées, fût-ce à cor et à cri, par le malade. Pour qu'il y ait courage, il ne suffit donc pas que la fin soit noble ; il faut aussi que la personne engagée dans la poursuite de cette fin soit exposée à un risque ou à un danger.

142. Dans le *Protagoras* (349e-350c), le même exemple conduit à une conclusion diamétralement opposée, à savoir que ceux qui

plongent dans les puits sans en avoir la compétence méritent d'être qualifiés, non pas de courageux, mais plutôt de fous. À la suite de Devereux (1977, p. 136 137) et de Vlastos (1994, p. 116-117 et p. 125-126), nous croyons que ce passage du *Lachès* formule une critique à l'endroit du passage parallèle dans le *Protagoras*. La critique du *Lachès* consiste à faire valoir, contre le point de vue développé dans le *Protagoras*, que la compétence purement technique ne constitue pas une condition, ni nécessaire ni suffisante, pour adopter un comportement courageux. Si le courage requiert une forme de savoir — comme c'est le cas —, ce savoir ne consiste pas en une compétence technique, mais plutôt en une connaissance, de nature éthique, de ce qui justifie ou non que l'on mette sa vie en danger (cf. *Introduction*, p. 50-52). Enfin, en ce qui concerne le profit que l'on peut tirer de ce passage pour la datation du *Lachès* par rapport au *Protagoras*, on se reportera à l'*Introduction* (p. 24).

143. Cf. *supra*, 192d.

144. Cf. *supra*, 192c.

145. Cf. *supra*, 188d et la note 97.

146. Ainsi que plusieurs commentateurs l'ont déjà souligné, on a ici une indication très nette que la deuxième définition de Lachès n'est pas entièrement rejetée et qu'il faut conserver comme valable, dans cette définition, la dimension de fermeté de l'âme (cf. *Introduction*, p. 53, p. 61-63, p. 78). Jusqu'à la fin du dialogue, Socrate encouragera Lachès à être à la hauteur de sa propre définition en faisant preuve de fermeté et de persévérance, c'est-à-dire en n'abandonnant pas la partie. Socrate invite donc Lachès à conformer ses actes (*érga*) à son discours (*lógos*).

147. Le seul passage du *Lachès* qui attesterait la présence de la théorie des formes intelligibles est celui-ci, où Socrate emploie l'expression *autè hē andreía* (« le courage lui-même »), que Schmid (1992, p. 47, p. 81 et p. 130) ne manque pas d'interpréter comme une référence à la forme du courage. Mais le contexte même du passage où apparaît cette expression s'oppose à une telle interprétation. Socrate exhorte en effet Lachès à faire preuve de persévérance dans leur quête d'une définition du courage. Cette persévérance est d'autant plus nécessaire que le courage semble précisément être une forme de fermeté. Comme Schmid le reconnaît lui-même (p. 130), le courage est ici *personnifié* ; mais cette personnification peut très bien être comprise comme une simple figure de style, en l'occurrence une prosopopée, sans que l'on y voie, en outre, une référence à la forme intelligible du courage. En d'autres termes, la personnification du courage, par le biais d'une prosopopée, n'entraîne pas nécessairement la reconnaissance d'une forme du courage. Au reste, personne n'interpréterait la célèbre prosopopée des Lois, dans le *Criton* (50a-54d), dans le sens d'une reconnaissance d'une forme intelligible des Lois (athéniennes !). L'interprétation que Schmid donne de l'expression *autè hē andreía* ressemble donc fort à une surinterprétation.

148. D'après le *Théétète* (168a) et le *Sophiste* (230b-d), l'un des effets bénéfiques de la réfutation (*élegkhos*) est que le répondant se met en colère contre lui-même. En effet, soit qu'il ne savait pas ce qu'il avait l'illusion de savoir, soit qu'il n'a pas su défendre sa posi-

tion contre les objections de Socrate, le répondant ne devrait s'en prendre qu'à lui-même et considérer son réfutateur, en l'occurrence Socrate, comme son bienfaiteur. Sur ce point, l'attitude de Lachès est tout à fait conforme au portrait du répondant victime d'un *élegkhos*. Lachès fausse toutefois compagnie au comportement idéal de l'interlocuteur réfuté en faisant état de ce « désir de victoire » (*philonikía*) qui s'est emparé de lui. Cet âpre désir de vaincre, qui dénote un grand orgueil et qui a toujours une connotation péjorative dans le cadre d'entretiens dialectiques, est pour le moins étranger au vif sentiment de honte qui doit en principe submerger l'individu soumis à une réfutation (cf. *Sophiste* 230c-d). Cette honte tout intérieure est l'un des principaux effets de l'*élegkhos*, car c'est elle qui permet à l'âme de l'individu réfuté d'opérer la conversion qui la placera sur la voie de la véritable connaissance et, partant, de la vertu. Cf. toutefois *Introduction*, p. 76.

149. À l'en croire, Lachès sait ce qu'est le courage, et ce, bien qu'il admette lui-même qu'il est impuissant à le formuler. Cela va à l'encontre du principe, d'abord énoncé par Socrate puis endossé par Lachès (cf. *supra*, 190c), d'après lequel on doit nécessairement pouvoir exprimer adéquatement ce que l'on sait.

150. Il faut souligner, à la suite de Vicaire (1963, p. 47) et de Sprague (1973, p. 37 n. 51), que Platon affectionne tout particulièrement la métaphore de la chasse (cf., entre autres, *Lysis* 218c, *Euthydème* 291b, *Parménide* 128b, *République* IV 432b sq., *Sophiste* 222a-223b). Sur la métaphore de la chasse chez Platon, on consultera P. Louis (*Les Métaphores de Platon*, Paris, 1945, p. 53) et C. J. Classen (*Untersuchungen zu Platons Jagdbildern*, Dt. Akad. der Wiss. zu Berlin, Schriften der Sektion für Altertumswiss. 25, Berlin, 1960).

151. L'injonction de « ne pas abandonner » confirme une fois de plus que la fermeté, ou la persévérance, est une dimension essentielle du courage à laquelle Socrate souscrit pleinement.

152. Il faut à tout prix noter qu'il y a dans cette invitation de Socrate lancée à Nicias trois occurrences de mots appartenant à la famille du terme *aporía* (*aporoûsin*, *ápora*, *aporías*). Composé de l'« alpha privatif » (*a*) et du terme *póros*, qui signifie « voie », « chemin », l'*aporía* est donc l'impasse, l'absence d'issue, mais aussi l'embarras provoqué par un problème apparemment insoluble. Rappelons que le *Lachès* fait partie d'un groupe de dialogues que l'on a coutume de qualifier d'*aporétiques*, précisément parce qu'ils sont impuissants à formuler la définition recherchée (cf. *Avant-propos*, p. 13-14). Tout à la fin du dialogue (200e), Socrate emploiera une fois de plus le terme *aporía* pour désigner l'embarras éprouvé par l'ensemble des interlocuteurs, incapables qu'ils ont été de définir le courage.

153. Le verbe *horízesthai* est le terme technique employé par Platon pour signifier le fait de « définir ».

154. On assiste dans le *Lysis* (213d-e) à une scène analogue : après que Socrate eut constaté que son entretien avec Ménexène n'a donné aucun résultat satisfaisant, Lysis intervient pour observer que la recherche a été mal dirigée ; dès lors, Lysis remplace Ménexène comme interlocuteur principal de Socrate dans la quête d'une définition de l'amitié (*philía*).

155. On se rappellera que Nicias, à la différence de Lachès, a déjà participé à des échanges dialectiques avec Socrate (cf. *supra*, 187e sq. et 188e) et qu'il a, pour cette raison, une certaine connaissance de différentes thèses socratiques.

156. La doctrine ici rapportée par Nicias est de fait exposée par Socrate, en des formulations très voisines, dans la *République* (I 349e) et le *Premier Alcibiade* (125a-b).

157. Cette observation de Socrate suffit à écarter l'hypothèse, défendue par certains, selon laquelle la définition exposée par Nicias doit en réalité être attribuée à Damon ou à Antisthène plutôt qu'à Socrate (cf. *Introduction*, p. 53-54). En effet, si la position ici exprimée par Nicias ne s'inspire pas de l'enseignement de Socrate, il devient impossible de comprendre pourquoi ce dernier reconnaît être l'auteur des propos rapportés par son interlocuteur.

158. On sait depuis 192c que le courage compte au nombre des belles choses. Or dans la réflexion éthique grecque, le beau (*kalón*) et le bon (*agathón*) sont des catégories pratiquement équivalentes, si bien que le courage, étant une belle chose, est aussi forcément « bon ».

159. On notera que Nicias définit l'homme courageux, et non pas le courage, ainsi que Lachès l'a fait précédemment (cf. *supra*, 190e). C'est finalement Socrate (cf. *infra*, 194d) qui reformule la définition de Nicias de telle sorte qu'elle exprime la nature du courage.

160. Socrate se dérobe une fois de plus (cf. *supra*, 181d et la note 33) et évite soigneusement de remplir le rôle de répondant, rôle difficile et périlleux en ce qu'il contraint à rendre compte de la thèse que l'on soutient. Dans la *République* (I 336c et 337a, e), Thrasymaque reproche à Socrate de ne jamais accepter de répondre aux questions, et lui fait remarquer, à juste titre, qu'il est beaucoup plus facile de questionner que de répondre. Hippias formule le même reproche dans les *Mémorables* (IV 4, 9-10) de Xénophon. Enfin, Aristote observe également que Socrate questionnait toujours et ne répondait jamais (cf. *Réfutations sophistiques* 34, 183b8).

161. Comme l'explique très bien Aristote (*Catégories* 7, 6b28-36), le savoir, l'*epistémē*, est un terme relatif, c'est-à-dire que tout savoir a pour corrélat obligé l'objet dont il est le savoir. Ainsi la médecine est-elle le savoir de la maladie et de la santé, la grammaire le savoir des lettres, etc. D'où l'insistance de Socrate : si le courage est vraiment un savoir, quel est son objet ? Cf. aussi *supra*, 192e, où Socrate demande à Lachès quel est l'objet de la fermeté secondée par la prudence. Enfin, plusieurs passages du *Charmide* (cf. 165c, 166a, 171a) insistent sur la nécessité, pour tout savoir, d'avoir un corrélatif, c'est-à-dire un objet.

162. C'est la troisième définition du courage présentée jusqu'à maintenant dans le dialogue, et la première exposée par Nicias. Une définition en tout point identique est formulée par Socrate dans le *Protagoras* (cf. 360c-d).

163. On notera que de tous les domaines où le courage peut se manifester, la guerre est le seul qui soit expressément mentionné par Nicias. Il y a là, incontestablement, un indice que le courage demeure d'abord et avant tout une vertu militaire, comme le pen-

sent par ailleurs Lachès (cf. *supra*, 190e) et Aristote (*Éthique à Nicomaque* III 9 et *Introduction*, p. 46-47). D'un autre côté, il est vrai que Nicias précise, du même souffle, que le courage peut s'exercer dans des domaines étrangers à la guerre. Cette précision est donc conforme au souhait, exprimé plus tôt par Socrate (cf. *supra*, 191d-e), de faire éclater la conception étroitement militaire du courage et d'étendre la conception de cette vertu à des domaines aussi variés que les maladies, les périls en mer, les plaisirs, les désirs, etc.

164. Cette affirmation de Lachès est on ne peut plus conforme aux doutes et au scepticisme qu'il entretient depuis le début du dialogue — notamment depuis l'exemple de Stésilas (cf. *supra*, 183d-184a) — à l'endroit de tout ce qui relève du *logos*. Il est vrai que cette affirmation est en retrait par rapport à la deuxième définition de Lachès (« le courage est une fermeté de l'âme secondée par la réflexion », cf. 192d), mais, d'un autre côté, il faut bien voir que la dimension intellectuelle de cette définition avait en fait été soufflée à Lachès par Socrate.

165. Les différents exemples auxquels Lachès a recours (médecine, agriculture et les différents arts en général) montrent qu'il comprend d'emblée en termes de savoir technique le type de connaissance dont parle Nicias à propos du courage. Or, comme nous le verrons bientôt (cf. *infra*, n. 171), le courage est une connaissance irréductible au savoir technique, quel qu'il soit.

166. Le savoir technique que représente la médecine se limite à la connaissance de la maladie et de la santé. Mais la médecine, en tant que savoir, est impuissante à déterminer s'il ne vaudrait pas mieux, pour tel malade, mourir au plus vite plutôt que de recouvrer la santé. De même, dans le *Gorgias* (511e-512a), l'art du pilotage — qui est un savoir technique au même titre que la médecine — peut faire en sorte qu'un bateau et ses passagers arrivent à bon port, mais il n'est pas en mesure de déterminer s'il n'aurait pas mieux valu, pour tel ou tel passager, périr en mer plutôt que de regagner la terre ferme. Le paradoxe est en effet qu'en permettant à ses passagers d'arriver sains et saufs à destination, le pilote, qui a pourtant agi conformément au savoir technique, n'a peut-être pas vraiment rendu service à certains d'entre eux, dans la mesure où il aurait mieux valu pour eux qu'ils meurent dans un naufrage. C'est à un autre type de savoir qu'incombe la tâche d'identifier le préférable. Cet autre savoir, qui est de nature morale, concerne la connaissance du bien et du mal.

167. Cette affirmation de Lachès est la première de deux allusions au comportement superstitieux de Nicias et à l'ascendant qu'exerçaient sur lui les devins. Comme on l'a vu dans l'*Introduction* (p. 19), l'autorité que Nicias reconnaissait aux devins fut en grande partie la cause du désastre de l'expédition athénienne en Sicile (415-413). Un peu plus loin, en 199a, Socrate fera une nouvelle allusion, encore plus claire et plus directe, à la servilité du comportement de Nicias à l'endroit des devins. Ces allusions historiques étaient certainement d'une parfaite limpidité pour les lecteurs de Platon. De façon générale, le jugement que Platon porte sur les devins et la divination est extrêmement sévère (cf., entre autres, *Ménon* 99c, *Politique* 290c sq. et, bien entendu, l'*Euthyphron*).

168. Certes, Lachès est ici sarcastique, mais il n'empêche que cette allusion à la divinité n'est pas une simple boutade. En effet, bien que la distinction qu'il s'efforce d'établir entre le savoir technique et le savoir de l'homme courageux soit pertinente et tout à fait valable, Nicias serait bien en peine de dire qui possède ce type de savoir moral. En outre, comme nous l'apprendrons bientôt (cf. *infra*, 199c), ce savoir semble surhumain dans la mesure où il est finalement identifié à la connaissance parfaite du bien et du mal.

169. C'est le terme *aporía* qu'emploie Lachès pour désigner le cul-de-sac où, d'après lui, Nicias s'est enfermé lui-même. On sait que Platon affectionne tout particulièrement ce terme pour faire allusion aux impasses, réelles ou supposées, où se trouvent ceux qui tentent en vain de formuler de façon satisfaisante l'essence de la vertu qui fait l'objet d'une recherche poursuivie en commun. Voir aussi *supra*, note 152.

170. On notera à quel point Lachès multiplie les remarques sarcastiques, voire hostiles, à l'endroit des arguments développés par Nicias (cf. *supra* 195a-b ; *infra*, 197c-d, 200a). Certes, Lachès s'en remet avant tout aux actes (*érga*) et il a plutôt tendance à se méfier des arguments (*lógoi*). Il n'en reste pas moins qu'il est prêt à écouter favorablement les discours prononcés par un homme dont il sait que les paroles sont en conformité avec les actes ; comme on l'a vu, c'est précisément le cas de Socrate. Dans ces conditions, l'hostilité et les moqueries grinçantes avec lesquelles Lachès accueille les discours de son collègue suggèrent donc fortement que les réalisations militaires de Nicias ne lui inspiraient pas beaucoup de respect. En d'autres termes, lorsqu'on compare la docilité dont Lachès fait preuve lorsqu'il est interrogé par Socrate, à l'impatience qu'il manifeste à l'écoute des arguments de Nicias, on a, semble-t-il, une indication très nette que, aux yeux de Lachès, les discours de Nicias ne sont pas supportés, ni confirmés, par ses actes.

171. La « connaissance » dont parle Nicias n'est donc pas sur le même pied que les différents savoirs techniques, comme la médecine, l'agriculture, etc. C'est une connaissance plus élevée, d'un autre ordre, qui ne procure pas un savoir technique quelconque, mais qui doit être acquise en sus de ce même savoir technique.

172. Comme le remarque Sprague (1973, p. 42 n. 60), le cochon connote habituellement, pour les Grecs, la stupidité et l'imbécillité (cf. *Théétète* 161c), plutôt que la saleté et l'avidité. D'après une scholie (note marginale ajoutée au texte des manuscrits), le proverbe en question serait : « même un cochon ou un chien comprendrait cela ! » (cf. W. C. Greene, *Scholia Platonica*, 1938, p. 118).

173. Selon la légende, une laie d'une redoutable férocité dévastait la localité de Krommyon, située dans les environs de Corinthe ; cette bête furieuse fut finalement tuée par Thésée (cf. Plutarque, *Thésée* IX ; Euripide, *Suppliantes* 316).

174. La position de Nicias revient à placer toutes les bêtes sur un pied d'égalité eu égard au courage, puisque aucune n'est, si peu que ce soit, courageuse. Socrate laisse entendre que cette position est pour le moins paradoxale, puisque l'opinion courante reconnaît volontiers que certaines bêtes (ici le lion et le taureau) sont plus courageuses que d'autres (ici le cerf et le singe).

175. Il n'est pas du tout étonnant que Lachès reconnaisse le courage à certains animaux ; pour lui, en effet, le courage, qui est avant tout une question de tempérament, n'a rien à voir avec la raison et la connaissance (cf. *supra*, 195a).

176. Il faut ici rappeler que le terme *andreía* (« courage ») découle directement du substantif *anḗr*, qui signifie « homme » (au sens de *vir*, c'est-à-dire par opposition à la « femme »). C'est d'une certaine façon la guerre qui définit le « mâle » : être un homme (*anḗr*), c'est faire la guerre. Aussi le courage (*andreía*) est-il la vertu par excellence de l'homme (*anḗr*). Le refus de Nicias d'appeler « courageuses » (*andreía*) des bêtes et des enfants se fonde certainement, fût-ce en partie et de façon implicite, sur ce lien étymologique entre *andreía* et *anḗr*. Cela est d'autant plus probable que Nicias, ainsi que nous le verrons dans un instant, était friand des analyses linguistiques auxquelles se livraient de nombreux sophistes, dont Prodicos. Par ailleurs, force est de constater que la réalité du lien étymologique entre *andreía* et *anḗr* n'empêchait pas la plupart des Grecs de reconnaître de l'*andreía* à certains animaux.

177. Dans les *Lois* (XII 963e), l'Athénien exprime un point de vue diamétralement opposé à celui de Nicias : « le courage (*andreía*) a pour objet la crainte et se trouve jusque dans les bêtes (*thēría*), aussi bien que dans les penchants des tout petits enfants (*paídōn*). L'âme est, en effet, courageuse par nature (*phúsei andreía*), sans qu'intervienne la raison (*áneu lógou*) » (trad. Diès).

178. Dans le passage qui suit, une distinction est établie entre le courage (*andreía*) et la témérité (*áphobon*), deux termes que l'on a tort, selon Nicias, de confondre et de prendre pour de parfaits synonymes. Comme nous l'apprendrons bientôt (cf. *infra*, 197d), ce type de distinction sémantique s'inspire en fait de l'enseignement du sophiste Prodicos, lequel était en effet réputé pour les distinctions qu'il établissait entre des termes que la plupart des gens employaient plutôt indifféremment.

179. Cf. *supra*, note 170, pour la signification de l'hostilité dont Lachès témoigne à l'endroit des discours et des arguments de Nicias.

180. Lamachos est l'un des trois généraux — les deux autres étant Alcibiade et Nicias lui-même — qui assumèrent le commandement de l'expédition de Sicile lancée par Athènes en 415. Il mourut devant Syracuse peu de temps après l'arrivée des troupes athéniennes en Sicile (cf. Thucydide VI 49 et 101). Aristophane le mentionne dans les *Acharniens* (566 sq. et 1071) et la *Paix* (1291).

181. Aixonè est le dème athénien dont Lachès est originaire. D'après certaines scholies, les habitants de ce dème passaient pour querelleurs et chicaniers.

182. Sur Damon, cf. *supra*, 180d et la note 24. Il ressort clairement de cette observation de Socrate, ainsi que d'un aveu imminent de Nicias (cf. *infra*, 200b), que les leçons de Damon profitaient non seulement au fils de Nicias, mais aussi, et peut-être même d'abord, au père lui-même.

183. Originaire de Céos, île de la mer Égée qui fait partie de l'archipel des Cyclades, Prodicos est un sophiste contemporain de Socrate. D'après l'*Hippias majeur* (282c), Prodicos fut envoyé en

ambassade à Athènes par ses concitoyens et, à la faveur de cette mission officielle, il s'établit définitivement dans la cité de Périclès, où il fit fortune grâce aux leçons qu'il donnait en échange de fortes sommes d'argent. Prodicos est souvent mentionné par Platon (cf. *Théétète* 151b, *Hippias majeur* 282c, *Euthydème* 277e, *Protagoras* 315e, 337a-c, 339e-341e, 358d-e) et nous avons vu (cf. *supra*, n. 72) que Socrate se présente à plusieurs reprises, sur le mode ironique, il est vrai, comme l'un de ses élèves (cf. *Charmide* 163d, *Protagoras* 341a, *Ménon* 96d et *Cratyle* 384b). L'historien Thucydide et le poète Euripide auraient peut-être compté au nombre des auditeurs de ses leçons. Bien que nous n'en ayons conservé que de maigres bribes, son enseignement semble avoir surtout porté sur les distinctions à établir entre des termes, ressortissant pour la plupart au domaine moral, que ses contemporains employaient, à tort selon lui, comme de parfaits synonymes.

184. Lachès est-il ici de mauvaise foi ? La question mérite d'être posée, car cette remarque de Lachès est en contradiction avec 184b, où il établit lui-même une distinction entre le courage et la témérité en employant les mêmes termes que Nicias, en l'occurrence *andreîos* (« courageux ») et *thrasús* (« téméraire »).

185. Comme nous l'expliquions tout à l'heure (cf. *supra*, n. 170), le fait que les raisonnements de Nicias suscitent l'agressivité de Lachès doit être compris à la lumière de l'opposition *érgon-logos* : si Lachès accueille plutôt froidement les subtilités de Nicias, c'est sans doute parce qu'il considère que ses actes ne l'autorisent pas à tenir de tels discours. Par ailleurs, Schmid (1992, p. 4) s'appuie sur cette réplique de Lachès pour affirmer que Nicias est à la tête du gouvernement athénien au moment où le dialogue est censé avoir lieu, soit entre 424 et 418.

186. Cf. *supra*, 196c-d, où Socrate associe Lachès à sa recherche, qui devient de ce fait une recherche poursuivie en commun.

187. Cf. *supra*, 190c-d, où Socrate renonce, devant l'ampleur de la tâche, à définir la vertu tout entière, et se limite plutôt à une partie de la vertu, en l'occurrence le courage.

188. Le courage (*andreía*), la modération (*sōphrosúnē*) et la justice (*dikaiosúnē*) sont trois des quatre vertus que l'on a coutume d'appeler « cardinales », le savoir (*sophía* ou *phrónēsis*) étant la quatrième vertu cardinale. L'exposé le plus complet sur ces quatre vertus se trouve dans la *République* (IV 427e-432e). Voir aussi *Lois* XII 963a-964c, *Protagoras* 329b-c et *Ménon* 88a.

189. Cette définition de la crainte se retrouve presque mot pour mot dans le *Protagoras* (358d) et dans l'*Éthique à Nicomaque* (III 9, 1115a9) d'Aristote.

190. Dans ce qui précède (198a-c), Socrate et Nicias se sont mis d'accord sur deux points : 1) le courage constitue une partie de la vertu ; 2) les objets respectifs de la crainte et de la confiance.

191. Depuis 196c-d, Socrate associe Lachès à son examen de la définition de Nicias et c'est pourquoi il fait comme si les questions et les objections qu'il adresse à Nicias étaient en réalité formulées conjointement par Lachès et lui-même. Sur la signification de cette « collaboration » entre Lachès et Socrate, cf. *Introduction*, p. 57.

192. La science est un tout indivisible qui considère son objet d'étude *sub specie aeternitatis* ; autrement dit, elle considère indifférent et non pertinent le fait que son objet d'étude appartienne à une période définie du temps.

193. Il est difficile de ne pas voir dans ce passage sur les devins une nouvelle allusion, passablement ironique, au comportement très superstitieux de Nicias (cf. déjà *supra*, 195e). Thucydide rapporte (VII 50, 3-4) en effet que Nicias, commandant en chef du corps expéditionnaire athénien en Sicile, décida, après avoir consulté les devins au sujet d'une éclipse de lune (survenue le 27 août 413), de différer de vingt-sept jours l'évacuation par mer du camp athénien encerclé par les troupes syracusaines. Or cette évacuation était impérieuse et ne pouvait souffrir d'être retardée plus longtemps, car les Syracusains renforçaient jour après jour leurs positions. La décision de Nicias — dont Thucydide précise qu'il « s'adonnait, non sans quelque excès, à la divination et aux pratiques du même genre » (trad. Romilly) — fut fatale à l'armée athénienne.

194. Ce qui a été reconnu, en 198b-c, c'est que l'objet de la confiance est un événement futur qui est bon *ou qui n'est pas mauvais*. Or Socrate fait ici comme s'il avait été convenu que seul le bien futur inspire confiance, ce qui est inexact. Il y a donc un glissement dans l'argumentation de Socrate, et ce glissement n'est pas sans importance dans la mesure où il est indispensable à la conclusion recherchée, à savoir que le courage est la connaissance de tous les biens et de tous les maux (cf. *infra*, 199c).

195. Ainsi que plusieurs commentateurs l'ont souligné (cf., entre autres, Chambry p. 217-218), il n'est pas du tout évident que le courage se rapporte aussi bien au passé qu'au présent et au futur. Peut-on vraiment être courageux à l'endroit d'événements passés ? Ainsi Aristote affirme-t-il, dans la *Grande Morale* (I 20, 1191a30 sq.), que le courage se rapporte à des craintes et à des dangers *imminents* : « Autre chose : ce n'est pas dans la première occasion venue, ni à n'importe quel moment, mais au moment où les craintes et les dangers sont proches. En effet, ne pas avoir peur du danger qui doit survenir dans neuf ans, ce n'est pas être courageux. Quelques personnes en effet restent fermes parce que le péril est fort éloigné, mais lorsqu'elles s'en rapprochent elles meurent de frayeur » (trad. Dalimier).

196. L'indifférenciation temporelle de l'objet du courage provient donc d'une analogie avec les savoirs techniques (agriculture, médecine, etc.). Il est pour le moins déconcertant de voir Socrate assimiler le cas du courage à celui de tous les autres savoirs, lui qui s'est plus tôt évertué à faire comprendre à Lachès que le courage n'est précisément pas un savoir de ce genre (cf. 192e-193c et *Introduction*, p. 50-52 et p. 55-57). On voit que la position de Socrate relativement au statut du courage en tant que connaissance est ambivalente : tantôt il oppose le courage aux différents savoirs techniques, tantôt il fait comme si le courage était un simple savoir technique parmi d'autres.

197. Tel qu'il a été défini par Nicias, le courage concerne exclusivement les événements futurs ; étant donné que le courage ainsi conçu ne s'intéresse pas aux événements passés et présents, alors que tout savoir digne de ce nom porte autant sur les objets passés et présents que futurs, Nicias n'a en fait défini qu'un tiers du courage.

198. On se souvient que Socrate, avec sa modestie habituelle, avait jugé plus sage de limiter l'objet de la définition à une partie de la vertu, comme le courage, plutôt que de l'étendre à la vertu tout entière (cf. *supra*, 190c-d et 198a). Or, comme l'a justement souligné Kahn (1986, p. 18-19), la réponse que Socrate fait ici à Nicias est pour le moins ironique dans la mesure où, contre toute attente et contrairement aux raisons avancées en 190c-d, il appert qu'il a été somme toute plus facile de définir la vertu entière que l'une de ses parties.

199. Ce constat d'échec est celui que l'on trouve habituellement, *mutatis mutandis*, à la fin de chacun des dialogues socratiques consacrés à la définition d'une vertu (cf. *Euthyphron* 15d-16a ; *Hippias majeur* 304a-e ; *Charmide* 175b ; *Lysis* 223b ; *République* I 354b-c). L'échec n'est toutefois pas absolu si l'on considère que le dialogue a permis de lever en partie le voile sur la nature du courage (cf. *Introduction*, p. 61).

200. Sur Damon, cf. *supra*, 180d et 197d, ainsi que les notes 24 et 182.

201. Voir, *supra*, 197c, où Nicias use du même sarcasme à l'endroit de Lachès.

202. Cf. *supra*, 181a, où ce conseil est donné pour la première fois, et 184c, où il est rappelé.

203. Cette affirmation de Lachès semble difficilement compatible avec 179b et 187c (*in fine*), d'où il ressort nettement que les fils de Lysimaque et de Mélèsias ont à peu près le même âge que ceux de Nicias *et de Lachès*, et que c'est d'ailleurs là la raison pour laquelle Lysimaque a jugé bon de demander conseil aux deux généraux. En effet, comme Nicias et Lachès ont tous les deux des fils en âge de parfaire leur éducation, ils se demandent sans doute, eux aussi, quelle est la formation qu'ils doivent donner à leurs fils.

204. Sur Nicératos, cf. *supra*, notes 10 et 13. Rappelons que c'est pour Nicératos que Socrate a trouvé un professeur de musique, nommé Damon (cf. *supra*, 180c-d).

205. Dans le *Théétète* (151a sq.), Socrate donne deux raisons pour lesquelles il s'abstient de nouer ou de renouer des relations avec des jeunes gens : *premièrement*, son « signal divin » (*sēmeîon daimónion* ; cf. *Euthyphron* 3b et n. 20) lui interdit parfois de fréquenter à nouveau certains jeunes gens qui se repentent d'avoir eu la présomption de croire qu'ils étaient les seuls artisans de leurs progrès sur la voie de la connaissance et qu'ils pouvaient ainsi se passer de Socrate. Le propre fils de Lysimaque, Aristide, est même cité au nombre des jeunes gens prêts à commettre toutes les extravagances dans l'espoir de convaincre Socrate de renouer commerce avec eux. *Deuxièmement*, les jeunes chez lesquels il ne devine aucune connaissance en gestation qui nécessiterait ses talents d'« accoucheur », ceux-là il refuse de s'en occuper et il les défère plutôt au sophiste Prodicos ou à d'autres hommes réputés pour leur *sophia*. D'après ces précisions, il semble bien que Nicératos, le fils de Nicias, ait appartenu à cette classe de jeunes gens sur lesquels Socrate jugeait inutile d'exercer son art de la maïeutique. Cette conjoncture est d'autant plus vraisemblable que Damon, le professeur recommandé par Socrate, est précisément lié à Prodicos (cf. *supra*, 197d), celui-là même donc auquel s'adressent, sur le conseil de Socrate, les jeunes gens éconduits par ce dernier.

206. Et pourtant, nous venons à peine de voir (cf. *supra*, n. 205) que Socrate n'acceptait pas indifféremment tous les jeunes gens dans son entourage. Cet « élitisme » de Socrate est par ailleurs confirmé par Xénophon (cf. *Mémorables* I 6, 5 et I 6, 13-14).

207. « Dans l'embarras » traduit l'expression grecque *en aporíai*. Cette occurrence du terme *aporía* à la fin du dialogue n'est pas indifférente, en ce sens qu'elle donne encore plus de poids au constat d'échec dressé par Socrate dès 199e. Mais le dialogue est-il pour autant aporétique *stricto sensu*, c'est-à-dire absolument sans issue ? Rien n'est moins sûr (cf. *Introduction*, p. 61-63).

208. Les deux grandes parties du dialogue (recherche d'un maître compétent et définition du courage) sont ici unifiées. Il résulte en effet de ce passage que le maître compétent est celui qui sait ; or comme aucun participant au dialogue ne sait ce qu'est le courage, force est de reconnaître que l'on doit se mettre à la recherche de quelqu'un d'autre pour remplir le rôle de maître compétent.

209. La signification de cette incise est probablement la suivante : « Il ne me dérange pas, explique Socrate, de dresser un constat qui n'est pas à notre honneur, car je sais que mes paroles ne seront pas rapportées à l'extérieur de notre groupe. » Toutefois, la signification précise de la concise expression *oudeìs gàr ékphoros lógos* pose problème, si bien que plusieurs éditeurs (Stallbaum, Schanz, Hermann, Heuse), qui rapprochent cette expression d'une tournure analogue chez Aristophane (*Thesmophories* 472), proposent de lire *lógou* (génitif) au lieu de *lógos* (nominatif). Le sens de l'incise est alors : « car personne ne divulguera nos propos à l'extérieur ». En tout état de cause, et pour séduisante qu'elle soit, cette légère correction ne s'impose pas. Enfin, Tatham (1888, p. 89) émet l'hypothèse que cette incise est une réminiscence d'Euripide (*Hippolyte* 295), passage qui aurait par la suite été parodié par Aristophane (*Thesmophories* 472). Il ne s'agit là, bien sûr, que d'une hypothèse.

210. Dans le *Phédon* (78a), Socrate recommande semblablement à ses interlocuteurs de ne rien ménager, ni biens, ni peine, ni temps, pour trouver l'« enchanteur » qui saura par ses discours les délivrer de la crainte de la mort.

211. On notera ici le retour explicite de la question du meilleur maître possible, question qui avait été en apparence abandonnée en 189d-e au profit d'une autre question, celle de la définition du courage. Comme nous l'avons déjà souligné (cf. *supra*, n. 208 et *Introduction*, p. 63), la conclusion du dialogue opère une synthèse entre les thèmes du maître compétent et de la nature du courage.

212. C'est bien ce genre de moquerie que l'on trouve dans le *Gorgias* (485a sq.), où Calliclès raille durement les hommes d'âge mûr qui s'entêtent à philosopher ; d'après Calliclès, la philosophie est une discipline qu'il convient aux jeunes gens de pratiquer, mais dont l'étude par des hommes d'âge fait est ridicule, voire grotesque.

213. Citation de l'*Odyssée* (XVII 347), où Télémaque autorise un vieux mendiant, dont il ignore qu'il s'agit en fait de son père Ulysse qui a choisi ce déguisement pour passer inaperçu, à faire le tour des tables pour quêter de la nourriture. Cf. aussi *Charmide* 161a, où Socrate cite le même vers.

ANNEXE

L'argument final du Lachès *(197e-199e) et l'unité des vertus*

L'argument final du *Lachès*, qui conclut à l'identité du courage et de l'ensemble de la vertu, a fait couler beaucoup d'encre ces dernières années car il soulève de nombreux problèmes d'interprétation. Malheureusement, cet intéressant débat a trouvé peu d'écho dans le monde francophone, si l'on en juge, du moins, par le fait que la totalité des publications sur ce sujet proviennent des milieux anglo-américains. La raison de ce désintérêt est peut-être que ce débat a surtout fait rage dans les cercles qui ne dédaignent pas de faire appel aux méthodes de la philosophie analytique, laquelle n'est pas beaucoup pratiquée chez les historiens francophones de la philosophie grecque. Quoi qu'il en soit, nous aimerions ici introduire le lecteur aux enjeux du débat concernant l'interprétation du passage 197e-199e. Avant toute chose, il est nécessaire de mettre en lumière la structure de l'argument qui conduit à la réfutation de Nicias. Voici l'analyse qu'en a récemment donnée Vlastos (1994, p. 118) [1] :

1. Au fil des ans, Vlastos a donné plusieurs analyses de cet argument (cf. aussi 1973, p. 266 ; 1981, p. 443-444). L'analyse que nous présentons ici correspond à la dernière interprétation que Vlastos (décédé en 1991) a donnée de *Lachès* 197e-199e, et nous

prémisse	(1)	Le courage est la connaissance des choses qui sont à craindre et de celles qui inspirent confiance (199a10-b1, 194e11-195a1, 196d1-2).
prémisse	(2)	Le courage est une partie de la vertu (198a1-9 ; cf. 190c8-d5).
prémisse	(3)	Les choses à craindre sont les maux anticipés, et les choses qui inspirent confiance sont les biens anticipés (198b5-10).
prémisse	(4)	Les maux/biens anticipés sont les maux/biens futurs (198b5-9).
	(5)	Les choses à craindre sont les maux futurs ; les choses qui inspirent confiance sont les biens futurs (198c2-4). [en vertu de (3) et (4)].
	(6)	Le courage est la connaissance des maux et des biens futurs (198c2-7 ; 199b3-4). [en vertu de (1) et (5)].
prémisse	(7)	La connaissance du bien et du mal futurs est identique à la connaissance de tout bien et de tout mal, qu'il soit futur, présent ou passé (198d-199a).
	(8)	Le courage est la même chose que la connaissance de tous les biens et de tous les maux (199c-d). [en vertu de (6) et (7)].

sommes pour l'essentiel en accord avec cette interprétation. Par ailleurs, plusieurs analyses concurrentes de ce même argument ont été proposées par d'autres commentateurs (cf. Santas 1969, p. 451 ; Woodruff 1988, p. 109-111 ; Penner 1992, p. 3).

prémisse	(9)	La connaissance de tout le bien et de tout le mal n'est pas une partie de la vertu, mais toute la vertu (199d4-e4).
conclusion	(10)	Le courage n'est pas une partie de la vertu, mais la vertu entière (199e6-9). [en vertu de (8) et (9)].
conclusion	(11)	La définition du courage en (1) n'est pas adéquate (199e11). [en vertu de (10)].

D'après l'analyse de Vlastos, toute cette déduction est parfaitement valide [2], si bien qu'on ne doit pas chercher, à une étape ou à une autre, une faute de logique ou une erreur de déduction. Le débat concerne surtout le statut des prémisses (1) et (2) et de la conclusion (10). Comme on le voit, (10) est contradictoire avec (2) ; or comme (2) est vrai et correspond à la doctrine la plus constante de Socrate (cf. *infra*), (10) est nécessairement faux. La conclusion (10) est donc une thèse rejetée par Socrate. Mais si la conclusion (10) dérive ultimement des deux prémisses de départ (1 et 2), et que la prémisse (2) est vraie, la prémisse (1) est nécessairement fausse. Reconnaître la fausseté de cette prémisse pose un problème dans la mesure où elle correspond, avons-nous dit, à la définition du courage que Socrate donne lui-même dans le *Protagoras* (360c-d) [3]. Il s'ensuit que si Socrate,

2. Vlastos n'a pas toujours été de cet avis (cf. 1973, p. 267 et 1981, p. 445). Woodruff (1988, p. 110) signale d'autres auteurs qui croient détecter des vices dans cet argument. Voir, par exemple, les réserves et les réticences exprimées par Santas 1969, p. 456-457.

3. Il est intéressant de souligner que la position de Vlastos a considérablement évolué à cet égard. Dans un premier temps (cf. 1973, p. 267), en effet, Vlastos se refusait à admettre que Socrate pût abandonner la définition du courage formulée par Nicias en 194e-195a. En effet, disait-il, i) Nicias insiste sur l'inspiration socratique de cette définition (194c sq.) ; ii) Socrate s'en sert lui-même dans un argument du *Protagoras* (360d) ; enfin, iii) Platon la retient (avec des modifications appropriées) dans la *République* (429c-

dans le *Lachès*, réfute une définition qu'il avait lui-même présentée dans le *Protagoras*, le *Lachès* est selon toute vraisemblance postérieur au *Protagoras*. L'insuffisance de cette définition vient de ce qu'elle ne tient pas compte des éléments extra-cognitifs (comme la fermeté, l'endurance) qui contribuent au courage et de ce qu'elle entraîne, comme conséquence inadmissible aux yeux de Socrate, l'identification du courage à la vertu dans sa totalité (= 10).

Mais sommes-nous bien sûrs que la conclusion (10) est fausse et qu'elle est rejetée par Socrate ? Cette conclusion ne formule-t-elle pas la thèse dite de « l'unité des vertus », qui est développée dans le *Protagoras* (329c sq.) et à laquelle il ne fait aucun doute que Socrate adhère ? Est-ce à dire que Socrate rejette, dans le *Lachès*, à la fois la définition du courage et la thèse de l'unité des vertus qu'il avait lui-même exposées dans le *Protagoras* ? Selon l'interprétation que l'on donne de la fameuse « unité des vertus », on considérera que la conclusion (10) en est une formulation adéquate ou non ; si oui, cette conclusion ne peut être ni fausse ni rejetée par Socrate ; sinon, rien n'empêche qu'elle soit fausse et désavouée par Socrate. Selon Vlastos, dont nous reprenons l'interprétation à notre compte, la thèse de l'*unité* des vertus n'implique pas l'*identité* de toutes les vertus entre elles ; autrement dit, la thèse de l'unité des vertus n'entraîne pas, comme conséquence, que n'importe quelle vertu est identique à n'importe quelle autre et à la vertu dans son

430b). Dans un deuxième temps (1981, p. 444), Vlastos se ravise et reconnaît que l'objet de la réfutation est bel et bien la prémisse (1) (= définition du courage). De même, dans son livre sur Socrate (*Socrates : ironist and moral philosopher*, 1991 ; trad. française : *Socrate : ironie et philosophie morale*, 1994), Vlastos reconnaît explicitement (p. 50 n. 20 ; trad. française p. 76 n. 20) que la définition du *Protagoras* est par la suite rejetée dans le *Lachès*. Enfin, l'étude publiée en 1994 (cf. p. 125), à titre posthume, confirme la position révisée de 1981 (le passage 197e-199e du *Lachès* est une critique de la définition du courage énoncée dans le *Protagoras*) et tire de cette position une conséquence pourtant obvie, mais non formulée dans la mise au point de 1981 : le *Lachès* est très certainement postérieur au *Protagoras*.

ensemble. La thèse de l'unité des vertus signifie plutôt que les vertus sont de telle façon interdépendantes et interreliées que si l'on possède une vertu, il est nécessaire que l'on possède aussi les autres. Par exemple, je ne puis pas être pieux sans être aussi courageux, ni être juste sans être aussi tempérant, etc. Mais de ce que la possession d'une vertu entraîne celle de toutes les autres, il ne s'ensuit pas, comme on le croit souvent, que les vertus sont toutes *identiques* entre elles [4]. Bref, Vlastos entend « unité » au sens d'« inséparabilité » : les vertus constituent une unité dans la mesure où elles sont inséparables les unes des autres. Or comme la conclusion (10) affirme bel et bien l'identité du courage et de la vertu dans sa totalité, on ne peut pas considérer (10) comme une expression adéquate de la thèse de l'unité des vertus et c'est pourquoi Socrate la rejette.

Les partisans de l'identité des vertus, comme Penner (1992), croient au contraire que Socrate tient pour vraie la conclusion (10) et que l'on doit, par conséquent, à l'inverse de l'interprétation de Vlastos, conserver la définition du courage (prémisse 1) et rejeter l'affirmation d'après laquelle le courage n'est qu'une partie de la vertu, puisque cette affirmation est incompatible avec la conclusion (10). Comme on le voit, le débat est d'importance puisqu'il concerne non seulement quelle est, de (1) ou de (2), la thèse qui fait l'objet d'une réfutation, mais aussi, plus globalement,

4. Les principaux partisans de l'*identité* des vertus sont (mentionnés ici selon l'ordre chronologique) : T. Penner, « The unity of virtue », in *Philosophical Review* 1973 (82), p. 35-68 ; C. C. W. Taylor, *Plato's Protagoras*, Oxford, Clarendon Press, 1976, p. 103 sq. ; T. Irwin, *Plato's Moral Theory*, Oxford, Clarendon Press, 1977, p. 86-90 ; M. Ferejohn, « The unity of virtue and the objects of Socratic inquiry », in *Journal of the History of Philosophy* 1982, p. 1-21 ; du même auteur, « Socratic virtue as the parts of itself », in *Philosophy and Phenomenological Research* 1983-1984, p. 377-388 ; M. Schofield, « Ariston of Chios and the Unity of virtue », in *Ancient Philosophy* 1984, p. 83-95 ; Penner 1992. — Le cadre de cette annexe ne permet pas de rendre justice aux raisons pour lesquelles tous ces auteurs ne souscrivent pas à l'interprétation que Vlastos donne de l'unité (au sens d'*inséparabilité*) des vertus.

la façon dont on doit comprendre la déroutante thèse de l'unité des vertus.

En faveur de la fausseté de (10), et du fait que cette conclusion ne correspond pas à la thèse de l'unité de la vertu, on peut développer plusieurs arguments :

a) Après avoir énoncé (10) en 199e3-4, Socrate rappelle (199e6-7) qu'il avait été convenu que le courage est non pas toute la vertu, mais une partie de la vertu. Il n'y a aucune raison de croire que cette position, affirmée une première fois en 190c-d et rappelée en 198a et en 199e6-7, ne correspond pas à la position effective de Socrate. L'objet de la réfutation ne peut donc pas être la prémisse (2) comme le croient ceux qui interprètent l'unité des vertus dans le sens de l'identité des vertus entre elles [5].

b) Il y a d'autres dialogues où Socrate présente les vertus particulières comme autant de parties de la vertu. La position de Socrate dans le *Lachès* est donc confirmée par tous ces passages des autres dialogues (cf. *Ménon* 78d-79e, *Euthyphron* 12e, *Protagoras* 329d) [6].

c) Comme Vlastos l'explique à merveille, si toutes les vertus sont identiques entre elles, cela signifie qu'on pourrait, dans une proposition donnée, substituer une vertu particulière à n'importe quelle autre. Il en résulterait des conséquences absurdes. Par exemple, si l'on définit la piété, la définition qu'on en donne devrait être vraie des autres vertus, s'il est vrai que toutes les vertus sont identiques entre elles ; or les définitions des vertus particulières ne sont évidem-

5. Devereux (1992, p. 772) est d'accord avec Vlastos sur ce point : l'objet de la réfutation est la définition du courage formulée par Nicias (prémisse 1), et non pas l'affirmation selon laquelle le courage est une partie de la vertu (prémisse 2). En sens inverse, Penner (1992, p. 4-5) croit que Socrate adhère toujours à la définition proposée par Nicias et que, en conséquence, il rejette (2).

6. Sur cette question, voir G. Vlastos, « Socrates on "the parts of virtue" », in *Platonic Studies*, Princeton, Princeton University Press, 1981 (2e éd.), p. 418-423 ; trad. française : « Socrate et les parties de la vertu » (trad. de Luc Brisson), *in* M. Canto-Sperber (éd.), *Les Paradoxes de la connaissance. Essais sur le* Ménon *de Platon*, Paris, Éd. Odile Jacob, 1991, p. 205-212.

ment pas interchangeables, comme Vlastos (1973, p. 230-231) et Devereux (1992, p. 787) le font justement remarquer. La thèse de l'identité des vertus implique qu'elles ont toutes le même *definiens*, c'est-à-dire qu'elles font toutes l'objet d'une même définition et qu'elles ne se distinguent pas les unes des autres sous le rapport de la définition.

d) Il y a tout de même une énorme différence de perspective entre le *Protagoras* et le *Lachès*. Dans le *Protagoras*, c'est Socrate lui-même qui propose la thèse de l'unité des vertus et qui s'efforce de la démontrer et d'en persuader son interlocuteur. Dans le *Lachès*, l'identité du courage et de la totalité de la vertu ne correspond pas à une thèse avancée par Socrate et défendue par lui, mais plutôt à une conséquence, rejetée par Socrate (en vertu de 199e6-7), qui découle d'une définition, également rejetée, que Nicias avait proposée. En tout état de cause, nous ne voyons pas comment on pourrait soutenir que c'est Socrate lui-même qui expose, dans le *Lachès*, la thèse de l'unité des vertus que l'on trouve dans le *Protagoras*. L'unité des vertus défendue *par Socrate* dans le *Protagoras* ne correspond pas à l'affirmation, dans le *Lachès*, de l'identité du courage et de la totalité de la vertu, car cette identité, ne l'oublions pas, est la conséquence, désavouée par Socrate, qui découle de la définition inadéquate du courage formulée *par Nicias* [7].

e) Dans l'article qu'il a dernièrement consacré à toute cette question, Penner (1992), qui soutient que

7. Parmi les commentateurs qui considèrent au contraire que la thèse de l'unité des vertus est sensiblement la même dans le *Protagoras* et dans le *Lachès*, mentionnons : F. Schleiermacher, *Introductions to the Dialogues of Plato*, 1836, p. 100 ; G. Grote, *Plato and the other companions of Sokrates*, 1885 (2e éd.), vol. II, p. 149 ; Friedländer 1964, vol. II, p. 48 ; Penner 1973 (cité *supra*, n. 4), p. 60-62 ; Irwin 1977 (cité *supra*, n. 4), p. 88-89 ; H. Teloh, *The Development of Plato's Metaphysics*, 1981, p. 58-59 ; Penner 1992, p. 5. Enfin, et bien qu'il soutienne (à tort selon nous) que le *Lachès* expose la thèse de l'unité des vertus, Devereux (1992, p. 789) estime que la thèse de l'unité des vertus dans le *Protagoras* est irréductible à celle que développe le *Lachès*.

(10) correspond fidèlement à la thèse socratique de l'unité (identité) des vertus, ne fait nulle part mention du passage 199e11 (= conclusion (11)), où Socrate affirme que Nicias et lui n'ont pas découvert ce qu'est le courage. Or cette affirmation n'est pas sans importance, puisqu'elle confirme le rejet de la conclusion (10). En effet, si (10) correspond au point de vue de Socrate, force est alors de conclure que la nature du courage a été découverte. Penner — qui, encore une fois, ne fait pas du tout état de 199e11 [8] — pourrait peut-être se tirer d'embarras de la façon suivante : Socrate sait que la nature du courage a été découverte (le courage = la vertu entière) et s'il affirme à Nicias le contraire (=199e11), c'est dans l'espoir que celui-ci se rattrape, c'est-à-dire qu'il comprenne enfin que l'identité du courage et de la totalité de la vertu est une conséquence obligée et légitime de l'adéquate définition du courage proposée en 194e-195a et que, par conséquent, la nature du courage a bel et bien été découverte (contrairement à 199e11). Une telle interprétation a toutefois l'inconvénient de prêter à Socrate une affirmation qui induit en erreur, puisqu'elle formule exactement le contraire de ce que Socrate pense. Mais ne serait-ce pas tout simplement une illustration de plus de l'ironie socratique ? C'est possible ; toutefois, une telle lecture conduit à attribuer à Socrate la connaissance non seulement du courage, mais aussi de toute la vertu. Comment concilier une telle connaissance avec le caractère aporétique du dialogue et, surtout, avec la fameuse déclaration d'ignorance ? Penner essaie de répondre à cette question à la fin de son article (p. 22-26), mais ses arguments sont loin d'être convaincants.

8. Le passage 199e11, qui correspond à la conclusion (11) dans l'analyse de Vlastos, ne figure même pas dans l'analyse détaillée que Penner donne (p. 3) de 197e-199e. Toute rigoureuse qu'elle puisse paraître, l'analyse de Penner est donc lacunaire, puisqu'elle fait l'impasse sur une affirmation qui fait partie intégrante de l'argument développé en 197e-199e.

INTRODUCTION

I. LES PERSONNAGES

1. *Euthyphron*

Euthyphron a-t-il réellement existé ou alors n'est-il qu'un personnage de fiction, fruit de l'imagination de Platon ? Tout le problème vient de ce que le personnage d'Euthyphron n'est mentionné que dans un seul autre texte, soit le *Cratyle* [1] de Platon lui-même. Si une autre source, texte littéraire ou document historique, avait fait état d'un certain devin Euthyphron, l'historicité de ce personnage serait acquise, mais ce n'est pas le cas [2]. Cependant, en y réfléchissant bien, les références du *Cratyle* militent en faveur de l'historicité d'Euthyphron ; en effet, dans la mesure où celui-ci n'apparaît pas dans le *Cratyle* comme un personnage qui prend part au dialogue, mais uniquement comme quelqu'un à qui Socrate fait allusion, on comprendrait mal que Socrate puisse faire allusion à Euthyphron comme à un personnage historique, s'il ne s'agissait en fait que d'un personnage de fiction [3].

1. Cf. 396d, 399a, 400a, 407d, 409d, 428c.
2. Croiset (1920, p. 179) signale des mentions d'Euthyphron chez des auteurs autres que Platon, mais il s'avère, après examen, qu'elles sont toutes des réminiscences du *Cratyle* ou de l'*Euthyphron*.
3. En faveur de l'historicité d'Euthyphron, cf. aussi Burnet (1924, p. 83-84), d'après qui Platon brosse le portrait d'un personnage qu'il a très bien connu.

Si l'historicité du personnage d'Euthyphron est une chose, l'historicité du procès qu'il aurait intenté à son père en est une autre. D'aucuns déclarent tout simplement qu'il est inconcevable que Platon ait imaginé cette histoire [4]. Mais pourquoi ne l'aurait-il pas imaginée ? Selon d'autres, le cas est trop étrange, trop bizarre, pour être une fiction [5]. Or on pourrait tout aussi bien soutenir le contraire : le cas est *à ce point bizarre* qu'il doit avoir été inventé. En tout état de cause, un sain scepticisme est de rigueur et, de toute façon, cette question n'est pas d'une importance cruciale.

Beaucoup plus importante est la question du profil religieux d'Euthyphron. Pendant très longtemps, on a considéré que ce devin incarnait l'orthodoxie religieuse et que Platon, dans l'*Euthyphron*, cherchait en fait à démontrer qu'un représentant des croyances traditionnelles, celles-là mêmes au nom desquelles on a poursuivi Socrate pour impiété, était tout à fait incapable de définir la piété, de rendre compte de ce qu'elle est. Comme on le voit, cette interprétation, qui a pour elle une belle vraisemblance et une heureuse simplicité, n'est valable que si Euthyphron est un représentant ou un défenseur de l'orthodoxie religieuse [6]. En tant que devin et spécialiste des questions religieuses, Euthyphron était le personnage tout désigné pour incarner les croyances populaires. Le dialogue aurait pour but non seulement de critiquer la religion traditionnelle, mais aussi de défendre la mémoire de Socrate, en montrant qu'il a été victime des excès et de l'ignorance des zélateurs de la religion traditionnelle. En réfutant Euthyphron, Socrate réfute et discrédite ceux qui l'ont accusé d'impiété.

4. Cf. Burnet 1924, p. 84.
5. Cf. Taylor 1929, p. 146.
6. Parmi les partisans de l'orthodoxie religieuse d'Euthyphron, on peut compter : Heidel 1900, p. 164-165 ; 1902, p. 14 et p. 51 ; L. Méridier, *Platon : Cratyle*, Paris, Les Belles Lettres, 1931, p. 17 ; Croiset 1920, p. 178-180 ; Versényi 1982, p. 48, p. 51. Cf. aussi les nombreuses références signalées par Hoerber (1958, p. 96), Neumann (1965, p. 265 n. 2) et Klonoski (1984, p. 127 n. 11).

La thèse de l'orthodoxie religieuse d'Euthyphron a toutefois été battue en brèche dans le premier quart du XXe siècle [7]. L'interprétation qui fut alors avancée a régné presque sans partage pendant une soixantaine d'années [8]. D'après cette interprétation, il y a plusieurs bonnes raisons de penser qu'Euthyphron était plutôt un excentrique, un fanatique qui se distinguait nettement, par ses croyances, de la religiosité moyenne de ses concitoyens. Remarquons d'abord qu'Euthyphron est régulièrement raillé par les Athéniens lorsqu'il traite de questions religieuses à l'assemblée, et qu'il passe même pour un fou (cf. 3c et 4a). Il connaît aussi, concernant les dieux, des histoires extraordinaires et stupéfiantes, à propos desquelles il prend la peine de souligner qu'elles sont totalement inconnues de la très grande majorité des Athéniens (cf. 6b et 6c). De plus, si l'on ne considère que les mythes à propos d'Ouranos, Kronos et Zeus — récits qui ressortissent à la mythologie traditionnelle racontée par Homère et Hésiode —, on aurait tort de croire que ces mythes avaient une grande crédibilité auprès des Athéniens de la fin du Ve siècle ; au contraire, les Athéniens de cette époque étaient pour la plupart choqués par ces histoires qui déshonoraient les dieux [9]. En outre, le procès intenté par Euthyphron à son propre père suscite la réprobation non seulement de sa famille et de ses proches (cf. 4d-e), mais aussi de ses concitoyens (cf. 6a). Finalement, il est manifeste que Platon ne cherche pas à associer Euthyphron, de près ou de loin, au parti orthodoxe et tra-

7. Cf. Burnet 1924, p. 85-87.

8. Dans le camp des adversaires de l'orthodoxie religieuse d'Euthyphron, on peut compter les études suivantes, qui sont toutes redevables à l'interprétation de Burnet : Hoerber 1958, p. 96 ; Taylor 1929, p. 147 ; Neumann 1966, p. 265 ; Rosen 1968, p. 107-108 ; Allen 1970, p. 8-9 ; Walker 1984, p. 10 ; Klonoski 1984, p. 132-133 ; 1986a, p. 133-134 ; 1986b, p. 8. Dans la même veine, Robin (1950, p. 352 n. 4) qualifie Euthyphron de « théoricien non conformiste » et même de « prophète inspiré ».

9. Comme le souligne Taylor 1929, p. 147. Voir aussi les notes 62 et 73 de la traduction.

ditionnel qui poursuit Socrate pour impiété. En effet, Euthyphron n'a jamais entendu parler de Mélètos (cf. 2b), l'un des principaux accusateurs de Socrate ; il ne connaît pas non plus les chefs d'accusation retenus contre le maître de Platon (cf. 2b-c), et pour cause, puisqu'il ne sait même pas que l'on a intenté un procès à Socrate (cf. 2a-b). Euthyphron se désole de ce procès et déclare même que s'attaquer à Socrate revient à porter atteinte au cœur de la ville (cf. 3a). Enfin, Euthyphron est confiant que Socrate défendra sa cause avec succès et qu'il sera acquitté (cf. 3e). En fait, il semble que Platon cherche au contraire à suggérer qu'Euthyphron essaie par tous les moyens de se ranger du côté du Socrate, tous deux unis contre les Athéniens. Ainsi, Euthyphron devine que la cause de l'accusation d'impiété est le fameux « démon » (*daimonion*) de Socrate ; or non seulement ce « signal divin » ne le choque pas, ni ne le scandalise, mais Euthyphron rapproche son cas de celui de Socrate, en affirmant qu'ils sont deux « incompris » et qu'ils ne doivent pas prêter attention à ce que dit la foule (cf. 3b-c).

Mais si Euthyphron n'est pas un représentant des croyances populaires, quelles croyances incarne-t-il ? Il a été longtemps admis qu'Euthyphron est une espèce de fanatique et d'excentrique, probablement membre d'une secte religieuse, que l'on identifie souvent à l'orphisme [10]. Or cette hypothèse ne va pas, à

10. Sur l'association d'Euthyphron à l'orphisme, cf. Heidel 1902, p. 52 ; Burnet 1924, p. 85-86 ; Hoerber 1958, p. 96 ; Walker 1984, p. 70 ; Klonoski 1984, p. 133-136 ; 1986a, p. 133-134. — Bien que l'orphisme soit un courant religieux qui demeure énigmatique et mal connu à bien des égards, « les croyances et les pratiques dites orphiques sont aisément reconnaissables par le dualisme radical qui les inspire et qui n'a pas de précédent dans la pensée religieuse des Grecs. D'essence démonique, l'âme humaine est prisonnière d'un corps d'origine titanique ; en vertu d'une souillure primitive, elle est condamnée à se réincarner sans cesse ; seules peuvent la libérer du cycle infernal de la génération les pratiques initiatiques qu'enseignent les "orphéotélestes" » (A. Motte, « Orphisme », *in* P. Poupard (éd.), *Dictionnaire des religions*, Paris, PUF, 1993 (3e éd.), vol. 2, p. 1478). Sur l'orphisme, on pourra aussi consulter : L. Moulinier, *Orphée et l'orphisme à l'époque clas-*

son tour, sans soulever de nombreux problèmes : si Euthyphron est un orphique, pourquoi Platon l'a-t-il choisi pour être l'interlocuteur de Socrate ? À quelle fin attaque-t-il l'orphisme ? Étant donné que Platon a été lui-même fortement influencé par l'orphisme [11], quel intérêt aurait-il eu à s'en prendre à cette secte ?

Dans la même veine, un commentateur a même récemment défendu la thèse que l'*Euthyphron* était pour l'essentiel une attaque, lancée par Platon, contre les sectes religieuses en tout genre qui florissaient et prospéraient à Athènes depuis la fin de la guerre du Péloponnèse [12]. Cette interprétation est carrément invraisemblable, ne serait-ce que parce qu'elle perd de vue l'incontestable dimension apologétique de l'*Euthyphron*. De façon générale, la principale difficulté soulevée par les interprétations qui font d'Euthyphron un marginal et un excentrique est qu'on ne comprend plus quel était l'objectif poursuivi par Platon dans ce dialogue. Son but était-il vraiment de critiquer les positions religieuses de certaines sectes plus ou moins obscures ? Et quel rapport cela peut-il bien avoir avec le procès d'impiété qui est intenté à Socrate ?

Ce sont là quelques-unes des difficultés qui ont incité à réexaminer à nouveaux frais la question de l'orthodoxie d'Euthyphron. On a dernièrement plaidé, et de brillante façon, en faveur de la thèse traditionnelle, celle de l'orthodoxie d'Euthyphron [13]. Voici les principaux arguments développés par cette réhabilitation de la position traditionnelle :

1. Il est faux de prétendre que l'adhésion d'Euthy-

---

sique, Paris, 1955 ; L. J. Alderink, *Creation and Salvation in Ancient Orphism*, Chicago, 1981 ; L. Brisson, « Les théogonies orphiques et le papyrus de Derveni », in *Revue de l'histoire des religions*, 1985 (202), p. 389-420 ; P. Borgeaud (éd.), *Orphisme et Orphée*, En l'honneur de J. Rudhardt, Genève, Droz, 1991.

11. À ce sujet, voir W. K. C. Guthrie, *Orphée et la religion grecque. Étude sur la pensée orphique* (traduit de l'anglais par S.-M. Guillemin), Paris, Payot, 1956, p. 265-270.

12. Cf. Klonoski 1984.

13. Cf. Furley 1985.

phron aux récits concernant Ouranos, Kronos et Zeus suffit à faire de lui le membre d'une secte et une espèce d'excentrique. On doit en effet rappeler qu'Euthyphron présente ces mythes dans leur version canonique, celle que l'on trouve dans les *Travaux et les jours* d'Hésiode, l'un des poètes, avec Homère, que les Grecs considéraient comme les « théologiens » de la religion grecque traditionnelle. Certes, plusieurs témoignages concordants laissent entendre que ces récits sanglants et cruels choquaient de plus en plus les Grecs de cette époque. Mais il n'en demeure pas moins que ces mythes sont présentés dans leur version « classique » et que, partant, ils ne sont pas du tout excentriques ni extravagants. Le fait d'adhérer à ces récits, malgré la désaffection progressive qui les frappe, place en fait Euthyphron dans une situation analogue à celle des « fondamentalistes » contemporains.

2. Si Euthyphron était le membre d'une secte et ne représentait pas l'orthodoxie, on ne comprendrait plus pourquoi Socrate désire, fût-ce de façon ironique, devenir son élève. Accusé d'impiété par Mélètos, Socrate demande en fait à Euthyphron de lui délivrer un certificat d'orthodoxie religieuse. Peu importe que la demande soit ironique, la signification même de cette demande serait incompréhensible si Euthyphron était le membre d'une secte. Et le fait qu'Euthyphron ne soit pas lié aux accusateurs de Socrate ne fait pas pour autant de lui le membre d'une secte ; au contraire, Platon met Socrate en présence d'un digne représentant des croyances traditionnelles, qui éprouve du respect et de l'admiration pour Socrate, et qui n'est pas du tout choqué par la prétendue innovation religieuse de Socrate, en l'occurrence son « démon ». Le fait qu'un représentant de l'orthodoxie ne condamne pas Socrate met encore plus en lumière l'inanité de l'accusation d'impiété lancée par Mélètos.

3. La crainte d'Euthyphron d'être souillé par le crime de son père est tout à fait conforme aux scrupules religieux qu'éprouve un Grec qui suit les pres-

criptions de la religion traditionnelle. Il n'y a donc rien là que de très orthodoxe et très conforme [14].

4. Comme nous le verrons de façon plus approfondie un peu plus tard, la dernière définition de la piété proposée par Euthyphron, celle qui voit dans la piété un savoir relatif à la prière et aux sacrifices (cf. 14a-15c), est parfaitement en phase avec la conception traditionnelle de la piété [15].

Pour toutes ces raisons, il est grand temps de renouer, après plus de soixante-dix ans de règne sans partage de la position adverse, avec la thèse traditionnelle qui tient Euthyphron pour un représentant de l'orthodoxie religieuse [16].

2. *Socrate*

Lorsqu'il s'entretient avec Euthyphron devant le Portique de l'Archonte-roi, Socrate est âgé de soixan-

14. Dans le même sens, cf. Beckman 1979, p. 44. Cela dit, il reste malgré tout que le simple fait d'intenter un procès à son propre père était certainement perçu comme un manquement grave à la piété traditionnelle et à l'orthodoxie religieuse. C'est d'ailleurs pour cette raison, et pour cette raison seule, que Strauss (1993, p. 271 et p. 278) considère Euthyphron comme un « hérétique » et un « déviationniste » qui est en rupture par rapport à l'orthodoxie religieuse.

15. Cette opinion est également partagée par Beckman (1979, p. 51), qui a de plus raison de préciser (p. 50) que la troisième définition d'Euthyphron, celle qui assimile la piété au culte (*therapeía*) des dieux, est elle aussi d'une parfaite orthodoxie.

16. Il y a tout de même une différence entre la position « néo-traditionaliste » de Furley (1985) et celle des traditionalistes pré-Burnet (1924) : en effet, plusieurs de ces derniers voyaient en Euthyphron un représentant de l'orthodoxie qui avait accusé Socrate, si bien qu'en réfutant Euthyphron, Socrate réfutait du même coup ses accusateurs. Bref, en montrant l'insuffisance du savoir d'Euthyphron, Socrate démontrait l'ignorance de ses accusateurs. Cette interprétation est séduisante, mais est néanmoins fausse, car Euthyphron n'a rien à voir avec les accusateurs de Socrate. En réalité, le fait qu'Euthyphron incarne un représentant de l'orthodoxie permet à Platon d'atteindre ces deux objectifs : a) montrer que la véritable orthodoxie ne s'offusque pas des croyances religieuses de Socrate, bien au contraire ; b) mettre en lumière, par le biais des déboires d'Euthyphron, que Socrate se soucie de la piété plus que ne le font les plus réputés spécialistes de ces questions (cf. Heidel 1900, p. 166 *in fine*). Dans un cas comme dans l'autre, il appert que l'accusation d'impiété n'a aucun fondement.

te-dix ans [17]. La mise en scène imaginée par Platon est un magnifique hommage à l'enseignement de son maître. Imaginez un peu : alors qu'il est sur le point de comparaître devant l'Archonte-roi et à la veille du procès qui le condamnera à mort, Socrate se révèle d'une extraordinaire fidélité à son engagement philosophique ; en effet, mis en présence d'un devin qui poursuit son propre père pour meurtre et qui soutient qu'il serait impie de ne pas le faire, Socrate, fidèle jusqu'au bout à sa mission d'éprouver le prétendu savoir de ses concitoyens, prend le temps d'interroger Euthyphron afin de vérifier si son interlocuteur possède ou non le savoir qu'il prétend posséder. Démasquer les faux savoirs qui se donnent pour des savoirs, c'est précisément là la tâche qui est à l'origine de la vie philosophique de Socrate. En présentant Socrate qui interroge Euthyphron juste avant de comparaître devant le magistrat qui enclenchera le processus judiciaire qui le condamnera finalement à mort, Platon montre que Socrate a fait preuve d'une irréprochable constance dans son engagement philosophique.

L'*Euthyphron* est l'un des rares dialogues platoniciens, avec l'*Hippias majeur*, l'*Ion*, le *Ménexène*, le *Criton* et le *Phèdre*, qui ne mettent en présence que deux personnages. Pour ce qui est de l'*Euthyphron*, cet élément de mise en scène semble destiné avant tout à accentuer le contraste entre Euthyphron et Socrate [18]. Plusieurs caractéristiques contribuent en effet à durcir l'opposition entre les deux personnages, si bien qu'Euthyphron sert de repoussoir à Socrate. Ainsi, Euthyphron joue le rôle d'accusateur, il prétend savoir ce qu'est la piété et être en mesure de l'enseigner, il est confiant de remporter son procès, il accepte les

17. Socrate discute avec Euthyphron peu avant son procès ; or nous savons, d'après un passage de l'*Apologie* (17d), que Socrate était âgé de soixante-dix ans lorsqu'il eut à répondre de l'accusation d'impiété lancée contre lui.

18. Plusieurs commentateurs ont déjà souligné le contraste et l'opposition entre le portrait de Socrate et celui d'Euthyphron. Cf. Heidel 1902, p. 14 ; Hoerber 1958, p. 98-99 ; Hoopes 1970, p. 6 note 12 ; Klonoski 1984, p. 125 note 6.

récits de la mythologie traditionnelle et, en ce qui regarde la piété, il se contente d'une espèce de formalisme, en vertu duquel les échanges entre les dieux et les hommes sont régis par des règles de nature quasi commerciale. Sur tous ces points, Socrate s'oppose à Euthyphron : il est accusé d'impiété, il reconnaît son ignorance de la piété et il ne demande pas mieux que d'être l'élève de celui qui lui enseignera la nature de cette vertu ; il est incertain de l'issue de son procès, il doute que les récits de la mythologie traditionnelle soient dignes des dieux et, en matière de piété, il ne se satisfait pas du formalisme vide qui règle, comme s'il s'agissait de troc, les échanges entre les dieux et les hommes. Euthyphron, le devin suffisant et sûr de son savoir, est en fait, on l'aura compris, un exemple de cette *amathía*, de cette ignorance que Socrate n'a de cesse qu'il ne la débusque et ne la démasque.

II. LE CADRE SPATIO-TEMPOREL

1. *Les dates*

a. *La date dramatique*

La discussion rapportée dans le dialogue peut être datée avec beaucoup de précision, puisqu'elle est censée avoir eu lieu l'année du procès et de l'exécution de Socrate, soit 399. Cette date pose tout de même le problème suivant : comme Euthyphron précise lui-même que sa famille et lui travaillaient la terre à Naxos (cf. 4c), où ils étaient sans doute des clérouques [19], les événements pour lesquels il poursuit alors son père, en 399, ont dû s'être produits au plus tard en 404, année de la fin de la guerre du Péloponnèse, et où Athènes, vaincue, dut renoncer à ses colonies, dont Naxos. En fait Athènes avait peut-être perdu ses colonies et ses clérouquies dès 405, après la défaite

19. On appelait « clérouques » les colons athéniens (cf. aussi n. 39 de la traduction).

d'Aigos Potamos [20], lorsque les alliés se sont révoltés contre Athènes et ont brisé leurs liens de dépendance. Il faut donc essayer de rendre compte de cet écart d'au moins cinq ans entre les faits incriminés (404 au plus tard) et le procès qu'Euthyphron intente à son père (399) [21].

Plusieurs interprétations ont été développées pour expliquer cet écart entre 404 et 399. Une première interprétation [22] soutient que Platon aurait délibérément commis un anachronisme pour faire en sorte que le procès du père d'Euthyphron coïncidât avec celui de Socrate. De tels anachronismes ne sont pas rares chez Platon : dans le *Ménexène* (245e), Platon présente Aspasie, la compagne de Périclès (*ca.* 495-429), qui raconte les événements jusqu'à la paix d'Antalcidas (387) [23]. La thèse de l'anachronisme délibéré est cependant battue en brèche par la lettre même du dialogue ; en effet, Euthyphron précise lui-même que les événements se sont produits à l'époque où sa famille et lui *travaillaient* (cf. 4c) la terre à Naxos. Le texte laisse donc clairement entendre qu'il y a eu un délai entre la mort de l'employé et les démarches judiciaires [24]. Selon une autre interprétation [25], le crime aurait eu lieu en 404 et n'aurait été jugé qu'en 399, parce que le rétablissement de la démocratie, en 403, entraîna une longue période de révision des lois, qui paralysa presque entièrement l'administration de la justice pendant quelques

20. Aigos Potamos, situé dans la région de l'Hellespont, fut le théâtre d'une importante bataille navale (août 405), où la flotte spartiate, commandée par Lysandre, écrasa la flotte athénienne (cf. Xénophon, *Helléniques* II 1, 21-32).

21. Allen (1970, p. 21 n. 3) propose une autre explication, d'après laquelle la famille d'Euthyphron n'aurait pas perdu ses propriétés en 404. Le crime aurait donc pu se produire après cette date ; mais cette explication a été contestée de façon convaincante par Panagiotou (1974, p. 424).

22. Cf. Heidel 1902, p. 21 et 43 ; Friedländer 1964, II, p. 83.

23. Voir aussi la note 32 de la traduction du *Lachès*.

24. Sur ce point, cf. Kidd 1990, p. 215.

25. Cf. Burnet 1924, p. 105-106. Cette interprétation a reçu l'appui de Furley (1985, p. 202 n. 5).

années [26]. Certains n'ont pas manqué d'objecter qu'aucune société ne peut se permettre de suspendre l'administration du droit criminel, notamment les lois relatives aux homicides, pour une aussi longue période [27]. Mais on a montré que le cas d'Euthyphron ne pouvait pas être rejeté ou écarté pour des raisons de limitation temporelle, car il ne semble pas qu'il y ait eu prescription dans les cas d'homicide ; en effet, rien n'atteste l'existence d'une réglementation fixant le nombre d'années maximal après lequel on ne pouvait plus poursuivre pour meurtre [28]. Pour cette raison, il n'y a peut-être pas lieu de suspecter Platon d'anachronisme, du moins dans ce cas-ci.

b. *La date de composition*

Au début de notre ère, le grammairien Thrasylle d'Alexandrie a classé les œuvres de Platon en neuf tétralogies [29]. Cette classification s'est vite imposée et elle est demeurée en vigueur jusqu'au XIXe siècle, et même au-delà [30]. Dans cette classification, l'*Euthyphron* occupe une place de choix, puisqu'il est le tout premier dialogue de la première tétralogie, les autres dialogues du groupe étant, dans l'ordre, l'*Apologie de Socrate*, le *Criton* et le *Phédon*. Comme on le voit, le thème de cette première tétralogie est le procès et l'exécution de Socrate. Cette classification n'avait cependant pas l'ambition d'établir la chronologie des œuvres de Platon, c'est-à-dire de déterminer la séquence temporelle de leur composition.

26. Cf. Lysias XVII 3.
27. C'est l'objection formulée par Allen (1970, p. 21 n. 3) et reprise par Walker (1984, p. 63).
28. Cf. Panagiotou 1974, p. 425-426 ; Kidd 1990, p. 215.
29. Cf. Diogène Laërce III 57-61. Un utile commentaire de cet important passage de Diogène Laërce est fourni par L. Brisson, « Diogène Laërce, "Vies et doctrines des philosophes illustres" », Livre III : Structure et contenu », in *Aufstieg und Niedergang der Römischen Welt*, Berlin, de Gruyter, 1992, Band 36.5, p. 3709-3713.
30. Au XXe siècle, deux grandes éditions des œuvres de Platon ont conservé la classification tétralogique. Il s'agit de la *Loeb Classical Library* et de l'*Oxford Classical Texts*.

Au siècle dernier, quelques savants ont soutenu que l'*Euthyphron* avait été composé du vivant même de Socrate, plus précisément après sa comparution devant l'Archonte-roi et avant son procès. Aujourd'hui, cette opinion a fait long feu et il ne se trouve d'ailleurs presque plus personne pour défendre l'idée, jadis répandue, que Platon a composé un certain nombre de dialogues avant l'exécution de son maître. De façon générale, il y a accord pour reconnaître que l'*Euthyphron* compte parmi les premiers dialogues écrits par Platon. Peut-on avancer une date ? On peut affirmer, sans trop de risque de se tromper, que l'*Euthyphron* remonte à une période qui se situe entre 399 (mort de Socrate) et 388-387 (premier voyage de Platon en Sicile). Bien sûr, certains interprètes avancent des dates plus précises, mais force est de constater qu'aucun argument probant ne vient étayer leurs suppositions respectives. Il est donc plus prudent d'en rester à une datation plus approximative et de ne pas chercher, en l'absence d'arguments vraiment convaincants, à proposer une date trop précise.

2. *Les lieux de la discussion*

Socrate et Euthyphron se rencontrent sous le Portique de l'Archonte-roi. Ce dernier, élu pour une durée d'un an, était le second des neuf archontes et il avait hérité des fonctions religieuses autrefois exercées par les rois (cf. *Politique* 290e), d'où son nom d'Archonte-roi. C'est à lui qu'incombait, par exemple, le soin d'accomplir tous les sacrifices publics. La compétence judiciaire de l'Archonte-roi, qu'Aristote a décrite par le menu [31], s'étendait à tous les cas qui touchaient, d'une façon ou d'une autre, la religion de la cité. C'est pourquoi le cas de Socrate, accusé de ne pas croire aux dieux de la cité, relevait de sa compétence. Quant à Euthyphron, son cas est également justiciable de l'Archonte-roi, dans

31. Cf. *Constitution d'Athènes* 57.

la mesure où un meurtre peut entraîner pour toute la communauté une souillure de nature religieuse (cf. 4c).

Le Portique de l'Archonte-roi n'était ni plus ni moins qu'une cour de justice et il était situé juste au sud de l'Acropole [32]. D'après Pausanias (I 3, 1), c'était le premier édifice à droite lorsqu'on arrivait à l'agora en provenance du cimetière du Céramique.

D'après certaines études récentes [33], qui se sont attachées à dégager la signification symbolique du Portique de l'Archonte-roi dans l'*Euthyphron*, il n'est pas du tout indifférent que Platon ait situé le dialogue dans ce lieu. Ainsi, on devrait attacher la plus grande importance au fait que Platon a choisi, comme cadre du principal développement de son œuvre qui soit consacré à la piété, le Portique du plus important responsable des questions religieuses à Athènes. Sur les murs du Portique, juste à l'extérieur de la cour, étaient fixées les tablettes sur lesquelles étaient inscrites les lois sacrées d'Athènes, celles de Solon, et le code récemment achevé et révisé de Nicomaque [34]. C'est en somme toute l'histoire de la législation religieuse athénienne que l'on pouvait lire sur les tablettes fixées au mur du Portique de l'Archonte-roi. Mais il est grandement exagéré d'affirmer que le Portique de l'Archonte-roi incarne, dans le dialogue qui s'engage entre Socrate et Euthyphron à propos de la piété, les croyances religieuses et traditionnelles des Athéniens, et qu'on doit même le considérer, à ce titre, comme le troisième personnage du dialogue [35]. Une telle surinterprétation n'est évidemment possible que si l'on refuse de voir en Euthyphron un représentant de l'orthodoxie religieuse.

32. Cf. Klonoski 1986a, p. 130. Voir aussi Carte (p. 335).
33. Cf. surtout Klonoski 1984, 1986a ; voir aussi Saxonhouse 1988, p. 286.
34. Cf. Klonoski 1986a, p. 130
35. Cf. Klonoski 1984, p. 125 ; 1986a, p. 130-132, p. 133 note 8, p. 136.

III. INTERPRÉTATION DU DIALOGUE

Le plan de l'*Euthyphron* se laisse aisément dégager et il n'est pas inutile, avant d'entreprendre l'analyse des principales articulations du dialogue, que le lecteur en prenne dès maintenant connaissance.

I. **Introduction** (2a-5d)
   A. l'accusation portée contre Socrate (2a-3e)
   B. le cas d'Euthyphron (3e-4e)
   C. Socrate à l'école d'Euthyphron (4e-5d)
   D. le réquisit de toute définition : l'*eîdos* et l'*idéa* de la piété (5d)

II. **Première définition** (5d-6e) : la piété consiste à poursuivre celui qui a commis une injustice

III. **Deuxième définition** (6e-11b)
   A. 1re formulation (6e-8b) : la piété, c'est ce qui est cher aux dieux
   B. 2e formulation (8b-9e) : la piété, c'est ce qui est cher à *tous* les dieux
   C. réfutation (9e-11b)

IV. **Intermède** (11b-11e)

V. **Troisième définition** (11e-14a)
   A. le genre du pieux (11e-12d) : la justice
   B. la différence (12d-14a) :
      1) 1re formulation (12d-13d) : la piété est le soin des dieux
      2) 2e formulation (13d-14a) : la piété est le service des dieux

VI. **Quatrième définition** (14a-15c) : la piété est la connaissance des prières et des sacrifices adressés aux dieux

VII. **Conclusion** (15c-16a)

Plusieurs commentateurs estiment que la deuxième formulation de la deuxième définition constitue en fait une définition nouvelle et indépendante, qui serait en l'occurrence la troisième [36]. Il semble toutefois que l'on ait plutôt affaire à une reformulation de la deuxième définition, puisque Socrate la présente explicitement comme une correction apportée à la définition précédente (cf. 9d). Omission plus grave : il a échappé à certains [37] que la discussion de la troisième définition tourne court en 14a et qu'Euthyphron, plutôt que de répondre aux questions de Socrate touchant cette troisième définition, propose, sans y être expressément invité, une nouvelle définition, la quatrième. Il y a bel et bien une césure en 14a et nous verrons plus tard que l'interruption abrupte de l'examen de la troisième définition est lourde de signification.

1. *Introduction (2a-5d)*

Socrate et Euthyphron se rencontrent donc par hasard sur l'agora, plus précisément au Portique de l'Archonte-roi. D'emblée, Euthyphron s'étonne de trouver Socrate à cet endroit, lui qui a plutôt l'habitude de fréquenter les gymnases, comme le Lycée. Si la rencontre elle-même d'Euthyphron et de Socrate est fortuite, leur présence respective à cet endroit précis ne l'est pas, puisque tous deux ont affaire chez l'Archonte-roi, dont la responsabilité est d'enquêter [38] sur les causes où ils sont impliqués, Socrate comme accusé, Euthyphron comme accusateur. Il est indispensable, pour la bonne intelligence du dialogue, d'examiner d'assez près les motifs et les aspects judiciaires de ces deux procès.

a. *La triple accusation portée contre Socrate (2a-3e)*

Les informations contenues dans l'*Euthyphron* à propos de l'accusation et des accusateurs de Socrate semblent, du moins à première vue, à la fois incom-

36. Cf. Croiset 1920 (*ad* 9c) et Burns 1985, p. 317-319.
37. C'est le cas, entre autres, de Croiset 1920.
38. L'Archonte-roi procède en fait à une espèce d'enquête préléminaire, au cours de laquelle il détermine s'il y a lieu de tenir un procès et, le cas échéant, il défère la cause à la cour de justice appropriée.

plètes et confuses. Incomplètes, parce que l'on pourrait croire, à la lecture de l'*Euthyphron*, que Mélètos était le seul accusateur de Socrate, alors qu'il y en avait en réalité trois ; confuses, parce que les différents chefs d'accusation retenus contre Socrate ne sont pas clairement distingués les uns des autres. Comme l'*Euthyphron* n'est pas le seul, ni le plus important des documents concernant l'accusation de Socrate, nous ferons ici appel à d'autres textes pour faire la lumière sur les accusateurs de Socrate et sur les accusations lancées contre lui.

1) Les accusateurs

L'*Euthyphron* ne fait mention que d'un seul accusateur, en l'occurrence Mélètos, sans doute parce que celui-ci fut l'auteur de la mise en accusation officielle de Socrate, ainsi qu'en témoignent plusieurs textes, pour la plupart tirés de l'*Apologie de Socrate* [39]. Rappelons à ce sujet que dans l'*Apologie*, Mélètos est le seul accusateur à être directement interrogé par Socrate. Il n'en reste pas moins que Mélètos a, dans les faits, été secondé par deux autres personnes, Anytos et Lycon, que Socrate nomme expressément, dans l'*Apologie* (23e et 37a), comme les acolytes de Mélètos.

Malheureusement, nous ne possédons que très peu d'information sur les trois accusateurs de Socrate. Mélètos, par exemple, nous est pour ainsi dire inconnu ; nous en saurions un peu plus à son sujet si l'on pouvait l'identifier au Mélètos qui, la même année (399), a lancé une accusation d'impiété contre l'orateur Andocide [40]. Bien qu'il soit très tentant d'identifier ces deux Mélètos et de faire ainsi de ce personnage une espèce de zélateur religieux engagé dans une croisade en faveur de l'orthodoxie, il semble impossible, pour une foule de raisons qu'il serait ici

39. Cf. 19b, c, 24c, 26b, d, e, 27a, e, 28a, 31d, 35d, 36a-b, 37b ; Xénophon, *Mémorables* IV 4, 4 ; IV 8, 4 ; Diogène Laërce II 38, 40 ; Brickhouse & Smith 1989, p. 24 note 74.

40. Sur l'accusation portée contre Andocide, voir le *Contre Andocide* de Lysias. Pour sa défense, Andocide prononça le discours *Sur les mystères* et il fut finalement acquitté.

trop long de développer, de procéder à cette identification [41].

Nous en savons encore moins à propos de Lycon. Comme Socrate précise que Lycon aurait agi au nom des orateurs [42], certains n'hésitent pas à l'identifier au Lycon dont Aristophane fait mention dans les *Guêpes* (1301). Quand bien même le Lycon des *Guêpes* correspondrait à l'accusateur de Socrate, Aristophane ne nous apprend rien à son sujet.

Le seul accusateur de Socrate sur lequel nous avons un peu plus d'information est Anytos. Platon en fait lui-même un portrait dans le *Ménon* (89e-90b), où il le présente comme un ennemi acharné des sophistes. Cette haine des sophistes peut très bien s'être répercutée sur Socrate, étant donné que celui-ci passait régulièrement pour un sophiste, comme en témoigne la célèbre pièce d'Aristophane, les *Nuées*. Il semble aussi qu'Anytos ait été un homme puissant, qui a exercé une grande influence politique. Dans l'*Apologie* (23e-24a), Socrate précise d'ailleurs qu'Anytos est le porte-parole des politiciens. Cette notoriété et cette puissance d'Anytos ont incité plusieurs commentateurs à émettre l'hypothèse qu'il était le véritable instigateur de l'accusation portée contre Socrate, Mélètos n'étant en fait qu'un homme de paille, un paravent servant à protéger Anytos au cas où l'issue du procès n'aurait pas été celle escomptée par les accusateurs.

2) Les chefs d'accusation

Mais pour quelles raisons Mélètos et ses acolytes ont-ils intenté un procès à Socrate ? Dans l'*Apologie*, Socrate rappelle lui-même en ces termes les chefs d'accusation retenus contre lui, tels qu'ils apparaissent dans la plainte déposée par Mélètos : « "Socrate, dit-elle, est coupable de corrompre la jeunesse et de reconnaître non pas les dieux que la cité reconnaît,

41. Les raisons qui interdisent cette identification sont bien exposées par Brickhouse & Smith 1989, p. 27-28.

42. Cf. *Apologie de Socrate* 24a.

mais, au lieu de ceux-là, des divinités nouvelles[43]". » Il y a donc trois chefs d'accusation distincts : A. Socrate ne reconnaît pas les dieux de la cité ; B. Socrate introduit de nouvelles divinités ; C. Socrate corrompt la jeunesse. Plusieurs commentateurs considèrent que A et B constituent un seul et même chef d'accusation. Il semble néanmoins qu'on doive les distinguer, car ils sont logiquement indépendants l'un de l'autre : on peut très bien ne pas croire aux dieux de la cité sans pour autant introduire de nouvelles divinités et, inversement, le fait d'introduire de nouvelles divinités n'entraîne pas nécessairement qu'on ne croit plus aux divinités de la cité [44]. Chaque chef d'accusation doit donc faire l'objet d'une interprétation spécifique. Examinons-les à tour de rôle.

En vertu du premier chef d'accusation, on reproche à Socrate de ne pas croire aux dieux auxquels croit la cité. Le verbe traduit par « reconnaître » est *nomízein*, qui dérive du terme *nómos* (« coutume », « pratique habituelle »). Plusieurs commentateurs, insistant sur le rapprochement entre ces deux termes, ont émis l'hypothèse qu'on accusait Socrate, non pas de ne pas reconnaître les dieux — ce qui fait de lui un athée —, mais de ne pas honorer les dieux de la cité, c'est-à-dire qu'on lui reprochait une pratique religieuse qui n'était pas conforme à celle déterminée par les lois d'Athènes. Cette hypothèse a toutefois été réfutée par de nombreux commentateurs [45]. On a fait valoir, par exemple, que ce chef d'accusation, tel qu'il est interprété par Xénophon [46], vise clairement à faire passer Socrate pour un athée.

Qu'une telle accusation puisse avoir été portée

43. *Apologie de Socrate* 24 b-c (trad. Brisson). L'acte d'accusation est également rapporté par Xénophon (*Mémorables* I 1, 1) et Diogène Laërce (II 40). La formulation n'est pas identique dans les trois sources, mais la nature des chefs d'accusation est la même.

44. Ce point est bien établi par Brickhouse & Smith 1989, p. 34.

45. Cf. Brickhouse & Smith 1989, p. 31, où l'on trouvera un état de la question et un résumé des principaux arguments en présence. Cf. aussi Bodéüs 1989, p. 29 note 11.

46. Cf. *Mémorables* I 1, 2-5.

contre Socrate soulève le problème de la législation athénienne concernant l'impiété. Il semble bien qu'il existait une loi sur l'impiété en vertu de laquelle Socrate a pu être accusé de ne pas reconnaître les dieux de la cité [47]. La comparution de Socrate devant l'Héliée nous fournit un indice que l'accusation concernait une violation de cette loi sur l'impiété, car ce tribunal en administrait l'application [48]. Un autre indice de l'existence d'une telle loi est le passage 12e de l'*Euthyphron*, d'où il ressort que l'on pouvait poursuivre quelqu'un pour impiété. Quant au contenu de cette loi, il semble avoir été passablement vague [49]. L'extension et l'applicabilité de la loi devaient, pour chaque cas, être déterminées *ad hoc*, en deux temps : une première fois de façon provisoire lors de l'audition préliminaire devant l'Archonte-roi, une deuxième fois de façon décisive par les juges lors du procès. On aurait tort de penser ou de prétendre que les Grecs ne se souciaient pas des croyances individuelles et ne se préoccupaient que de l'observance des rites prescrits par la religion. En d'autres termes, il serait inexact de croire que l'on pouvait sans crainte être athée aussi longtemps que l'on observait les rites extérieurs de la religion [50]. Il est d'ailleurs significatif que Socrate

47. D'après la *Vie de Périclès* de Plutarque, un certain Diopeithès promulgua un décret visant les croyances religieuses « déviantes » : « Diopeithès rédigea un décret en vertu duquel on poursuivrait pour crime contre l'État ceux qui ne croyaient pas aux dieux et qui enseignaient des doctrines relatives aux phénomènes célestes : il visait ainsi Périclès à travers Anaxagore » (XXXII 2 ; trad. Flacelière). Il semble donc, d'après ce témoignage, que toute croyance religieuse non orthodoxe, et *a fortiori* l'athéisme, constituait un délit qui pouvait être poursuivi et réprimé en vertu de la loi. Sur cette question, on consultera J. Rudhardt, « Le délit d'impiété d'après la législation attique », in *Museum Helveticum*, 1960 (17), p. 87-105 ; D. Cohen, « The prosecution of impiety in Athenian Law », in *Zeitschrift der Savigny-Stiftung für Rechtsgeschichte* 1980 (118), p. 695-701.

48. Cf. Brickhouse & Smith 1989, p. 33 notes 117 et 118.

49. Cf. D.M. MacDowell, *The Law in Classical Athens*, Ithaca, 1978, p. 199-200.

50. Cf. Brickhouse & Smith 1989, p. 33. La position de ces auteurs doit toutefois être précisée sur un point : en ce qui concerne

n'entreprenne pas, ni chez Platon ni chez Xénophon, de contester le fondement légal des accusations portées contre lui.

Selon le deuxième chef d'accusation, Socrate est coupable d'introduire, non pas de nouveaux dieux (*theoí*), mais de nouvelles divinités (*daimónia*). Quelles sont ces divinités ? Pour que l'accusation d'impiété ait un sens, il faut que Socrate ait élevé au rang de divinités des êtres que les Athéniens n'ont pas coutume de considérer comme des divinités. Il semble bien que le fameux « signal divin » (*sēmeîon daimónion*) de Socrate, signal qui se manifeste depuis son enfance et qui intervient uniquement pour l'empêcher de faire quelque chose, soit à la source de cette accusation d'introduire des divinités nouvelles. Platon [51] et Xénophon [52] associent d'ailleurs très explicitement ce deuxième chef d'accusation au « signal divin » que Socrate affirme entendre à l'occasion. Il reste à expliquer pourquoi le chef d'accusation parle de divinités (*daimónia*) et non pas seulement d'une divinité (*daimónion*), si, évidemment, le signal divin est bien l'objet visé par l'accusation. L'emploi de ce pluriel témoignerait du fait que les accusateurs de Socrate partagent la conception commune, exprimée entre autres par Aristophane dans les *Nuées*, et contre laquelle Socrate doit se défendre dans l'*Apologie* [53], qui le tient pour un « phy-

---

les croyances individuelles, il semble que les Athéniens ne se préoccupaient pas outre mesure des athées, pour autant qu'ils ne fissent pas de prosélytisme (cf. *Euthyphron* 3c-d et n. 26 de la traduction). Cette nuance est d'ailleurs implicite chez Brickhouse & Smith, puisqu'ils écrivent (1989, p. 33) que « le procès intenté à Anaxagore se fondait sur son enseignement » (« [...] the case against Anaxagoras was based upon his teachings »). On doit donc distinguer, semble-t-il, entre (a) les croyances individuelles qui demeurent strictement privées, et qui ne sont donc pas justiciables, et (b) les croyances individuelles hétérodoxes que l'on rend publiques et dont on cherche à convaincre d'autres citoyens. C'est précisément cette forme de prosélytisme, et non pas tant les croyances considérées en elles-mêmes, qui est susceptible d'entraîner des poursuites judiciaires.

51. Cf. *Apologie de Socrate* 31 c-d ; *Euthyphron* 3b.
52. Cf. *Mémorables* I 1, 2 ; *Apologie* 12-13.
53. Cf. 18a-c, 19a-c, 23d-e.

sicien », c'est-à-dire un penseur qui s'intéresse avant tout à l'étude de la nature (*phúsis*) et qui remplace les anciens dieux par de nouvelles sortes de puissances, qualifiées de « divines » [54]. Le pluriel est à dessein vague, de façon à inclure toutes ces puissances naturelles que Socrate aurait élevées au rang de divinités [55].

Le troisième et dernier chef d'accusation, qui concerne la corruption de la jeunesse, est étroitement lié aux deux premiers, ainsi qu'il ressort nettement de l'*Apologie* (26b) et de l'*Euthyphron* (3b). D'après ces deux textes, en effet, Socrate aurait corrompu les jeunes gens en les incitant à ne pas croire aux dieux de la cité et à honorer, à la place, de nouvelles divinités. Ce lien entre la corruption de la jeunesse et l'impiété peut à première vue paraître étonnant ; mais, comme il n'y avait pas, semble-t-il, de loi sur la corruption de la jeunesse, la seule façon de porter cette troisième accusation était de la rattacher à l'accusation d'impiété : Socrate corrompt la jeunesse en lui enseignant ses croyances impies. Au reste, il n'est pas du tout impossible que les cas de corruption de la jeunesse aient pu relever de la loi relative à l'impiété ; en effet, la piété concernait les rapports non seulement avec les dieux, mais aussi avec les parents, si bien que c'était une offense grave que de ne pas respecter ses parents [56]. Or comme Socrate avait déjà la réputation d'encourager les fils à contester l'autorité de leurs

54. Cf. Brickhouse & Smith 1989, p. 35-36.

55. Cf. Bodéüs 1989, p. 34 : « L'expression *daimónia* vise, de façon vague et par analogie avec les *daimones* de la croyance ordinaire, les pseudo-divinités naturelles (nuage, air, éther, tourbillon...) qu'Aristophane (évoqué en 19b-c) prêtait à son Socrate. »

56. Cf. Platon, *Lois* XI 930e : « Négliger ses parents est une chose que ni dieu ni homme sensé ne conseillera jamais à personne ; il faut comprendre, au contraire, que le préambule qui suit, sur le culte dû aux dieux, a une relation directe avec la pratique ou l'oubli des honneurs dus aux parents » (trad. Diès) ; *Criton* 51c : « N'est-ce pas au contraire une chose impie que de faire violence à une mère, à un père, et l'impiété serait-elle moindre lorsqu'il s'agit de la patrie ? » (trad. Brisson). — Ne parle-t-on pas, encore aujourd'hui, de « piété filiale » ?

parents [57], notamment sur des questions religieuses, il est tout à fait vraisemblable que l'on ait pu le considérer coupable d'impiété. D'ailleurs, l'un des objectifs de l'*Euthyphron* est peut-être de combattre cette réputation funeste à la mémoire de Socrate ; en effet, Platon n'y dépeint-il pas un Socrate fort étonné, voire choqué, par l'attitude d'Euthyphron à l'endroit de son père [58] ?

En tout état de cause, l'accusation de corrompre la jeunesse est interprétée par Socrate lui-même d'une façon beaucoup plus large que ne semble le faire Mélètos en la liant à des questions religieuses. Et il ne fait pas de doute que pour la plupart des Athéniens, ce chef d'accusation renvoyait à l'influence pernicieuse que l'enseignement de Socrate aurait eue sur certains jeunes, dont Alcibiade [59], Charmide [60] et Critias [61],

57. Cette réputation, qui doit sans doute beaucoup aux *Nuées* (1330 sq. et 1420 sq.) d'Aristophane, est également évoquée chez Xénophon (*Mémorables* I 2, 49 et 51 ; *Apologie* 20).

58. Sur ce point, cf. Heidel 1900, p. 166 et Brickhouse & Smith 1989, p. 37 note 132.

59. Membre de l'entourage de Socrate, Alcibiade (450-404) fut le principal instigateur de l'expédition athénienne en Sicile, qui se solda par un échec militaire retentissant. Contentons-nous de rappeler qu'il fut mis en cause dans les scandales de la profanation des Hermès et de la parodie des mystères d'Éleusis, et qu'il déserta l'armée athénienne pour passer au camp spartiate, pour le compte duquel il remplit différentes missions. Lorsqu'il réintégra l'armée athénienne quelques années plus tard, il complota pour renverser la démocratie. Il ne fait aucun doute que Platon, dans le *Banquet* (212d sq.) notamment, s'efforce de montrer que Socrate n'est pas responsable des erreurs et des trahisons d'Alcibiade. Sur ce fascinant personnage de l'histoire athénienne, on pourra lire, outre la classique *Vie d'Alcibiade* de Plutarque (dans les *Vies parallèles*), les biographies que J. Hatzfeld (*Alcibiade. Étude sur l'histoire d'Athènes à la fin du Ve siècle*, Paris, PUF, 1951) et J. de Romilly (*Alcibiade*, Paris, de Fallois, 1995) lui ont consacrées.

60. Familier de Socrate, oncle maternel de Platon, Charmide fit partie de la tyrannie des Trente qui prit le pouvoir, avec l'appui de Sparte, à la fin de la guerre du Péloponnèse (404). Charmide périt en 403, à l'occasion des affrontements avec les partisans de Thrasybulle, qui rétablirent les institutions démocratiques. Voir L. Brisson, « Charmidès » *in* R. Goulet (éd.), *Dictionnaire des philosophes antiques*, tome II, Paris, 1994, p. 299-302.

61. Lié à Socrate et à Platon (il était le cousin de sa mère), Critias (460-403) est surtout connu pour son hostilité au régime

qui ont tous été perçus comme des traîtres à la cause de la démocratie athénienne. Les *Mémorables* de Xénophon ne laissent aucun doute sur la dimension politique du procès intenté à Socrate. Dans le premier livre de cette œuvre apologétique, tout entière consacrée à la défense de Socrate, Xénophon répond longuement (I 2, 12-48) au pamphlet de Polycrate, publié vers 393, où Socrate était expressément accusé, encore après sa mort, d'avoir été le « mauvais génie » de Critias et d'Alcibiade. Les mobiles politiques du procès sont également confirmés, s'il en était besoin, par ce témoignage de l'orateur Eschine : « Vous avez mis à mort Socrate le sophiste parce qu'on a montré qu'il avait instruit Critias » (I 173). Il ne faut pas perdre de vue que Socrate a été jugé et condamné en 399, soit quatre ans après le retour aux affaires des démocrates qui avaient été chassés du pouvoir en 404, à la fin de la guerre du Péloponnèse. Étant donné qu'une loi d'amnistie avait été votée en 403 et qu'il n'y avait pas de loi qui permît de porter ce genre d'accusation (celle de dispenser un enseignement qui corrompt la jeunesse), mais que les accusateurs de Socrate, d'un autre côté, ne voulaient pas laisser tomber cette accusation, ils durent la rattacher, plus ou moins artificiellement, à l'accusation d'impiété, qui avait, elle, un fondement juridique. Il n'empêche que, le jour du procès, ce n'était sans doute un secret pour personne que l'accusation de corruption de la jeunesse renvoyait à l'ensemble des idées et des conceptions dont Socrate aimait à s'entretenir avec les jeunes gens.

b. *Le cas d'Euthyphron*

Avant d'aborder le problème juridique soulevé par le cas d'Euthyphron, rappelons premièrement les faits qui l'ont incité à poursuivre son père pour meurtre. À l'époque où Euthyphron et sa famille étaient clérou-

---

démocratique et pour le rôle actif qu'il joua au sein de la tyrannie des Trente (cf. note précédente), dont il fut l'un des principaux dirigeants. Voir L. Brisson, « Critias », *Dictionnaire des philosophes antiques*, tome II, *op. cit.*, p. 512-520.

ques à Naxos, une dispute survint entre deux hommes. L'un d'eux était un *pelátēs*, un homme libre engagé comme journalier, l'autre un esclave. La dispute dégénéra si bien que le premier, complètement ivre, tua le second. Le père d'Euthyphron ligota le *pelátēs*, le jeta dans une fosse et dépêcha quelqu'un à Athènes pour consulter l'exégète [62]. C'était en fait la procédure normale, car l'exégète, interprète des lois religieuses, devait déterminer la conduite à suivre en pareils cas. Dans l'intervalle entre la mort de l'esclave et le retour de l'homme dépêché à Athènes, le père d'Euthyphron ne fit pas grand cas du *pelátēs* jeté dans la fosse, sous prétexte que c'était un meurtrier ; or celui-ci finit par mourir de faim et de froid avant qu'on ne prît connaissance des décisions de l'exégète [63]. Euthyphron estime que son père est responsable de la mort de cet homme et c'est pourquoi il a décidé de le poursuivre pour meurtre.

Pendant très longtemps, les interprètes de l'*Euthyphron* ne se sont intéressés qu'à l'accusation portée contre Socrate et pas du tout au procès intenté par Euthyphron à son père. Mais on s'est aperçu, il y a environ une trentaine d'années [64], que le cas d'Euthyphron soulevait un problème juridique d'importance, puisque la réponse qu'on y apportait avait une incidence sur l'interprétation du dialogue. Le problème est le suivant : Euthyphron avait-il le droit de poursuivre son père pour meurtre ? Des commentateurs ont dernièrement fait valoir plusieurs arguments visant à montrer que la législation athénienne de l'époque

62. Sur la fonction religieuse de l'exégète, cf. la note 41 de la traduction.

63. L'*Euthyphron* ne livre aucune information sur le verdict de l'exégète consulté. Les décisions de l'exégète étaient-elles défavorables au père d'Euthyphron ? Si oui, Euthyphron s'est-il senti encouragé à poursuivre son père ? Le dialogue ne permet pas de répondre à ces questions.

64. D.M. MacDowell est, semble-t-il, le premier à avoir attiré l'attention sur le problème juridique posé par le cas d'Euthyphron (cf. *Athenian homicide law in the age of the orators*, Manchester, 1963, p. 11 sq.). Sur toute cette question, Kidd (1990, p. 213 n. 2) fournit une importante bibliographie.

n'autorisait pas Euthyphron à poursuivre son père. Voyons certains de ces arguments :

A. L'homicide n'est pas un crime contre l'État, mais une affaire privée, alors que le crime d'impiété est considéré comme portant atteinte à l'État. Cette différence entre procès privé et procès public se reflète d'ailleurs dans le vocabulaire : Socrate est poursuivi dans le cadre d'une *graphḗ*, alors qu'Euthyphron intente une *díkē*[65]. Or, comme l'homicide est une affaire privée, il faut que les personnes qui intentent la poursuite soient étroitement liées à la victime. Le principal objectif de ceux qui poursuivent est d'obtenir la *poinḗ*, qui est une espèce de dédommagement[66]. D'après certains textes de Démosthène, seuls les parents de la victime pouvaient intenter une poursuite. Le degré de parenté nécessaire pour être habilité à porter une accusation était également précisé[67]. En ce qui concerne le meurtre d'esclaves, la loi semble également très claire : seuls le maître ou les parents de la victime peuvent intenter une poursuite[68]. Or l'homme ligoté qui est mort dans la fosse n'était pas un esclave d'Euthyphron, mais un *pelátēs*, c'est-à-dire un homme libre engagé comme journalier. Comme Euthyphron n'était ni son parent ni son maître, il ne disposait pas d'assises légales pour intenter au nom de cet homme une poursuite contre son propre père[69].

B. L'argument développé en (A) trouverait une

65. Cf. 2a et la note 7 de la traduction.

66. Cf. Klonoski 1984, p. 130-131.

67. Les principaux textes sont : *Inscriptiones Graecae* i^2 115 ; Démosthène XXIII 22-85, XLIII 57.

68. C'est ce qui ressort d'un texte de Démosthène (XLVII 68-69). D'après Kidd (1990, p. 214), le texte de cette loi, révisée en 409-408, était gravé sur les murs du Portique de l'Archonte-roi, là même où Socrate et Euthyphron engagent la conversation.

69. Parmi les commentateurs qui contestent la légalité de l'accusation portée par Euthyphron, plusieurs croient que cette cause était perdue d'avance et qu'elle fut sans doute rejetée dès l'enquête préliminaire conduite par l'Archonte-roi. Hoerber (1958, p. 97-98) prétend même que le but d'Euthyphron n'était pas de faire condamner son père, mais tout simplement d'éviter le risque de souillure (*miasma*) encouru par les personnes qui vivent dans l'entourage d'un meurtrier.

confirmation dans le texte même de l'*Euthyphron*. En 4b, alors qu'il vient tout juste d'apprendre qu'Euthyphron poursuit son père pour meurtre, Socrate semble persuadé que la victime est un parent ou un proche du devin : « La personne tuée par ton père est-elle l'un de tes parents (*oikeiōn*) ? Mais n'est-ce pas évident ? Car ce n'est pas pour le compte d'un étranger (*allotriou*), j'imagine, que tu poursuivrais ton père pour meurtre. » Si Socrate est persuadé qu'il s'agit d'un parent, c'est parce qu'il sait que la législation ne permettrait pas à Euthyphron de poursuivre son père pour le meurtre d'un étranger. En outre, il ressortirait des passages 9a et 15d que Socrate doute fort de la culpabilité du père d'Euthyphron [70].

C. Il y a enfin la question de la souillure. Euthyphron affirme qu'il faut poursuivre, quelle que soit l'identité de la victime, car la souillure est la même (cf. 4c). Or de l'avis de plusieurs, il n'est pas du tout évident qu'Euthyphron soit exposé, dans le cas qu'il rapporte, à un risque de souillure [71].

De façon générale, on ne doit pas s'étonner que les partisans de l'hétérodoxie religieuse d'Euthyphron soutiennent également, pour la grande majorité d'entre eux, que le devin n'était pas autorisé à poursuivre son père. En effet, si Euthyphron est hétérodoxe sur le plan religieux, il n'y a pas lieu de se surprendre qu'il intente une poursuite qui va à l'encontre de ce qui était permis par la législation de l'époque [72]. Il faut toutefois bien voir les implications de la thèse d'après laquelle Euthyphron n'avait pas le droit de poursuivre son père. Comme d'aucuns l'ont très bien expliqué [73], si Euthyphron n'était pas légalement autorisé à lancer une accusation contre son père, on ne comprend plus l'intention et le projet de Platon, qui est de montrer comment notre vie doit se régler sur des normes fixes. Si, de toute façon, Euthyphron

70. Cf. Allen 1970, p. 22.
71. Cf. Allen 1970, p. 21 ; Hoopes 1970, p. 5.
72. Cf. Klonoski 1984, p. 130.
73. Cf. Panagiotou 1974, p. 419-420.

n'a pas le droit d'intenter une poursuite, la philosophie devient en quelque sorte inutile, puisqu'on peut toujours opposer à Euthyphron un argument de nature strictement juridique. C'est donc pour une raison de cet ordre, et non pour des questions de droit, que certains commentateurs [74] contestent d'emblée l'opinion qu'Euthyphron n'avait pas le droit de traîner son père devant les tribunaux.

Par exemple, on peut faire valoir, avant même toute analyse du problème légal en tant que tel, un argument de poids en faveur de la plausibilité juridique du cas d'Euthyphron. Nous sommes en effet en présence de deux procès qui soulèvent l'un et l'autre la question de la piété. Comme le lecteur sait très bien que le procès de Socrate est historique, l'historicité de cette accusation commande que le cas d'Euthyphron soit, sinon vraiment historique, du moins historiquement vraisemblable et légalement possible. Car si le lecteur sait d'emblée que le cas d'Euthyphron est une fiction impossible, la tension dramatique s'effondre et l'effet escompté par Platon tombe à plat.

Sur le plan juridique, la question est très complexe, car il y a désaccord même parmi ceux qui soutiennent qu'Euthyphron était légalement autorisé à poursuivre son père. Pour certains [75], par exemple, le code de Dracon indique, non pas les personnes qui ont seules le droit d'intenter une poursuite, mais celles à qui il est fortement recommandé de poursuivre le meurtrier. Les indications du code ne seraient donc pas exclusives. D'autres [76] estiment au contraire que le code de Dracon indique très précisément l'identité des personnes qui ont le droit de poursuivre, et qu'en vertu de ces indications, il appert que seuls les parents de la victime, ou le maître s'il s'agit d'un esclave, ont le droit d'intenter des poursuites. Or Euthyphron n'a pas de lien de parenté avec la victime et celle-ci n'est pas

74. C'est le cas, entre autres, de Panagiotou (1974) et de Kidd (1990, p. 215).
75. Cf. Panagiotou 1974.
76. Cf. Kidd 1990.

non plus un esclave, au sens strict, ce qui semble ne laisser aucune possibilité de poursuite au devin. La victime est en effet un *pelátēs*, une espèce de journalier de condition libre [77] ; or on s'est efforcé de montrer que le *pelátēs* était en fait très souvent dans un état de quasi-sujétion, ce qui assimilait presque sa condition à celle d'un esclave, de sorte qu'Euthyphron était en ce cas légalement habilité à poursuivre son père au nom de l'homme qu'il présente au demeurant comme son *pelátēs* (cf. 4c) [78].

Comme on le voit, la question purement légale paraît inextricable. Une chose au moins semble certaine : on ne peut pas interpréter l'étonnement exprimé par Socrate en 4b comme le signe qu'Euthyphron n'avait pas le droit de poursuivre son père. En effet, il ne s'agit pas d'une objection juridique rédhibitoire, mais plutôt d'une expression de surprise non feinte, que suit immédiatement une mise en garde morale : Socrate n'arrive pas à croire qu'Euthyphron puisse faire une telle chose (« tu n'oserais tout de même pas... ») si celui-ci n'a pas la certitude, fondée en raison et en savoir, qu'il agit conformément aux exigences de la piété [79]. À aucun moment Socrate

77. Cf. 4c et la note 38 de la traduction.

78. Nous venons de résumer l'analyse de Kidd (1990, p. 219-221).

79. E. Méron a si bien saisi le sens du passage 4a-b, que nous reproduisons ici au long, pour le bénéfice du lecteur, l'interprétation qu'elle en donne : « Socrate ne condamne point l'accusation d'un père par son fils, mais il souligne quel risque moral comporte ce geste exceptionnel et contraire aux mœurs : selon de très délicates circonstances que seule une conscience très éclairée saura évaluer, le même geste peut être un crime, ou le comble de la vertu. Socrate ne condamne pas Euthyphron d'avoir accompli ce geste ; il l'examine à loisir pour savoir s'il l'a accompli en connaissance de cause, ou non. Et si, pour finir, Euthyphron ne subit pas l'examen avec honneur, sa faute n'est pas d'avoir enfreint les lois de la famille au nom d'une morale plus universaliste, mais bien de l'avoir fait par instinct et non par raison. Aussi bien, Socrate ne condamne nulle part l'irrespect filial d'Euthyphron ; il se contente d'exprimer sa surprise de manière à souligner l'originalité du fait, et la nécessité d'autant plus grande de le justifier » (1979, p. 181-182). — Un passage du *Gorgias* (480c) confirme que Socrate ne s'oppose pas, au contraire, à ce que l'on poursuive des membres de sa famille qui seraient coupables d'une injustice.

n'adresse à son interlocuteur l'objection que sa poursuite n'a aucune assise légale. Au reste, après le récit d'Euthyphron, Socrate accepte la dimension légale du cas (4e), si ce n'est la dimension morale.

Étant donné que notre connaissance de la législation athénienne sur l'homicide ne nous permet pas de trancher définitivement, ni dans un sens ni dans l'autre, il reste à considérer les incidences de l'une et l'autre position sur l'interprétation du dialogue. Si Euthyphron n'a pas le droit de poursuivre son père, c'est lui qui est en rupture de société et Socrate, dans ce cas de figure, passe pour un conformiste qui adopte une position légaliste. L'invraisemblance de cette position réside dans le fait que Platon affaiblirait considérablement sa démonstration, dans la mesure où ses lecteurs savaient d'emblée que le cas d'Euthyphron était impossible et qu'il suffisait, pour l'écarter, de lui rappeler que les lois lui interdisaient de poursuivre son père. Il est juste de souligner, à ce propos, que Platon peut difficilement mettre en parallèle deux cas asymétriques : l'un, historique et fondé en droit (Socrate), et l'autre, dont l'invraisemblance, voire l'impossibilité juridique n'aurait pas échappé à ses lecteurs. La nécessité de définir l'essence de la piété procède aussi de l'existence d'un conflit entre des conceptions concurrentes ; comme plusieurs conceptions circulent et qu'il y a conflit entre elles, on doit tenter de dégager une définition stable qui servira de modèle. Or si Euthyphron n'a pas le droit de poursuivre son père, le conflit est moins aigu et la nécessité d'une recherche philosophique devient moins pressante, puisqu'on s'attendrait à ce que Socrate lui oppose tout d'abord les lois qui vont à l'encontre de l'accusation projetée. Alors que si Euthyphron est légalement autorisé à poursuivre son père, le conflit devient plus aigu et l'examen philosophique plus urgent, puisque Socrate a alors beau jeu de demander à Euthyphron s'il est réellement pieux de poursuivre son propre père, nonobstant les lois qui le permettent, puisqu'il semble contraire à la piété de poursuivre ainsi son père. Pour toutes ces raisons, il semble plus probable que la législation athénienne autorisait le procès intenté par Euthyphron à son père.

c. *Socrate à l'école d'Euthyphron*

Ironique, Socrate se montre admiratif de l'assurance d'Euthyphron : si celui-ci n'hésite pas à poursuivre son père et si, ce faisant, il ne craint pas de commettre lui-même un acte impie, c'est donc qu'il connaît admirablement les lois divines relatives à la piété. Affichant une grande suffisance — il parle même de lui à la troisième personne (cf. 4e) —, Euthyphron se vante d'avoir une parfaite connaissance de ces lois. Socrate a de nouveau recours à la même ruse, cette ironie qui lui est familière et qui consiste à flatter son interlocuteur afin de l'inciter à prendre part à une discussion dialectique avec lui [80]. Socrate demande en effet à Euthyphron de le prendre comme élève. Cet enseignement pourrait s'avérer fort utile pour son procès d'impiété : il pourra dire à ses accusateurs qu'il a suivi les leçons d'Euthyphron, grand spécialiste des questions divines et de la piété, et que cet enseignement montre qu'il a souci d'honorer les dieux comme il se doit. Et si d'aventure les accusateurs ne reconnaissaient pas la compétence d'Euthyphron, ils devront tourner contre lui l'accusation de corruption, non pas de la jeunesse, mais de la vieillesse. Flatté par tous les compliments que lui adresse Socrate, Euthyphron accepte de partager son savoir et d'en faire profiter son interlocuteur.

d. *La question de l'*eîdos *et de l'*idéa

Socrate demande à Euthyphron de définir la nature du pieux et de l'impie. En même temps qu'il pose à Euthyphron cette question, Socrate énonce la principale exigence à laquelle devra nécessairement satisfaire la réponse. Cette exigence est la suivante : le pieux, considéré en lui-même, doit demeurer identique à lui-même en toute action, qu'il s'agisse d'une

80. Cf. *Hippias majeur* (286c), où Socrate emploie la même ruse.

poursuite, d'une prière, d'un sacrifice, etc., c'est-à-dire que la nature du pieux est invariable, et ce, quel que soit l'acte ou le comportement que l'on qualifie de pieux. Bref, le pieux possède une forme caractéristique, ou distinctive, et c'est précisément cette forme que Socrate demande à Euthyphron de définir.

Les termes grecs que nous traduisons par « forme caractéristique » sont *eîdos* et *idéa* [81]. Or ce sont ces mêmes termes que Platon a coutume d'utiliser pour désigner les formes intelligibles, dont la théorie est exposée dans des dialogues nettement postérieurs à l'*Euthyphron*, comme le *Banquet*, le *Phédon* et la *République*. Et comme il est généralement admis que la théorie des formes intelligibles est absente des dialogues de jeunesse, la question suivante se pose inévitablement : l'*Euthyphron* expose-t-il une préfiguration de la théorie des formes que l'on trouve dans les dialogues de la maturité ?

Avant de répondre à cette question, il faut premièrement souligner que les termes *eîdos* et *idéa* appartiennent au vocabulaire grec usuel et que, par conséquent, leur présence dans un texte ne permet évidemment pas d'inférer que l'on a nécessairement affaire à la théorie des formes intelligibles. Dans leur emploi courant, les termes *eîdos* et *idéa*, qui dérivent tous deux d'un verbe qui signifie « voir », présentent une grande variété de significations, dont « forme extérieure », « aspect », « apparence physique », « figure ».

Platon emploie souvent ces termes dans leur acception première et non philosophique ; mais il leur a aussi conféré un sens technique et philosophique, qui n'est toutefois pas univoque. Il est en effet possible de distinguer deux significations principales dans l'emploi philosophique et spécialisé de ces termes [82] :

81. Dans l'*Euthyphron*, Platon emploie indifféremment *eîdos* et *idéa*, c'est-à-dire qu'il les regarde comme de parfaits synonymes. Au reste, le passage 6d-e montre bien que ces deux termes sont interchangeables. Cf. Heidel 1902, p. 54 et Burnet 1924, p. 116.

82. Sur l'emploi des termes *eîdos* et *idéa* chez Platon, on consultera, entre autres, Allen 1970, p. 28-29 ; 1971, p. 321 ; M. Canto-

1. Dans les dialogues de jeunesse, *eîdos* et *idéa* désignent la « forme distinctive », le « caractère général » que possèdent en commun un groupe de choses qui reçoivent une même dénomination. Il ne semble cependant pas que cet *eîdos* ait un statut ontologique supérieur ou même différent de celui des réalités sensibles qui possèdent ce même *eîdos*. D'autre part, la nature de la relation entre l'*eîdos* et les réalités sensibles en lesquelles il se retrouve est laissée dans l'indétermination [83].

2. Dans les dialogues de maturité, *eîdos* et *idéa* désignent « une réalité non sensible par rapport à laquelle est dénommée (le plus souvent selon un rapport d'imitation ou de participation) une classe d'êtres sensibles, où l'*eîdos* représente toute la réalité dont les êtres sensibles sont dépourvus [84] ».

Les emplois des termes *eîdos* et *idéa* dans l'*Euthyphron* ressortissent clairement à la première signification. On peut dégager avec précision certaines différences fondamentales qui distinguent la conception de l'*eîdos* dans l'*Euthyphron* de celle qui est exposée dans les dialogues de la maturité. Dans ces derniers, la théorie des formes intelligibles met en jeu toute une série de couples opposés, comme être-devenir, science-opinion, immutabilité-changement, intelligible-sensible, éternité-temporalité, etc. Les formes intelligibles correspondent toujours au terme de ces couples que Platon juge positif, à savoir : l'être, la science, l'immutabilité, l'intelligible, l'éternité, etc. Le domaine de l'être et de l'intelligible est nettement séparé de celui du devenir et du sensible, qui n'« est » pas vraiment et qui constitue tout au plus une copie imparfaite du modèle intelligible. Les choses sensibles

---

Sperber, *Platon : Ménon*, Paris, GF-Flammarion, 1991, p. 220-221 notes 29-30 ; L.M. de Rijk, *Plato's* Sophist. *A Philosophical Commentary*, Amsterdam, 1986, p. 30-67.

83. Cf. *Hippias majeur* 289d, *Gorgias* 503e, *Ménon* 72c.

84. M. Canto-Sperber, *Platon : Ménon*, *op. cit.*, p. 220 note 29. Pour des illustrations de cette deuxième signification, cf. *Phédon* 102b, *République* X 597a, *Parménide* 129a-135c.

participent de la forme intelligible, elles en sont des imitations, nécessairement déficientes, et elles sont par le fait même en déficit d'être par rapport à la forme intelligible.

Toutes ces caractéristiques, constitutives de la théorie des formes intelligibles, sont absentes de l'*Euthyphron*. L'*eîdos* y est certes décrit comme un modèle, comme un paradigme (*parádeigma*, 6e), mais il ne s'agit pas du modèle que tendent à imiter les choses sensibles, et par rapport auquel celles-ci sont d'ailleurs façonnées [85], mais tout simplement du modèle qui, à la façon d'un critère, permet de juger de la conformité, ou non, du sensible à l'essence déterminée d'après cette norme. L'*eîdos* de la piété est une forme distinctive, une caractéristique générale que l'on retrouve dans toutes les actions pieuses et qui est la cause [86] du caractère pieux de ces mêmes actions. C'est un universel, mais à cet *eîdos* n'est attachée aucune des dimensions ontologiques et épistémologiques de la théorie des formes intelligibles. En outre, il faut insister sur le fait que les formes de l'*Euthyphron* ne sont jamais qualifiées d'« intelligibles », contrairement aux formes du *Phédon*, du *Banquet* et de la *République*. C'est un indice supplémentaire de la très nette différence de statut entre les formes de l'*Euthyphron* et celles des dialogues de la maturité [87].

Une étude importante a bien mis en lumière le fait que l'*eîdos* joue, dans l'*Euthyphron*, le rôle de régulateur de l'entretien dialectique [88]. Qu'est-ce à dire ? En faisant de l'*eîdos* le référent de la piété dans la question « qu'est-ce que la piété ? », Socrate érige l'*eîdos* au rang de norme qui détermine les exigences auxquelles doit

85. Cf. *Timée* 29a-b, 30c-31b.

86. Pour ce qui est de la causalité exercée par l'*eîdos* de la piété, cf. 6d et la note 79 de la traduction.

87. Comme l'observe à juste titre Versényi (1982, p. 46 et p. 48), les formes de l'*Euthyphron* n'ont ni le statut métaphysique, ni les conséquences épistémologiques (immortalité de l'âme, réminiscence, etc.) qui caractérisent les réalités indépendantes que sont les formes intelligibles des dialogues postérieurs.

88. Cf. Allen 1971, p. 322-323, p. 328 et p. 334.

satisfaire la réponse d'Euthyphron. Le rôle régulateur imparti à l'*eîdos* consiste en fait à déterminer quels sont les types de réponses acceptables, ou inacceptables, dans le cadre d'une recherche de définition adéquate. Cette fonction régulatrice apparaît clairement dans le passage 6d-e : après qu'Euthyphron eut formulé une première définition qui se contentait de présenter des exemples prétendus d'actes pieux, Socrate rappelle à son interlocuteur qu'ils étaient tous les deux convenus que la définition devait formuler et exprimer, non pas des exemples d'actes pieux, mais l'*idéa* de la piété.

Peut-on cependant ajouter foi à l'interprétation d'après laquelle l'*Euthyphron* contient, sinon *la* théorie des formes des dialogues de la maturité, du moins *une* théorie des formes [89] ? D'aucuns estiment en effet que l'on trouve dans l'*Euthyphron* les éléments d'une véritable théorie des formes. Ces éléments sont les suivants : a) il existe un *eîdos* de la piété qui demeure le même dans tous les actes pieux ; b) la forme de la piété peut être utilisée comme un critère pour juger quelles choses sont pieuses et lesquelles ne le sont pas ; c) l'*eîdos* est décrit comme une essence, en vertu de laquelle sont pieuses toutes les choses pieuses ; d) la forme est susceptible d'une définition essentielle, laquelle s'énonce en termes de genre et de différence. Ces caractéristiques suffiraient à constituer une théorie des formes [90].

Mais, ainsi que l'admettent eux-mêmes les partisans de cette interprétation, ces caractéristiques sont davantage des assomptions, c'est-à-dire des propriétés implicites dont, croient-ils, on *doit* assumer l'existence afin de conférer au dialogue sa pleine intelligibilité, que des thèses explicitement et expressément développées pour elles-mêmes. De plus, il s'en faut de beaucoup que ces caractéristiques soient toutes présentes dans les autres dialogues socratiques, ce qui implique

89. Le principal défenseur de cette interprétation est Allen (1970 et 1971).

90. Cf. Allen 1971, p. 333.

que cette théorie, si théorie il y a, n'est vraiment repérable que dans l'*Euthyphron*. Il ne semble donc pas que nous ayons affaire à une « théorie » proprement dite, qui aurait l'ampleur et qui aurait atteint le niveau de développement de la théorie des formes intelligibles exposée dans les dialogues de la maturité.

2. *Première définition (5d-6e)*

Euthyphron présente son propre cas comme l'illustration même de la piété : le pieux, c'est faire précisément ce qu'il fait, c'est-à-dire poursuivre le coupable d'un crime, et ce, sans tenir compte de l'identité de la personne qui a commis l'injustice. À l'instar d'Hippias [91], de Lachès [92], de Charmide [93] et de Céphale [94], Euthyphron présente une définition qui n'est en fait rien de plus qu'un exemple de la vertu dont on cherche à définir l'essence. À bien y penser, la réponse d'Euthyphron est encore plus décevante que ces autres tentatives, en ce qu'il ne présente pas une exemplification parmi d'autres de la piété, mais bien son propre cas : la piété consiste à faire ce que lui, Euthyphron, s'apprête à faire. Socrate rejette cette définition précisément parce qu'elle se contente de décrire une action pieuse, alors qu'il avait été convenu que l'on recherchait la forme distinctive de la piété, le caractère général en vertu duquel sont pieuses toutes les choses pieuses. En outre, Socrate apporte à propos de l'*eîdos* une précision qui ne se trouve pas dans le premier passage où il avait formulé le réquisit de toute définition valide de la piété. Socrate précise en effet qu'une fois instruit de l'*eîdos* de la piété, il s'en servira comme d'un modèle qui lui permettra d'identifier, parmi les nombreuses actions posées par les hommes, celles qui méritent d'être appelées « pieuses » en raison de leur conformité au modèle et celles dont la non-

91. Cf. *Hippias majeur* 287e.
92. Cf. *Lachès* 190e.
93. Cf. *Charmide* 159b.
94. Cf. *République* I 331b.

conformité à l'*eîdos* de la piété interdit qu'on leur accole la qualification de « pieuses ».

3. *Deuxième définition (6e-11b)*

a. *Première formulation (6e-8b)*

Dans sa première version, la deuxième définition proposée par Euthyphron s'énonce comme suit : « ce qui est cher aux dieux est pieux, alors que ce qui ne leur est pas cher est impie » (6e-7a). Dans un premier temps, Socrate félicite Euthyphron, car cette nouvelle définition ne consiste plus en un simple exemple de piété, elle atteste un véritable effort en vue de cerner l'*eîdos* de cette vertu. Est-elle pour autant une définition satisfaisante ? Rien n'est moins sûr.

Socrate fait immédiatement reconnaître à Euthyphron que le pieux et l'impie ne sont pas identiques et qu'ils sont même tout à fait opposés (7a). Le pieux et l'impie ne peuvent donc jamais se confondre ni se recouvrir. C'est tout ce dont Socrate a besoin pour réfuter la définition d'Euthyphron. Il lui suffit en effet de montrer que cette définition a pour conséquence inévitable qu'un même acte sera à la fois pieux et impie, ce qui est contraire à ce qui vient d'être admis. Voyons maintenant les principaux moments de cette réfutation.

Socrate rappelle tout d'abord à Euthyphron que s'il ajoute foi aux récits des poètes concernant les dieux — récits qu'Euthyphron avait un peu plus tôt présentés comme une confirmation de la piété de sa poursuite (cf. 5e-6a) [95] —, il doit nécessairement reconnaître que les dieux se querellent et se chamaillent et qu'il y a même des guerres, des luttes et

95. Dans la discussion portant sur la première définition, Socrate ne prend pas la peine de réfuter cette « preuve » tirée de la mythologie. Il se contente plutôt d'exprimer son scepticisme (cf. 6a-c). En fait, la réfutation de cette preuve s'inscrit dans le cadre de la deuxième définition. La réfutation de la première définition se fonde surtout sur le fait que la définition proposée n'est qu'un exemple. Quant à la confirmation mythologique, elle est d'abord écartée provisoirement (6a-c), puis réfutée en bonne et due forme (7b-8b).

des haines inexpiables entre eux. Mais à quel sujet les dieux se querellent-ils ? Épousant, pour les besoins de la réfutation, la perspective anthropomorphique d'Euthyphron, Socrate n'a aucune peine à faire admettre à son interlocuteur que les dieux, tout comme les hommes, ne se querellent pas pour des sujets où l'existence d'un instrument de mesure permet de régler les différends qui pourraient survenir, comme c'est le cas pour le calcul des longueurs et des poids. Adoptant toujours le point de vue anthropomorphique d'Euthyphron, Socrate fait aisément admettre à ce dernier que les dieux, à l'exemple des hommes, se querellent en fait pour des questions qui ressortissent au domaine de l'éthique, comme le juste, le beau, le laid, le bon, etc. Il peut donc y avoir désaccord entre les dieux sur des questions éthiques, certains dieux estimant que tel acte est juste, d'autres jugeant au contraire qu'il est injuste. Et l'acte qui semble juste à un dieu lui est également cher, tandis que l'acte qui lui paraît injuste lui inspire au contraire de la haine. Mais l'existence de désaccords fréquents entre les dieux sur des questions de ce genre implique qu'un même acte peut à la fois être cher à certains dieux, et détesté par d'autres dieux, de sorte qu'il est à la fois cher aux dieux et détesté des dieux. Étant donné que la piété avait été définie comme ce qui est cher aux dieux, et l'impiété comme ce qui est détesté des dieux, et qu'il avait été admis que le pieux et l'impie sont parfaitement distincts et opposés, ce qui implique que le cher-aux-dieux et le détesté-des-dieux ne peuvent jamais se recouvrir ni se confondre, il résulte que la définition d'Euthyphron n'est pas cohérente, puisqu'il vient d'être démontré qu'un même acte peut à la fois être cher aux dieux et détesté des dieux, c'est-à-dire pieux et impie [96].

96. La réfutation aurait pu procéder autrement : plutôt que d'affirmer, en 7e, que ce qui semble juste à un dieu lui est aussi cher, et de montrer par la suite qu'une même chose sera à la fois chère à l'un et détestée de l'autre, Socrate aurait tout simplement pu faire admettre à Euthyphron que la piété est précisément l'un de

Euthyphron tente alors de sauver sa définition en objectant à Socrate qu'il n'y a aucun désaccord entre les dieux sur le fait que l'on doive punir celui qui tue injustement quelqu'un. Si tous les dieux s'entendent entre eux sur la nécessité de châtier l'auteur d'une injustice, il existe donc au moins un cas où la piété consiste à faire ce qui agrée aux dieux. Socrate réplique à Euthyphron que même les hommes s'entendent entre eux sur la nécessité de punir l'auteur d'un acte injuste. C'est un principe admis de tous ; et s'il fait l'unanimité parmi les hommes, *a fortiori* le fera-t-il aussi chez les dieux. Mais ce n'est pas là que réside le problème, c'est-à-dire que le désaccord n'apparaît pas au niveau du principe, mais sur le plan des faits. Si, au départ, les hommes et les dieux ne s'entendent pas sur le fait que tel acte particulier est injuste, il ne sert à rien de mettre en avant que tous s'entendent sur la nécessité de châtier le coupable. En d'autres termes, aussi longtemps que le désaccord subsiste sur le plan des faits particuliers, le problème demeure entier et on n'est pas plus avancé en alléguant que tous s'accordent à faire châtier le coupable.

Euthyphron se rend aux raisons de Socrate, qui invite aussitôt son interlocuteur à remplir ses engagements et à lui démontrer les raisons pour lesquelles il est persuadé que tous les dieux sans exception estiment que son père a commis une injustice en laissant mourir de faim et de froid, au fond d'une fosse, le meurtrier de l'esclave. Euthyphron est passablement embarrassé et fait observer que c'est une question difficile qu'il saura résoudre la journée du procès, lorsqu'il aura à convaincre les juges. Mais pour l'heure, devant Socrate,

---

ces sujets moraux à propos desquels les dieux se querellent, et le tour aurait été joué. Jamais Socrate ne fait explicitement reconnaître que la piété est un sujet de même nature que les sujets éthiques à la source des conflits entre les dieux. La réfutation se fait plutôt par le biais de la notion de « cher-aux-dieux ». Si un même acte est à la fois cher à certains dieux et détesté d'autres dieux, il s'ensuit qu'il est à la fois pieux et impie. Soit, mais cela n'est vrai que si la piété est de même nature que les autres questions éthiques, ce qui n'est dit explicitement nulle part.

qui semble un peu « dur de comprenure [97] », il serait plutôt sur le point de déclarer forfait. Devant l'embarras d'Euthyphron et son incapacité à proposer une nouvelle définition, Socrate propose d'apporter lui-même une correction à la définition. Cette correction, feint-il de croire, devrait permettre de surmonter les objections qu'il a lui-même soulevées.

b. *Deuxième formulation (8b-11b)*

La correction suggérée par Socrate, et acceptée d'emblée par Euthyphron, consiste à dire que le pieux est ce qui est aimé par *tous* les dieux et que l'impie est ce qui est détesté par *tous* les dieux. C'est donc une restriction par rapport à la précédente formulation. Si Euthyphron accepte immédiatement cette reformulation de sa définition, c'est parce qu'il lui semble qu'elle élimine les difficultés soulevées par la première version de cette même définition. En effet, s'il y a des actes qui sont chers à tous les dieux sans exception, on pourra sans risque les qualifier de « pieux », puisqu'il n'y aura pas à leur sujet de désaccord ou de différend entre les dieux.

La réfutation de cette reformulation de la deuxième définition est des plus subtiles (pour dire le moins), et il nous a semblé préférable, en raison de sa complexité et de sa grande technicité, d'en réserver l'analyse détaillée à une *Annexe* [98]. Nous nous contenterons, pour le moment, de dégager les principales conséquences qui découlent de cette réfutation. Socrate parvient à faire admettre à Euthyphron, au terme d'une argumentation passablement tortueuse, que le pieux est aimé par les dieux parce qu'il est pieux, et non pas parce qu'il est aimé par les dieux. Cette assertion est lourde de conséquences, puisqu'elle affirme, ni plus ni moins, la complète autonomie du pieux par rapport aux dieux. La piété existe en elle-même, par

97. Cette expression, qui est très courante au Québec, traduit à la perfection l'adjectif *dusmathésteros* (9b7). Selon le *Dictionnaire historique de la langue française* (Paris, 1994, vol. I, p. 461), le terme « comprenure » est également en usage en Bourgogne et dans l'est de la France.

98. Cf. *infra*, p. 323-334.

elle-même, et son contenu n'est pas déterminé par la volonté des dieux. Cette indépendance de la piété est tout à fait conforme à l'esprit des passages antérieurs de l'*Euthyphron* (5d, 6d-e), où Socrate soutient qu'il existe une « forme » (*eîdos, idéa*) de la piété. Il appert, au terme de la présente réfutation, que cette forme, qui est aussi décrite comme une « essence » (*ousía*, 11a), est parfaitement autonome et qu'elle n'est pas déterminée par la volonté divine [99].

Au reste, si le pieux était ce qui est aimé par tous les dieux, comment pourrions-nous savoir quels sont les objets de l'amour unanime des dieux ? Et quand bien même l'on pourrait identifier ce que tous les dieux aiment, l'on ne saurait toujours pas pour quelles raisons, si tant est qu'il y en ait, les dieux l'aiment. Car il n'est pas exclu que l'amour de tous les dieux pour une chose, un être ou une action relève du caprice, c'est-à-dire de motifs arbitraires et irrationnels. Comme ils ne sont pas en mesure de connaître par eux-mêmes ce que tous les dieux aiment, les hommes doivent s'en remettre aux oracles, à la divination, à l'interprétation des rêves, bref à tous les moyens traditionnels, et irrationnels, de sonder la volonté divine. Socrate semble plutôt souhaiter que l'on fasse l'économie de ce « détour » par les dieux et que l'on puisse connaître par nous-mêmes, de façon rationnelle, ce qu'est le pieux en lui-même.

Signalons en passant, et en terminant, que la position de Socrate, selon laquelle le pieux est aimé des dieux parce qu'il est pieux, soulève un grave problème théologique, qui n'est pas discuté dans l'*Euthyphron*, mais qui sera âprement débattu par la suite, notamment au Moyen Âge [100]. Ce problème théologique, parfois appelé le « dilemme d'Euthyphron », peut

99. De même, dans le mythe de l'attelage ailé du *Phèdre* (246e sq.), les dieux s'élèvent jusqu'à la dernière voûte du ciel afin de contempler les formes intelligibles, qui semblent à la fois indépendantes des dieux et supérieures à eux.

100. Cf. les nombreuses références fournies par Hoerber 1958, p. 102 note 1.

s'énoncer comme suit : a) si le pieux se définit par ce que les dieux aiment, il semble que le pieux soit arbitraire ; b) si le pieux est aimé par les dieux parce qu'il est pieux, il apparaît alors que les dieux ne sont pas omnipotents : leur volonté est limitée par des normes qui les dépassent et auxquelles ils sont soumis. Que l'on opte pour a) ou b), on est confronté à des paradoxes en apparence insurmontables [101].

4. *Intermède (11b-11e)*

L'aridité et la complexité de l'argument développé en 10a-11a sont telles que Socrate et Euthyphron — sans oublier l'infortuné lecteur ! — marquent un temps d'arrêt et font une pause bien méritée. Cet intermède n'a toutefois pas qu'une valeur, assez superficielle et anecdotique, de délassement et de détente, tant s'en faut. En effet, ainsi que de nombreux commentateurs l'ont déjà souligné [102], cet intermède partage le dialogue en deux parties bien distinctes : une première qui n'a donné aucun résultat probant, et une seconde, où Socrate prend en quelque sorte le relais d'Euthyphron, qui contient, comme on le verra, un enseignement positif sur la nature de la piété. L'*Euthyphron* est donc à rapprocher des autres dialogues [103] où ce genre d'intermède fait suite à des recherches infructueuses et précède immédiatement des développements qui s'avèrent féconds eu égard à la question que l'on s'efforce de résoudre.

5. *Troisième définition (11e-14a)*

Socrate propose à Euthyphron de lui donner un coup de main. Il lui suggère aussitôt d'explorer la piste suivante : n'est-il pas nécessaire que tout ce qui est

101. Cf. Meynell 1972.
102. Cf. Burnet 1924, p. 130 ; Rabinowitz 1958, p. 114 ; Rosen 1968, p. 115 note 18 ; Brickhouse & Smith 1989, p. 91.
103. Cf., entre autres, les intermèdes du *Phédon* (77a-78b ; 84b-85b ; 88c-91c ; 102a-b), du *Phèdre* (234c-237a ; 241d-243e) et du *Protagoras* (347a-348d).

pieux soit également juste ? Euthyphron acquiesce immédiatement. Mais le pieux et le juste sont-ils identiques et coextensifs ? Autrement dit, peut-on aussi affirmer que tout ce qui est juste est également pieux ? Comme Euthyphron ne voit pas très bien où Socrate veut en venir, celui-ci lui présente deux exemples (cf. 12c) : a) la crainte et le respect ; b) l'impair et le nombre. Dans le premier cas, Socrate montre que le respect est indissociable de la crainte, mais que la crainte, elle, n'est pas nécessairement accompagnée de respect. Le respect est donc une partie de la crainte. Le second exemple est beaucoup plus clair : la notion d'impair est indissociable de celle de nombre, de sorte que là où il y a un chiffre impair, on retrouve forcément la notion de nombre, alors que la réciproque n'est pas vraie, puisqu'il y a des nombres qui ne sont pas impairs. Il en résulte que l'impair est une partie du nombre. Malgré ces exemples, qui ont pour but de clarifier le sens de la question posée un peu avant, et sans doute d'inciter Euthyphron à y répondre, c'est finalement Socrate qui fournit la réponse : la piété est une partie de la justicc, de sorte que tout ce qui est pieux est nécessairement juste, mais tout ce qui est juste n'est pas nécessairement pieux.

Il reste toutefois à déterminer quelle partie de la justice correspond à la piété. Euthyphron, qui semble avoir repris confiance en lui, propose que la piété est la partie de la justice qui concerne les soins aux dieux, et que la partie restante se rapporte au soin des hommes [104]. Il est à remarquer que cette deuxième partie

104. Plusieurs commentateurs (cf., entre autres, Burnet 1924, p. 135 ; Guthrie 1975, p. 113-114 ; Burns 1985, p. 320) soulignent que ce passage de l'*Euthyphron* anticipe la théorie aristotélicienne de la définition selon le genre et la différence spécifique. En effet, le « tout », en l'occurrence la justice, est assimilable au genre, et la « partie », soit la piété, est l'équivalent de l'espèce. Pour définir une espèce qui appartient à un genre donné, il suffit de découvrir sa différence spécifique, c'est-à-dire la caractéristique qui la constitue en tant qu'espèce particulière et qui la distingue des autres espèces du même genre. Dans ce passage de l'*Euthyphron*, la différence spécifique de la piété, en tant que celle-ci est une espèce particulière du genre justice, est le soin des dieux. En tout état de cause, ce

de la justice, celle qui concerne le soin des hommes, demeure anonyme, c'est-à-dire qu'elle ne reçoit aucun nom [105].

Socrate demande une précision à propos de ce qu'Euthyphron entend par « soin ». Car d'habitude, lorsque l'on prodigue des soins à quelqu'un ou à quelque chose, on rend meilleur l'objet qui a reçu ces soins. Ainsi les animaux, comme le chien, le cheval et le bœuf, tirent-ils profit et bénéfice des soins dont ils sont l'objet. Est-ce à dire que les dieux tirent semblablement profit et bénéfice des soins qu'on leur prodigue en étant pieux ? Bref, rend-on les dieux « meilleurs » lorsque l'on fait acte de piété ? Euthyphron ne peut évidemment pas affirmer que la piété est un soin qui vise à rendre les dieux meilleurs ; en fait, ce n'est pas à ce genre de soins qu'il songeait, mais plutôt à des soins du genre de ceux que les esclaves rendent à leurs maîtres. En somme, précise Socrate, il s'agirait d'un *service* rendu aux dieux.

Pour bien saisir la suite de l'argumentation, il est absolument indispensable de faire état de ce qu'il faut bien appeler une certaine *mauvaise foi* de Socrate. D'après Euthyphron, la piété consiste en une forme de soin (*therapeía*) des dieux, un peu à la façon dont les esclaves prennent soin (*therapeúousin*, 13d) de leurs maîtres. Avec l'accord d'Euthyphron, Socrate substitue alors le terme *hupēretikḗ* à *therapeía* : la piété est

---

passage n'est tout au plus qu'une anticipation de cette théorie de la définition, car la terminologie (genre, espèce, différence) propre à cette théorie est proprement aristotélicienne et elle n'apparaît pas chez Platon.

105. Méron (1979, p. 186, p. 189 n. 91) estime que cette définition est « absurde », car elle restreint la piété au domaine des dieux et l'isole complètement des hommes. Or la piété, pour les Grecs, investit à la fois le sacré (les dieux) et le profane (les hommes), ainsi que le prouve, au demeurant, le fait que le respect dû aux parents ressortit bel et bien à la piété, et non pas à la justice. Dans le même sens, Adkins affirme : « *Eusebes* and *hosios* (*scil.* les deux adjectifs que l'*Euthyphron* emploie indifféremment pour désigner ce qui est pieux), then, have in the fifth century a well-established moral use, to characterize and commend certain relationships *between man and man* » (*Merit and responsability*, Oxford, 1960, p. 133 ; c'est nous qui soulignons).

ni plus ni moins qu'une espèce de service (*hupēretikḗ*, 13d). Or le terme *hupēretikḗ* renferme une ambiguïté analogue à celle qui existe, en français, dans le mot « service », selon qu'il est employé dans l'expression « faire le service » (= A) ou dans l'expression « rendre service » (= B). Euthyphron entend évidemment *hupēretikḗ* au sens A : les hommes *font le service* des dieux, comme les esclaves le font pour leurs maîtres. Entendu en ce sens, le « service » ne produit aucune œuvre. C'est, si l'on veut, un service « stérile », dans la mesure où il vise uniquement à plaire, à être agréable, à faire plaisir. Or Socrate comprend *hupēretikḗ* au sens B : les hommes *rendent service* aux dieux et, habituellement, quand on rend service à quelqu'un, c'est afin de l'aider à accomplir quelque chose, à produire une œuvre [106]. Et, de fait, tous les exemples de services que Socrate soumet à Euthyphron sont des cas où celui qui rend service contribue de façon significative à la production d'une œuvre, d'un résultat (cf. 13d-14a). Comme on le voit, Socrate détourne, à l'insu même d'Euthyphron, la signification obvie de la définition proposée par son interlocuteur [107]. En effet, alors qu'Euthyphron veut manifestement dire que les hommes font le service des dieux, Socrate fait comme si le devin avait affirmé que les hommes rendent service aux dieux en vue de la production d'une œuvre.

Socrate presse Euthyphron de lui indiquer quelles sont les œuvres que les dieux produisent et accomplissent grâce au service qu'on leur rend. Embarrassé, Euthyphron se contente de répondre que ces œuvres

106. Pour une analyse analogue de la façon dont Socrate exploite à son avantage l'ambiguïté du terme *hupēretikḗ*, cf. Lewis 1985 p. 56.

107. Cf. Méron 1979, p. 190 : « Euthyphron ayant précisé qu'il entend par *therapeia* les "services" d'un esclave, Socrate, non sans mauvaise foi, refuse d'envisager l'esclave en tant qu'esclave et le maître en tant que maître, mais imagine le maître dans l'exercice de tel ou tel métier, et l'esclave dans le rôle correspondant d'assistant ; quel sera donc le métier des dieux dans cette analogie ? à quoi les humains auront-ils à collaborer ? » (13d-14c). Geach (1966, p. 380-381) se porte également à la défense d'Euthyphron.

sont nombreuses et belles. Mais encore ? Peut-on les nommer et les identifier, comme on l'a fait pour les œuvres produites par le médecin, l'architecte, l'armateur et l'agriculteur ? Excédé et impuissant à répondre, Euthyphron se dérobe, prétextant que c'est là une question à laquelle on ne peut pas répondre de but en blanc. Il coupe court à la discussion sur cette définition en proposant à Socrate une nouvelle définition, qui est aussi la dernière du dialogue.

La troisième définition de l'*Euthyphron* a fait couler beaucoup d'encre, car de nombreux commentateurs ont cru y voir, en filigrane, la conception proprement platonicienne de la piété [108]. Ceux qui défendent cette position ne souscrivent évidemment pas à l'interprétation d'après laquelle les dialogues aporétiques sont essentiellement négatifs, en ce qu'ils se limitent à démasquer les faux savoirs et à réfuter les conceptions fautives, sans proposer ou exposer le moindre contenu positif, fût-il caché et dissimulé, que Platon laisserait à son lecteur le soin de décrypter. Voyons tout d'abord les principales raisons pour lesquelles certains commentateurs estiment que cette troisième définition renferme un enseignement authentique au sujet de la piété.

1. La troisième définition n'a pas été avancée par Euthyphron, mais par Socrate ; c'est en effet ce dernier qui pose la piété comme une partie de la justice et qui par la suite encourage chaleureusement Euthyphron à préciser davantage cette ébauche de définition. Il est toutefois inexact de soutenir que Socrate

108. Mentionnons, entre autres, Bonitz 1886 ; Adam 1890, p. XII-XVII ; Heidel 1900, p. 171-173 ; 1902, p. 20-21 ; T. Gomperz, *Greek thinkers*, Londres, 1905, vol. II, p. 358-367 ; H. Raeder, *Platos philosophische Entwicklung und die Enstehungszeit des Phaidros*, Leipzig, 1905, p. 127-130 ; Fowler 1914, p. 4 ; H.F.A. von Arnim, *Platos Jugenddialoge*, Leipzig-Berlin, 1914, p. 141-154 ; U. von Wilamowitz-Moellendorff, *Platon*, Berlin, 1919, vol. II, p. 76-81 ; Weston 1951, p. 57-58 ; Philibert 1956, p. 140-143 ; Rabinowitz 1958, p. 113-120 ; Friedländer 1964, vol. II, p. 82-91 ; Taylor 1929, p. 154-155 ; Wolz 1974, p. 505-508 ; Versényi 1982, p. 11-20, p. 95-134 ; Taylor 1982, p. 113 sq. ; Brickhouse & Smith 1989, p. 91-93 ; McPherran 1985 ; Cobb 1985, p. 43-44 ; Weiss 1994.

s'était jusqu'alors cantonné à critiquer les thèses défendues par Euthyphron [109] ; on a vu, en effet, que c'est Socrate lui-même qui propose la reformulation de la deuxième définition et que cette reformulation n'est pas moins réfutée que la première version, qui était, elle, le fruit de l'initiative exclusive d'Euthyphron. Il est vrai cependant que ces deux cas ne sont pas tout à fait identiques. Dans le cas de la reformulation de la deuxième définition, Socrate apporte une correction à une définition qu'il n'a pas proposée ; de plus, s'il propose de son propre chef cette correction, c'est tout simplement parce qu'Euthyphron semble impuissant à la percevoir et que Socrate estime essentiel de la formuler, sinon la définition d'Euthyphron ne serait pas examinée et analysée à fond [110]. Alors que dans le cas de la troisième définition, c'est bel et bien Socrate qui la formule et qui incite Euthyphron à la développer.

2. Au siècle dernier, un grand érudit allemand [111] fut le premier, semble-t-il, à insister sur l'importance des passages 13e10-11 et 14a9-10, où Socrate exhorte Euthyphron à lui dire quelles sont les œuvres que les dieux produisent grâce au service que les hommes leur rendent. Et lorsqu'il devient évident qu'Euthyphron ne répondra pas à cette question, Socrate lui fait part de sa plus vive déception car, dit-il, si cette question avait trouvé réponse, il aurait enfin appris en quoi consiste la piété. Bien sûr, la question se pose de savoir si cette remarque de Socrate est sincère ou ironique. Si elle est ironique [112], la troisième définition perd évidemment beaucoup d'intérêt. Mais si l'on retient l'hypothèse contraire, c'est-à-dire si l'on prend la remarque de Socrate au pied de la lettre, on détient un indice que cette définition était bien engagée et qu'elle était sur la bonne voie. Quoi qu'il en soit, il demeure, comme on l'a souvent remarqué à la suite

109. Cf. Rabinowitz 1958, p. 114.
110. Voir aussi la note 101 de la traduction.
111. H. Bonitz (1886).
112. Comme le croit, à tort selon nous, Versényi 1982, p. 106.

de Bonitz, que cette définition n'est pas réfutée, ni rejetée, mais tout simplement laissée incomplète et inachevée, ce qui laisse ouverte la possibilité, pour le lecteur, de la compléter et de la parachever. Rappelons qu'en vertu d'un principe exégétique que l'on appelle parfois le « principe de Bonitz », toute définition qui n'est pas clairement rejetée ou réfutée est susceptible de renfermer un contenu positif [113].

3. On constate [114], dans la pensée grecque traditionnelle, une relation très étroite entre les notions de piété et de justice [115]. La raison pour laquelle la piété, en Grèce ancienne, est indissociable de la justice, est que le « pieux » correspond avant tout à ce qui est prescrit et autorisé par les dieux [116]. Si les notions de piété et de justice se recouvrent, au point même d'être parfois enchevêtrées, cela tient donc au fait que les relations entre les hommes ressortissent non seulement à la justice, mais aussi à la piété, dans la mesure où certaines relations humaines ont les dieux pour garants, si bien que le non-respect des règles qui régissent les rapports humains est considéré comme une offense faite aux dieux. Ainsi est-il impie de violer un serment, de manquer de respect à ses parents, de ne pas accorder l'asile à un suppliant, de voler le bien de

113. Bonitz (1886) fonde ce principe d'exégèse sur un passage du *Gorgias* (527b). Sur le principe de Bonitz, voir aussi notre *Introduction* au *Lachès*, p. 63 note 89.

114. Cf. Heidel 1900, p. 175 ; 1902, p. 26 ; Versényi 1982, p. 3 ; A.W.H. Adkins, *Merit and responsability*, Oxford, 1960, p. 131-140 ; T. Irwin, *Plato's moral theory*, Oxford, 1977, p. 22.

115. Cf. Eschyle, *Les Sept contre Thèbes* 598 ; Sophocle, *Philoctète* 1050 ; Euripide, *Iphigénie en Tauride* 1202 ; *Hélène* 900 sq., 1353 ; *Ion* 1092 ; *Phéniciennes* 525 ; Xénophon, *Apologie* 5 et 22 ; Aristote, *Éthique à Nicomaque* IV 3, 1122a5-7 ; Diogène Laërce VII 119. Voir aussi les notes 44 et 60 de la traduction.

116. Cf. P. Chantraine, *Dictionnaire étymologique de la langue grecque*, Paris, 1968, s.v. *hósios* : « [...] le mot (*scil.* *hósios*) définit la situation de l'homme par rapport aux dieux et cette situation se trouve éclairée dans deux couples fréquents *hósios kaì díkaios* (*scil.* « pieux et juste »), *hósios kaì hierós* (*scil.* « pieux et sacré ») ; *hósios* désigne ce qui est permis, recommandé aux hommes par les dieux : *hósia kaì díkaia* signifie ce qui est fixé comme règle dans la conduite humaine par les dieux et par les hommes [...]. »

celui qui vous accorde l'hospitalité, etc. Sur ce point très précis, l'*Euthyphron* ne renferme donc aucune innovation d'importance. Il n'empêche que la question des rapports entre la justice et la piété est sans contredit un thème récurrent dans le corpus platonicien [117]. Le seul fait que ce thème soit traité à plusieurs reprises montre hors de tout doute que Platon avait réellement à cœur de déterminer la nature des liens entre la piété et la justice. L'interprète de l'*Euthyphron* ferait donc preuve d'une grande légèreté s'il n'accordait pas à ce thème toute l'attention qu'il mérite, et ce d'autant plus que dans l'*Euthyphron* même, la question du rapport entre la justice et la piété est en fait posée depuis le début du dialogue [118], dans la mesure où les procès respectifs d'Euthyphron et de Socrate engagent, chacun à sa manière, une certaine conception de la piété. De plus, d'après la première définition, la conception d'Euthyphron, à ce sujet, est que la piété est identique au juste : tout acte juste est pieux, et le pieux, c'est d'agir conformément à la justice. Pour Euthyphron, faire respecter la loi est un acte de piété. Dans la deuxième définition (8b-c), Euthyphron assimile derechef la piété et la justice : est pieux ce que tous les dieux trouvent juste. Tout se passe comme si les deux premières définitions procèdent, sous la houlette d'Euthyphron, à une identification de la piété et de la justice [119]. Il faut donc attendre la troisième définition pour que Socrate mette finalement en lumière la véritable nature des rapports entre la piété et la justice. Il appert que ces deux vertus sont inassimilables et irréductibles l'une à

117. Cf., entre autres, *Protagoras* 323e, 330b-331e, 333b, 349b-d, 359b ; *Théétète* 176 a-b ; *Lachès* 199d ; *Criton* 54b ; *Gorgias* 507 a-b ; *République* II 368b, X 615b ; *Politique* 301d ; *Lois* II 663b-d, XII 959 b-c. — Pour d'autres références à l'association fréquente des termes « justice » et « piété » chez Platon, cf. Motte 1989, p. 18 note 40.

118. Comme l'ont bien vu Wolz (1974, p. 505) et Weiss (1986, p. 447).

119. Cf. Weiss 1986, p. 447.

l'autre, puisque tout acte juste n'est pas nécessairement pieux [120].

On s'est contenté, jusqu'ici, de relever les raisons qui militent en faveur d'un examen plus attentif de la troisième définition, mais on n'a encore rien dit de la conception platonicienne de la piété qui serait esquissée et suggérée dans cette définition. Avant de déterminer quel pourrait bien être le contenu de cette conception de la piété, il faut donner la parole aux commentateurs qui se refusent à croire que cette définition jouirait d'un statut particulier et qu'elle exprimerait les vues de Platon sur la piété [121]. Ils pourfendent la mésinterprétation persistante qui voit dans la troisième définition l'expression de la conception platonicienne de la piété. Ils ne reconnaissent aucune signification particulière au fait que ce soit Socrate qui propose la définition et ils n'accordent pas non plus beaucoup d'importance au fait que les rapports entre la justice et la piété sont étudiés dans plusieurs dialogues [122]. Ainsi, le fait que cette définition n'a pas été réfutée ne signifie pas qu'elle n'a pas été rejetée ; si elle n'est pas réfutée, c'est tout simplement parce que Euthyphron laisse sans réponse la question posée par Socrate [123]. Et le seul fait que cette question demeure sans réponse indique clairement que cette définition est finalement rejetée. On a aussi nié que la piété puisse être à l'origine d'une œuvre, d'un *érgon*. La

120. Sur la question des rapports entre la piété et la justice dans l'ensemble de l'*Euthyphron*, cf. Rosen 1968, p. 111-113 ; Lewis 1984, p. 252, p. 254 ; 1985, p. 48.

121. Parmi ceux qui s'opposent à l'interprétation « positive » de la troisième définition, mentionnons : Grote 1865, I, p. 322-323 ; E. Zeller, *Die Philosophie der Griechen*, Leipzig, vol. II 1, 1922 (5e éd.), p. 193 note 1 et p. 479 ; Croiset 1920, p. 181-183 ; Burnet 1924, p. 137 ; Shorey 1933, p. 78-80 ; L. Robin, *Platon*, 1938, p. 254-255 ; Gigon 1954, p. 12-13 ; Allen 1970, p. 6-7 et p. 58 ; Walker 1984, p. 105-106 ; Emlyn-Jones 1991, p. 104-106.

122. Cf. Allen 1970, p. 6-7 et p. 58.

123. Cf. Allen 1970, p. 6 : « l'affirmation qu'il y a de belles œuvres que les dieux produisent avec l'aide des hommes n'est pas réfutée, pour la bonne raison qu'elle n'est jamais faite » (« the claim that there are noble products which the gods produce with the help of men is not refuted because it is never made »).

piété, en tant que vertu, ne serait à la source d'aucun produit [124]. Enfin, il ne serait pas exact d'affirmer que Socrate endosse la troisième définition, car il la présente comme une hypothèse (« *si* la piété est une partie de la justice... » 12d) et non comme une affirmation franche et définitive [125].

Malgré ces objections, nous nous rangeons à l'avis de ceux qui voient un contenu positif dans la troisième définition. Notre ralliement à cette interprétation vient de ce que certains commentateurs sont parvenus à proposer une réponse pleinement satisfaisante à la question posée par Socrate à Euthyphron en 14a. Car on ne peut évidemment pas se contenter de dire que la piété est le service rendu aux dieux en vue de la production d'œuvres belles et nombreuses. S'il y a réellement une « percée » dans la troisième définition, il faut à tout prix trouver une réponse à la question posée en 14a. Comme on le verra à l'instant, et quoi qu'on en dise, la tâche de l'interprète qui s'efforce de formuler une réponse adéquate n'est pas analogue à la marche d'un acrobate qui se produit sans filet, puisque les éléments de réponse se trouvent aisément — pour qui veut bien les saisir — dans le corpus platonicien lui-même.

Plusieurs interprètes de l'*Euthyphron* ont proposé de rapprocher la question posée à deux reprises par Socrate en 13e — « quelle est cette œuvre (*érgon*) magnifique que les dieux accomplissent en ayant recours à nous comme serviteurs (*hupērétais*) ? » — d'un passage de l'*Apologie*, où Socrate, après avoir rappelé que sa « mission » divine consistait à exhorter ses concitoyens à accorder plus de soin à leur âme qu'à leur corps ou à leur fortune, conclut qu'il est au *service du dieu* : « C'est cela, sachez-le bien, que

124. Cette objection a été formulée par Burnet (1924) et Allen (1970, p. 7 et p. 58), lequel s'appuie sur la *République* (I 332c). Nous verrons sous peu comment cette objection peut être surmontée à l'aide des contre-arguments avancés par McPherran (1985, p. 289-290) et Vlastos (1994, p. 243 n. 89 = 1991, p. 175 n. 89).

125. Cf. Haden 1969, p. 223.

m'ordonne de faire le dieu, et, de mon côté, je pense que jamais dans cette cité vous n'avez connu rien de plus avantageux que ma soumission au service du dieu (*tèn emèn tôi theôi hupēresían*) [126] ! » Ce passage de l'*Apologie* est du plus grand intérêt : non seulement Socrate déclare lui-même être au service de la divinité [127] — et ce, en employant le terme même (*hupēresía*) qui apparaît dans l'*Euthyphron* —, mais il ajoute que ce service a contribué à produire le plus grand bien (*meîzon agathón*) qui soit jamais échu à Athènes. Ce bien qui, au dire de Socrate, profite tant à Athènes et à ses citoyens, peut légitimement être identifié à l'« œuvre magnifique » (*págkalon érgon*) [128] que les dieux réalisent avec le concours (*hupēretikḗ*) des hommes. Mais de quelle nature est ce bien, cet *érgon* ? C'est le bien qui découle du fait que les hommes ont été convaincus, à la suite des enquêtes et des réfutations conduites par Socrate, de se préoccuper davantage de leur âme que de leur corps ou de leurs biens matériels.

Bien sûr, quelque éclairants et suggestifs qu'ils

126. *Apologie de Socrate* 30a (trad. Brisson). Sauf erreur, le mérite d'avoir proposé ce rapprochement avec *Apologie* 30a revient à J. Socher (in *Ueber Platons Schriften*, Munich, 1820, p. 62). Depuis lors, plusieurs commentateurs ont emboîté le pas à Socher ; mentionnons entre autres : Heidel 1900, p. 171-173, p. 180 ; Guthrie 1975, p. 107 note 1 ; Kachi 1983, p. 83 ; McPherran 1985, p. 290 ; Schmid 1987, p. 5-6 ; Bodéüs 1989, p. 33 note 31 ; Vlastos 1994, p. 242-244 (= 1991, p. 174-176) ; Brickhouse & Smith 1989, p. 92-94 ; Weiss 1994, p. 275.

127. Cf. aussi *Apologie* 23b, où Socrate se décrit également comme le serviteur de la divinité : « Or, en allant de-ci de-là, je poursuis ma recherche et, pour comprendre ce qu'a voulu dire le dieu, je cherche à découvrir si, parmi les gens d'Athènes et parmi les étrangers, il ne s'en trouve pas un qui soit savant. Et, chaque fois qu'il me paraît que ce n'est pas le cas, je *prête main-forte au dieu* (*tôi theôi boētôn*) en montrant que cet homme n'est pas savant. Et l'absence de loisir qui en résulte explique qu'il ne me reste pas de temps pour m'occuper sérieusement des affaires de la cité et des miennes ; aussi est-ce dans une extrême pauvreté que je vis, *parce que je suis au service du dieu* (*dià tèn toû theoû latreían*) ! » (trad. Brisson ; c'est nous qui soulignons). Comme *hupēretikḗ*, le terme *latreía* suggère fortement l'idée d'un *service* qu'un subordonné accomplit pour le compte d'un supérieur.

128. Cf. *Euthyphron* 13e.

soient, les passages 23b et 30a de l'*Apologie de Socrate* ne formulent pas de définition, en bonne et due forme, de la piété. Il n'empêche que la lecture de la troisième définition de l'*Euthyphron*, à la lumière de ces textes de l'*Apologie*, permet de dégager, fût-ce approximativement, la conception socratique de la piété, que l'on pourrait formuler comme suit : la piété consiste à se mettre au service des dieux dans le but d'accomplir le bien des hommes [129]. Tout récemment, l'auteur d'un livre remarqué sur Socrate a soutenu qu'une telle conception de la piété était révolutionnaire, voire subversive eu égard aux croyances grecques traditionnelles [130]. La piété traditionnelle demeurait entachée de magie dans la mesure où elle comptait sur les prières et les sacrifices adressés aux dieux pour influer sur le cours des événements, obtenir des faveurs, attirer des malheurs sur les ennemis, etc. La conception socratique de la piété marquerait une rupture par rapport à la piété traditionnelle ; en effet, Socrate prie les dieux non pas pour les plier dans le sens de ses souhaits et de ses désirs, mais pour leur offrir ses services en vue de l'exécution de leurs volontés, nécessairement favorables au bien de l'homme. Selon cette nouvelle conception de la piété, l'homme n'est plus une espèce de mendiant qui s'adresse à des dieux avides d'honneurs, et qui cherche à les amadouer par des offrandes ou des sacrifices afin d'obtenir leurs faveurs. Non, l'homme pieux est celui qui s'adresse en toute confiance à des dieux qui sont par nature bienveillants à l'endroit des hommes. Les dieux ne veulent pour l'homme rien de ce que celui-ci ne voudrait pour lui-même si sa volonté était tout entière orientée vers le bien.

L'interprétation positive de la troisième définition que nous venons d'exposer n'implique pas que Socrate *sait* (au sens fort du terme) en quoi consiste la

129. Cf. Vlastos 1994, p. 244 : « *La piété consiste à faire l'œuvre d'un dieu au profit des êtres humains* » (= 1991, p. 176 : « *Piety is doing god's work to benefit human beings* »). C'est l'auteur qui souligne.
130. Cf. Vlastos 1994, p. 244-245 (= 1991, p. 176).

piété, car un tel savoir serait incompatible avec la fameuse déclaration ou profession d'ignorance, dont on trouve une occurrence dans l'*Euthyphron* même (cf. 6b). Mais si ne pas savoir ce qu'est la piété ou la vertu est une chose, n'avoir aucune conception de ce en quoi elle consiste en est une autre. Rien n'empêche, en effet, que Socrate, tout en ne sachant pas ce qu'est la piété, se fasse néanmoins d'elle une certaine idée ou conception. Et c'est précisément cette conception de la piété, inférieure au savoir proprement dit, qu'expose la discussion entourant la troisième définition [131].

6. *Quatrième définition (14a-15c)*

Dans l'incapacité où il se trouve de répondre à la question insistante de Socrate, Euthyphron coupe court à l'examen de la troisième définition et propose cette nouvelle définition : la piété consiste à savoir dire et faire ce qui est agréable aux dieux, à l'occasion des prières et des sacrifices. La piété ainsi entendue est la condition *sine qua non* de la prospérité tant de la cité que des individus qui la composent.

Cette conception de la piété est on ne peut plus traditionnelle et orthodoxe ; d'aucuns [132] la considèrent même comme une reprise ou un décalque de ces paroles de Phénix dans l'*Iliade* : « Allons ! Achille, dompte ton cœur superbe. Non, ce n'est pas à toi d'avoir une âme impitoyable, alors que les dieux mêmes se laissent toucher. N'ont-ils pas plus que toi mérite, gloire et force ? Les hommes pourtant les fléchissent avec des offrandes, de douces prières, des libations et la fumée des sacrifices, quand ils viennent implorer après quelque faute ou erreur [133] ». La définition d'Euthyphron est en effet conforme à ce pas-

131. Ce paragraphe résume un argument développé par Brickhouse & Smith 1989, p. 93-94 (voir aussi, des mêmes auteurs, « The origin of Socrates' mission », in *Journal of History of Ideas* 1983 (4), p. 661-662).
132. Cf. Furley 1985, p. 207.
133. IX 497-501 (trad. Mazon).

sage, puisqu'elle fait également consister la piété en des prières et des sacrifices qui ont, s'ils sont appropriés, une vertu propitiatoire. On a même rapproché la définition d'Euthyphron de la définition de la piété formulée par Socrate dans les *Mémorables* :

> « Je (*scil.* Xénophon) commencerai par la piété. Voici à peu près comment il (*scil.* Socrate) en faisait l'analyse. "Dis-moi, Euthydèmos, demanda-t-il, quelle idée te fais-tu de la piété ? — Par Zeus, répondit-il, je ne vois rien de plus beau. — Alors, pourrais-tu dire quel est l'homme pieux ? — À mon avis, dit-il, c'est celui qui honore les dieux. — Mais est-il permis d'honorer les dieux suivant sa fantaisie ? — Non ; il y a des lois qui règlent le culte qu'on leur rend. — Alors celui qui connaît ces lois sait comment il faut honorer les dieux. — Je le crois, dit-il. — Et celui qui sait comment il faut honorer pense-t-il qu'il doit le faire suivant les rites qu'il connaît, ou autrement ? — Non, pas autrement, dit-il. — Honore-t-on les dieux autrement qu'on ne croit le devoir ? — Je ne le pense pas, dit-il. — Alors celui qui connaît les lois relatives au culte rend aux dieux un culte légitime ? — Certainement. — Et celui qui rend aux dieux un culte légitime les honore comme il faut ? — Sans doute. — Et celui qui les honore comme il faut est un homme pieux ? — Assurément. — Nous aurions donc raison de définir l'homme pieux celui qui connaît le culte légitime (*nómima*) [134] ? — C'est en tout cas mon avis, dit-il" » (*Mémorables* IV 6, 2-4 ; trad. Chambry).

Nous avons cité *in extenso* ce développement afin de permettre au lecteur de vérifier par lui-même que la définition de la piété qui y est formulée par Socrate — et, accessoirement, par son interlocuteur — corres-

134. Il appert que les *nómima* sont les sacrifices prescrits par la loi (cf. *Mémorables* I 3, 1 ; IV 6, 2-3 et Vlastos 1994, p. 242 n. 86 = 1991, p. 174 n. 86). Xénophon insiste d'ailleurs sur le fait que Socrate exécutait scrupuleusement les sacrifices aux dieux (cf. *Mémorables* I 1, 2 et I 3, 1).

pond en tout point à la conception de la piété exprimée par Euthyphron dans le dialogue de Platon. Bref, comme on a pu l'écrire dernièrement, « les *Mémorables* attribuent à Socrate la conception de la piété qu'il (*scil.* Socrate) réfute dans l'*Euthyphron* de Platon [135] ». Mais alors qui, de Xénophon ou de Platon, exprime le plus fidèlement, sur ce point, la pensée du Socrate historique ? Sans entrer dans les méandres de l'insoluble « question socratique », il y a deux raisons qui font pencher la balance en faveur de Platon : 1) comme la conception de la piété défendue par le Socrate des *Mémorables* est identique à celle que Xénophon exprime dans l'ensemble de ses œuvres non philosophiques, on peut à bon droit le soupçonner d'avoir prêté à Socrate sa propre conception de la piété [136] ; 2) si la piété de Socrate correspond à celle que lui attribuent les *Mémorables*, il devient pratiquement impossible de comprendre comment Socrate a pu être en butte à une accusation d'impiété, tant sa conception de la piété, purement conventionnelle et traditionnelle, est inoffensive [137]. Chose certaine, la définition de la piété ici proposée par Euthyphron est à ce point conforme à la conception traditionnelle de la piété qu'elle constitue un sérieux obstacle pour tous ceux qui contestent l'orthodoxie religieuse d'Euthyphron.

Cette nouvelle définition, une fois reformulée par Socrate, se résume au savoir de la façon de prier et d'offrir des sacrifices. Or qu'est-ce que la prière sinon une demande adressée aux dieux ? et qu'est-ce que le sacrifice, sinon un don offert aux dieux ? Il s'ensuit que la piété n'est rien d'autre que la science d'adresser des demandes et d'offrir des dons aux dieux. En outre, il ne sert de rien de demander des choses qui ne comblent pas un manque, ni d'offrir des présents dont l'autre n'a pas besoin ; dans ce jeu de demandes et de

135. Vlastos 1994, p. 395 (= 1991, p. 290).
136. Cf. L. Robin, « Les *Mémorables* de Xénophon et notre connaissance de la philosophie de Socrate », in *La Pensée hellénique, des origines à Épicure*, Paris, PUF, 1947, p. 96-97.
137. Cf. Vlastos 1994, p. 395 (= 1991, p. 290).

présents, il faut donc que les deux parties, hommes et dieux, y trouvent leur compte. La piété, ainsi comprise, n'est finalement rien de plus qu'une technique d'échange commercial entre les hommes et les dieux. La réduction de la piété à une espèce de troc ne choque pas Euthyphron, mais paraît tout à fait inacceptable à Socrate, pour la bonne raison qu'une telle conception de la piété est incompatible avec l'une des principales caractéristiques de la divinité, soit l'autarcie [138]. Il saute aux yeux que les hommes ont besoin des présents des dieux et qu'ils leur doivent tout, car il n'y a rien de bon sur la terre qui ne provienne des dieux. Mais les dieux, eux, qu'ont-ils besoin des offrandes que nous leur adressons et quel profit peuvent-ils bien tirer des sacrifices que nous leur offrons, eux qui n'éprouvent aucun manque et qui se suffisent parfaitement à eux-mêmes ? Il faut bien voir que Socrate critique ici la conception traditionnelle d'après laquelle les dieux ne sauraient se passer des sacrifices que leur offrent régulièrement les hommes. Une telle conception est exprimée, entre autres, par le mythe de l'androgyne [139] : l'homme primitif ayant fait preuve d'un orgueil démesuré, Zeus se demanda quel châtiment il devait lui administrer pour cette offense. Il renonça à faire périr les hommes, car il se priverait ainsi des libations, des offrandes et des sacrifices que les hommes lui consacrent et dont il a le plus grand besoin. Il résolut donc de les punir en les sectionnant en deux. Ce parti était en effet tout bénéfice, puisqu'il lui permettait de faire d'une pierre deux coups : non seulement les hommes seraient définitivement affaiblis, mais, du seul fait qu'ils seraient désor-

138. Dans les *Mémorables* (I 6, 10) de Xénophon, Socrate présente l'autosuffisance (*autárkeia*) comme une propriété essentielle de la divinité. Aristote affirme également, à plusieurs reprises, la parfaite autarcie de la divinité (cf. *Éthique à Eudème* VII 12, 1244b7 ; VIII 3, 1249b13-16 ; *Grande Morale* II 15, 1212b35 sq. ; *Politique* I 2, 1253a29).

139. Ce mythe est raconté par Aristophane dans le *Banquet* (189a-193d).

mais plus nombreux, ils rapporteraient davantage aux dieux[140].

Euthyphron se rend rapidement aux raisons de Socrate : les dieux ne tirent aucun profit, de quelque nature que ce soit, des sacrifices que leur offrent les hommes. Soit ; mais alors en quoi consistent les dons et les présents qui leur sont adressés ? Ce sont tout simplement le respect, les marques d'honneur et la reconnaissance (cf. 15a). La boucle est ici sur le point d'être bouclée. Dans cette liste des témoignages de gratitude et de respect dont se compose la piété, Euthyphron a omis ce qui est cher et agréable aux dieux. L'eût-il mentionné que Socrate lui aurait aussitôt fait remarquer que l'on reviendrait ainsi à la première formulation de la deuxième définition, qui a déjà été rejetée et réfutée. Mais Socrate, fin dialecticien et habile questionneur, formule sans tarder la question appropriée pour faire dire à Euthyphron que le pieux est d'abord et avant tout ce qui est cher aux dieux (cf. 15b). Et le tour est joué : il ne reste plus à Socrate qu'à souligner que cette définition de la piété a déjà fait l'objet d'un examen et d'une réfutation plus tôt dans le dialogue (cf. 15b-c).

140. Cf. *Banquet* 190c-d.

BIBLIOGRAPHIE

La bibliographie qui suit, classée par ordre alphabétique, est loin d'être exhaustive. Pour la compléter, on consultera l'indispensable bibliographie des études platoniciennes publiée dans la revue *Lustrum* : H. Cherniss, « Plato 1950-1957 », *Lustrum* 4 et 5, 1959 et 1960 ; L. Brisson, « Platon 1958-1975 », *Lustrum* 20, 1977 ; L. Brisson (avec la collaboration de H. Ioannidi), « Platon 1975-1980 », *Lustrum* 25, 1983, p. 31-320 ; « Platon 1980-1985 », *Lustrum* 30, 1988, p. 11-294 ; « Platon 1985-1990 », *Lustrum* 34, 1992, p. 7-329.

Dans l'*Introduction*, l'*Annexe* et les notes de la traduction, nous avons fait référence aux études qui apparaissent dans cette bibliographie en mentionnant uniquement le nom de l'auteur, l'année de publication et la page concernée (e.g. « Allen 1970, p. 34 »).

A) *Éditions, traductions et commentaires*

ADAM, J. (1890), *Platonis Euthyphro*, [introduction, texte et notes], Cambridge.

ALLEN, R. E. (1984), *The Dialogues of Plato, I : Euthyphro, Apology, Crito, Meno, Gorgias, Menexenus*, [traduction et commentaire], New Haven/London, Yale University Press, XIV-350 p.

BURNET, J. (1924), *Plato : Euthyphro, Apology of Socrates and Crito*, [texte et commentaire], Oxford, Clarendon Press, VII-300 p.

CARY, H. (1901), *The Works of Plato*, [introduction et traduction], Londres, George Bell & Sons, vol. I, p. 456-476.

CHAMBRY, E. (1936), *Platon : Œuvres complètes*, [introduction, traduction et notes], Paris, Garnier, vol. I ; réédition en format de poche : *Platon : Premiers Dialogues*, Paris, GF-Flammarion (n° 129), 1967, p. 177-211.

CHATEAU, J.-Y. (1979), *Platon : Euthyphron*, [traduction et commentaire], Paris, Éd. Pédagogie moderne (coll. Philosophie), 227 p.

COUSIN, V. (1823), *Platon : Œuvres*, [introduction, traduction et notes], Paris, vol. I, p. 1-52.

CROISET, M. (1920), *Platon : Hippias mineur, Alcibiade, Apologie de Socrate, Euthyphron, Criton*, [édition et traduction], Paris, Les Belles Lettres, 233 p.

DUKE, E. A. *et alii* (1995), *Platonis Opera*, vol. I, [texte], Oxford, Clarendon (coll. « Oxford Classical Texts »), XXXI-572 p.

EMLYN-JONES, C. (1991), *Plato : Euthyphro*, [introduction, texte et commentaire], Londres, Bristol Classical Press, V-119 p.

FOWLER, H. N. & LAMB, W. R. M. (1914), *Plato : Euthyphro, Apology, Crito, Phaedo, Phaedrus*, [introduction, texte et traduction], Cambridge (Mass.) / Londres, Harvard University Press / Heinemann, Loeb Classical Library, XX-584 p.

GRAVES, C. E. (1881), *The* Euthyphro *and* Menexenus *of Plato*, [texte et commentaire], Londres, Macmillan & Co., VIII-159 p.

HARE, J. E. (1985), *Plato's* Euthyphro, [texte et notes], Bryn Mawr (Pennsylvania), Thomas Library (2e éd.), 34 p.

HEIDEL, W. A. (1902), *Plato's Euthyphro*, [introduction, texte et notes], New York, American Book Co., 115 p. ; réimpression : New York, Arno Press, 1976.

JOWETT, B. (1953), *The Dialogues of Plato*, [introduction et traduction], Oxford, Clarendon Press (4e éd.), vol. I, p. 303-327.

LEGGEWIE, O. (1978), *Euthyphron*, [texte et traduction], Stuttgart, Reclam (Universal Bibliothek nr. 9897), 78 p.

REICH, K. (1968), *Euthyphron*, [introduction, traduction et commentaire], Hamburg, Meiner (Philosophische Bibliothek nr. 269), XVIII-52 p.

ROBIN, L. (1950), *Platon : Œuvres complètes*, [traduction et notes], Paris, Gallimard, Bibliothèque de la Pléiade, vol. I, p. 351-373.

SAISSET, É. (éd.) (1869), *Œuvres complètes de Platon*, [introduction et traduction], Paris, Charpentier, tome I, p. 1-43.

WALKER, I. (1984), *Plato's Euthyphro*, [introduction, texte de Burnet et notes], Chico (Calif.), Scholar Press, American Philological Association, Textbook series 10, X-136 p.

WARRINGTON, J. (1963), *The trial and death of Socrates : Euthyphro, Apology, Crito, Phaedo*, [introduction et traduction], London/New York, Dent/Dutton, Everyman's Library n° 457, XV-175 p.

WEST, G. S. & WEST, T. G. (1984), *Plato and Aristophanes. Four texts on Socrates : Plato's* Euthyphro, Apology *and* Crito *and Aristophanes'* Clouds, [introduction, traduction et notes], Ithaca/London, Cornell University Press, 187 p.

B) *Études*

Lorsqu'une étude traite d'un passage précis du dialogue, nous avons indiqué entre crochets droits, à la fin de l'entrée bibliographique, la référence au passage analysé. Une telle indication est toutefois absente si le titre de l'étude est lui-même explicite à cet égard (cf., par exemple, Brown 1964).

ALLEN, R. E. (1970), *Plato's* Euthyphro *and the earlier theory of forms*, London/New York, Routledge & Kegan Paul/Humanities Press, XI-171 p.

— (1971), « Plato's earlier theory of forms », *in* G. Vlastos (éd.), *The Philosophy of Socrates*, Garden City (N.Y.), Doubleday & Anchor, p. 319-334.

ANDERSON, A. (1969-70), « Socratic reasoning in the *Euthyphro* », in *Review of Metaphysics* (22), p. 461-481.

ANDERSON, D. E. (1967), « Socrates' concept of piety », in *Journal of the History of Philosophy* (5), p. 1-13.

BECKMAN, J. (1979), *The religious dimension of Socrates' thought*, Waterloo (Ontario), Wilfrid Laurier University Press, 274 p. (cf. chap. 2 : « The religion of Socrates : the *Euthyphro* », p. 39-54).

BENJAMIN, A. E. (1987), « A missed encounter. Plato's Socrates and Geach's Euthyphro », in *Grazer Philosophische Studien* (29), p. 145-170.

BEZZEL, C. (1963), « Zur Struktur des Platonischen Frühdialogs (Euthyphron) », in *Zeitschrift für Philosophische Forschung* (17), p. 42-65.

BISHOP, J. (1983), « The reason of the gods. A reply to Robert Nola », in *Prudentia* (15), p. 13-26 [sur 6e-11b].

BLITS, J. H. (1980), « The holy and the human. An interpretation of Plato's *Euthyphro* », in *Apeiron* (14), p. 19-40.

BODÉÜS, R. (1989), « Notes sur l'impiété de Socrate », in *Kernos* (2), p. 27-35.

BONITZ, H. (1886), « Zur Erklärung des Dialogs *Euthyphron* », in *Platonische Studien*, Berlin (3e éd.), p. 227-242 ; réimpression : Hildesheim, G. Olms, 1968.

BRICKHOUSE, T. C. & SMITH, N. D. (1989), *Socrates on trial*, Oxford, Clarendon Press, XIV-337 p. (cf. section 2.5.3 : « Socrates' conception of piety » p. 91-96).

BROWN, J. H. (1964), « The logic of the *Euthyphro* 10a-11b », in *The Philosophical Quarterly* (14), p. 1-14.

BURNS, S. A. M. (1985), « Doing business with the gods », in *Canadian Journal of Philosophy* (15), p. 311-325.

CALEF, S. W. (1995), « Piety and the unity of virtue in *Euthyphro* 11e-14c », in *Oxford Studies in Ancient Philosophy* (13), p. 1-26.

— (1995), « Further reflections on Socratic piety : a reply to Mark McPherran », in *Oxford Studies in Ancient Philosophy* (13), p. 37-43.

CANDLISH, S. (1983), « *Euthyphro* 6d-9b and its mesinterpretations », in *Apeiron* (17), p. 28-32.

CARABBA, C. (1982), « I molti non sequitur dell'*Eutifrone* platonico », in *Sandalion* (9), p. 91-95.

COBB, W. S. (1985), « The religious and the just in Plato's *Euthyphro* », in *Ancient Philosophy* (5), p. 41-46 [sur 11e-12d].

COHEN, S. M. (1971), « Socrates on the definition of piety : *Euthyphro* 10a-11b », in *Journal of History of Philosophy* (9), p. 1-13 ; reproduit *in* G. Vlastos (éd.), *The philosophy of Socrates*, Garden City (N.Y.), 1971, p. 158-176.

DUNSHIRN, A. (1973), « Platons Euthyphron », in *Wiener Jahrbuch für Philosophie* (6), p. 122-148.

EGAN, R. B. (1983), « Tragic piety in Plato's *Euthyphro* », in *Dionysius* (7), p. 17-32.

FABER, P. (1985), « The *Euthyphro* objection to divine normative theories. A response », in *Religious Studies* (21), p. 559-572.

FINEBERG, S. (1982), « Plato's *Euthyphro* and the myth of Proteus », in *Transactions and Proceedings of the American Philological Association* (112), p. 65-70.

FRIEDLÄNDER, P. (1964), *Plato*, vol. II : *The Dialogues (first period)*, New York, Pantheon Books (sur l'*Euthyphron*, cf. p. 82-91).

FURLEY, W. D. (1985), « The figure of Euthyphro in Plato's dialogue », in *Phronesis* (30), p. 201-208.

GARRETT, R. (1974), « The structure of Plato's *Euthyphro* », in *The Southern Journal of Philosophy* (12), p. 165-183.

GEACH, P. T. (1966), « Plato's *Euthyphro* : an analysis and commentary », in *The Monist* (50), p. 369-382 ; reproduit *in* P. T. Geach, *Logic matters*, Oxford, 1972, p. 31-44.

GIGON, O. (1954), « Platons Euthyphron », Westöstliche Abhandlungen Rudolf Tschudi zum 70. Geburstag, Wiesbaden, p. 6-38 ; reproduit *in* O. Gigon, *Studien zur antiken Philosophie*, Berlin, De Gruyter, 1972, p. 188-224.

GLOUBERMAN, M. (1992), « *Euthyphro.* A guide for analytic instruction », in *Teaching Philosophy* (15), p. 33-49.

GOLDSTICK, D. (1973), « Monotheism's Euthyphro problem », in *Canadian Journal of Philosophy* (3), p. 585-589.

GROTE, G. (1865), *Plato and the Other Companions of Socrates*, vol. I, London, John Murray, (cf. chap. IX : « Euthyphron », p. 310-330).

GUTHRIE, W. K. C. (1975), *A History of Greek Philosophy*, vol. IV : *Plato, the Man and his Dialogues : Earlier Period*, Cambridge, Cambridge University Press, (sur l'*Euthyphron*, cf. p. 101-124).

HADEN, J. (1969), « On Plato's inconclusiveness », in *Classical Journal* (64), p. 219-224.

HALL, J. C. (1968), « Plato : *Euthyphro* 10a1-11a10 », in *The Philosophical Quarterly* (18), p. 1-11.

HEIDEL, W. A. (1900), « On Plato's *Euthyphro* », in *Transac-*

tions and Proceedings of the American Philological Association (31), p. 163-181.

HOERBER, R. G. (1958), « Plato's *Euthyphro* », in *Phronesis* (3), p. 95-107.

HOLLAND, R. F. (1982), « Euthyphro », in *Proceedings of the Aristotelian Society* (82), p. 1-15.

HOOPES, J. P. (1970), « Euthyphro's case », in *The Classical Bulletin* (47), p. 1-6.

HUMBERT, J. (1967), *Socrate et les petits socratiques*, Paris, PUF (sur la piété de Socrate, cf. p. 143-169).

KACHI, Y. (1983), « Gods, forms, and Socratic piety », in *Ancient Philosophy* (3), p. 82-88.

KIDD, I. (1990), « The case of homicide in Plato's *Euthyphro* », *in*: E. M. Craik (éd.), *Owls to Athens*. Essays on classical subjects presented to sir Kenneth J. Dover, Oxford, p. 213-221. [sur 4b-e].

KLONOSKI, R. J. (1984), « Setting and characterization in Plato's *Euthyphro* », in *Diálogos* (44), p. 123-139.

— (1986a), « The portico of the Archon Basileus. On the significance of the setting of Plato's *Euthyphro* », in *The Classical Journal* (81), p. 130-137.

— (1986b), « Exegetes and seers in Plato's *Euthyphro* », in *The Classical Outlook* (64), p. 7-8.

KLOWSKI, J. (1987), « Mythos und Logos in Platons *Euthyphron* », in *Anregung* (33), p. 386-397.

LESHER, J. H. (1975), « Theistics, ethics and the *Euthyphro* », in *Apeiron* (9), p. 24-30.

LEWIS, M. Jr. (1984-1985), « An interpretation of the *Euthyphro* », in *Interpretation* (12), p. 225-259 ; (13), p. 33-65.

MACKINNON, D. M. (1972), « The Euthyphro dilemma », in *Proceedings of the Aristotelian Society Supplement* (46), p. 211-221.

MCPHERRAN, M. L. (1985), « Socratic piety in the *Euthyphro* », in *Journal of History of Philosophy* (23), p. 283-309 ; reproduit dans H. H. Benson (éd.), *Essays on the philosophy of Socrates*, Oxford, Oxford University Press, 1992, p. 220-241.

— (1995), « Socratic piety : in response to Scott Calef », in *Oxford Studies in Ancient Philosophy* (13), p. 27-35.

MÉRON, E. (1979), *Les Idées morales des interlocuteurs de Socrate dans les dialogues platoniciens de jeunesse*, Paris, Vrin, 234 p. (sur l'*Euthyphron*, cf. p. 179-192)

MEYNELL, H. (1972), « The Euthyphro dilemma », in *Proceedings of the Aristotelian Society Supplement* (46), p. 223-234.

MOONEY, C. P. (1984), « The mystical dimension of Socratic piety », *in* E. Kelly (éd.), *New essays on Socrates*, New York, University Press of America, p. 161-172.

MORRIS, T. F. (1990), « Plato's *Euthyphro* », in *The Heythrop Journal* (31), p. 309-323.

MOTTE, A. (1989), « L'expression du sacré chez Platon », in *Revue des études grecques* (102), p. 10-27.

MOUTAFAKIS, N. J. (1971), « Plato's emergence in the *Euthyphro* », in *Apeiron* (5), p. 23-31.

NEUMANN, H. (1965), « The problem of piety in Plato's *Euthyphro* », in *The Modern Schoolman* (43), p. 265-272.

NOLA, R. (1982), « Morality and religion in Plato's *Euthyphro* », in *Prudentia* (14), p. 83-96 [sur 6e-11b].

PANAGIOTOU, S. (1974), « Plato's *Euthyphro* and the Attic code on homicide », in *Hermes* (102), p. 419-437.

PATZIG, G. (1972), « Logic in the *Euthyphro* », *in* S. M. Stern, A. Hourani et V. Brown (éd.), *Islamic Philosophy and Classical Tradition*, Essays presented by his friends and pupils to Richard Walzer on his 70. birthday (Oriental Studies 5), Oxford, p. 293-305.

PAXSON, T. D. (1972), « Plato's *Euthyphro* 10a to 11b », in *Phronesis* (17), p. 171-190.

PHILIBERT, M. (1956), « Euthyphron », in *Revue d'histoire et de philosophie religieuses* (36), p. 136-146.

PRIOR, W. J. (1980-81), « Relations between forms and "Pauline predication" in *Euthyphro* 11e4-12d4 », in *Ancient Philosophy* (1), p. 61-67.

RABINOWITZ, W. G. (1958), « Platonic piety, an essay toward the solution of an enigma », in *Phronesis* (3), p. 108-120.

REALE, G. (1959), « L'*Eutifrone*, il concetto di santo e la prima teoria platonica delle idee », in *Rivista di Filosofia Neoscolastica* (51), p. 311-333.

ROHATYN, D. A. (1973), « The *Euthyphro* as tragedy : a brief sketch », in *Diálogos* (9), p. 147-151.

ROSE, L. E. (1965), « A note on *Euthyphro*, 10-11 », in *Phronesis* (10), p. 149-150.

ROSEN, F. (1968), « Piety and justice : Plato's *Euthyphro* », in *Philosophy* (43), p. 105-116.

ROSSETTI, L. (1984), « Encore une inconséquence dans *Euthyphron* 10 », in *Apeiron* (18), p. 26-30.

RUCKER, D. (1975) « The *Euthyphro* as comedy : a brief rejoinder », in *Diálogos* (11), p. 176-181.

SAXONHOUSE, A. W. (1988), « The philosophy of the particular and the universality of the city. Socrates' education of Euthyphro », in *Political Theory* (16), p. 281-299.

SCHMID, W. T. (1987), « Socratic piety », *in* B. P. Hendley (éd.), *Plato, Time, and Education. Essays in honor of R. Brumbaugh*, Albany (N. Y.), S.U.N.Y. Press, p. 3-24.

SHARVY, R. (1972), « *Euthyphro* 9d-11b : analysis and definition in Plato and others », in *Noûs* (6), p. 119-137.

SHOREY, P. (1933), *What Plato said*, Chicago, The University of Chicago Press, (sur l'*Euthyphron*, cf. p. 74-80).

SIVIERO, M. (1995), *Concordia in Platonis opera omnia*, Pars I : *Euthyphro*, Hildesheim/Zürich, Georg Olms/Weidmann.

STRAUSS, L. (1993), « Sur l'*Euthyphron* », in *La Renaissance du rationalisme politique classique*, Paris, Gallimard, p. 259-281 (trad. française de « On the *Euthyphro* », *in* L. Strauss, *The Rebirth of Classical Political Rationalism*, Chicago, The University of Chicago Press, 1989, p. 187-206).

STRYCKER, E. de (1950), « Trois points obscurs de terminologie mathématique chez Platon », in *Revue des études grecques* (63), p. 43-57 [sur 12d7-10].

TAYLOR, A. E. (1929), *Plato : the man and his work,* Londres, Methuen (3e éd.), (sur l'*Euthyphron*, cf. p. 146-156).

TAYLOR, C. C. W. (1982), « The end of the *Euthyphro* », in *Phronesis* (27), p. 109-118 [sur 14a sq.].

VERSÉNYI, L. (1982), *Holiness and Justice. An Interpretation of Plato's Euthyphro*, Washington, University Press of America, VI-157 p.

VICENZI, O. (1985), « Dialog und dialektik. Gedanken zu Platons *Euthyphron* », in *Anregung* (31), p. 25-26.

VLASTOS, G. (1990), « Socratic piety », *in* J. J. Cleary & D. C. Shartin (éd.), *Proceedings of the Boston Area Colloquium in ancient philosophy*, vol. V, University of America Press, p. 213-238.

— (1994), « La piété socratique », in *Socrate : ironie et philosophie morale*, Paris, Aubier, 1994, p. 219-247 (trad. française de « Socratic piety », in *Socrates : ironist and moral philosopher*, Ithaca (N. Y.), Cornell University Press, 1991, p. 157-178).

WEISS, R. (1986), « Euthyphro's failure », in *Journal of History of Philosophy* (24), p. 437-452.

— (1994), « Virtue without knowledge. Socrates' conception of holiness in Plato's *Euthyphro* », in *Ancient Philosophy* (14), p. 263-282.

WELCH, C. (1967), « The *Euthyphro* and the forms », in *Giornale di Metafisica* (22), p. 228-244.

WEST, E. J. M. (1993), « An ironic dilemma, or incompatible interpretations of *Euthyphro* 5a-b », *in* Gerald A. Press (éd.), *Plato's Dialogues. New Studies and Interpretations*, Lanham (Md.), Rowman & Littlefield Publishers, p. 147-168.

WESTON, A. H. (1951), « The question of Plato's *Euthyphro* », in *The Classical Bulletin* (27), p. 57-58.

WOLZ, H. G. (1974), « The paradox of piety in Plato's *Euthyphro* in the light of Heidegger's conception of authenticity », in *The Southern Journal of Philosophy* (12), p. 493-511.

ZEIGLER, G. (1980), « Plato's *Euthyphro* revisited », in *Pacific Philosophical Quarterly* (61), p. 291-300.

REMARQUES PRÉLIMINAIRES

1. *Le texte*

Le texte traduit est celui établi par E. A. Duke, W. F. Hicken, W. S. M. Nicoll, D. B. Robinson et J. C. G. Strachan, *Platonis Opera*, tome I, Oxford (coll. « Oxford Classical Texts »), 1995. Cette nouvelle édition est destinée à « remplacer » celle de J. Burnet, parue en 1900 chez le même éditeur et dans la même collection. La principale réserve que nous formulerions, concernant cette nouvelle édition, a trait à l'apparat critique, qui ne signale presque jamais les corrections (additions, suppressions, conjectures) qui ont été proposées par les éditeurs précédents (voir, à ce sujet, la note 108 de la traduction). Il devient ainsi impossible, pour l'interprète qui est aux prises avec une difficulté textuelle, de retracer d'un seul coup d'œil l'histoire des solutions qui ont été avancées par les différents éditeurs du texte. Quoi qu'il en soit, voici la liste des quelques passages où nous nous sommes écarté du texte établi par Duke *et alii* :

	Duke	nous lisons	source
8d10	*allḗlous*	*állous*	Heidel 1902
10d10	*theophilés*	*theophilès tò theophilés*	Bast
11e3	*hópōs*	*deîxai hópōs*	manuscrits B, C, D, T et V

Pour la division du texte en pages (2-16) et en paragraphes (a, b, c, d, e), qui remonte à l'édition d'Henri Estienne (Genève, 1578), nous avons également suivi l'édition de Duke *et alii*.

2. *La traduction*

Comme Platon est non seulement un très grand philosophe, mais aussi un formidable écrivain, le traducteur est d'emblée confronté à un double défi, celui de rendre le plus fidèlement possible le texte argumentatif à traduire tout en rendant justice, autant que faire se peut, au style inimitable de Platon. Or il nous a paru que cette traduction devait viser avant tout à la précision et à la clarté ; c'est pourquoi le souci de l'élégance a été le plus souvent sacrifié à celui d'être fidèle au texte grec, y compris en ce qui a trait à l'ordre des mots, quand le permet la syntaxe propre à la langue française. Lorsqu'un problème particulier de traduction se pose — par exemple trouver des équivalents pour les calembours et autres jeux de mots présents dans le texte grec —, nous exposons en note la nature du problème et la solution retenue.

3. *Les notes*

Les notes de la traduction sont conçues comme des explications ponctuelles de certains passages du texte, qu'il s'agisse d'éclaircir le sens des allusions géographiques, mythologiques et historiques (hommes, événements et institutions), ou de mettre en lumière la portée d'un argument précis, ou d'exposer un problème textuel, ou d'attirer l'attention sur la signification technique et philosophique du vocabulaire employé, ou encore de faire état de divergences importantes entre les traducteurs ou les commentateurs. Étant donné que le dialogue, considéré dans son ensemble, est analysé en profondeur dans l'*Introduction*, les notes de la traduction y renvoient fréquemment. La fonction des notes est le plus souvent complémentaire à celle de l'*Introduction*, en ce qu'elles fournissent des explications ponctuelles sur des points précis qui n'ont pas été traités dans l'*Introduction*. Enfin, lorsque le texte du dialogue peut être utilement rapproché d'autres textes (qu'ils soient de Platon ou d'un autre auteur de l'Antiquité grecque), nous le signalons en note.

EUTHYPHRON

[*ou : Sur le pieux, genre peirastique* [1]]

EUTHYPHRON

[2a] Quoi de neuf, Socrate, pour que tu délaisses le Lycée [2] et ses passe-temps [3] et que tu passes maintenant ton temps ici, près du Portique royal [4] ? Car ce n'est tout de même pas toi [5], j'imagine, qui as, comme moi, un procès devant l'Archonte-roi [6] !

SOCRATE

Non, Euthyphron, ce n'est pas vraiment ce que les Athéniens appellent un « procès », mais plutôt une « action publique » [7].

EUTHYPHRON

[2b] Que veux-tu dire ? Quelqu'un t'aura donc intenté une action publique, je suppose, car je ne peux pas te suspecter, toi, d'en avoir intenté une à un autre.

SOCRATE

Non, en effet.

EUTHYPHRON

Alors c'est bien toi qu'un autre poursuit ?

SOCRATE

Oui.

EUTHYPHRON

Qui est-il ?

SOCRATE

Je ne le connais pas très bien moi-même, Euthyphron, car j'ai l'impression qu'il est plutôt jeune et inconnu. En tout cas, on l'appelle Mélètos [8], à ce que je crois [9]. Il est du dème de Pitthée [10], si jamais tu as à l'esprit un certain Mélètos de Pitthée, un homme à la longue chevelure, à la barbe clairsemée [11] et au nez légèrement crochu.

EUTHYPHRON

Je n'en ai pas idée, Socrate ; mais, au fait, quelle action publique [2c] t'a-t-il donc intentée ?

SOCRATE

Quelle action ? Elle n'est pas sans grandeur, à ce qu'il me semble ; car le fait qu'un jeune ait discerné une aussi importante affaire n'est pas rien. Il sait, à ce qu'il prétend, de quelle façon les jeunes sont corrompus et il connaît leurs corrupteurs [12]. Et il y a chance que ce soit une personne savante [13] : s'avisant de mon ignorance et de mon influence délétère sur ses camarades, il court auprès de la ville, comme auprès d'une mère, pour m'accuser. J'ai même l'impression qu'il est le seul à entreprendre correctement [2d] sa carrière politique [14] ; il convient en effet de commencer par s'occuper [15] d'abord des jeunes, pour qu'ils soient les meilleurs possible, de même que le bon agriculteur a raison de réserver ses premiers soins aux jeunes pousses, avant de s'occuper des autres. Mélètos agit sans doute de même : il nous extirpe en tout premier lieu, [3a] nous qui corrompons les jeunes en pleine croissance, à ce qu'il prétend ; ensuite, après avoir entouré les plus vieux de ses soins, il est évident qu'il deviendra, pour la ville, la source de bienfaits nombreux et considérables, ce qui serait du reste un résultat vraisemblable quand on a connu un tel départ.

EUTHYPHRON

Je le voudrais bien, Socrate ; seulement je crains fort que ce ne soit le contraire qui se produise. À vrai dire, il me donne l'impression de porter atteinte à la ville en son cœur [16] lorsqu'il cherche à te nuire. Mais, dis-moi au juste, que prétend-il que tu fais pour corrompre les jeunes gens ?

SOCRATE

[3b] Des choses, admirable ami, qui rendent un son étrange lorsqu'on les entend pour la première fois. Il affirme en effet que je suis un créateur de dieux. Et c'est pour ces raisons, que je crée de nouveaux dieux [17] et ne crois [18] pas aux anciens, qu'il m'a intenté un procès [19], à ce qu'il dit.

EUTHYPHRON

Je vois, Socrate ; c'est à cause de ce signal divin [20] dont tu affirmes qu'il se manifeste à toi de temps à autre. C'est donc avec l'idée que tu es un novateur en matière religieuse qu'il t'a intenté ce procès [21], et il se présente devant le tribunal avec l'intention de te calomnier [22], sachant très bien que de pareilles calomnies se répandent aisément [23] dans la foule [24]. Moi-même, [3c] lorsque je traite à l'assemblée de questions religieuses et que je leur prédis le futur, je suis tourné en ridicule comme si j'étais fou. Et pourtant, je n'ai fait aucune prédiction qui ne fût vraie. Rien n'y fait : ils jalousent tous ceux qui nous ressemblent [25]. Eh bien, c'est notre devoir de ne pas nous soucier d'eux et d'aller notre chemin.

SOCRATE

Mais, mon cher Euthyphron, le fait d'être tourné en ridicule n'est sans doute pas bien grave. Car les Athéniens, à mon avis, ne se préoccupent pas outre mesure d'un homme qu'ils croient habile, pourvu qu'il n'enseigne pas son savoir ; mais s'ils le [3d] soupçonnent de rendre aussi les autres pareils à lui-même, ils se mettent en colère, soit par jalousie, comme tu dis, soit pour une autre raison [26].

EUTHYPHRON

Sur ce point, je ne suis pas vraiment désireux de tester leurs sentiments à mon égard.

SOCRATE

Dans ton cas, on peut en effet croire que tu te fais rare et que tu ne tiens pas à enseigner le savoir qui est le tien. Mais en ce qui me concerne, je crains que mon amour des hommes ne me fasse passer, aux yeux des Athéniens, pour quelqu'un qui parle sans retenue à tout homme [27], non seulement sans toucher de salaire, mais en en déboursant un avec joie si quelqu'un daigne m'écouter [28]. Si donc, comme je le disais à l'instant, ils s'apprêtaient à s'amuser à mes dépens, comme [3e] tu dis qu'ils le font dans ton cas, il ne serait pas désagréable de passer quelque temps au tribunal à les faire plaisanter et rire ; mais s'ils prennent cette affaire au sérieux, l'issue en est obscure, sauf pour vous les devins.

EUTHYPHRON

Après tout, Socrate, peut-être cette affaire sera-t-elle sans conséquence. Tu défendras ta cause selon tes vœux [29], de même que moi, je pense, pour la mienne.

SOCRATE

Au fait, Euthyphron, quel genre de procès as-tu ? Es-tu accusé ou accusateur [30] ?

EUTHYPHRON

Je poursuis.

SOCRATE

Qui ?

EUTHYPHRON

[4a] Quelqu'un dont la poursuite me fait à nouveau [31] passer pour fou.

SOCRATE

Pourquoi ? Poursuis-tu un oiseau en vol [32] ?

EUTHYPHRON

Il s'en faut de beaucoup qu'il vole ! Il se trouve que c'est un vieillard d'un âge très avancé.

SOCRATE

Qui est-ce ?

EUTHYPHRON

Mon père.

SOCRATE

Ton propre père, excellent ami ?

EUTHYPHRON

Parfaitement.

SOCRATE

Quel est le chef d'accusation et pourquoi y a-t-il procès ?

EUTHYPHRON

C'est un procès pour meurtre, Socrate.

SOCRATE

Par Héraklès ! En vérité, Euthyphron, la plupart des gens ignorent comment se comporter avec rectitude ; car je ne crois pas du moins que le premier venu [4b] puisse agir correctement [33] dans ce cas. C'est plutôt le fait de quelqu'un qui est déjà bien avancé dans la voie du savoir.

EUTHYPHRON

Par Zeus ! pour sûr qu'il est avancé, Socrate [34] !

SOCRATE

La personne tuée par ton père est-elle l'un de tes parents ? Mais n'est-ce pas évident ? Car ce n'est pas pour le compte d'un étranger, j'imagine, que tu poursuivrais ton père pour meurtre [35].

EUTHYPHRON

Il est ridicule, Socrate, de croire que cela fait une différence si la personne tuée est un étranger ou un parent. Ce à quoi l'on doit plutôt prêter une attention exclusive, c'est de savoir si celui qui a tué avait le droit de tuer, ou non ; s'il en avait le droit, il faut le laisser aller ; sinon, il faut le poursuivre, même s'il [36] [4c] habite la même maison et mange à la même table que toi. Car la souillure [37] encourue est égale si, alors que tu côtoies un tel homme en ayant conscience de son crime, tu ne procèdes pas à ta purification, de même qu'à la sienne, en le poursuivant en justice. Celui qui est mort était en fait mon ouvrier [38] et, comme nous avions un domaine agricole à Naxos [39], il travaillait là à notre service. Un jour qu'il était en état d'ivresse, il a étranglé l'un de nos domestiques qui l'avait mis en colère. Mon père lui fit donc ligoter les pieds et les mains et le fit jeter au fond d'une fosse, puis il dépêcha ici [40] un homme pour demander à l'exégète [41] ce qu'il devait faire. Pendant ce [4d] temps, mon père s'inquiétait peu de l'individu ligoté et s'en désintéressait, sous prétexte que c'était un homicide et que ce ne serait pas bien grave s'il venait lui aussi à mourir, ce qui précisément ne manqua pas de se produire [42]. Il est en effet mort de faim, de froid et de ses liens avant le retour du messager dépêché auprès de l'exégète. Voilà donc les faits pour lesquels mon père et mes autres parents s'indignent de ce que, pour le compte d'un meurtrier, je poursuive mon père pour meurtre. Il ne l'a pas tué, à ce qu'ils prétendent, et même s'il l'avait vraiment tué, il n'en demeure pas moins que l'individu tué était lui-même un meurtrier, si bien qu'il ne faut pas se faire de souci pour un tel individu, sans compter qu'il est impie [4e] pour un fils de poursuivre son père pour meurtre [43]. Mais ils ne savent pas bien, Socrate, quelle est la position du divin concernant le pieux [44] et l'impie.

SOCRATE

Mais toi, Euthyphron, au nom de Zeus, crois-tu donc connaître ce qu'il en est du divin, de même que des choses pieuses et impies, avec une telle exactitude, que, les événements s'étant déroulés comme tu le dis, tu ne crains pas de poursuivre ton père sans être, à ton tour, en train de commettre un acte impie ?

EUTHYPHRON

Je ne serais bon à rien, Socrate, et [5a] Euthyphron [45] ne se distinguerait en rien de la masse des hommes, si je n'avais pas une connaissance exacte de toutes ces choses.

SOCRATE

Dans ces conditions, admirable Euthyphron, n'est-il pas pour moi préférable de devenir ton élève et de soumettre à Mélètos la proposition [46] suivante avant l'ouverture du procès qui m'oppose à lui ? Je lui dirai que par le passé je faisais grand cas de connaître les choses divines et que maintenant, vu qu'il soutient que je suis dans l'erreur du fait que j'improvise et innove en ces matières, je suis donc devenu ton élève. « Mélètos, [5b] dirais-je, si tu reconnais qu'Euthyphron est savant en ce domaine, considère alors que je porte moi aussi des jugements droits [47] et abandonne ta poursuite [48] ; sinon, poursuis en justice d'abord ce professeur, plutôt que moi, étant donné qu'il corrompt les vieillards, son père et moi — moi, parce qu'il m'enseigne ; son père, parce qu'il le réprimande et qu'il le châtie. » Et, dans l'hypothèse où il ne se rendrait pas à mes raisons et n'abandonnerait pas sa poursuite, ou s'il ne te poursuivait pas à ma place, je répéterais au tribunal les mêmes propositions que je lui avais soumises [49].

EUTHYPHRON

Oui, par Zeus ! Si donc il s'aventurait à me [5c]

poursuivre, je crois bien que je découvrirais son point faible et c'est davantage sur lui, plutôt que sur moi, que porterait notre débat devant le tribunal.

SOCRATE

Et moi, cher ami, c'est parce que je me suis rendu compte de cela que je désire devenir ton élève. Je sais que d'aucuns [50], notamment notre Mélètos, font semblant de ne pas te voir [51], alors qu'ils m'ont percé, moi, avec une telle acuité et une telle aisance qu'ils m'ont intenté un procès pour impiété [52]. Maintenant, par Zeus, enseigne-moi cette connaissance certaine dont tu viens de te targuer avec énergie. De quelle nature affirmes-tu être le pieux et l'impie [5d] en ce qui concerne le meurtre et tout le reste [53] ? Ou bien [54] le pieux lui-même n'est-il pas identique à lui-même en toute action ? Et l'impie à son tour n'est-il pas le contraire de tout ce qui est pieux, tout ce qui est de nature à être impie étant lui-même pareil à lui-même et ayant une seule forme [55] sous le rapport de l'impiété [56] ?

EUTHYPHRON

Absolument, Socrate [57].

SOCRATE

Alors, dis-moi, qu'affirmes-tu être le pieux et l'impie ?

EUTHYPHRON

Eh bien, j'affirme [58] que le pieux consiste précisément en ce que je suis en train de faire, c'est-à-dire poursuivre celui qui est coupable d'un crime, qu'il s'agisse d'un meurtre, d'un vol perpétré dans un temple ou de tout autre méfait de ce genre, et peu importe [5e] qu'il s'agisse de mon père, ou de ma mère ou de qui que ce soit d'autre [59]. Et l'impie, c'est de ne pas le poursuivre. Car enfin, Socrate, considère l'importance de l'indice — que je vais te présenter — que telle est bien la loi [60]. Je l'ai déjà exposé à d'autres, pour leur montrer que la rectitude est bien que les choses se passent de cette façon : ne pas laisser de répit à l'auteur d'un acte impie, qui que ce puisse être. En effet [61], il se trouve que ce sont les mêmes hommes qui honorent Zeus [6a] comme le meilleur et le plus juste des dieux, qui admettent [62] qu'il a ligoté son père — parce que celui-ci avalait ses fils au mépris de la justice [63] — et qui admettent encore que ce dernier a châtré son propre père pour d'autres raisons analogues [64]. D'un autre côté, ils me font la vie dure parce que je poursuis mon père pour son injustice [65] ; ce faisant, ils se contredisent eux-mêmes lorsqu'ils traitent des dieux et de mon cas [66].

SOCRATE

N'est-ce pas la raison, Euthyphron, pour laquelle je suis accusé dans un procès [67] ? À savoir que lorsqu'on raconte de telles histoires sur le compte des dieux, j'ai grand-peine à les supporter [68] ? Voilà donc pourquoi, à ce qu'il semble, on prétend que je suis en faute. Mais si tu crois toi aussi à ces histoires, [6b] toi qui t'y connais bien en ce genre de questions, il ne nous [69] reste plus, apparemment, qu'à leur ajouter foi. Et que pourrions-nous dire, en effet, nous qui reconnaissons nous-mêmes ne rien savoir sur ces questions [70] ? Mais dis-moi, au nom du dieu de l'amitié [71], crois-tu vraiment que les choses se sont déroulées ainsi ?

EUTHYPHRON

Oui, Socrate. Il y a même des histoires encore plus étonnantes que celles-là et qui sont inconnues de la majorité [72].

SOCRATE

Tu crois donc, toi aussi, qu'il y a réellement eu entre les dieux une guerre qui les a dressés les uns contre les autres, qu'il y a eu des haines et des batailles terribles, et plusieurs autres événements de ce genre, qui sont racontés par les poètes [73] et [6c] qui inspirent les représentations bariolées dont nos bons amis les peintres [74] décorent nos objets sacrés, en particulier le vêtement, justement couvert de semblables bariolages, que l'on mène en procession à l'Acropole à l'occasion des Grandes Panathénées [75] ? Dirons-nous que ces récits sont vrais, Euthyphron ?

EUTHYPHRON

Pas seulement ceux-là, Socrate, mais, ainsi que je te le disais à l'instant [76], je pourrais, si tu le désires, te raconter au sujet des dieux plusieurs autres histoires que — j'en suis sûr — tu seras stupéfait d'entendre [77].

SOCRATE

Je n'en serais pas étonné. Mais tu me raconteras cela à loisir une autre fois. Pour le moment, tente de formuler [6d] plus clairement ce que je te demandais il y a un instant [78], car tu ne m'as pas instruit de façon satisfaisante tout à l'heure quand je t'ai demandé en quoi consistait le pieux ; tu m'as plutôt répondu que ce que tu es en train de faire, soit poursuivre ton père pour meurtre, c'est cela qui se trouve être pieux.

EUTHYPHRON

Et je ne disais que la vérité, Socrate.

SOCRATE

Sans doute. Pourtant, Euthyphron, il y a aussi plusieurs autres choses dont tu affirmes qu'elles sont pieuses.

EUTHYPHRON

Et qui, de fait, le sont.

SOCRATE

En ce cas, te souviens-tu que je t'exhortais de m'apprendre, non pas une ou deux des nombreuses choses pieuses, mais plutôt cette forme même en vertu de laquelle toutes les choses pieuses sont pieuses [79] ? Car tu as affirmé, je pense, que c'est en vertu [6e] d'une forme unique que les choses impies sont impies et que les choses pieuses sont pieuses [80]. À moins que tu ne t'en souviennes pas ?

EUTHYPHRON

Si, si.

SOCRATE

Alors enseigne-moi la nature de cette même forme, afin que, tournant mon regard vers elle et m'en servant comme d'un modèle [81], je déclare pieux ce qui, parmi les actes que toi ou quelqu'un d'autre pose, est de même nature, et que je déclare non pieux ce qui n'est pas de même nature.

EUTHYPHRON

Eh bien ! si tel est ton vœu, Socrate, je m'en vais te l'expliquer.

SOCRATE

Mais bien sûr que c'est mon vœu !

EUTHYPHRON

Eh bien ! ce qui est cher aux dieux est pieux, [7a] alors que ce qui ne leur est pas cher est impie [82].

SOCRATE

Excellent, Euthyphron : tu viens de me répondre de la façon dont je cherchais à te faire répondre [83]. Est-ce toutefois conforme à la vérité, je ne le sais pas encore, mais il est clair que tu vas m'instruire dans le détail de la vérité de ce que tu avances.

EUTHYPHRON

Parfaitement.

SOCRATE

Allons, examinons de près ce que nous affirmons.

La chose et l'homme aimés des dieux sont pieux, tandis que la chose et l'homme haïs des dieux sont impies [84]. Par ailleurs, le pieux n'est pas identique à l'impie, mais ce qui lui est le plus contraire. N'en est-il pas ainsi ?

EUTHYPHRON

Il en est bien ainsi.

SOCRATE

Et donne-t-on l'impression d'avoir bien parlé ?

EUTHYPHRON

[7b] À mon avis, oui, Socrate [85].

SOCRATE

Eh bien, Euthyphron, n'a-t-il pas été dit, aussi, qu'il y a entre les dieux des querelles, des différends et des haines qui les dressent les uns contre les autres ?

EUTHYPHRON

De fait, cela a été dit [86].

SOCRATE

Mais, excellent ami, sur quels sujets le désaccord provoque-t-il la haine et les colères ? Examinons plutôt cette question de la façon suivante : si toi et moi avions un différend à propos d'un nombre, à savoir laquelle de deux sommes est la plus grande, le différend à ce sujet ferait-il de nous des ennemis et nous mettrait-il en colère l'un contre l'autre ? Ou bien ne tomberions-nous pas plutôt rapidement d'accord, du fait que [7c] nous avons recours au calcul dans des cas de ce genre ?

EUTHYPHRON

Parfaitement.

SOCRATE

Et si nous avions un différend à propos du plus et

du moins, nous y mettrions rapidement fin en ayant recours à la mesure [87] ?

EUTHYPHRON

C'est bien cela.

SOCRATE

Et c'est en ayant recours à la balance, je suppose, que nous départagerions le plus lourd et le plus léger ?

EUTHYPHRON

Comment n'y arriverait-on pas, en effet [88] ?

SOCRATE

Alors quel genre de sujet fait de nous des ennemis réciproques et nous fait mettre en colère lorsque nous avons un différend et que nous sommes dans l'incapacité de trancher la question ? Peut-être n'as-tu pas la réponse à portée de la main ; examine plutôt si, comme je [7d] l'avance, ces sujets ne sont pas le juste et l'injuste [89], le beau et le laid, le bon et le mauvais. N'est-ce pas les sujets sur lesquels portent nos différends et à propos desquels — parce que nous sommes incapables d'en arriver à une décision satisfaisante — nous devenons des ennemis réciproques, chaque fois que cela se produit, et toi et moi et tous les autres hommes ?

EUTHYPHRON

Oui, Socrate, le différend porte bien sur ces questions.

SOCRATE

Qu'en est-il des dieux, Euthyphron ? S'il est vrai qu'ils ont des différends, n'est-ce pas pour les mêmes raisons [90] ?

EUTHYPHRON

De toute nécessité.

SOCRATE

[7e] D'après ce que tu dis, mon brave Euthyphron, ce sont donc des choses différentes que les différents dieux tiennent pour justes, ou belles, ou laides, ou bonnes, ou mauvaises. Car il n'y aurait pas de querelles entre eux, j'imagine, s'ils n'avaient pas des différends à ces sujets. N'est-ce pas ?

EUTHYPHRON

Tu dis vrai.

SOCRATE

Alors les choses que chacun d'eux tient pour belles, pour bonnes, pour justes, ces choses-là il les aime, tandis qu'il déteste ce qui leur est contraire [91] ?

EUTHYPHRON

Tout à fait.

SOCRATE

Or ce sont bien les mêmes choses, d'après ce que tu dis, que les uns tiennent pour justes, les autres [8a] pour injustes, et à propos desquelles la controverse les conduit à se quereller et à se faire la guerre entre eux ? N'en est-il pas ainsi ?

EUTHYPHRON

Si.

SOCRATE

Par conséquent, ce sont les mêmes choses, à ce qu'il semble, qui sont haïes et aimées par les dieux ; les mêmes choses seraient à la fois odieuses et chères aux dieux.

EUTHYPHRON

C'est ce qu'il semble.

SOCRATE

Et en vertu de ce raisonnement, Euthyphron, ce seraient donc les mêmes choses qui seraient pieuses et impies.

EUTHYPHRON

Il se pourrait bien !

SOCRATE

Tu n'as donc pas répondu à ce que je te demandais, admirable Euthyphron. Car ce n'est pas cela que je demandais, ce qui, tout en étant le même, se trouve être à la fois pieux et impie [92]. Or ce qui est aimé des dieux est aussi, semble-t-il, haï d'eux. [8b] Par conséquent, Euthyphron, il ne serait pas étonnant qu'en blâmant ton père comme tu le fais maintenant, tu poses un acte cher à Zeus, mais hostile à Kronos et à Ouranos [93] ; cher à Héphaïstos, mais hostile à Héra [94] ; et si l'un des dieux a un différend avec un autre dieu à ce même sujet, il en ira de même pour eux.

EUTHYPHRON

Mais je crois, Socrate, que sur ce point du moins il n'y a aucun désaccord entre les dieux, dans la mesure où il n'y en a aucun qui conteste qu'il faut administrer une peine à celui qui tue injustement quelqu'un.

SOCRATE

Mais quoi ? Et chez les hommes, Euthyphron, en as-tu déjà [8c] entendu un contester qu'il faille administrer une peine à celui qui a tué injustement ou qui a commis quelque autre injustice ?

EUTHYPHRON

Ils n'en finissent pourtant pas de contester cela en tous lieux, notamment devant les tribunaux ; bien qu'ils commettent une foule d'injustices, il n'y a rien qu'ils ne fassent ou disent pour échapper à la peine.

SOCRATE

Reconnaissent-ils avoir commis une injustice, Euthyphron, et, bien qu'ils le reconnaissent, prétendent-ils néanmoins qu'on ne doit pas leur administrer une peine ?

EUTHYPHRON

Cela non, assurément.

SOCRATE

Il y a donc quelque chose qu'ils se refusent à faire et à dire. Ceci en effet, je crois qu'ils n'osent pas le dire, ni le soutenir dans une controverse, à savoir qu'il ne faut pas leur administrer une peine si vraiment [8d] ils ont commis une injustice, mais je crois qu'ils nient plutôt en avoir commis une. N'est-ce pas ?

EUTHYPHRON

Tu dis vrai.

SOCRATE

Ils ne contestent donc pas qu'on doive administrer une peine à celui qui a commis une injustice, mais ils débattent plutôt, sauf erreur, de l'identité de celui qui a commis l'injustice, de ce qu'il a fait et du moment où il l'a fait.

EUTHYPHRON

Tu dis vrai.

SOCRATE

Les dieux ne se trouvent-ils donc pas dans la même situation, s'il est bien vrai, comme tu le soutiens, qu'ils se querellent à propos du juste et de l'injuste, les uns affirmant que certains hommes [95] ont commis une injustice et les autres le niant ? Car il y a au moins une chose, mon prodigieux ami, dont il est sûr qu'il ne se trouvera personne, ni chez les dieux ni chez [8e] les hommes, pour l'oser dire, c'est qu'il ne faut pas administrer une peine à celui qui a commis une injustice.

EUTHYPHRON

Oui, ce que tu dis est vrai, Socrate, du moins l'essentiel.

SOCRATE

Mais, Euthyphron, c'est chaque action posée, je pense, qui fait l'objet d'une contestation de la part de ceux qui contestent, aussi bien les hommes que les dieux, s'il est bien vrai que les dieux s'adonnent à la contestation. Lorsqu'il y a divergence à propos d'une action particulière, les uns affirment qu'elle a été posée conformément à la justice, et les autres, qu'elle l'a été au mépris de la justice. N'en est-il pas ainsi ?

EUTHYPHRON

Parfaitement.

SOCRATE

[9a] Allons, cher Euthyphron, instruis-moi, pour que je devienne moi aussi plus savant : quel est pour toi l'indice [96] que tous les dieux tiennent pour injuste la mort de cet homme qui a commis un meurtre alors qu'il travaillait comme thète [97], qui a été ligoté par le maître de la victime, qui est mort de ses liens avant que celui qui l'avait ligoté ait pu s'enquérir auprès des exégètes de ce qu'il devait faire de lui [98], et que dès lors les dieux tiennent pour correct qu'un fils, pour le compte d'un pareil individu, dénonce son père et le poursuive pour meurtre ? Allons, essaie sur [9b] ces questions de me démontrer avec quelque clarté que tous les dieux croient, sans l'ombre d'un doute, qu'il est bien d'entreprendre cette action ; et si tu me démontres cela de façon satisfaisante, je n'en finirai pas de te louer pour ton savoir.

EUTHYPHRON

Mais ce n'est peut-être pas une mince affaire,

Socrate ; encore que je pourrais te le démontrer très clairement.

SOCRATE

Je vois : à ton avis, j'ai plus de peine à apprendre que les juges ; car à eux du moins, tu démontreras clairement que ces actes sont injustes et que tous les dieux sans exception détestent des actes de ce genre.

EUTHYPHRON

Je le leur démontrerai on ne peut plus clairement, Socrate, pourvu qu'ils écoutent ce que j'ai à dire [99].

SOCRATE

[9c] Mais oui, ils t'écouteront, pour peu que tu leur donnes l'impression de bien parler. Une idée m'est venue alors que tu parlais et je l'examine en moi-même : « dans l'hypothèse où Euthyphron m'enseignerait de façon pleinement convaincante que tous les dieux sans exception considèrent qu'une telle mort est injuste, qu'aurai-je appris de plus auprès d'Euthyphron en ce qui concerne la nature du pieux et de l'impie ? Cet acte serait en effet haï des dieux, à ce qu'il semble ; mais il ne nous est pas apparu, tout à l'heure, que le pieux et l'impie se distinguaient sous ce rapport, puisque ce qui est détesté des dieux nous est également apparu aimé des dieux. » Par conséquent, Euthyphron, je te libère de cette tâche [100]. Posons, si tu veux, que tous [9d] les dieux tiennent la même chose pour injuste et que tous la détestent. Mais cette correction que nous apportons maintenant à la formulation [101] — à savoir : ce que tous les dieux détestent est impie, ce qu'ils aiment tous est pieux, et quant à ce que les uns aiment et les autres détestent, ce n'est ni l'un ni l'autre ou les deux à la fois — est-ce bien ainsi que tu désires que nous distinguions à présent ce qui se rapporte au pieux et à l'impie ?

EUTHYPHRON

Qu'est-ce qui nous en empêche, Socrate ?

SOCRATE

Rien, du moins en ce qui me concerne, Euthyphron ; mais en ce qui te regarde, examine si, en adoptant cette définition comme hypothèse [102], tu seras ainsi plus à l'aise pour m'enseigner ce que tu m'as promis.

EUTHYPHRON

[9e] Eh bien, pour ma part, je n'hésiterais pas à affirmer que le pieux est ce que tous les dieux aiment, et que le contraire, soit ce que tous les dieux détestent, est impie [103].

SOCRATE

Procéderons-nous à nouveau à un examen, Euthyphron, pour vérifier si cette définition est bien formulée, ou la laisserons-nous et l'accepterons-nous telle quelle, qu'elle soit de nous-mêmes ou d'autrui, s'il suffit que l'on affirme qu'il en est ainsi pour que nous en convenions ? Ou bien doit-on soumettre à l'examen l'affirmation de notre interlocuteur ?

EUTHYPHRON

Il faut procéder à un examen ; cela dit, je crois que ce qui vient d'être formulé est juste.

SOCRATE

[10a] Nous allons bientôt en avoir le cœur net, mon bon. Réfléchis en effet à ce qui suit : est-ce que le pieux est aimé par les dieux parce qu'il est pieux, ou est-ce parce qu'il est aimé d'eux qu'il est pieux [104] ?

EUTHYPHRON

Je ne vois pas ce que [105] tu veux dire, Socrate.

SOCRATE

J'essaierai en ce cas de m'expliquer plus clairement. Nous disons d'une chose qu'elle est portée et d'une autre qu'elle porte, d'une chose qu'elle est conduite et d'une autre qu'elle conduit, d'une chose qu'elle est vue et d'une autre qu'elle voit. Comprends-tu que toutes les expressions de ce genre diffèrent entre elles et en quoi elles diffèrent ?

EUTHYPHRON

J'ai en tout cas l'impression de le comprendre.

SOCRATE

Eh bien, comprends-tu aussi qu'il y a ce qui est aimé et, distinct de lui, ce qui aime ?

EUTHYPHRON

Comment ne pas le comprendre ?

SOCRATE

[10b] Dis-moi alors, est-ce que la chose portée est portée parce qu'on la porte, ou est-ce pour une autre raison ?

EUTHYPHRON

Non, mais bien pour cette raison.

SOCRATE

Et la chose conduite alors, c'est parce qu'on la conduit ? Et la chose vue, parce qu'on la voit ?

EUTHYPHRON

Tout à fait.

SOCRATE

Ce n'est donc pas parce qu'une chose est vue qu'on la voit, mais le contraire : c'est parce qu'on la voit qu'elle est vue. Ce n'est pas non plus parce qu'une chose est conduite qu'on la conduit, mais c'est parce qu'on la conduit qu'elle est conduite. Ce n'est pas non plus parce qu'une chose est portée qu'on la porte, mais c'est parce qu'on la porte qu'elle est portée. N'est-ce pas [10c] transparent, Euthyphron, ce que je cherche à exprimer ? Voici ce que je veux dire : si une chose devient ou si une chose subit, ce n'est pas parce qu'elle est en train de devenir qu'elle devient, mais c'est parce qu'elle devient qu'elle est en train de devenir. Et ce n'est pas non plus parce qu'elle est en train de subir qu'elle subit, mais c'est parce qu'elle subit qu'elle est en train de subir [106]. N'es-tu pas d'accord qu'il en est ainsi ?

EUTHYPHRON

Si, je le suis.

SOCRATE

Eh bien, ce qui est aimé n'est-il pas une chose ou bien en train de se produire, ou bien en train de subir quelque chose sous l'effet d'une autre ?

EUTHYPHRON

Tout à fait.

SOCRATE

Il en va donc pour cet exemple comme pour les précédents : ce n'est pas parce qu'il y a une chose aimée qu'elle est aimée par ceux qui l'aiment, mais c'est parce qu'on l'aime qu'elle est une chose aimée [107].

EUTHYPHRON

C'est obligé.

SOCRATE

[10d] Qu'affirmons-nous dans ce cas, Euthyphron, au sujet du pieux ? N'est-il pas aimé par tous les dieux, d'après ce que tu dis ?

EUTHYPHRON

Si.

SOCRATE

Est-ce pour cette raison, parce qu'il est pieux, ou est-ce pour une autre raison ?

EUTHYPHRON

Non, mais bien pour cette raison.

SOCRATE

C'est donc parce qu'il est pieux qu'il est aimé, et non pas parce qu'il est aimé qu'il est pieux ?

EUTHYPHRON

Il semblerait.

SOCRATE

Mais, par ailleurs, l'aimé-des-dieux [108] est aimé et aimé-des-dieux parce que les dieux l'aiment.

EUTHYPHRON

Comment le contester, en effet ?

SOCRATE

Ce qui est aimé-des-dieux n'est donc pas pieux, Euthyphron, et le pieux n'est pas non plus aimé-des-dieux [109], comme tu le prétends, mais l'un est différent de l'autre.

EUTHYPHRON

[10e] Comment cela, Socrate ?

SOCRATE

Parce que nous convenons que le pieux est aimé pour cette raison, qu'il est pieux, mais non qu'il est pieux parce qu'il est aimé. N'est-ce pas ?

EUTHYPHRON

Si.

SOCRATE

Tandis que dans le cas de ce qui est aimé-des-dieux parce qu'il est aimé par les dieux, c'est par le fait d'être aimé, c'est pour cela même qu'il est aimé-des-dieux, mais ce n'est pas parce qu'il est aimé-des-dieux qu'il est aimé.

EUTHYPHRON

Tu dis vrai.

SOCRATE

Supposons au contraire, mon cher Euthyphron, que l'aimé-des-dieux et le pieux soient identiques. Si le pieux est aimé parce qu'il est [11a] pieux, alors l'aimé-des-dieux aussi serait aimé parce qu'il est aimé-des-dieux ; mais si l'aimé-des-dieux est aimé-des-dieux parce qu'il est aimé par les dieux, alors le pieux aussi serait pieux parce qu'il est aimé [110]. Mais, en fait, tu vois qu'ils sont opposés, pour la bonne raison qu'ils sont tout à fait [111] différents l'un de l'autre. L'un, en effet, c'est parce qu'il est aimé qu'il est aimable, tandis que l'autre, c'est parce qu'il est aimable, c'est pour cette raison qu'il est aimé [112]. Alors que tu étais interrogé sur la nature du pieux, Euthyphron, il se peut bien que tu n'aies pas voulu m'en révéler l'essence, et que tu ne m'en aies indiqué qu'un accident [113], à savoir qu'il arrive à ceci, le pieux, d'être aimé par [11b] tous les dieux. Mais ce [114] qu'il est, tu ne me l'as pas encore dit. Ne me le dissimule donc pas, s'il te plaît ; dis plutôt, en reprenant depuis le commencement, ce qu'est le pieux, qu'il soit aimé par les dieux ou quels que soient ses accidents — ce n'est pas sur ce point, en effet, que nous aurons un différend [115]. Allons ! empresse-toi à me dire ce qu'est le pieux et l'impie.

EUTHYPHRON

Mais [116], Socrate, je ne sais pas pour ma part de quelle façon te dire ce que j'ai à l'esprit [117], car ce que nous avons proposé tourne en quelque sorte autour de nous, sans répit, et ne consent pas à demeurer là où nous l'avons fixé.

SOCRATE

Tes formules, Euthyphron, semblent [11c] être de Dédale [118], notre ancêtre. Et si c'était moi qui les avais prononcées et mises de l'avant, sans doute te moquerais-tu de moi parce que, du fait de ma parenté avec lui, mes œuvres en paroles s'enfuient et ne consentent pas à demeurer là où on les place. Mais il s'agit en fait de tes hypothèses [119] ; c'est donc d'une autre moquerie que nous avons besoin [120]. En effet, elles ne consentent pas à rester à tes côtés, comme il t'en semble à toi aussi.

EUTHYPHRON

Il me semble au contraire, Socrate, que c'est pour ainsi dire la même moquerie que réclament les formules, car cette faculté qu'elles ont de tourner en rond et de ne pas rester au même endroit, ce n'est pas moi qui l'ai placée en elles ; [11d] mais c'est plutôt toi qui me parais être Dédale, puisque s'il n'en tenait qu'à moi, elles seraient demeurées en l'état.

SOCRATE

En ce cas, camarade, mon art risque d'être encore plus redoutable que celui de ce grand homme, dans la mesure où seules les choses qu'il fabriquait lui-même ne demeuraient pas en place, alors que moi, à ce qu'il semble, je mets en branle, en plus des miennes, celles d'autrui également. Et ce qui est assurément le plus subtil dans mon art, c'est que je suis talentueux malgré moi. Car je préférerais que mes arguments restent en place et demeurent fixes, privés de mouvement, plutôt que d'avoir, [11e] en plus du talent de Dédale, les richesses de Tantale [121]. Mais en voilà assez. Comme tu me donnes l'impression de t'amollir, je conjuguerai mes efforts aux tiens pour te montrer [122] de quelle façon tu pourrais m'instruire au sujet du pieux. Et ne te décourage pas à l'avance : vois en effet s'il ne te semble pas obligé que tout ce qui est pieux soit juste [123].

EUTHYPHRON

C'est bien mon avis.

SOCRATE

En ce cas, tout ce qui est juste est-il aussi pieux ? Ou bien le pieux est-il [12a] tout entier juste, alors que le juste n'est pas tout entier pieux, étant en partie pieux, et en partie autre chose ?

EUTHYPHRON

Je ne suis pas ce que tu viens de dire, Socrate.

SOCRATE

Et pourtant tu as sur moi l'avantage aussi bien de la jeunesse que du savoir. Mais, je le répète, la richesse de ton savoir t'amollit. Allons, bienheureux, concentre-toi, car il n'est même pas difficile de comprendre ce que je veux dire. J'affirme en effet le contraire de ce que le poète a écrit dans un poème : « il ne veut pas insulter Zeus le créateur, lui qui a engendré toutes choses ; [12b] car là où il y a crainte, là il y a aussi respect [124] ». Pour ma part, je suis sur ce point d'un avis différent de celui du poète. Te dirai-je en quoi ?

EUTHYPHRON

Bien sûr.

SOCRATE

Je n'ai pas l'impression que « là où il y a crainte, là il y a aussi respect ». En effet, les nombreuses personnes qui craignent la maladie, la pauvreté et plusieurs autres maux de ce genre me semblent bien craindre, mais non respecter, ces choses qu'elles craignent [125]. N'est-ce pas aussi ton avis ?

EUTHYPHRON

Tout à fait.

SOCRATE

Il me semble plutôt que là où il y a respect, là il y a aussi crainte. Car celui qui a honte [126] et qui rougit de quelque action ne redoute-t-il pas [12c] et ne craint-il pas tout à la fois la réputation de perversité ?

EUTHYPHRON

Si, il la craint.

SOCRATE

Il n'est donc pas juste de dire : « là où il y a crainte, là il y a aussi respect », mais plutôt : là où il y a respect, là il y a aussi crainte ; toutefois, ce n'est pas partout où il y a crainte qu'il y a aussi respect. Je crois en effet que la crainte est plus étendue que le respect. De fait, le respect est une partie de la crainte, comme l'impair est une partie du nombre, si bien que là où il y a nombre, il n'y a pas nécessairement aussi impair, mais là où il y a impair, là il y a aussi nombre. Tu suis sans doute, du moins maintenant ?

EUTHYPHRON

Tout à fait.

SOCRATE

C'est quelque chose de ce genre que je voulais dire dans le cas précédent [127], quand je t'ai posé la question : est-ce que [12d] là où il y a justice, là il y a aussi piété ? ou bien est-ce que là où il y a piété, là il y a aussi justice, sans que la piété soit partout où il y a justice ? La piété est en effet une partie de la justice [128]. Parlerons-nous ainsi ou as-tu l'impression qu'il en va autrement ?

EUTHYPHRON

Non, c'est bien cela. Tu me donnes en effet l'impression de le formuler correctement.

SOCRATE

Considère maintenant ce qui vient à la suite. Si, de

fait, le pieux est une partie du juste, il faut donc que nous découvrions, à ce qu'il semble, quelle partie du juste est le pieux. Si tu me posais une question sur l'un des cas de tout à l'heure — par exemple : quelle partie du nombre est le pair ? et quel type de nombre se trouve-t-il être ? —, je répondrais que c'est celui qui n'est pas scalène, mais isocèle [129]. N'es-tu pas de cet avis ?

EUTHYPHRON

Si.

SOCRATE

[12e] Efforce-toi donc à ton tour de m'enseigner quelle partie du juste est pieuse, afin que nous puissions dire à Mélètos de ne pas nous faire du tort et de ne pas nous intenter un procès pour impiété, vu que nous sommes déjà suffisamment instruits, par tes soins, de ce qui est religieux [130] et pieux, et de ce qui ne l'est pas.

EUTHYPHRON

Eh bien, voici mon opinion, Socrate : la partie du juste qui est religieuse et pieuse, c'est celle qui concerne le soin des dieux [131], tandis que celle qui a trait au soin des hommes constitue la partie restante du juste [132].

SOCRATE

Mon impression, Euthyphron, est que cette formulation est tout à fait excellente, [13a] mais j'ai encore besoin d'une petite précision. En effet, je ne saisis pas encore ce que tu entends par « soin ». Car tu ne veux tout de même pas dire, j'imagine, que le soin qui a les dieux pour objet est de même nature que les soins qui se rapportent aux autres choses. Ce que nous entendons en effet par « soin », c'est, par exemple, lorsque nous disons : ce n'est pas tout le monde qui sait prendre soin des chevaux, mais c'est le palefrenier. N'est-ce pas ?

EUTHYPHRON

Bien sûr.

SOCRATE

Car l'art hippique, je pense, consiste dans le soin des chevaux [133].

EUTHYPHRON

Oui.

SOCRATE

Et ce n'est pas non plus tout le monde qui sait prendre soin des chiens, mais c'est le veneur.

EUTHYPHRON

Oui.

SOCRATE

Car la cynégétique, si je ne m'abuse, consiste dans le soin des chiens.

EUTHYPHRON

[13b] Oui.

SOCRATE

Et l'art du bouvier, c'est le soin des bœufs.

EUTHYPHRON

Tout à fait.

SOCRATE

Dans ce cas, Euthyphron, la piété et la religion consistent dans le soin des dieux ? C'est bien ce que tu veux dire ?

EUTHYPHRON

Oui.

SOCRATE

Et n'est-il pas vrai que chaque soin accomplit la même chose ? Voici un exemple du fait que les soins visent au bien et au profit de celui qui les reçoit : tu vois que les chevaux soignés par l'art hippique en tirent profit et deviennent meilleurs. N'est-ce pas l'impression qu'ils te laissent ?

EUTHYPHRON

Si, si.

SOCRATE

Il en va de même, je crois, pour les chiens soignés par la cynégétique, pour les [13c] bœufs soignés par l'art du bouvier, et pareillement pour toutes les autres choses. À moins que tu ne croies que les soins visent à faire du tort à celui qui les reçoit ?

EUTHYPHRON

Non, par Zeus, je ne le crois pas !

SOCRATE

Alors ils visent à son profit ?

EUTHYPHRON

Comment le nier ?

SOCRATE

Dans ces conditions, la piété aussi, qui est un soin des dieux, est profitable aux dieux et les rend meilleurs [134] ? Et ceci, me l'accorderais-tu, que lorsque tu fais quelque chose de pieux, tu rends l'un des dieux meilleur ?

EUTHYPHRON

Non, par Zeus, je ne l'accorderais pas !

SOCRATE

Moi non plus, Euthyphron, je ne pense pas que ce

soit ce que tu veuilles dire — il s'en faut de beaucoup. Et c'est bien pour cette raison que [13d] je t'ai demandé ce que tu entendais au juste par « le soin des dieux », car je ne pouvais pas croire que tu veuilles parler d'un soin de ce genre.

EUTHYPHRON

Et c'est à juste titre, Socrate, car ce n'est pas d'un soin de ce genre que je voulais parler.

SOCRATE

Soit. Mais alors, de quelle sorte est le soin des dieux qui constituerait la piété ?

EUTHYPHRON

C'est exactement, Socrate, le genre de soins que les esclaves prodiguent à leurs maîtres [135].

SOCRATE

Je vois : ce serait, à ce qu'il semble, une espèce de service aux dieux [136].

EUTHYPHRON

Parfaitement.

SOCRATE

Pourrais-tu me dire, en ce cas, quel est le résultat que le service aux médecins sert à produire ? Ne crois-tu pas que c'est la santé ?

EUTHYPHRON

Si.

SOCRATE

[13e] Et qu'en est-il du service aux constructeurs de navires ? Quel est le résultat qu'il sert à produire ?

EUTHYPHRON

Il est évident, Socrate, que c'est un navire.

SOCRATE

Et le service aux constructeurs de maisons sert, j'imagine, à produire des maisons ?

EUTHYPHRON

Oui.

SOCRATE

Alors, réponds-moi, excellent homme : quelle est l'œuvre que le service aux dieux peut bien servir à produire ? Il est en effet évident que tu le sais, puisque, en ce qui concerne les choses divines du moins, tu affirmes t'y connaître mieux que quiconque.

EUTHYPHRON

Et je ne dis que la vérité, Socrate.

SOCRATE

Dis-moi alors, par Zeus, quelle est cette œuvre magnifique que les dieux accomplissent en ayant recours à nous comme serviteurs [137] ?

EUTHYPHRON

Ils accomplissent des œuvres nombreuses et belles, Socrate.

SOCRATE

[14a] De même que les stratèges, mon ami ; et pourtant, tu énoncerais sans peine la principale de leurs réalisations, en disant qu'ils produisent la victoire à la guerre, n'est-ce pas ?

EUTHYPHRON

Sans conteste.

SOCRATE

Les agriculteurs aussi, je crois, produisent de nombreuses et belles choses. Et pourtant la principale de leur production, c'est la nourriture tirée de la terre.

EUTHYPHRON

Tout à fait.

SOCRATE

Qu'en est-il alors des œuvres nombreuses et belles que les dieux produisent [138] ? Quelle est leur principale production ?

EUTHYPHRON

Je t'ai dit un peu auparavant [139], Socrate, que [14b] c'est un travail considérable de s'instruire avec précision de ce qu'il en est de toutes ces choses [140]. Je te dirai néanmoins, sans entrer dans les détails, que si quelqu'un sait dire et faire ce qui est agréable aux dieux, à l'occasion des prières et des sacrifices, c'est cela qui est pieux [141], et ce sont les paroles et les gestes de ce genre qui préservent les demeures privées et le bien commun des cités. Le contraire de ce qui est agréable aux dieux est sacrilège, et c'est aussi ce qui renverse et détruit toutes choses.

SOCRATE

En vérité, Euthyphron, si tu l'avais voulu, tu aurais pu me formuler d'une façon beaucoup plus concise l'essentiel de ce que je te demandais. Mais tu n'as pas [14c] à cœur de m'instruire, cela saute aux yeux ; en effet, alors que tu étais à l'instant parvenu à ce point, tu t'es esquivé. Si tu m'avais répondu, je serais déjà suffisamment instruit, par tes soins, de ce qu'est la piété [142]. Mais, par ailleurs, il est nécessaire que le questionneur suive la personne interrogée [143] partout où celle-ci le conduit. Qu'affirmes-tu donc être, cette fois, le pieux et la piété ? N'est-ce pas une certaine connaissance de la façon de sacrifier et de prier ?

EUTHYPHRON

Si [144].

SOCRATE

Et sacrifier, n'est-ce pas faire un don aux dieux, et prier, leur adresser une demande ?

EUTHYPHRON

Tout à fait, Socrate.

SOCRATE

[14d] D'après ce que tu dis, la piété serait donc la connaissance de la demande et du don adressés aux dieux.

EUTHYPHRON

Tu as très bien saisi, Socrate, ce que j'ai voulu dire.

SOCRATE

C'est que je suis avide de ton savoir, mon cher, et j'y applique mon esprit, si bien que tes paroles ne tombent pas dans l'oreille d'un sourd [145]. Mais dis-moi, de quelle nature est ce service [146] des dieux ? Tu affirmes qu'il consiste à leur demander et à leur donner ?

EUTHYPHRON

Oui.

SOCRATE

En ce cas, demander correctement ne serait-il pas leur demander les choses dont nous avons besoin de leur part ?

EUTHYPHRON

Quoi d'autre ?

SOCRATE

[14e] Et, en sens inverse, donner correctement ne serait-il pas leur donner en échange les choses dont ils

se trouvent avoir besoin de notre part ? Car il ne serait sans doute pas bien malin [147], de la part de celui qui donne, d'apporter comme présents à quelqu'un des choses dont il n'a aucun besoin [148].

EUTHYPHRON

Tu dis vrai, Socrate.

SOCRATE

La piété consisterait donc, Euthyphron, en une espèce de troc que les dieux et les hommes feraient les uns avec les autres.

EUTHYPHRON

Va pour troc, s'il te plaît de l'appeler ainsi.

SOCRATE

Rien ne me plaît, s'il se trouve que ce n'est pas vrai [149]. Mais explique-moi quelle espèce de profit les dieux peuvent bien tirer des dons qu'ils reçoivent de nous. Les dons qu'ils font [15a] sont manifestes aux yeux de tout le monde, car nous n'avons rien de bon qu'ils ne nous aient donné. Mais en quoi profitent-ils de ce qu'ils reçoivent de nous ? Ou bien leur sommes-nous à ce point supérieurs, pour ce qui est du troc, que nous recevons d'eux tous les biens, tandis qu'eux n'en reçoivent aucun de nous ?

EUTHYPHRON

Voyons, Socrate, t'imagines-tu que les dieux tirent profit de ce qu'ils reçoivent de nous ?

SOCRATE

Mais alors, Euthyphron, que pourraient bien être ces présents que nous offrons aux dieux ?

EUTHYPHRON

Crois-tu que ce soit autre chose que le respect [150],

les marques d'honneur et, comme je l'indiquais tout à l'heure [151], l'attention à leur plaire ?

SOCRATE

[15b] Le pieux est donc ce qui plaît aux dieux, Euthyphron, et non pas ce qui leur est profitable ou cher [152] ?

EUTHYPHRON

Je crois, pour ma part, que c'est par-dessus tout ce qui leur est cher.

SOCRATE

En ce cas, le pieux est à nouveau [153], semble-t-il, ce qui est cher aux dieux.

EUTHYPHRON

Oui, par-dessus tout.

SOCRATE

Et tu t'étonnes, toi qui tiens ce langage, si tes arguments donnent l'impression qu'ils ne tiennent pas en place et qu'ils se promènent ? Et tu m'accuses d'être le Dédale qui les fait se promener [154], alors que toi tu es beaucoup plus habile que Dédale, puisque tu les fais tourner en rond ! À moins que tu ne te rendes pas compte que notre argument, après avoir décrit un cercle, est revenu au même point ? [15c] Car tu te souviens sans doute que le pieux et l'aimé-des-dieux nous ont précédemment [155] paru, non pas identiques, mais différents l'un de l'autre. Ne t'en souviens-tu pas [156] ?

EUTHYPHRON

Si, si.

SOCRATE

Et ne vois-tu pas maintenant que tu affirmes que ce

qui est aimé des dieux est pieux ? Mais le pieux [157] est autre chose que l'aimé-des-dieux, n'est-ce pas ?

EUTHYPHRON

Tout à fait.

SOCRATE

Alors ou bien nous avions tout à l'heure tort de nous mettre d'accord, ou bien, si nous avions alors raison, c'est notre position présente qui n'est pas juste.

EUTHYPHRON

Apparemment.

SOCRATE

Il faut donc que nous examinions à nouveau depuis le début ce qu'est le pieux, car, en ce qui me regarde, je n'abandonnerai pas de mon plein gré avant que je ne l'aie appris. [15d] Ne me méprise pas [158], mais concentre-toi de toutes tes forces et maintenant, plus que jamais, dis-moi la vérité. Car s'il y a quelqu'un parmi les hommes qui détient ce savoir, c'est toi, et il ne faut pas te laisser aller [159], comme Protée [160], avant que tu aies parlé. Si en effet tu n'avais pas une connaissance claire du pieux et de l'impie, tu n'aurais pas pu entreprendre, pour le compte d'un thète [161], de poursuivre pour meurtre ton vieux père ; tu aurais plutôt craint de t'exposer à la colère des dieux si tu n'avais pas agi correctement et tu aurais eu honte à la face des hommes ; mais [15e] je sais bien que tu crois détenir une connaissance claire [162] de ce qui est pieux et de ce qui ne l'est pas. Alors parle, excellent Euthyphron, et ne me cache pas tes pensées là-dessus.

EUTHYPHRON

Eh bien, une autre fois, Socrate. Car pour le moment, je dois me hâter quelque part et il est temps pour moi de m'en aller [163].

SOCRATE

Que fais-tu là, camarade ? Tu t'en vas après m'avoir fait tomber du haut du grand espoir que j'avais : apprendre de toi ce qui est pieux et ce qui ne l'est pas, et me délivrer de mon procès contre Mélètos, en lui montrant, [16a] à celui-là, que je suis désormais, grâce à Euthyphron [164], savant en choses divines, que mon ignorance ne me fait plus improviser ni innover en ces matières [165] et, enfin, que je vivrai mieux le reste de ma vie [166].

NOTES
de la traduction de l'*Euthyphron*

1. Sur l'origine des deux sous-titres (« sur la piété », « genre peirastique »), cf. la note 2 de la traduction du *Lachès*. Le terme *peirastikḗ*, qui n'apparaît pas chez Platon, est attesté pour la première fois chez Aristote (cf. *Réfutations sophistiques* 2, 165b4 ; 8, 169b24-25 ; 11, 171b4 ; 172a21 ; 34, 183b1 ; *Métaphysique* Γ 2, 1004b25). La peirastique est cette partie de la dialectique qui consiste à mettre à l'épreuve les opinions de l'interlocuteur à partir de prémisses qui sont expressément admises ou reconnues par ce dernier. La dialectique pratiquée par Socrate est bel et bien peirastique, puisque les thèses qu'il examine sont les opinions personnellement défendues par ses interlocuteurs. Enfin, bien qu'il soit classé autrement, le *Lachès* n'illustre pas moins bien que l'*Euthyphron* cette dialectique peirastique.

2. Le Lycée est l'un des trois grands gymnases situés à l'extérieur des murs d'Athènes, les deux autres étant le Cynosarges et l'Académie. Des écoles philosophiques furent fondées sur l'emplacement de ces trois gymnases : Platon choisit le site de l'Académie (vers 387), les Cyniques s'installèrent au Cynosarges et Aristote, enfin, fixa son école au Lycée (vers 335). Le Lycée doit son nom au fait qu'il était dédié à Apollon *Lykeios* (« le loup ») ; il était situé dans la banlieue est, sur la rive droite de la rivière Ilissos. Il ressort clairement de plusieurs dialogues de Platon que le Lycée était l'un des endroits de prédilection de Socrate (cf. *Euthydème* 271a, *Banquet* 223d, *Lysis* 203a).

3. Nous nous sommes efforcé, tant bien que mal, de trouver un équivalent français pour le jeu de mots, présent dans le texte grec, entre le nom *diatribás* (traduit par « passe-temps ») et le verbe *diatribeis* (traduit par « tu passes ton temps »).

4. Pour la localisation du Portique royal, voir la Carte (page 335).

5. La surprise d'Euthyphron vient de ce que Socrate, ici âgé de soixante-dix ans, n'avait jusqu'alors jamais comparu devant un tribunal (cf. *Apologie* 17d).

6. Sur la nature des fonctions judiciaires exercées par l'Archonte-roi, voir l'*Introduction*, p. 190-191.

7. Le droit athénien distinguait en effet la *díkē*, poursuite entre particuliers, de la *graphḗ*, qui était un procès où les intérêts de l'État étaient en cause. L'accusation d'impiété portée contre Socrate était une affaire d'État et, à ce titre, la procédure engagée était bien une *graphḗ*, et non une *díkē*. Il faut toutefois souligner qu'il n'appartenait jamais à l'État de prendre l'initiative d'une poursuite contre un particulier ; il revenait en effet à un citoyen d'entreprendre une poursuite contre l'individu qui aurait porté atteinte aux intérêts de l'État. D'où la conclusion tirée par Euthyphron (cf. 2b) : si Socrate est engagé dans un procès de nature publique et qu'il n'est pas l'accusateur, c'est donc qu'un citoyen, en l'occurrence Mélètos (cf. 2b), le poursuit au nom de l'État.

8. D'après l'*Apologie*, les accusateurs de Socrate sont au nombre de trois : Anytos, Lycon et Mélètos (cf., entre autres, 18b, 19b, 23e et 36a). Il n'est pas impossible qu'ils se soient partagés les chefs d'accusation : Mélètos aurait accusé Socrate d'impiété, alors qu'Anytos et son comparse Lycon l'auraient quant à eux accusé de corrompre la jeunesse. Ainsi que l'a bien montré Burnet (1924, p. 89 sq.), le court passage de l'*Apologie* (23e), où il est dit que Mélètos agit pour le compte des poètes, ne permet pas de l'identifier au poète du même nom qui est brocardé par Aristophane dans les *Grenouilles* (1302). Sur le personnage de Mélètos, cf. aussi l'*Introduction*, p. 194-195.

9. Dans toute cette réplique, Socrate insiste à la fois sur la jeunesse et le peu de notoriété de Mélètos, qui a peut-être intenté la poursuite pour le compte de personnages plus en vue et plus influents, comme Anytos.

10. Depuis les réformes démocratiques de Clisthène, à la fin du VIe siècle, le territoire d'Athènes était divisé en cent cinquante unités administratives, appelées « dèmes ». Les dèmes athéniens se répartissaient en trois groupes : les dèmes de la ville, ceux de la côte et ceux de l'« intérieur », c'est-à-dire de la campagne. Clisthène avait également divisé l'ensemble des citoyens athéniens en dix groupes, appelés « tribus » (*phulaí*) ; chaque tribu possédait un certain nombre de dèmes dans chacune des trois régions (ville, côte et campagne), de sorte que les principales régions du territoire athénien étaient toutes représentées au sein des tribus (cf. Aristote, *Constitution d'Athènes* XXI). — Le dème de Pitthée, qui appartenait à la tribu Kecropis, était vraisemblablement situé au nord-est de la ville.

11. Comme le signale Lewis (1984, p. 234), le texte comprend sans doute ici un calembour. L'expression *ou eugéneion* (« à la barbe clairsemée ») serait en effet employée pour suggérer que Mélètos n'est pas de noble naissance (*ou eugéneia*). Cette hypothèse est d'autant plus vraisemblable que Socrate insiste sur l'obscurité du personnage de Mélètos (cf. *supra*, n. 9).

12. On a ici une allusion très nette à l'accusation, portée contre Socrate, d'être un corrupteur de la jeunesse. C'est en fait le premier des trois chefs d'accusation retenus contre lui (cf. *Apologie* 24b-c et l'*Introduction*, p. 199-201).

13. Ce jugement de Socrate est évidemment ironique : si Mélètos le poursuit pour corruption de la jeunesse, c'est donc qu'il *sait* de quelle façon on corrompt la jeunesse et qu'il *connaît* ceux qui la corrompent effectivement ; or, comme le montre l'*Apologie* (24c-26b), Mélètos est complètement ignorant sous ce rapport. La véritable portée du jugement de Socrate sur Mélètos n'apparaît toutefois en pleine lumière que si l'on met en parallèle les cas de Mélètos et d'Euthyphron, qui, rappelons-le, ont ceci en commun qu'ils sont tous les deux impliqués dans des procès à titre d'accusateurs. Ce qui est vrai de Mélètos doit donc aussi l'être d'Euthyphron : si ce dernier poursuit son père pour meurtre, ainsi que nous l'apprendrons bientôt (cf. *infra*, 4a), il doit en principe *savoir* en quoi consistent la piété et l'impiété. Car il ne risquerait tout de même pas, comme le lui rappelle ironiquement Socrate (cf. 4e et surtout 15d), de traîner son père devant les tribunaux s'il ne savait pas, de science certaine, qu'une telle action est conforme à la piété. On voit comment ce jugement sur Mélètos annonce toute la suite du dialogue en exposant l'un des principes clés du socratisme, à savoir que l'action doit se fonder sur le savoir (cf. Garrett 1974, p. 168).

14. On se doute bien, une fois encore, que Socrate ne pense rien de ce qu'il affirme ici à propos de Mélètos ; mais, comme le souligne à juste titre Heidel (1902, p. 33), l'ironie de ce jugement est encore plus manifeste lorsqu'on le rapproche d'un passage du *Gorgias* (521d), où Socrate affirme qu'il est le seul Athénien à faire de la politique et à s'intéresser à l'art politique.

15. Il est probable qu'il y a ici un jeu de mots. Le verbe « s'occuper » traduit en effet le verbe *epimeloûmai* que Platon associe souvent, de façon ironique, au nom de Mélètos (cf. *Apologie de Socrate* 24d, 25c et 26b). En vertu de son nom — que Platon rapproche manifestement de *meléte̅* (« souci », « attention », « soin ») —, Mélètos devrait en effet *avoir soin* de lui-même, *se préoccuper* des jeunes gens et se *soucier* des choses pour lesquelles il accuse Socrate ; or, sur tous ces sujets, Mélètos fait preuve de la plus grande incurie (*améleia*, cf. *Apologie de Socrate* 25c).

16. Littéralement : « il porte atteinte à la ville *en commençant par Hestia* (*aph' Hestías árkhesthai*) ». Déesse du foyer, dont elle est aussi la personnification, Hestia représente le centre immobile de la demeure, de la cité, voire de l'Univers. S'attaquer à la ville en commençant par Hestia, c'est donc porter atteinte au cœur même de la ville. Aristophane emploie également l'expression *aph' Hestías árkhesthai* dans le même sens (*Grenouilles* 845). Par ailleurs, ce passage atteste clairement l'admiration d'Euthyphron pour Socrate, puisqu'il n'hésite pas à comparer ce dernier au foyer, au centre de la cité.

17. Dans l'acte d'accusation « officiel » (cf. *Apologie de Socrate* 24b-c ; Xénophon, *Apologie* 12 ; *Mémorables* I 1, 1 ; et, finalement, Diogène Laërce II 40 qui, malgré sa date tardive (IIe-IIIe siècle apr. J.-C.) cite des sources qui avaient encore accès au document officiel), on reproche à Socrate d'introduire de nouvelles *divinités* (*daimónia kainá*), et non pas, comme ici, de nouveaux *dieux* (*kainoùs theoús*). Il n'est sans doute pas nécessaire d'épiloguer très lon-

guement sur cette différence, étant donné qu'Euthyphron comprend immédiatement que les prétendus nouveaux dieux visent en fait le fameux « démon » (*daimónion*) de Socrate.

18. La signification de l'expression *nomízein theoús* est controversée, comme nous le signalions déjà dans l'*Introduction* (p. 196). Pour les uns, cette expression signifie « croire aux dieux », auquel cas on accuse Socrate d'être un athée ; pour les autres, la signification de *nomízein theoús* est plutôt « honorer les dieux », auquel cas Socrate est accusé d'avoir une pratique religieuse non conforme à ce qui est prescrit (*nómos*) par la cité. Or il ressort clairement d'un passage de Xénophon (*Mémorables* I 1, 2-5) que les accusateurs de Socrate se proposaient de le faire passer pour un athée.

19. D'après ce passage, Socrate a été accusé de corrompre la jeunesse en raison de ses idées religieuses. En exposant celles-ci, Socrate aurait en effet exercé une influence funeste sur les jeunes gens. L'accusation de corruption de la jeunesse est donc clairement subordonnée aux deux accusations relatives aux opinions religieuses de Socrate. Cette subordination est d'ailleurs confirmée par *Apologie* 26b.

20. Chez Platon, il n'y a que deux autres passages (*Apologie* 40a, *Théétète* 151a) où le terme *daimónion* est, comme ici, employé substantivement. Cet emploi particulier de *daimónion* peut laisser entendre que l'on a affaire à une espèce de « génie personnel » qui accompagne Socrate. Cette interprétation, qui avait déjà cours dès la fin de l'Antiquité, est toutefois à écarter, car Platon parle beaucoup plus souvent, en fait, d'un « signal divin » (*daimónion sēmeîon*) impersonnel qui se manifeste uniquement pour empêcher Socrate de faire quelque chose (cf. *Apologie* 31c-d, 40a, 40c, 41d, *Euthydème* 272e, *République* VI 496c, *Phèdre* 242b-c, *Premier Alcibiade* 103a et le dialogue apocryphe *Théagès* 128d-130a). Ce signal divin vient des dieux, mais il n'est pas lui-même une divinité. Au reste, Platon n'emploie jamais le substantif *daímōn* (« démon ») pour désigner ce « signal divin » qu'entend parfois Socrate. Cf. la mise au point éclairante de Vlastos 1994, p. 382-384 (= 1991, p. 280-281).

21. Il est clair, d'après ce passage, qu'Euthyphron voit dans le « signal divin » la source de l'accusation d'impiété lancée contre Socrate (cf. aussi *Apologie* 31c-d et Xénophon, *Mémorables* I 1, 2 ; *Apologie* 12). Il n'est toutefois pas évident que la croyance en ce signal divin constituait une véritable innovation en matière religieuse. D'après Burnet (1924, p. 96-97), il n'est pas non plus établi que l'accusation d'impiété repose vraiment sur cette même croyance en un signal divin (cf. 6a, où Socrate émet une autre hypothèse quant à l'origine de cette accusation d'impiété). Mais Burnet commet une erreur d'interprétation qui tient à ce qu'il ne distingue pas les deux chefs d'accusation relatifs à l'impiété, soit : A) Socrate ne croit plus aux dieux de la cité ; et B) Socrate introduit de nouvelles divinités. Le lien entre le *daimónion* et B) est clairement attesté à la fois par Platon et Xénophon (cf. les références données ci-haut) et il n'y a aucune raison, *pace* Burnet, de le mettre en doute. Quant au passage 6a, où Socrate exprime son scepticisme à l'endroit des récits fabuleux sur les dieux, il concerne de toute évidence le chef d'accusation A). Bref, pour peu qu'on distingue

clairement les deux accusations relatives à l'impiété (que Burnet traite comme s'il ne s'agissait que d'une seule accusation), rien n'empêche que ce passage-ci renvoie à B), et 6a à A).

22. Il vaut la peine de noter qu'Euthyphron s'exprime ici de la même façon que Socrate dans l'*Apologie*. En effet, lors de son procès, Socrate qualifie très souvent les accusations portées contre lui de « calomnies » (cf. *Apologie* 18d, 19a, 19b, 20c, 20d, 21b, 23a, 23e, 24a, 28a, 37b).

23. Nous nous sommes efforcé de conserver, en français, la parenté qui existe, dans le texte grec, entre *diabállein* (« calomnier ») et *eudiábolos* (« exposé à la calomnie », « aisément interprété à mal »).

24. Même si la croyance en un signal divin ne pouvait pas être tenue pour une offense contre la religion de la cité, les Athéniens ont certainement dû se montrer jaloux à l'endroit de Socrate, qui, à l'en croire, jouissait d'une faveur divine à laquelle ses concitoyens n'avaient pas droit. C'est pourquoi Euthyphron craint que ce « signal divin », en lui-même parfaitement orthodoxe et inoffensif, ne soit facilement interprété à mal par l'ensemble des Athéniens (cf. Burnet 1924, p. 98). Cette interprétation semble d'ailleurs confirmée par le texte suivant de Xénophon : « ces paroles (*scil.* celles où Socrate parle de son signal divin) soulevaient des murmures parmi les juges, parce que les uns ne croyaient pas ce qu'il disait et les autres étaient jaloux de voir que les dieux mêmes le favorisaient plus qu'eux » (*Apologie* 14 ; trad. Chambry).

25. On notera à quel point Euthyphron est prompt à sympathiser avec Socrate et à se considérer comme son « égal », en ce qui concerne, du moins, l'incompréhension dont ils sont l'objet en matière religieuse. Doit-on pour autant soutenir, avec Burnet (1924, p. 98) et plusieurs autres, qu'Euthyphron regarde ici Socrate comme son « compagnon d'hérésie » (« *fellow heretic* ») ? Il semble que non, car de trop nombreux traits confirment l'orthodoxie religieuse d'Euthyphron (cf. l'*Introduction*, p. 180-185).

26. Plusieurs commentateurs (Blits 1980, p. 21 ; Strauss 1993, p. 262 et p. 268 ; Vlastos 1994, p. 398-404 = 1991, p. 293-297) ont insisté sur l'importance de ce passage eu égard aux motifs qui ont finalement entraîné l'accusation et la condamnation de Socrate. Ce passage laisse clairement entendre, en effet, que les Athéniens auraient été tolérants à l'endroit des croyances religieuses de Socrate, quelles qu'elles fussent, pour peu que Socrate leur eût conservé un caractère strictement privé et ne les eût pas communiquées, même involontairement, aux jeunes gens qui étaient dans son entourage. Bref, ce que les Athéniens reprochent à Socrate, ce ne sont pas tant ses croyances religieuses, en tant qu'elles lui sont personnelles, qu'une certaine forme de « prosélytisme » (Vlastos), ou encore de « zèle missionnaire » (Strauss), pratiqué auprès des jeunes. Et peu importe que Socrate proclamât ne pas enseigner (cf. *Apologie* 33a), car il était certainement perçu par ses concitoyens comme un maître à penser qui exerçait un immense ascendant sur les jeunes (cf. Xénophon, *Mémorables* I 2, 31 ; IV 4, 3). Au reste, cette interprétation est largement confirmée par le début de la prochaine réplique de Socrate, où celui-ci oppose le cas d'Euthyphron, qui conserve jalousement son savoir pour lui-même, sans en faire

profiter qui que ce soit, et son propre cas, qui est celui d'un homme qui ne peut absolument pas s'empêcher de discuter et de partager ses idées avec le premier venu.

27. Dans l'*Apologie* (33a-b), Socrate affirme dans le même sens qu'il est toujours prêt à discuter avec le premier venu, qu'il soit jeune ou vieux, riche ou pauvre.

28. Il y a très certainement ici une allusion ironique à la pratique des sophistes, qui exigeaient un salaire en échange de l'enseignement dispensé. Socrate, qui n'a de cesse qu'il ne brocarde le mercantilisme des sophistes, diffère à ce point d'eux qu'il serait même disposé à donner un salaire à ceux qui daigneraient lui prêter l'oreille ! En ce qui concerne les raisons pour lesquelles Socrate et Platon condamnent l'enseignement rémunéré, on se reportera à la note 72 de la traduction du *Lachès*.

29. Euthyphron, qui vient à peine (cf. 3c) de déclarer que toutes ses prophéties se sont vérifiées, fait ici une prédiction qui sera bien sûr démentie par l'issue du procès intenté à Socrate (cf. Fineberg 1982, p. 69). On voit quel crédit Platon accorde au talent divinatoire d'Euthyphron.

30. Littéralement : « fuis-tu (*pheúgeis*) ou poursuis-tu (*diṓkeis*) ? ». L'accusateur est bien entendu le poursuivant, et l'accusé, celui qui tente d'*échapper* à l'accusation portée contre lui.

31. Euthyphron a déjà signalé (cf. 3c) que son métier de devin le fait souvent passer pour fou aux yeux des Athéniens.

32. Cette question est en fait un calembour : Socrate joue sur l'ambiguïté du verbe « poursuivre » (*diṓkein*), dont le sens usuel est « pourchasser », mais qui signifie aussi, dans son acception judiciaire, « intenter un procès ». Quant à l'expression « poursuivre un oiseau en vol », elle a le sens proverbial de poursuivre quelque chose d'inaccessible, d'inatteignable (cf. *Euthydème* 291b ; Eschyle, *Agamemnon* 394 ; Aristote, *Métaphysique* Γ 5, 1009b37).

33. La toute nouvelle édition du texte grec de l'*Euthyphron* (= Duke 1995) rétablit ici à raison *orthôs* (« correctement »), dont la suppression (arbitraire) par Burnet (1924) a été vivement critiquée (cf. Méron 1979, p. 181 n. 69).

34. D'après Burnet (1924, p. 102), si Euthyphron était vraiment un représentant de l'orthodoxie, il ne s'empresserait pas de la sorte à accepter, avec un contentement de soi non dissimulé, que Socrate lui attribue une *sophía*, un savoir. Mais cet argument n'est pas du tout probant, car rien n'empêche qu'une personne en tout point respectueuse de l'orthodoxie religieuse se pique par ailleurs d'être savante (*sophós*) en matière de religion.

35. Comme on l'a vu dans l'*Introduction* (p. 206), cette réplique de Socrate confirmerait, d'après plusieurs commentateurs, qu'Euthyphron n'avait pas le droit de poursuivre son père pour meurtre, étant donné que l'ouvrier mort au fond de la fosse n'était pas un parent (*oikeîos*) d'Euthyphron et que la loi prévoyait que seuls les parents de la victime étaient légalement habilités à engager une poursuite (cf. H. J. Treston, *Poinè. A Study in Ancient Greek Blood-Vengeance*, Londres, 1923, p. 237 et p. 259 ; R. J. Bonner & G. Smith, *The Administration of Justice from Homer to Aristotle*, Chicago, 1931, vol. II, p. 207-208 ; Hoopes 1970, p. 3-6). D'où la

question de Socrate (« La personne tuée par ton père est-elle l'un de tes parents ? »), à laquelle il répond d'ailleurs lui-même : si Euthyphron poursuit son père pour meurtre, c'est donc que la victime est l'un de ses parents, sinon il n'aurait pas traîné son père devant les tribunaux. Mais cette interprétation doit malgré tout être rejetée : la réplique de Socrate n'exprime pas un point de vue juridique, mais plutôt une appréciation morale (cf. *Introduction*, p. 206). Socrate veut tout simplement dire qu'Euthyphron n'oserait tout de même pas poursuivre son père pour le meurtre supposé d'une personne qui n'a aucun lien de parenté avec lui. Au reste, il est significatif que Socrate n'objecte pas expressément à Euthyphron, ni ici ni ailleurs, que la loi lui interdit d'intenter, pour le compte d'une personne sans lien de parenté avec lui, un procès pour meurtre à son père. — Par ailleurs, il n'est pas impossible que Platon veuille ici combattre la malencontreuse réputation qui s'était attachée au nom de Socrate et dont les *Nuées* étaient en grande partie responsables (cf. Saxonhouse 1988, p. 287). Dans cette pièce, Aristophane présente en effet un Socrate dont l'enseignement a pour conséquence d'encourager les fils à battre leur père (cf. 1330 sq. et 1420 sq.). Quoi de mieux, pour faire pièce à pareille calomnie, que de dépeindre Socrate en train de s'étonner qu'un fils poursuive, pour le compte d'un simple ouvrier, son propre père pour meurtre ?

36. Burnet (1924, p. 103), Robin (1950, p. 354 n. 1) et Weiss (1994, p. 265 n. 5) considèrent que l'on commettrait ici un contresens en traduisant *eánper* par « même si », ce qui est pourtant le sens usuel de ce terme. Il vaut mieux, selon eux, traduire *eánper* par « justement parce que », le sens de la phrase étant que si le meurtrier n'avait aucune raison légitime (*en dikēi*) de tuer, il faut le poursuivre, *précisément parce qu'*il (*eánper*) habite la même maison et qu'il mange à la même table. Ainsi est-ce précisément parce qu'il habite sous le même toit et qu'il mange à la même table que son père qu'Euthyphron éprouve la nécessité de le poursuivre. Cette traduction, de même que l'interprétation qui la sous-tend, nous semble toutefois erronée dans la mesure où elle prend pour acquis que le meurtrier et l'accusateur vivent sous le même toit ; or il n'y a rien, dans la phrase, qui permette de faire une telle présupposition. En d'autres termes, en traduisant *eánper* par « parce que », l'on fait comme s'il allait de soi que le meurtrier et l'accusateur cohabitent ; or il n'y a rien dans la section de la phrase précédant *eánper* qui implique, ni même suggère, une telle cohabitation. La signification obvie de cette phrase est plutôt, et tout simplement, qu'il faut à tout prix poursuivre le meurtrier qui n'avait aucune raison légitime de tuer, et ce, *même si* ou *quand bien même* ce meurtrier partage l'existence quotidienne de l'accusateur.

37. Toute personne qui vit dans l'entourage d'un meurtrier, ou d'un criminel en général, se trouve par le fait même souillée (cf. Antiphon I 1, 10). Cette « souillure » (*miasma*) persiste aussi longtemps que l'individu ne s'est pas soumis aux rites de purification appropriés. Sur tout ceci, on consultera l'ouvrage de R. Parker, *Miasma : Pollution and Purification in Early Greek religion*, Oxford, 1983.

38. Le *pelátēs* (« ouvrier ») est un homme de condition libre qui travaille au service d'autrui pour gagner sa vie. Ailleurs dans le dialogue, le même homme est également qualifié de « thète » (cf. 15d *thētós* ; 9a *thēteúon* et 4c *ethḗteuen*), ce qui montre bien que Platon ne faisait aucune différence entre la condition de *pelátēs* et celle de thète. Et, de fait, le thète est un homme libre qui travaille pour autrui afin d'assurer sa subsistance. À l'origine, les thètes n'avaient aucun droit politique ; mais les réformes successives de Solon (début du VIe siècle) et de Clisthène (fin du VIe siècle) leur conférèrent finalement tous les droits liés à la condition de citoyen. Il est important de bien cerner le statut juridique du *pelátēs*, parce que, en vertu de la législation athénienne, les maîtres ne pouvaient engager des poursuites judiciaires que pour le compte de leurs esclaves (cf. *Introduction*, p. 203 et Antiphon V 48). Dans ces conditions, Euthyphron n'aurait donc pas le droit de traîner son père devant les tribunaux au nom d'un *pelátēs*. Est-ce à dire, comme l'affirme Burnet (1924, p. 104), que la cause d'Euthyphron, n'ayant aucune assise légale, aurait été rejetée par l'Archonte-roi lors de l'audition préliminaire ? Ce n'est pas assuré. On a en effet soutenu que le *pélatēs* était souvent dans un état de quasi-sujétion, ce qui habilitait son « employeur » à engager une poursuite en son nom (cf. Kidd 1990, p. 219-221). À cet égard, il est significatif qu'Euthyphron présente cet homme comme *son* ouvrier (*pelátēs emós*, 4c).

39. Naxos est la plus grande île des Cyclades. Au Ve siècle, Athènes avait fondé à Naxos une colonie, ou plus exactement une « clérouquie », qui est en fait une fraction d'Athènes en territoire étranger. Les colons, nommés « clérouques », exploitaient un lot de terre pris sur le territoire conquis, mais ils conservaient leurs droits de citoyen athénien. Les clérouquies ne constituaient donc pas des communautés indépendantes d'Athènes. Sur la colonisation en Grèce ancienne, voir J. Bérard, *La Colonisation grecque de l'Italie méridionale et de la Sicile dans l'Antiquité*, Paris, 1957 ; D. Musti, *Storia Greca*, Bari, 1990, p. 181-206 ; F. Létoublon, *La Ruche grecque et l'Empire de Rome*, Grenoble, 1995. — Le passage 4c-d laisse clairement entendre que le père d'Euthyphron était un clérouque installé à Naxos. On n'a cependant pas manqué de souligner que ce passage soulevait aussi un problème de date (cf. Heidel 1902, p. 43 et Burnet 1924, p. 105-106) : étant donné que les événements relatés par Euthyphron se sont certainement déroulés avant 404 — Athènes ayant dû renoncer à ses clérouquies à la fin de la guerre du Péloponnèse (404) — et que le procès de Socrate se situe en 399, comment peut-on expliquer le délai d'au moins cinq ans entre le meurtre du serviteur et le procès qu'Euthyphron intente à son père ? Cf. l'*Introduction* (p. 187-189), où nous tentons de répondre à cette question.

40. « Ici », c'est-à-dire à Athènes, où se trouvaient les exégètes.

41. Ainsi qu'il ressort clairement de 9a et d'un passage de Démosthène (XLVII 68-71), il y avait en réalité plusieurs exégètes. Ils étaient en somme les interprètes officiels du droit religieux et l'on venait les consulter pour des cas embarrassants ou délicats, notamment pour tout ce qui touche les purifications auxquelles le meurtrier doit se soumettre. Dans les *Lois* (IX 865c-d), Platon indique

justement qu'il reviendra aux exégètes de déterminer la purification appropriée pour un meurtrier d'esclave (cf. aussi VI 759d et Isée VIII 39). Par ailleurs, doit-on s'étonner que le père envoie consulter l'exégète, plutôt que son propre fils, qui est devin ? Klonoski (1986b) interprète ce recours à l'exégète comme de l'ironie aux dépens d'Euthyphron et de sa prétention d'être savant en matière de loi religieuse. Klonoski soutient également que Platon cherche à opposer l'exégète (rôle public et garant de l'orthodoxie) au devin (consultation privée et croyances hétérodoxes). Cette opposition s'effondre toutefois aussitôt si, comme nous croyons l'avoir démontré dans l'*Introduction* (p. 180-185), Euthyphron est en réalité un digne représentant de l'orthodoxie religieuse.

42. Le père d'Euthyphron a-t-il agi correctement ? Les réponses à cette question varient beaucoup. Ainsi, d'après Allen (1970, p. 21), la conduite du père est irréprochable. Panagiotou (1974, p. 422-423) estime au contraire que le père d'Euthyphron est fautif, en ce qu'il était contraint, en vertu de la loi, de ne pas maltraiter le présumé meurtrier. Bien qu'ils ne soient pas tout à fait pertinents eu égard au cas précis relaté dans l'*Euthyphron*, les textes (cf. Démosthène XXIII 29 et 37) cités par Panagiotou semblent lui donner raison.

43. Il y a donc trois raisons pour lesquelles Euthyphron encourt la désapprobation de son entourage : 1. le père n'a pas tué l'individu qu'il a fait ligoter et jeter au fond d'une fosse, si bien qu'il n'y a pas meurtre proprement dit, ni, partant, « pollution ». 2. Quand bien même le père l'aurait tué, il ne mérite pas d'être poursuivi, étant donné que l'individu ligoté était un meurtrier et que, à ce titre, il ne fallait pas s'en préoccuper outre mesure. Chose certaine, le père n'est pas pour autant entaché d'une souillure, puisque le fait de tuer un homicide contribue, au contraire, à en éliminer une (cf. Burnet 1924, p. 107 et Robin 1950, p. 355 n. 1). 3. Même si le père est responsable de la mort du meurtrier, il demeure qu'il est impie pour un fils d'intenter un procès à son propre père.

44. C'est la toute première occurrence du terme « pieux » (*hósion*) dans le dialogue. Chez les Grecs, est réputé *hósion* tout ce qui est approuvé, ou du moins permis par les dieux ; inversement, est qualifié d'impie (*anósion*) ce qui transgresse les lois divines. La piété n'est donc pas conçue comme un sentiment personnel, un certain état d'esprit à l'égard des dieux ; c'est au contraire le comportement extérieur de l'homme, enraciné dans une famille et une communauté, qui respecte scrupuleusement ses obligations à l'endroit des dieux. En poursuivant son père devant la justice des hommes, Euthyphron commet, aux yeux de l'opinion, un acte impie, c'est-à-dire un acte contraire à ce que prescrivent les dieux. On voit à quel point la notion de pieux, chez les Grecs, est étroitement liée à la notion de justice. La nature des rapports entre la piété et la justice sera précisée à l'occasion de la troisième définition (cf. 11e-12e).

45. Euthyphron est à ce point suffisant et sûr de détenir le savoir qu'il n'hésite pas à parler de lui-même à la troisième personne ! Cela ne fait qu'accentuer son ridicule.

46. L'emploi du verbe *prokaleîsthai* fait clairement référence à une procédure judiciaire particulière, nommée *próklēsis*, en vertu de

laquelle les deux parties ont la possibilité, avant même l'ouverture du procès, de se faire des propositions en vue du règlement du litige qui les oppose (cf. Burnet 1924, p. 108 et Robin 1950, p. 355 n. 2). La partie qui décline une proposition raisonnable risque de voir sa position affaiblie lors du procès. Dans le cas présent, Socrate propose à Mélètos le marché suivant : il s'engage à suivre l'enseignement d'Euthyphron sur la nature de la piété en échange du retrait de l'accusation d'impiété portée contre lui. Comme cette proposition est passablement ironique, on ne peut pas affirmer, avec Heidel (1902, p. 46), qu'un refus de la part de Mélètos signifierait qu'il agit uniquement pour des motifs personnels, et non pas, comme il le prétend, dans l'intérêt du bien commun.

47. Certains traducteurs et commentateurs (cf. Allen 1970, p. 19 ; Walker 1984, p. 60 ; Hare 1985, p. 11) croient que l'expression *nomízein orthôs* (ici traduite par « porter des jugements droits ») se réfère à la pratique religieuse de Socrate et qu'elle signifie, par conséquent, « avoir une pratique religieuse orthodoxe ». La difficulté est réelle, car le verbe *nomízein* peut avoir l'une ou l'autre signification. Or, si Socrate vient à peine de souligner le fait qu'Euthyphron est un savant (*sophón*), c'est bien, nous semble-t-il, parce qu'il cherche à établir un lien de cause à effet entre la compétence de son professeur (Euthyphron) et la rectitude de ses propres jugements en matière de religion.

48. Cette interpellation de Mélètos, pour fictive qu'elle soit, témoigne à sa façon de la doctrine socratique de la vertu-science. En effet, elle revient à dire que si Socrate apprend la piété auprès d'Euthyphron, il se comportera nécessairement de façon pieuse, de sorte que l'accusation de Mélètos devient caduque. Autrement dit, ce court passage affirme que la connaissance de la piété est une condition nécessaire et suffisante pour adopter un comportement en tout point conforme à l'essence de la piété.

49. Ce passage montre bien que le refus d'une proposition, lors de la *próklēsis*, pouvait éventuellement, à l'occasion du procès, se retourner contre la partie qui avait repoussé l'offre de règlement (cf. Burnet 1924, p. 110). Cf. aussi *supra*, note 46.

50. Platon emploie ici le singulier (*állos... tis*) pour signifier le pluriel, comme en *Apologie de Socrate* 30d (cf. Allen 1970, p. 26 n. 2).

51. Ironique, Socrate flatte Euthyphron en lui laissant entendre qu'il est à ce point redoutable que Mélètos et ses acolytes jugent préférable et plus sage de l'ignorer (cf. Burnet 1924, p. 110).

52. Platon emploie ici le terme *asébeia* plutôt que *anosiótēs*. Ce choix peut de prime abord surprendre : si Socrate est accusé d'*asébeia* (cf. aussi 12e), comment se fait-il que l'*Euthyphron* cherche à définir l'*hósion*, et non pas l'*eusebés* ? Un examen attentif du vocabulaire religieux de Platon révèle toutefois que la nuance entre *hósion* et *eusebés* est presque imperceptible. À l'origine, *hósion* « concerne l'aspect normatif du sacré : est dit *hósion* tout ce qui est conforme à un ordre censé voulu par les dieux » (Motte 1989, p. 17 ; cf. aussi *supra*, n. 44), tandis que le terme *eusébeia* souligne plutôt « le caractère intentionnel de la démarche pieuse » et « évoque davantage une bonne disposition à l'égard de ce qui est divin ou

sacré » (Motte 1989, p. 20). Mais cette différence tend à s'estomper chez Platon, comme en font foi, entre autres, les lignes qui suivent (5c8-d5), où Socrate emploie indifféremment les couples *eusebés-asebés* et *hósion-anósion* (cf. aussi 14b4-6). Par ailleurs, en ce qui concerne le délit d'impiété, pour lequel Socrate est accusé, c'est le langage juridique qui a consacré l'usage d'*asébeia* (également employé en 12e) de préférence à *anosiótēs*. Platon se conforme à cet usage juridique non seulement dans l'*Euthyphron*, mais aussi dans les *Lois* (livre X), où il expose sa propre législation sur l'« impiété » (*asébeia*).

53. La question centrale de tout le dialogue est maintenant posée : quelle est la nature de la piété considérée en elle-même ?

54. La question précédente laissait ouverte la possibilité que la nature du pieux et de l'impie varie selon l'objet considéré. Ainsi, la nature du pieux ou de l'impie ne serait pas la même selon que l'on a affaire à un meurtre, une prière, etc. À cette conception relativiste du pieux et de son contraire, la présente question, introduite par un « ou bien » adversatif, oppose une conception d'après laquelle la nature du pieux et de l'impie ne varie jamais, c'est-à-dire qu'elle demeure toujours identique à elle-même, quel que soit le point de vue, l'objet ou l'action envisagé.

55. C'est le terme *idéa* que nous traduisons ici par « forme ». Pour désigner la nature invariable et stable de la piété, bref son essence (*ousía*, cf. 11a), Socrate emploie indifféremment les mots *idéa* et *eîdos* (cf. *infra*, 6d-e), qui sont les termes habituellement utilisés par Platon pour référer aux célèbres « formes » intelligibles, lesquelles sont séparées du sensible et constituent les seules réalités véritables. Est-ce à dire que, contrairement à ce que soutient l'interprétation traditionnelle, la théorie des formes intelligibles est déjà présente dans les premiers dialogues de Platon ? Cette question est débattue dans l'*Introduction* (p. 208-213).

56. Le fait qu'il puisse y avoir une « forme » de l'« impiété » a semblé tellement inadmissible à certains commentateurs du siècle dernier, comme Ueberweg, qu'ils ont carrément mis en doute l'authenticité de l'*Euthyphron*. La difficulté est beaucoup plus apparente que réelle, car, faut-il le rappeler, la « forme » dont il s'agit ici ne possède aucune des propriétés ontologiques et épistémologiques des formes intelligibles dont la théorie est exposée dans des dialogues plus tardifs, comme le *Phèdre*, le *Phédon*, le *Banquet* et la *République*. Dans la mesure où la forme n'est ici rien de plus qu'une caractéristique générale partagée par toutes les choses qui portent le même nom, il n'y a rien d'étonnant, ni de choquant, à ce que des qualités négatives, comme l'impiété ou l'injustice, aient elles aussi une forme. Sur cette question, voir les développements de Grote (1865, I, p. 312 n. g) et de Hoerber (1958, p. 95).

57. En acquiesçant sans hésiter aux distinctions assez subtiles exposées à l'instant par Socrate, Euthyphron donne l'impression qu'il est on ne peut plus familier avec le vocabulaire passablement technique de l'*eîdos* et de l'*idéa*. En fait, et comme on s'en apercevra sous peu, Euthyphron n'a pas compris grand-chose aux explications

de Socrate, si bien que ce dernier devra exposer à nouveau (cf. *infra*, 6d-e) ce qu'il cherche à apprendre de son interlocuteur (cf. Burnet 1924, p. 112).

58. Première définition de la piété : « le pieux consiste à poursuivre le coupable d'un crime ». L'examen de cette première définition se poursuit jusqu'en 6e.

59. En formulant cette première définition, qui n'est au mieux qu'une illustration d'acte pieux, Euthyphron montre bien qu'il n'a pas du tout saisi le réquisit de toute définition, exposé par Socrate en 5d. En effet, alors que Socrate est à la recherche de la caractéristique générale de la piété, caractéristique partagée par tout ce qui est qualifié de pieux, Euthyphron fournit, en guise de réponse à la question portant sur la forme de la piété, un exemple particulier d'acte pieux. Comme nous le soulignions dans l'*Introduction* (p. 213), il est fréquent que les interlocuteurs de Socrate présentent d'abord un cas particulier en réponse à une question qui porte sur l'universalité d'une notion (cf. aussi *Ménon* 71e et *Théétète* 146c).

60. Littéralement : « de la loi » (*nómou*). Cette loi n'est pas une loi positive, c'est-à-dire une loi de la cité, couchée par écrit, que tous les citoyens peuvent donc consulter, mais la loi religieuse, la loi divine, dont il n'y a aucun texte, mais seulement des « indices » (*tekmḗria*). Et l'« indice » auquel se réfère Euthyphron est précisément un mythe relatif à Zeus, le dieu suprême (cf. Burnet 1924, p. 112-113 et Robin 1950, p. 356 n. 4). Euthyphron se place donc au-dessus des lois humaines, et invoque directement les lois divines — qu'il fait d'ailleurs profession, en sa qualité de devin, de connaître mieux que tout autre — que les Grecs appelaient communément les « lois non écrites » (cf., entre autres, *Lois* VII 793a-c, VIII 838a-b ; Sophocle, *Antigone* 450 sq.). Enfin, il ne faut pas s'étonner de l'équivalence qu'Euthyphron établit entre la piété et la justice, puisque, rappelons-le, le terme *hósion* désigne, en vertu de son aspect normatif, ce qui est conforme à l'ordre voulu par les dieux (cf. *supra*, n. 52).

61. La particule *gár* (« en effet ») sert ici à introduire l'« indice » (*tekmḗrion*) qu'Euthyphron désire exposer à Socrate pour justifier sa conduite.

62. Cette approbation n'était probablement pas aussi unanime que le prétend Euthyphron, ainsi qu'en témoignent les réserves exprimées, entre autres, par Eschyle (*Euménides* 640) et Aristophane (*Nuées* 903).

63. Kronos, le père de Zeus, dévorait chacun de ses enfants dès leur naissance, de crainte que l'un d'eux ne le détrônât et ne le chassât du pouvoir. Afin de soustraire son prochain enfant au triste sort qui l'attendait, Rheia, l'épouse de Kronos, conçut la ruse suivante : après la naissance de son enfant, elle présenta à Kronos une pierre enveloppée dans les langes. Kronos avala la pierre sans se douter de rien, ce qui permit à l'enfant, en l'occurrence Zeus, d'avoir la vie sauve, de grandir et de finalement châtier et détrôner son père. Cf. Hésiode, *Théogonie* 453-506.

64. Kronos a châtré son père Ouranos (« Ciel ») à l'aide d'une serpe que lui a fournie sa mère Gaia (« Terre »), laquelle ne pouvait

plus supporter de voir Ouranos enfouir leurs enfants dans les profondeurs de la Terre, les empêchant ainsi de monter vers la lumière. Cf. Hésiode, *Théogonie* 154-190.

65. Le comportement de Zeus à l'égard de Kronos, et celui de Kronos envers Ouranos, constituent donc pour Euthyphron un « indice » suffisant que son propre comportement à l'endroit de son père est en pleine conformité avec ce que prescrit la loi divine.

66. Le fait qu'Euthyphron n'hésite pas à comparer son cas à celui des dieux est différemment apprécié par les commentateurs. Pour Burnet (1924, p. 114), par exemple, ce rapprochement atteste tout simplement la grande naïveté d'Euthyphron ; pour Allen (1970, p. 25 n. 1), cette comparaison n'est pas sans gravité, c'est-à-dire qu'elle pourrait avoir des conséquences fâcheuses pour Euthyphron, étant donné qu'elle serait sans doute perçue, de la part de l'Athénien moyen, comme une intolérable manifestation d'orgueil et de démesure (*húbris*).

67. Burnet (1924, p. 114) s'appuie sur ce passage pour contester l'interprétation d'après laquelle le *daimónion* joue un rôle dans l'accusation d'impiété dont Socrate doit répondre. Ce que les Athéniens reprochent en fait à Socrate, et ce qui sous-tend l'accusation d'impiété lancée contre lui, c'est plutôt l'incrédulité qu'il a manifestée à l'endroit des dieux traditionnels. Or cette position de Burnet peut être facilement battue en brèche. Comme l'accusation d'impiété comporte en fait deux volets (A- Socrate ne reconnaît pas les dieux de la cité ; B- Socrate introduit de nouvelles divinités ; cf. *supra*, *Introduction*, p. 196), rien n'empêche que le passage 3a se rapporte au volet B de l'accusation, et que le présent passage concerne le volet A. Faute de percevoir que A et B sont logiquement indépendants l'un de l'autre, Burnet croit que les passages 3a et 6b présentent une alternative, alors que les motifs allégués dans ces deux passages peuvent très bien s'additionner l'un à l'autre (voir aussi *supra*, n. 21). — Par ailleurs, les réticences exprimées ici par Socrate ne nous autorisent pas à conclure qu'il ne croyait pas aux dieux traditionnels ; en effet, ce passage signifie tout au plus que Socrate ne souscrivait pas à la représentation des dieux véhiculée par les mythes.

68. C'est peu dire que Socrate supporte ces récits avec peine. Dans la *République* (II 377e sq.), Socrate laisse de côté la litote et affirme carrément que ces récits sur les dieux constituent « le plus grand mensonge » que l'on puisse faire concernant les êtres suprêmes. Cf. aussi *République* III 408c.

69. Comme la suite du texte le montre clairement, Socrate emploie ici « nous » pour désigner tous ceux qui, comme lui, ignorent la nature de la piété.

70. Dans le *Lachès* (186c-e, 200e), Socrate affirme, de même, qu'il ne possède aucune connaissance sur la nature du courage. De façon générale, Socrate prétend ne rien savoir du tout et cette profession d'ignorance est affirmée à de nombreuses reprises dans les dialogues de jeunesse (cf. *Apologie* 20c, 21b-d ; *Euthyphron* 15c-16a ; *Charmide* 165b-c, 166c-d ; *Lysis* 212a, 223b ; *Gorgias* 509c ; *Ménon* 71a, 80d ; *Hippias majeur* 286c-e, 304d-e). C'est précisément cette conviction d'être ignorant qui, paradoxalement, rend

Socrate plus savant que ses concitoyens ; en effet, alors que ceux-ci se croient savants, mais ne le sont pas, Socrate a l'avantage sur eux de savoir qu'il ne sait rien (cf. *Apologie* 21d). À ce sujet, un texte d'Aristote vaut d'être signalé : dans les *Réfutations sophistiques* (34, 183b7-8), Aristote écrit que Socrate reconnaissait ne rien savoir et que c'est justement pour cette raison qu'il ne répondait jamais et questionnait toujours. Le répondant, celui qui soutient une thèse, est en effet présumé connaître le sujet sur lequel on l'interroge, alors que le questionneur peut très bien mettre à l'épreuve le prétendu savoir de son interlocuteur sans qu'il lui soit nécessaire de détenir un savoir (cf. aussi *Réfutations sophistiques* 11, 172a21-36). Sur les professions d'ignorance répétées de Socrate, on consultera les études signalées à la note 79 (*in fine*) de la traduction du *Lachès*.

71. Il s'agit en fait de Zeus, qui est le dieu de l'amitié (cf. *Phèdre* 234e). En invoquant Zeus Philios, Socrate adjure Euthyphron de répondre sérieusement à la question qui lui est posée. Platon a souvent recours à cette formule d'adjuration (cf. *Premier Alcibiade* 109d, *Phèdre* 234e, *Gorgias* 500b et 519e).

72. D'après Burnet (1924, p. 115-116), cette affirmation laisse clairement entendre qu'Euthyphron appartient à une secte. C'est donc à tort que l'on verrait en Euthyphron un représentant de l'orthodoxie religieuse. Mais, ainsi que le souligne à juste titre Méron (1979, p. 180 n. 57), « qu'Euthyphron connaisse aussi des mythes rares et généralement ignorés (6b-c) signifie qu'il est érudit et versé dans son sujet, pas forcément qu'il appartient à une secte, orphique ou autre, comme le pense J. Burnet ». Sur toute cette question, voir l'*Introduction*, p. 180-185.

73. Parmi les poètes visés ici par Socrate, mentionnons Homère (cf. en particulier la théomachie du chant XX de l'*Iliade*), Hésiode (la *Théogonie*) et Pindare (*Olympiques* IX 40). Dans la *République* (II 378b sq.), Socrate s'insurge contre les poètes et les peintres dont les œuvres contribuent à perpétuer la croyance funeste que les dieux s'affrontent entre eux dans des guerres inexpiables. Il ne faudrait toutefois pas croire que Socrate (ou Platon) fut le premier à s'offusquer de la façon dont les poètes représentaient les dieux. On a en effet montré — voir D. Babut, « Xénophane critique des poètes », in *Antiquité classique* 1974 (43), p. 83-117 (cf. surtout p. 105-109) — que l'*Euthyphron* et la *République* s'inspirent largement, sur ce point, des critiques qu'avait déjà formulées Xénophane (cf. DK B 11 et 12). Et l'on trouve également chez des poètes du Ve siècle, comme Euripide (cf. *Héraklès* 1316-1318 et 1340-1346), des critiques de l'anthropomorphisme qui doivent sans doute beaucoup à Xénophane. Enfin, on peut lire les mêmes protestations indignées chez Isocrate (*Busiris* (XI) 38-41), un contemporain de Platon.

74. Burnet (1924, p. 116) a sans doute raison de considérer que l'expression *tôn agathôn graphéōn* est ici à prendre dans un sens ironique, et qu'elle signifie, par conséquent, non pas les « bons peintres », mais plutôt « nos bons amis les peintres ». De plus, l'emploi de deux termes (*katapepoikiltai, poikilmátōn*) qui appartiennent à la famille de *poikilia* (« bariolure », « bigarrure », « diversité »), qui a très

souvent une connotation péjorative chez Platon, renforce le sentiment que ce passage est ironique à l'endroit des peintres et des poètes.

75. Célébrée tous les ans en l'honneur d'Athéna, la déesse tutélaire d'Athènes, la fête des Panathénées était la plus ancienne et la plus importante des fêtes athéniennes. Tous les quatre ans, elle était célébrée avec une magnificence exceptionnelle, d'où le nom de « Grandes Panathénées ». Cette fête, qui avait lieu à la troisième année de chaque Olympiade, durant le mois d'hécatombaion (juillet-août), commémorait l'unification de l'Attique sous la royauté de Thésée. Les célébrations culminaient le jour de l'anniversaire d'Athéna, alors que l'on organisait une grande procession populaire au cours de laquelle les citoyens escortaient jusqu'au temple de la déesse, situé sur l'Acropole, le somptueux *péplos* (« manteau », « vêtement ») sur lequel était richement brodée la victoire remportée par Athéna sur le Géant Encelade. C'est justement à ce *péplos*, et aux luttes fabuleuses qui y étaient représentées, que Socrate fait ici allusion. Au terme de la procession, on drapait avec le *péplos* la statue d'Athéna Polias située dans l'Érechthéion. La frise du Parthénon, œuvre du sculpteur Phidias, et dont il ne nous reste plus aujourd'hui que des fragments mutilés, représente la procession des Grandes Panathénées.

76. Cf. *supra*, 6b.

77. Comme nous le signalions il y a un instant (cf. *supra*, n. 72), on a vu dans ces affirmations répétées d'Euthyphron l'indice de son appartenance à l'orphisme, dont la mythologie surpassait de beaucoup, sous le rapport de l'étrangeté, les récits de la mythologie traditionnelle (cf. Robin 1950, p. 357 n. 4). Cette question soulève bien entendu le problème de l'orthodoxie religieuse d'Euthyphron, que nous avons traité de façon approfondie dans l'*Introduction* (cf. p. 180). Pour un exposé de la mythologie orphique, voir L. Brisson, « Orphée et l'orphisme au cours des âges », in *Orphée. Poèmes magiques et cosmologiques*, Paris, Les Belles Lettres, 1993, p. 153-190.

78. Cf. *supra*, 5c-d.

79. La locution « en vertu de » traduit le datif instrumental du texte grec (*hôi* et *miâi idéai*, 6d11). Platon emploie couramment le datif instrumental pour exprimer un rapport de causalité entre une qualité et une personne, ou une chose, qui possède cette qualité (cf. *Protagoras* 332b ; *Hippias majeur* 287c-d, 294b, 302c, 302e). Dans le cas présent, il est indéniable que la forme exerce une certaine causalité par rapport aux choses individuelles qui sont reconnues comme pieuses. Mais à quel type de causalité avons-nous affaire ? À la suite de P. Woodruff (*Plato : Hippias major*, [traduction et commentaire], Indianapolis, 1982, p. 45 n. 55 et p. 151-153), qui a étudié de près ces emplois du datif instrumental, nous pensons que la forme, dans l'*Euthyphron*, est une cause *purement logique*. Cette variété de cause n'agit pas de l'extérieur sur la chose à laquelle elle communique sa nature. Ainsi telle action est-elle pieuse tout simplement *parce qu*'elle présente le caractère de la piété. Mais d'où vient qu'une chose possède le caractère de la piété ? Comment et selon quelle(s) modalité(s) l'a-t-elle acquis ? Ce sont là des questions que ne se pose jamais Socrate, du moins le Socrate des pre-

miers dialogues. Platon s'efforcera de répondre à ces questions dans les dialogues de sa maturité, mais il s'agit là d'une tout autre histoire. Quoi qu'il en soit, on se gardera bien de confondre cette causalité purement logique, et immanente, avec la causalité ontologique, et transcendante, qu'exercent les formes intelligibles dans les dialogues de la maturité.

80. Si Socrate met au compte d'Euthyphron une affirmation dont il est en réalité l'auteur (cf. *supra*, 5d), c'est évidemment pour contraindre Euthyphron à endosser cette affirmation et à la faire sienne. Mais il faut bien voir que le présent passage n'est pas qu'une simple reprise, en tout point fidèle, de la position exprimée en 5d, puisque Socrate ajoute ici l'idée que la forme exerce une certaine causalité par rapport aux choses individuelles, ce qui n'était pas clairement exprimé, tant s'en faut, dans l'affirmation de 5d. On voit donc à quel point Socrate est un redoutable tacticien : non seulement il crédite Euthyphron d'une affirmation que celui-ci n'a pas faite, mais il ajoute à cette même affirmation un complément qui est de la plus haute importance.

81. C'est le terme *parádeigma* que nous traduisons ici par « modèle ». Une fois instruit de la forme de la piété, c'est-à-dire de sa nature et de son essence, Socrate aura à sa disposition un modèle qui lui permettra d'identifier ce qui est pieux et ce qui ne l'est pas. Le *parádeigma* fournit en quelque sorte le *critère* infaillible à l'aune duquel Socrate peut juger ce qui est, ou non, conforme à la piété. Et il va sans dire que c'est sur ce modèle invariant que l'on doit régler sa conduite et ses actions. Il ne faut pas confondre ce modèle-ci avec le *parádeigma* des dialogues plus tardifs, où l'on trouve un modèle séparé, purement intelligible, ontologiquement autonome, que les choses sensibles cherchent à imiter, mais dont elles ne sont que des copies imparfaites (cf. *République* VI 500e, IX 592b ; *Timée* 29b, 48e ; *Parménide* 132d).

82. C'est la première formulation de la deuxième définition du pieux (cf. *Introduction*, p. 214-217). En 9d, Socrate proposera à Euthyphron d'amender sa définition et de la reformuler comme suit : ce que *tous* les dieux aiment est pieux, et ce qu'ils détestent *tous* est impie.

83. D'un point de vue strictement formel, la définition est acceptable puisqu'elle formule une caractéristique générale. Il reste évidemment à vérifier si cette caractéristique, qu'Euthyphron croit commune à tout acte pieux, est bel et bien la propriété distinctive et déterminante de tout ce qui est pieux.

84. Comme l'a bien vu Lewis (1985, p. 33), Socrate ne répète pas fidèlement, mot pour mot, la définition qu'Euthyphron vient à peine de formuler (cf. *supra*, 6e-7a). La reformulation de Socrate évite de commettre une faute de logique contenue dans la définition d'Euthyphron. Ce dernier affirme en effet que ce qui est chéri des dieux est pieux, et que ce qui n'est pas chéri d'eux est « impie » ; or, ce qui n'est pas chéri par les dieux n'est pas nécessairement *impie*, mais tout simplement *non pieux*, et cela peut très bien comprendre tout ce à l'endroit de quoi les dieux sont indifférents. Socrate, dans cette réplique-ci, se garde bien de commettre la même erreur,

puisqu'il affirme, en bonne logique, que l'impie correspond, non pas à ce qui n'est pas chéri des dieux (ainsi qu'Euthyphron l'a fautivement affirmé), mais à ce qui est haï des dieux.

85. Bien que les principaux manuscrits comportent, après « Socrate », deux mots supplémentaires (*eírētai gár* : « cela a été dit, en effet »), la nouvelle édition du texte grec de l'*Euthyphron* dans l'*Oxford Classical Texts* (= Duke 1995) ne prend même plus la peine d'imprimer ces deux mots dans le corps même du texte, quitte à les placer entre crochets droits ([*eírētai gár*]) pour indiquer qu'ils sont retranchés (comme le faisait encore naguère Burnet 1924), mais se contente uniquement, et plutôt fâcheusement, de signaler dans l'apparat critique que *eírētai gár* a été athétisé par Naber. Quoi qu'il en soit, et malgré l'opinion contraire de Robin (1950, p. 358 n. 3) qui tente, sans convaincre, de justifier la raison d'être de ces deux mots, nous ne les avons pas traduits, faute de saisir la nécessité de leur présence à cet endroit du texte.

86. Cf. *supra*, 6b-c.

87. L'allusion au fait de mesurer — *metreîn*, dont dérive notre « mètre » — indique bien qu'il s'agit ici d'un différend relatif à la grandeur.

88. Dans le cas d'un différend qui a pour objet une question de chiffres, de mesure ou de poids, il existe donc des disciplines ou des instruments qui permettent de trancher objectivement et définitivement l'objet du litige, et ce, à la plus entière satisfaction des personnes concernées. Dans le *Premier Alcibiade* (126c-d), le même exemple à trois volets (calcul, mesure, poids) est également présenté, et selon la même séquence. Cf. aussi *Charmide* 166a et *Philèbe* 55e.

89. Dans le *Premier Alcibiade* (111e-112b) et le *Phèdre* (263a), Socrate exprime la même idée : c'est surtout à propos du « juste » et de « l'injuste » que le désaccord entre les hommes est à son comble.

90. En 5e-6a, Euthyphron a excipé du comportement de Zeus à l'endroit de son père Kronos, et de l'attitude de celui-ci envers son père Ouranos, pour justifier la poursuite qu'il intente à son propre père. Socrate s'apprête ici à faire un raisonnement analogue, mais en sens inverse : si les hommes se querellent entre eux sur des sujets comme le juste, le beau et le bon, il n'y a aucune raison pour que ces mêmes sujets ne soient pas également, chez les dieux, des pommes de discorde. Bien sûr, Socrate ne croit pas qu'il y ait des différends entre les dieux (cf. 6a-c). Il adopte le point de vue anthropomorphique d'Euthyphron uniquement pour les fins de la discussion. En faisant comme s'il souscrivait à la représentation anthropomorphique des dieux (« s'il est vrai que les dieux sont en désaccord »), Socrate pourra plus facilement mettre en lumière les contradictions inhérentes à la position d'Euthyphron.

91. On a ici un avant-goût de la question qui sera longuement traitée à l'occasion de la réfutation de la formulation révisée de la deuxième définition (cf. 9d-11b). Il appert, en effet, d'après ce passage-ci, que les dieux aiment le bon, le beau et le juste précisément parce qu'ils considèrent que c'est bon, beau et juste. Ce n'est donc pas parce qu'elles sont aimées des dieux que les choses belles, bonnes et justes sont telles, mais c'est bien parce qu'elles sont

belles, bonnes et justes qu'elles sont aimées des dieux. Or Euthyphron, qui semble ici saisir à merveille le raisonnement de Socrate, confessera sa plus parfaite incompréhension lorsque, en 10a, une question analogue lui sera posée au sujet du pieux, à savoir : « est-ce que le pieux est aimé des dieux parce qu'il est pieux, ou est-ce parce qu'il est aimé d'eux qu'il est pieux ? ».

92. Plus tôt (cf. *supra* 5d et 6d), Socrate a demandé à Euthyphron de lui indiquer ce qui demeure toujours identique (*tautó*) sous le rapport de la piété. Quelle est, en d'autres termes, la forme caractéristique (*eîdos*, *idéa*) de la piété, qui est toujours la même (*tautó*) en chacune des actions qualifiées de « pieuses » ? Ce n'est pas à cette question qu'Euthyphron répond, puisqu'il découle de sa position que la même chose (*tautó*) est tantôt pieuse, tantôt impie.

93. Zeus est le fils de Kronos, qui a lui-même pour père Ouranos (cf. *supra*, n. 63 et 64). Étant donné que Zeus s'est rebellé contre l'autorité de son père Kronos, l'action en justice intentée par Euthyphron à son père plaira vraisemblablement à Zeus, mais probablement pas à Kronos. En tout état de cause, elle n'agréera certainement pas à Ouranos, pour la bonne raison qu'il n'a même pas eu de père contre lequel se révolter !

94. Héphaïstos, le dieu du feu, est le fils d'Héra, l'épouse de Zeus. Héra était à ce point honteuse de l'infirmité (claudication) qui affligeait son fils qu'elle le précipita du haut de l'Olympe afin de le dérober définitivement à sa vue (cf. *Iliade* XVIII 395 sq.). Pour se venger de sa mère, Héphaïstos fabriqua un trône d'or qui dissimulait des liens infrangibles, de sorte que quiconque s'y assoirait serait aussitôt retenu prisonnier. Héphaïstos fit don de ce trône à Héra, qui fut bientôt immobilisée par les liens savamment dissimulés. Comme aucun des Olympiens ne parvenait à délivrer Héra, Dionysos fut dépêché auprès d'Héphaïstos pour le convaincre de rompre les liens qui assujettissaient Héra. Enivré par Dionysos, Héphaïstos finit par consentir à mettre un terme à sa vengeance (cf. Pausanias I 20, 3). La poursuite intentée par Euthyphron a donc toute chance de plaire à Héphaïstos et de mécontenter Héra, puisque l'histoire du trône piégé représente un autre cas de rébellion contre l'autorité parentale. Cf. aussi *République* II 378d, où Platon fait une nouvelle fois allusion à la mésaventure d'Héra enchaînée par son fils.

95. Nous adoptons ici la correction de Heidel (1902, p. 100), qui propose de lire *állous* au lieu de *allḗlous*, qui est la leçon unanime des manuscrits. Cette correction, tout à fait plausible, facilite singulièrement la compréhension de la phrase. Si l'on suit le texte des manuscrits, il faut en effet traduire comme suit : « les uns (*scil.* des dieux) affirment qu'ils se font du tort les uns les autres (*allḗlous*), et les autres le nient », ce qui n'offre aucun sens satisfaisant. Mais si l'on adopte la correction de Heidel, tout s'éclaire : « les uns affirment que certains hommes (*állous*) commettent une injustice, et les autres le nient ». Le différend qui règne parmi les dieux provient en effet de ce que les uns tiennent certains hommes pour coupables d'injustice, et que les autres les considèrent au contraire comme innocents. Il ne s'agit donc pas d'injustices que les dieux commettraient les uns à l'endroit des autres (*allḗlous*), mais de gestes posés

par certains hommes (*állous*) et que les dieux regardent, pour les uns, comme des injustices, et, pour les autres, comme des actions conformes à la justice. Allen (1970, p. 2 et p. 36) et Walker (1984, p. 83) ont également retenu la correction de Heidel.

96. D'après Euthyphron (cf. *supra*, 8b), tous les dieux s'accordent entre eux sur la nécessité d'administrer un châtiment à celui qui tue injustement. Il s'agit là d'un principe général, dont tous les dieux conviennent ; mais il reste à montrer, ainsi que le souligne une fois de plus Socrate, que tous les dieux s'entendent à reconnaître que *tel acte particulier* est injuste. Si une entente à ce niveau n'intervient pas, le principe général demeure lettre morte, faute de pouvoir être appliqué. Or il vient d'être établi que les désaccords entre les dieux surviennent toujours à propos de circonstances ou d'actions particulières. C'est pourquoi Socrate demande à Euthyphron de lui révéler l'indice (*tekmḗrion*) que tous les dieux considèrent injuste le comportement de son père et pieuse la poursuite qu'il entreprend contre celui-ci.

97. Sur ce qu'il faut entendre par « thète », voir *supra*, note 38.

98. Il est à première vue étonnant que les circonstances particulières entourant la mort de l'individu ligoté et jeté au fond d'une fosse soient à nouveau exposées. D'après Burnet (1924, p. 123), la raison pour laquelle les circonstances sont rappelées en détail est que Socrate entend bien montrer que les dieux doivent d'abord et avant tout s'entendre sur les faits eux-mêmes. Or Socrate et Euthyphron ont plus tôt admis (cf. *supra*, 8d) que, devant le tribunal, les parties adverses ne conviennent même pas entre elles des circonstances particulières, qui sont pourtant les données élémentaires du litige qui les oppose.

99. Euthyphron fait une fois de plus allusion au fait que ses propos provoquent souvent la risée de ses concitoyens (cf. *supra*, 3c, 4a et 6a). Il est toutefois excessif d'affirmer, comme Burnet (1924, p. 123), que ce passage fournit un indice supplémentaire de l'hétérodoxie religieuse d'Euthyphron.

100. La « tâche » en question est de répondre à la requête formulée en 9a-b, où Socrate enjoint à Euthyphron de lui prouver que tous les dieux, d'une part tiennent pour injuste la mort de l'individu ligoté et jeté au fond d'une fosse, et d'autre part approuvent Euthyphron de poursuivre son père pour meurtre.

101. Ce passage (*hò nûn epanorthoúmetha en tôi lógōi*) prouve hors de tout doute que l'on a bien affaire à une correction apportée à la deuxième définition, et non pas à une nouvelle définition, que certains, dont Croiset (1920, p. 195), identifient à tort comme la troisième. Par ailleurs, le fait que Socrate suggère cette correction ne signifie pas pour autant qu'il la prend à son compte. En fait, Socrate se contente de formuler une correction qu'Euthyphron pressent confusément (cf. *supra*, 8b), mais qu'il ne parvient pas à exprimer clairement (cf. Burnet 1924, p. 125).

102. Admettre une définition à titre d'hypothèse ne signifie pas l'adopter de façon définitive et sans examen, car les interlocuteurs doivent précisément déduire toutes les conséquences qui en découlent, afin de vérifier si ladite hypothèse ne conduit pas à des propositions absurdes, impossibles, voire contradictoires avec l'hypothèse

elle-même. S'il appert, après examen, que l'hypothèse engendre des conséquences inacceptables, elle devra être abandonnée. C'est, l'on s'en doute déjà, le sort qui attend cette nouvelle définition d'Euthyphron, dont la réfutation s'étend de 10a à 11b. Pour une utile classification des différents emplois du terme « hypothèse » chez Platon, cf. M. Canto-Sperber, *Platon : Ménon*, Paris, GF-Flammarion, 1991, p. 172 note 188.

103. Euthyphron accepte donc d'apporter à sa définition, énoncée pour la première fois en 6e-7a, la correction que Socrate lui propose. Celui-ci entreprendra sans tarder l'examen de cette reformulation de la deuxième définition ; cet examen prendra fin en 11b par la réfutation de la position défendue par Euthyphron.

104. Cette question donne le coup d'envoi à l'un des raisonnements les plus controversés de tout le corpus platonicien. Rappelons que ce raisonnement, qui s'étend de 10a à 11b, fait l'objet d'une analyse spécifique (cf. *infra, Annexe* p. 323) et c'est pourquoi les notes de la traduction, pour le passage 10a-11b, portent essentiellement sur des points précis qui ne sont pas traités dans l'*Annexe.*

105. Avec Croiset, nous lisons ici *hó ti* (en deux mots = « ce que ») plutôt que *hóti* (en un mot = « parce que » ou « que », conjonction), qui est la lecture retenue par Duke (1995).

106. Cette explication est loin d'être aussi claire et satisfaisante que le souhaiterait Socrate. Il procède, semble-t-il, à une espèce de généralisation des cas précédents en employant, à cette fin, les verbes « devenir » et « subir », qui sont pourtant inassimilables aux exemples employés jusqu'ici. « Devenir » (*gignesthai*) est un verbe qui se conjugue à la voix moyenne, de sorte qu'il n'y a aucun contraste entre l'actif et le passif, et le verbe « subir » (*páskhein*) est conjugué à l'actif dans toutes ses occurrences, si bien qu'on ne voit pas non plus la distinction entre l'actif et le passif. Plus précisément, alors que les autres verbes (« porter », « conduire », « voir », « aimer ») permettent d'établir (ou à tout le moins suggèrent), en raison de leur caractère transitif, une antériorité de l'activité sur l'état qui résulte de cette activité, en même temps qu'une distinction entre l'agent et le patient, les verbes « devenir » et « subir », qui n'ont pas la dimension transitive des premiers verbes, décrivent plutôt, tels qu'ils sont employés dans ce passage, des processus internes de changement qui ne permettent pas de mettre en évidence le rapport causal entre l'activité et l'état, non plus que la distinction entre l'agent et le patient. Anderson (1970, p. 470 et p. 473) et Patzig (1972, p. 299) ont également souligné le fait que les verbes « devenir » et « subir » ne peuvent pas être mis sur le même plan que « porter », « conduire », « voir » et « aimer ».

107. D'après Geach (1966, p. 378-379), les exemples tirés des verbes « voir » et « aimer » ne sont pas analogues à ceux tirés des verbes « porter » et « conduire », bien que ces quatre verbes soient transitifs. Alors que la chose portée ou conduite est nécessairement modifiée et altérée par l'activité qui s'exerce sur elle, ce qui est vu ou aimé n'est pas nécessairement (mais ce peut être le cas) transformé par l'acte de voir ou d'aimer dont il est l'objet, puisqu'il peut très bien ne pas avoir connaissance qu'il est vu ou aimé.

108. C'est l'adjectif *theophilés* que nous traduisons par « aimé-des-dieux ». Dans l'économie du raisonnement de Socrate, cet adjectif a la même valeur que le participe présent passif *philoúmenon* (cf. 10a, 10c), c'est-à-dire qu'il décrit un état qui résulte d'une activité (ici exprimée par le verbe *phileîtai*). La relation de causalité entre *phileîtai* et *theophilés* est donc tout à fait identique à celle qui a déjà été établie entre *phileîtai* et *philoúmenon* (cf. *supra*, 10c), si bien que Socrate peut substituer, comme il le fait ici, *theophilés* à *philoúmenon*. — Par ailleurs, il faut à tout prix rétablir, ici, l'indispensable addition proposée par Bast au siècle dernier. Bast a en effet proposé d'ajouter deux mots (*tò theophilés*, « l'aimé-des-dieux »), absents des manuscrits, à la fin de la phrase. Cette addition est essentielle, car sinon ou bien la phrase n'a pas de sujet, ou bien le sujet implicite, non exprimé, est « le pieux », ce qui n'a aucun sens. Si l'on rejette l'addition, cette phrase affirme en effet que le pieux est aimé-des-dieux (*theophilés*), ce qui sera pourtant immédiatement et expressément nié dès la prochaine réplique de Socrate (cf. *infra*, n. 109). En revanche, si l'on accepte l'addition, on saisit mieux la marche de l'argumentation de Socrate. En affirmant que « l'aimé-des-dieux est aimé-des-dieux parce qu'il est aimé par les dieux », comme il le fait ici (si l'on retient l'addition), Socrate ne fait qu'appliquer au cas de l'adjectif *theophilés* ce qui a déjà été établi pour *philoúmenon* (cf. *supra*, 10c). Or, si *phileîtai* joue le rôle de cause à l'endroit de l'état exprimé par *theophilés*, il ne le joue pas, comme on le sait, à l'égard du pieux, si bien que « pieux » et « aimé-des-dieux » ne sont pas identiques. Et c'est précisément cette différence que Socrate affirmera lorsqu'il reprendra la parole. — Il est déplorable que la nouvelle édition de l'*Oxford Classical Texts* (= Duke 1995), qui suit le texte des manuscrits, ne signale même pas, dans l'apparat critique, l'addition proposée par Bast. En l'absence d'une telle indication, on risque de ne rien comprendre à ce passage et de ne pas même se douter que le texte fait ici problème. Enfin, nous sommes en complet accord avec Weiss (1986, p. 444), qui démontre de façon convaincante l'impérieuse nécessité de l'addition de *tò theophilés* et qui rappelle, fort à propos, que la très grande majorité des éditeurs retiennent cette addition.

109. Il est à première vue étonnant d'entendre Socrate affirmer que le pieux n'est pas aimé-des-dieux, car, si on la prend au pied de la lettre, cette affirmation signifie en effet que *theophilés* ne peut pas être prédiqué de « pieux ». Cela a paru si inadmissible à Burnet (1924, p. 129) qu'il n'hésite pas à observer que Socrate, s'il avait été plus rigoureux, aurait dû affirmer, plutôt que *oudè tò hósion theophilés* (« et le pieux n'est pas non plus aimé-des-dieux »), *oudè tò hósion tò theophilés* (« et le pieux n'est pas non plus ce qui est aimé-des-dieux »), auquel cas Socrate voudrait tout simplement dire que le pieux et *theophilés* ne sont pas identiques, puisqu'ils ne sont pas coextensifs. Cette position de Burnet est toutefois contestée par Weiss (1986, p. 445), qui soutient que Socrate a bel et bien voulu dire ce qu'il affirme, à savoir que *theophilés* ne peut pas être un attribut de « pieux ». Et pourquoi donc ? Comme Socrate vient de l'expliquer dans la réplique précédente, et comme il le répétera à nouveau en 10e, est *theophilés* ce qui est aimé-des-dieux *parce que les*

dieux l'aiment, si bien que prédiquer *theophilés* du pieux aurait pour conséquence inévitable que le pieux serait aimé-des-dieux parce que les dieux l'aiment ; or une telle conséquence est impossible, puisque le pieux est aimé des dieux parce qu'il est pieux, et non pas en vertu de l'amour que les dieux lui témoignent. Aussi curieux que cela puisse paraître, le pieux est certes aimé par les dieux (*phileîtai hupò tôn theôn*), mais il n'est pas pour autant aimé-des-dieux (*theophilés*).

110. Comme il est plutôt facile de perdre ici le fil de l'argumentation, rappelons que le raisonnement de Socrate, depuis le début de la présente réplique, correspond à l'étape V de la réfutation déployée en 10a-11b (cf. *Annexe*, p. 326).

111. La présence de ce « tout à fait » (*pantápasin*) renforce l'interprétation de Weiss (1986, p. 445) : si le pieux et l'aimé-des-dieux sont tout à fait différents l'un de l'autre, on ne voit pas comment ils pourraient être prédiqués l'un de l'autre (cf. *supra*, n. 109).

112. L'un, soit l'aimé-des-dieux, devient « aimable » (*hoîon phileîsthai*) parce que les dieux l'aiment, alors que l'autre, en l'occurrence le pieux, est aimable en lui-même, en vertu de sa nature intrinsèque, et c'est pour cette raison que les dieux l'aiment. Le pieux est donc aimable indépendamment de l'amour que les dieux lui témoignent.

113. Même si « accident » (au sens logique du terme) n'est pas la signification usuelle de *páthos* (« souffrance », « affection », etc.), cette traduction est néanmoins irrésistible, tant la distinction qu'établit Socrate entre l'*ousía* (« essence ») et le *páthos* anticipe la fameuse distinction aristotélicienne entre la substance (*ousía*), ou l'essence, et l'accident (*sumbebēkós*). L'accident est une caractéristique contingente d'une substance, c'est-à-dire une détermination que celle-ci peut ou non posséder. L'accident ne fait donc pas partie de la nature intrinsèque de l'essence. Il en va de même ici pour ce qui est de la relation entre le pieux et le fait d'être aimé de tous les dieux. Même s'il arrive que le pieux soit l'objet de l'amour de tous les dieux (pour une fois unanimes !), rien n'a encore été dit sur l'essence du pieux, sur ce qui fait que le pieux est pieux, car le fait d'être aimé par tous les dieux n'est qu'une caractéristique accidentelle du pieux. Autrement dit, le pieux demeurerait ce qu'il est même si les dieux, d'aventure, ne l'aimaient pas.

114. Avec Croiset, nous lisons ici *hó ti* (en deux mots : « ce que ») plutôt que *hóti* (en un mot : « parce que » ou « que », conjonction), qui est la lecture retenue par Duke (1995).

115. En guise de conclusion, et à la lumière de toute la discussion qui précède (9d-11a), Socrate demande à nouveau à Euthyphron de lui faire enfin connaître l'essence du pieux (*tí pote òn tò hósion*), c'est-à-dire ce qu'est le pieux en lui-même, et non pas ses attributs accidentels (*hotidḕ páskhei*), quels qu'ils soient (comme le fait d'être aimé par tous les dieux), car de tels attributs ne favorisent en rien la détermination de la nature intrinsèque de la piété. Une fois établie la distinction entre essence et accident, les différends entre les interlocuteurs ne doivent plus porter, désormais, que sur les véritables « candidats » à l'essence.

116. Ici débute une espèce d'intermède, qui se poursuit jusqu'en 11e. La plupart des interprètes (cf. Burnet 1924, p. 130) reconnais-

sent que, de façon générale, ce type d'intermède, que l'on rencontre également dans d'autres dialogues (cf. *Introduction*, p. 219 n. 103), fait suite à des recherches infructueuses et précède immédiatement les passages qui renferment un enseignement positif.

117. Cf. *Lachès* 194b, où Lachès se plaint de la même incapacité : il n'arrive pas à formuler clairement l'idée qu'il se fait du courage.

118. Personnage mythologique, Dédale est un sculpteur et un architecte prolifique. En tant qu'architecte, il construisit, entre autres, le fameux Labyrinthe où le roi de Crète, Minos, enferma le Minotaure. Le souvenir de cette réalisation légendaire se perpétue encore, aujourd'hui, dans le mot « dédale ». Les sculptures de Dédale étaient à ce point réputées pour leur représentation du corps en mouvement qu'on finit par leur reconnaître la possibilité de se mouvoir (cf. Aristote, *De l'Âme* I 3, 406b18-19 et *Ménon* 97d, où Socrate fait une nouvelle fois allusion aux statues animées de Dédale ; voir aussi F. Frontisi-Ducroux, *Dédale. Mythologie de l'artisan en Grèce ancienne*, Paris, 1975, chap. II 2 : « Statues vivantes » p. 95-117). — Quant au lien de parenté invoqué par Socrate (cf. aussi *Premier Alcibiade* 121a), il s'agit peut-être d'une allusion au fait que Sophronisque, le père de Socrate, aurait exercé le métier de tailleur de pierre. Dédale, figure tutélaire de la sculpture, était en quelque sorte l'ancêtre et le « patron » de tous ceux qui travaillaient la pierre.

119. Pour cet emploi du mot « hypothèses », cf. *supra*, 9d et note 102.

120. Comme Euthyphron n'est pas de la race de Dédale, Socrate ne peut pas invoquer des liens de parenté entre Euthyphron et le célèbre sculpteur pour rendre compte du fait que les définitions de son interlocuteur, rebelles à la fixité, semblent être douées de mouvement. Socrate doit donc trouver une plaisanterie, une boutade (*skômma*), qui soit plus appropriée.

121. Fils de Zeus et de Plouto, Tantale était un puissant roi de Lydie dont la fortune était devenue proverbiale (cf. *Protagoras* 315c et Isocrate VI 44). Son supplice aux Enfers était tout aussi fameux. Le châtiment qui lui fut administré était en effet parfaitement proportionné à la nature et à la gravité de la faute commise. Pour avoir dérobé du nectar et de l'ambroisie lors d'un festin des dieux et révélé aux hommes des secrets divins, Tantale fut condamné à souffrir sans répit de faim et de soif : il était immergé jusqu'au cou dans une eau qu'il ne pouvait boire et il était entouré de fruits qui s'éloignaient aussitôt qu'il tendait la main pour les saisir (cf. *Odyssée* XI 582 sq.). Selon une autre tradition, rapportée par Platon (*Cratyle* 395d-e) et Pindare (*Olympiques* I 57), le supplice de Tantale consistait à vivre avec un énorme rocher suspendu sur sa tête. Quoi qu'il en soit, l'allusion à Tantale est vraisemblablement commandée, ici, non seulement par un désir de jouer sur les mots (*Daidálou, Tantálou*), mais aussi en vertu d'un rapprochement entre les positions respectives de Tantale et de Socrate : de même que le premier ne parvient pas à s'emparer des fruits qui l'entourent, de même le second est impuissant à saisir une fois pour toutes l'une ou l'autre

des définitions successives de la piété. En d'autres termes, Socrate est riche de plusieurs définitions, mais il n'en possède aucune (cf. Lewis 1985, p. 48).

122. Contrairement à Burnet (1924) et Duke (1995), nous conservons le verbe *deîxai* (« montrer ») qui est attesté par de nombreux manuscrits, mais qui est omis par le manuscrit W.

123. Socrate prend les commandes du dialogue et propose de son propre chef une nouvelle piste de recherche qui conduira, sous peu, à la troisième définition. De l'avis de plusieurs commentateurs, cette nouvelle définition, dont la formulation revient en fait à Socrate et qui sera finalement laissée en plan plutôt que réfutée à proprement parler, comprend les principaux éléments de la conception socratique de la piété. Est-ce à dire que la troisième définition détient la clé de l'*Euthyphron* ? Nous nous efforçons de répondre à cette question dans l'*Introduction* (p. 223-231).

124. Ces vers, dont le texte est très incertain, seraient tirés du recueil *Chants de Chypre* du poète Stasinos (VIIIe siècle av. J.-C. ; cf. fr. 20 Kinkel). Nous adoptons la correction de Burnet (*ouk ethélei neîkein*, « il ne veut pas insulter »), que retient également Duke (1995). Cette correction semble indispensable, car on ne voit pas, sinon, comment on pourrait donner un sens satisfaisant au texte (*ouk ethéleis eipeîn*, « tu ne veux pas parler ») transmis par les principaux manuscrits (B et T).

125. L'objection de Socrate n'est pas vraiment pertinente, car il fait comme si le poète Stasinos parlait de crainte et de respect à l'endroit de n'importe quoi, alors que ces sentiments ont bien évidemment pour objets des *dieux*. L'objection de Socrate ne serait valable que si elle se fondait sur un véritable contre-exemple, soit un cas où un dieu suscite la crainte, mais non le respect.

126. Le verbe *aidéomai*, que nous traduisons ici par « avoir honte », appartient à la même famille que *aidṓs*, que nous avons traduit par « respect », mais qui signifie aussi, parfois, « honte ». La parenté entre *aidṓs* et *aidéomai*, que Socrate exploite ici aux fins de son argumentation, ne peut pas être rendue, dans ce passage-ci, par un nom et un verbe français de même racine.

127. Cf. *supra*, 11e-12a.

128. Dans le *Protagoras* (330b-331e), Socrate affirme au contraire l'identité de la justice et de la piété, de sorte que tout ce qui est juste est pieux, et vice versa. L'affirmation du *Protagoras* et celle de l'*Euthyphron* sont difficilement conciliables, et il est malaisé de déterminer, ainsi qu'en fait foi l'absence d'unanimité chez les commentateurs, laquelle de ces positions correspond le mieux à la véritable position de Socrate (cf. Cobb 1985, p. 41, qui donne plusieurs références aux principaux « acteurs » de ce débat). Pour ce qui est de l'*Euthyphron*, il ne fait aucun doute que la position de Socrate est que la piété est une partie de la justice, car cette position est la plus conforme à l'objet même du dialogue. En effet, si le pieux est une partie de la justice, cela signifie que le juste n'est pas nécessairement pieux. Et c'est précisément la question du dialogue : Euthyphron a peut-être le droit de poursuivre son père, et Mélètos celui d'intenter un procès à Socrate, mais cela est-il pieux pour

autant ? C'est ce qu'il s'agit de déterminer. Il faut à tout prix mettre la discussion des liens entre la piété et la justice en rapport avec la situation juridique initiale du dialogue.

129. On a généralement interprété ce passage à la lumière de la signification géométrique des termes « scalène » (*skalēnós*) et « isocèle » (*isoskelḗs*). Burnet (1924, p. 135), par exemple, se contente de reproduire le texte grec d'une scholie rédigée par le grand érudit byzantin Aréthas (IXe siècle), dont voici la traduction : « Le triangle scalène est celui qui résulte de trois côtés inégaux, le triangle isocèle, de deux côtés égaux entre eux et d'un troisième, inégal aux deux autres. Vu que le nombre pair se divise en deux nombres égaux, comme par exemple 8, et l'impair en deux nombres inégaux, comme 5, il est naturel qu'il (*scil.* Platon) ait nommé le premier isoscèle, le second scalène » (trad. Strycker 1950, p. 45-46). Strycker a cependant bien mis en lumière la faiblesse de cette interprétation : « Si les termes *scalène* et *isocèle* se rapportent originellement au triangle en raison de ses côtés, on ne voit pas comment il serait "naturel" de les appliquer aux nombres, chez lesquels il ne saurait être question de trois côtés » (1950, p. 46 ; dans le même sens, cf. aussi Robin 1950, p. 368 n. 1). Ce n'est donc pas en fonction de la terminologie géométrique propre au triangle que les termes « scalène » et « isocèle » ont été appliqués aux nombres impair et pair respectivement. En fait, la signification technique des termes scalène et isocèle est très certainement postérieure à l'utilisation de ces mêmes termes, dans leur signification première, pour désigner les nombres impair et pair. Le terme *isoskelḗs* signifie en effet « à jambes égales », ce qui convient parfaitement au nombre pair, puisqu'il peut être divisé en deux parties égales ; quant à *skalēnós*, qui signifie originellement « boiteux », il est tout désigné pour décrire le nombre impair, étant donné que celui-ci ne peut évidemment pas être divisé en deux segments de même longueur. Sur toute cette question, on consultera l'article de Strycker (1950, p. 44-49).

130. C'est l'adjectif *eusebés* que nous traduisons par « religieux », faute de pouvoir le rendre par « pieux », étant donné que l'adjectif *eusebés* est ici associé à *hósion*. Rappelons qu'il existe une quasi-synonymie entre *eusebés* et *hósion* (cf. *supra*, 5c-d et n. 52).

131. C'est le mot *therapeía* qui est ici traduit par « soin ». L'expression *therapeía theō̂n*, qui est très courante en grec (cf., entre autres, Homère, *Odyssée* XI 255 ; Hésiode, *Les Travaux et les Jours* 136 ; Xénophon, *Mémorables* I 4, 10 ; II 1, 28 ; Aristote, *Éthique à Eudème* VIII 3, 1249b20 ; *Politique* VII 9, 1329a32 ; Diogène Laërce VII 119), y compris chez Platon (cf. *Lois* XI 930e), signifie à proprement parler le *culte des dieux*. Dans le recueil de *Définitions* faussement attribué à Platon, on peut aussi lire que la piété (*eusébeia*) est le « service volontaire des dieux » (*dúnamis therapeutikḕ theō̂n ekoúsios*, 412e), que la sainteté (*agneía*) est le « culte conforme à la nature pour honorer les dieux (*tē̂s theoû timē̂s katà phúsin therapeía*, 414b) », et que le pieux (*hósion*) est « un service divin agréable à dieu » (*therápeuma theoû arestòn theō̂i*, 415a). Qui plus est, il y a plusieurs passages de Platon (cf. *Premier Alcibiade* 122a, *République* IV 427b) et de Xénophon (cf. *Mémorables* I 2, 64 ; I 4, 13 ; I 4, 18 ; *Banquet* IV 49 ; *Économique* V 20) où c'est Socrate lui-même qui

emploie l'expression *therapeía theôn* dans le sens usuel de « culte des dieux » ! C'est donc avec une certaine mauvaise foi que Socrate, dans la suite de l'*Euthyphron*, feindra de ne pas connaître cette acception particulière de *therapeía* et, prenant ce dernier mot dans son sens curatif, il demandera à Euthyphron de lui préciser en quoi consiste le « soin » des dieux. Euthyphron aura beaucoup de mal à expliquer que celui qui observe la *therapeía theôn* ne projette évidemment pas de « soigner » les dieux, c'est-à-dire de les améliorer, ce qui est absurde.

132. On remarquera que cette « partie du juste » qui concerne les relations entre les hommes ne reçoit pas de nom spécifique.

133. En grec, il existe une grande parenté entre les différents mots qui désignent, respectivement, le cheval (*híppos*), l'homme qui prend soin du cheval (*hippikós*) et l'art de soigner les chevaux (*hippikḗ*). Pour rendre ces mots, le français doit user de longues périphrases ou avoir recours à des mots, comme « palefrenier » et « équitation », qui n'appartiennent pas à la même famille que « cheval ». Cette observation vaut également pour les deux exemples suivants, soit le chien et le bœuf.

134. Cette conclusion, formulée sous forme interrogative, est obtenue par induction à partir de l'examen de trois cas particuliers (le soin des chevaux, des chiens, des bœufs). Les exemples considérés n'ont pas été choisis au hasard : pour mieux réfuter la définition d'Euthyphron, Socrate fait comme si le soin des dieux, êtres supérieurs à l'homme, était essentiellement de même nature que le soin des animaux, lesquels sont tenus pour inférieurs à l'homme dans l'échelle des êtres. Cette assimilation, qui est bien entendu inacceptable, aurait pu être bloquée plus tôt, pour peu qu'Euthyphron eût objecté à Socrate que le mot *therapeía* n'a pas un sens curatif lorsqu'il apparaît dans l'expression *therapeía theôn* (cf. *supra*, n. 131).

135. Dans tous les exemples qui précèdent (13a-d), celui qui prodigue les soins est toujours supérieur à l'être soigné. Cette subordination du soigné au soignant est évidemment absurde dans la perspective où la piété consiste dans le soin des dieux. C'est pourquoi Euthyphron précise qu'il faut entendre « soin des dieux » de telle sorte que le rapport soignant-soigné est complètement renversé : c'est désormais celui qui apporte les soins qui est de condition inférieure à l'être soigné.

136. Le terme *huperetikḗ* (« service »), que Socrate substitue à *therapeía* (« soin »), présente une ambiguïté qu'Euthyphron ne semble pas détecter. Ce dernier est d'accord pour définir le soin des dieux comme le service des dieux, à la façon dont on dit des esclaves qu'ils sont au service de leurs maîtres ou qu'ils font le service de leurs maîtres. La manière dont Euthyphron conçoit le service des dieux n'est en réalité pas très éloignée de ce que nous entendons par « service divin » ; il s'agit en effet d'un service au sens cultuel du terme (cf. *supra*, n. 131 et n. 134). Mais l'expression *huperetikḕ theoîs* peut avoir une autre signification, qui est précisément celle retenue par Socrate. Il n'est plus question du « service *des* dieux » (au sens de « faire le service de quelqu'un »), mais plutôt du « service *aux* dieux » (au sens de « rendre service à quelqu'un »). Ainsi com-

pris, le service aux dieux implique que les hommes, tout inférieurs qu'ils soient, *assistent* les dieux dans la réalisation d'une œuvre. Dans la discussion qui suit (13d-14b), Socrate presse Euthyphron de lui indiquer quelle est l'œuvre produite par les dieux avec l'assistance des hommes. Incapable de répondre à cette question, Euthyphron précisera à nouveau, en 14b, en quel sens il conçoit le *soin* et le *service* des dieux.

137. Cette question, posée par Socrate, demeure sans réponse dans l'*Euthyphron*. Demeure-t-elle pour autant définitivement sans réponse ? Plusieurs interprètes croient que non ; ils proposent une réponse qui s'inspire du passage 30a de l'*Apologie de Socrate* (cf. *Introduction*, p. 228-230 et *infra*, n. 142). Cette interprétation est rejetée par les commentateurs qui soutiennent qu'il ne peut pas y avoir de réponse à une telle question : les dieux et la vertu, prétendent-ils, ne produisent pas d'œuvre (*érgon*), si bien qu'il est vain de chercher à déterminer quel est l'*érgon* produit par les dieux avec l'assistance des hommes (cf. Burnet 1924, p. 137 ; Allen 1970, p. 7 et p. 58 ; Versényi 1982, p. 107-110). Cette objection peut toutefois être levée. La vertu a en effet pour fonction (*érgon*) d'améliorer l'âme de celui qui la pratique et Platon reconnaît expressément (*Phèdre* 247a) que les dieux ont chacun une tâche propre (cf. McPherran 1985, p. 292-294 ; Vlastos 1994, p. 243 n. 89 = 1991, p. 175 n. 89). Au reste, comme Socrate compare souvent le rapport entre les hommes et les dieux à celui qui prévaut entre les esclaves et les maîtres (cf. *Phédon* 62d-63d, *Ion* 53e, *Parménide* 134d-e, *Premier Alcibiade* 122a), on peut prêter à Socrate l'idée, qui n'a rien d'extravagant, que les dieux confient parfois aux hommes le soin d'exécuter certaines tâches. Si les dieux délèguent ainsi certaines de leurs fonctions, ce n'est pas par impuissance ni par incapacité, mais tout simplement parce qu'ils préfèrent, à l'occasion, être servis par leurs subordonnés, en l'occurrence les hommes.

138. Cette question revêt beaucoup d'importance aux yeux de Socrate. C'est en effet la troisième fois qu'il la pose à Euthyphron (cf. *supra*, 13e6-7, e10-11).

139. Cf. *supra*, 9b.

140. Euthyphron ne répondra pas à la question que vient de lui poser Socrate. La troisième tentative de définition demeure donc inachevée, et ce, à la plus grande déception de Socrate (cf. *infra*, 14c).

141. Comme on le verra bientôt (cf. *infra*, 15a-15b), la quatrième définition de la piété (« la connaissance des prières et des sacrifices agréables aux dieux ») n'est en fait qu'une nouvelle version de la deuxième définition, qui a déjà fait l'objet d'une réfutation. Mais on peut aussi considérer, à la suite de Burns (1985, p. 322-324), que cette définition est aussi reliée à la précédente, dans la mesure où elle précise en quoi consiste le culte des dieux (*therapeia tôn theôn*) qu'évoque Euthyphron en 12e, mais qu'il n'arrive pas alors à définir. Pour Euthyphron et la plupart de ses contemporains, la piété, entendue comme le culte des dieux, consiste en effet à adresser des prières aux dieux et, surtout, à leur offrir des sacrifices. Force est de reconnaître que cette dernière définition est on ne peut plus conforme à la représentation traditionnelle de la piété. Burnet

(1924, p. 139-140) lui-même l'admet, ce qui ne laisse pas de surprendre, étant donné qu'il insiste lourdement sur une foule de détails qui, d'après lui, interdisent de considérer Euthyphron comme un représentant de l'orthodoxie religieuse (cf. *supra*, n. 25 et n. 72 ; *Introduction*, p. 180-185).

142. Tout ce passage est d'une importance capitale pour les interprètes qui estiment que la troisième définition contient en filigrane la conception socratique de la piété. Socrate vient en effet d'affirmer, on ne peut plus clairement, que la nature de la piété aurait été dévoilée si Euthyphron avait daigné répondre à la question qui lui a été posée à trois reprises (13e6-7, e10-11, 14a9-10). Cette question ne demeure toutefois pas définitivement en suspens, puisque le lecteur peut y répondre à partir du passage de l'*Apologie* (30a) où Socrate, qui se déclare *au service du dieu* (*tôi theôi hupēresían*), expose sa mission qui consiste à convaincre les Athéniens de se soucier davantage de leur âme et de la vertu que de leur corps et des richesses. Les interprètes qui ne souscrivent pas au contenu positif de la troisième définition minimisent l'importance de ce passage en prétendant que les paroles de Socrate sont ici ironiques et qu'elles ne doivent pas, par conséquent, être prises au pied de la lettre (cf., entre autres, Burnet 1924, p. 139 et Versényi 1982, p. 106). Cette objection est trop facile : l'ironie de Socrate joue ainsi le rôle d'un véritable *deus ex machina*, que l'on invoque abusivement, tantôt pour accorder à un passage plus d'importance qu'il n'en a vraiment, tantôt, au contraire, pour restreindre la portée de certains autres passages. À la suite de très nombreux commentateurs, nous ne voyons aucune raison de douter, dans le cas présent, de la sincérité de Socrate. Sur ce débat, on consultera aussi l'*Introduction* (cf. *supra*, p. 224).

143. Nous sommes ici confrontés à une difficulté textuelle. Il est en effet possible de lire ou bien « il est nécessaire que l'amant suive l'aimé » (*tòn erônta tôi erōménōi*), ou bien « il est nécessaire que le questionneur suive la personne interrogée » (*tòn erōtônta tōi erōtōménōi*). Comme on le voit, entre l'amant (*tòn erônta*) et le questionneur (*tòn erōtônta*) d'une part, l'aimé (*tôi erōménōi*) et la personne interrogée (*tôi erōtōménōi*) d'autre part, il n'y a pour seule différence, en grec, que la syllabe *tō*. De plus, l'une et l'autre lecture sont attestées par la tradition manuscrite. Alors laquelle doit-on retenir ? La lecture suivant laquelle Socrate se donne pour amoureux du savoir d'Euthyphron a l'inconvénient de ne pas trouver d'écho dans le texte. Malgré l'avis contraire de Burnet (1924, p. 139), les mentions de la « mollesse » (*truphế* 11e et 12a) d'Euthyphron n'ont aucun lien avec le présent passage. En revanche, l'autre lecture (« le questionneur doit suivre la personne interrogée ») renvoie clairement à ce qui précède : malgré l'insistance avec laquelle Socrate le pressait de répondre à une question bien précise (cf. *supra*, n. 137, 138 et 140), Euthyphron a éludé celle-ci et a préféré répondre à une autre question. Socrate est en quelque sorte à la merci d'Euthyphron ; en effet, comme il ne peut construire son argumentation qu'à partir des propositions que lui concède son interlocuteur, il est d'une certaine façon contraint de suivre le répondant partout où celui-ci le conduit. Si telle est la bonne lecture — comme nous le croyons à la

suite de Heidel (1902, p. 100-101), Allen (1970, p. 57 n. 1) et, en tout dernier lieu, Duke (1995) —, il ne faut toutefois pas la prendre au pied de la lettre, car elle n'est pas dénuée d'ironie. En effet, on ne doit pas perdre de vue que c'est le questionneur qui a l'initiative et qui est le meneur de jeu, dans la mesure où il choisit, de par ses questions, le terrain où son interlocuteur et lui se mesureront.

144. Cette « nouvelle » définition de la piété est tout à fait conforme à l'orthodoxie religieuse du temps, telle que celle-ci est décrite dans le *Politique* : « À son tour, c'est bien certain, la gent des prêtres, à en croire ce qu'affirme la coutume, est celle qui s'y connaît (*epistēmón*) pour que, au moyen de sacrifices, soient offertes aux Dieux par nous autres hommes des offrandes qui leur agréent et pour que, dans nos prières, nous leur demandions de nous accorder la possession de tels biens » (290c-d ; trad. Robin).

145. Le grec dit, mot à mot, « si bien que tes paroles *ne tombent pas à terre* ». Il s'agit, semble-t-il, d'une expression proverbiale qui se référait, à l'origine, au vol des flèches qui n'atteignent pas leur cible et qui terminent leur vaine course au sol (cf. Pindare, *Olympiques* IX 12, *Pythiques* VI 37). L'expression française « tomber dans l'oreille d'un sourd » présente une signification à peu près équivalente. À notre avis, l'interprétation que Rabinowitz (1958, p. 111, p. 118-119) donne de cette expression est exagérément subtile.

146. De prime abord, il est quelque peu étonnant de voir ici Socrate employer le terme *hupēresía* (« service »), étant donné qu'Euthyphron a précédemment éludé à plusieurs reprises la question touchant la nature de l'assistance (*hupēretikḗ*) que les hommes fournissent aux dieux. Socrate s'était semble-t-il résigné à ne pas obtenir de réponse de la part d'Euthyphron sur ce point (cf. *supra*, 14b-c). Contrairement à ce que soutient McPherran (1985, p. 289 n. 28), le terme *hupēresía* ne renvoie probablement pas à la question posée avec insistance par Socrate (cf. 13e-14a). Ce dernier emploie plutôt *hupēresía* dans l'acception cultuelle du terme, à la façon d'Euthyphron (cf. *supra*, n. 136). Il s'agit donc d'un « service divin », et non pas d'un service que l'on rend aux dieux.

147. « Malin » traduit le terme *tekhnikós*, qui signifie aussi « expert » dans une science ou un art (*tékhnē*) donné. Il n'est pas facile, dans ce passage-ci, de trancher entre ces deux significations. Si la piété est, comme le prétend Euthyphron, la science d'adresser des prières et des offrandes aux dieux, on peut aussi très bien comprendre qu'il n'est pas digne d'un expert (dans cette science) d'offrir aux dieux des sacrifices dont ils n'ont pas besoin. Mais il ne serait pas non plus très « habile » ni bien « malin » d'offrir de tels sacrifices. Il nous a semblé que cette deuxième signification (« malin »), qui se surajoute en quelque sorte à la première (« expert »), est ici plus appropriée, en raison de la légère touche d'ironie qu'elle apporte, pour traduire cette occurrence du terme *tekhnikós*.

148. Burns (1985, p. 323) a raison d'observer, contre Socrate, que l'homme pieux peut très bien offrir des présents aux dieux tout en sachant que ceux-ci n'ont nul besoin de ce qu'il leur offre en sacrifice. En agissant ainsi, l'homme pieux cherche en fait à montrer aux dieux qu'il n'hésite pas à renoncer à des choses qui lui sont

chères *à lui*. L'expression « faire un sacrifice » en est d'ailleurs venue à signifier « se priver de quelque chose », « renoncer à quelque chose ». Une telle conception de la piété, et du sacrifice, est évidemment en rupture avec la conception archaïque, d'après laquelle les dieux ont besoin des sacrifices que leur offrent les hommes (cf. *Banquet* 190c-d).

149. Socrate fait une remarque analogue dans le *Protagoras* (331c-d), après que Protagoras eut finalement concédé, de guerre lasse, une proposition que Socrate avait soumise à son approbation. Protagoras est en effet prêt à reconnaître, pour faire plaisir à Socrate qui se montre insistant, que la piété est juste, et la justice pieuse. Socrate proteste et fait observer que les propositions concédées doivent l'être, non pas pour lui être agréable, mais afin de faire progresser la discussion sur la voie de la vérité.

150. Euthyphron voit ici dans le « respect » (*timḗ*) dû aux dieux une marque distinctive de la piété. Dans les *Mémorables* de Xénophon, c'est au contraire Socrate qui associe la *timḗ* à la piété : « Il (*scil.* Socrate) pensait, lui, que ce sont les hommages (*timaîs*) des hommes les plus pieux qui font le plus de plaisir aux dieux » (I 3, 3 ; trad. Chambry). On remarquera aussi qu'Euthyphron et le Socrate de Xénophon considèrent tous les deux que la *timḗ* plaît aux dieux. Comme nous l'avons vu dans l'*Introduction* (cf. *supra*, p. 232), la quatrième définition de l'*Euthyphron*, qui est réfutée par Socrate, correspond très étroitement à la conception traditionnelle de la piété que Xénophon attribue à Socrate dans les *Mémorables*.

151. Euthyphron, qui est sur le point de prononcer le mot *kháris* (ici traduit par « attention à plaire »), renvoie certainement à 14b, où il emploie deux fois, en rapport avec les dieux, le participe *kekharísmenon* (« ce qui plaît »), qui est de la même famille que *kháris*. Cette interprétation est confirmée par le fait que Socrate, à la prochaine réplique, établit spontanément une équivalence entre *kháris* et *kekharismenon*.

152. Bien entendu, Socrate désire qu'Euthyphron lui concède que le pieux est ce qui est profitable et cher aux dieux, car cette prémisse, une fois concédée, scellera la réfutation d'Euthyphron. En effet, la définition selon laquelle le pieux est ce qui est cher aux dieux a déjà été réfutée par Socrate. Afin de déjouer la vigilance d'Euthyphron et d'éviter que celui-ci ne devine quelle est la prémisse dont il a précisément besoin, Socrate, fin questionneur, fait appel à cette ruse dialectique qui consiste à formuler la question de telle sorte qu'on demande le contraire de ce que l'on convoite. C'est pourquoi Socrate laisse entendre, dans sa question, que le pieux n'est pas ce qui est cher aux dieux. La réponse d'Euthyphron montre qu'il est tombé à pieds joints dans le piège que lui a tendu Socrate. Cette tactique dialectique est bien décrite par Aristote (cf. *Topiques* VIII 1, 155b6-9 et *Réfutations sophistiques* 15, 174a30-33).

153. La boucle est maintenant bouclée : dans la mesure où elle revient à dire que le pieux est ce qui est cher aux dieux, la quatrième et dernière définition énoncée par Euthyphron n'est rien de plus, en réalité, qu'une nouvelle version de la deuxième définition (cf. 6e sq. et 8a sq.), qui a déjà fait l'objet d'une réfutation (cf. 9e-11a).

154. Cf. *supra*, 11c-d.
155. Cf. *supra*, 10d-11a.
156. Ce passage doit être rapproché de la fin d'un autre dialogue aporétique, le *Lysis*, où Socrate « rappelle » une fois de plus à ses interlocuteurs que la discussion tourne en rond, c'est-à-dire qu'ils sont en train de réexaminer à leur insu une définition qui a déjà été réfutée : [Socrate] : « Prenez garde, enfants : nous retombons à propos de l'amitié dans la thèse que nous avions rejetée tout à l'heure ; car à ce compte l'injuste ne serait pas moins l'ami de l'injuste et le mauvais du mauvais que le bon ne le serait du bon. — [Lysis] : C'est vrai. — [Socrate] : Mais quoi ! dire que le bien et ce qui lui est propre sont la même chose, c'est dire que le bon ne peut être l'ami que du bon ? — [Lysis] : Sans doute. — [Socrate] : Or nous avons cru sur ce point nous être convaincus nous-mêmes d'erreur. Ne vous en souvient-il plus ? — [Lysis] : Nous nous en souvenons » (222d ; trad. Croiset).
157. Croiset, Chambry et Robin traduisent comme si l'antécédent du pronom indéfini *toûto* était « ce qui est aimé des dieux ». Or une telle interprétation n'est conforme ni à la progression de l'argumentation de Socrate, ni à la syntaxe de la phrase. Il vaut mieux comprendre, avec Allen, que l'antécédent de *toûto* est « le pieux ». La phrase prend ainsi un sens pleinement satisfaisant qui respecte à la fois l'argumentation et la syntaxe. Dans sa réplique précédente, Socrate a rappelé à Euthyphron qu'ils sont tous les deux convenus de la non-identité du pieux et de l'aimé-des-dieux (*theophilés*). Or Euthyphron affirme maintenant que le pieux est ce qui est aimé des dieux. D'où la question de Socrate : ceci (*toûto*), c'est-à-dire le pieux, n'est-il pas autre que l'aimé-des-dieux ?
158. Pourquoi Socrate demande-t-il à Euthyphron de ne pas le traiter avec mépris ? Rappelons que tout au long du dialogue, Socrate fait comme si Euthyphron était réellement savant, de sorte qu'il feint d'interpréter l'impuissance d'Euthyphron à définir correctement la piété non pas comme une preuve de son ignorance de la question, mais plutôt comme un manque d'empressement à faire partager son savoir (cf. 9b, 11a8, 14c1). Profondément ironique, Socrate considère donc comme du mépris à son endroit le fait qu'Euthyphron ne daigne pas lui transmettre ses connaissances au sujet de la piété.
159. Dans le *Lachès*, c'est le stratège du même nom qui exhorte à plusieurs reprises les autres participants au dialogue à ne pas laisser aller Socrate (cf. 181a, 184c et 200c). Lachès est en effet persuadé que Socrate détient un réel savoir en ce qui touche la nature du courage et l'éducation appropriée aux jeunes gens ; mais Socrate, lui, nie être le détenteur d'un tel savoir. Bien qu'il clame son ignorance, Socrate ne quitte pas la partie et se déclare prêt, à la fin du dialogue, à reprendre la discussion dès l'aurore du jour suivant. L'*Euthyphron* procède, à cet égard, à un renversement complet des rôles, aussi bien que des attitudes. En effet, c'est maintenant Socrate qui prie Euthyphron de ne pas s'en aller avant de lui avoir transmis sa connaissance de la piété. Contrairement au Socrate du *Lachès*, Euthyphron ne doute pas un seul instant qu'il possède réellement le savoir que son interlocuteur, ironique, feint de lui prêter

(alors que Lachès est sincère lorsqu'il attribue une compétence à Socrate). Finalement, comme nous le verrons sous peu, Euthyphron quitte la discussion à l'improviste, sous un faux prétexte, et tout porte à croire qu'il n'a pas du tout l'intention de la reprendre plus tard (à la différence de Socrate à la fin du *Lachès*).

160. Protée est un dieu de la mer qui a l'étonnant pouvoir de se métamorphoser en tout ce qu'il désire (d'où l'adjectif *protéi*forme). Comme il détient également le don de prophétie, il est souvent sollicité par des mortels qui cherchent à connaître leur avenir. C'est précisément pour échapper à ceux qui désirent le questionner que Protée use de son pouvoir de métamorphose. Dans l'*Odyssée* (IV 347 sq.), Protée revêt tour à tour plusieurs formes (lion, serpent, panthère, sanglier, eau, arbre) dans l'espoir que ces métamorphoses incessantes découragent Ménélas de le questionner. Ménélas ne se laisse toutefois pas décourager et ne lâche pas prise, si bien que Protée, affaibli, s'avoue vaincu et consent enfin à parler. L'ironie de la comparaison est maintenant claire : le prétendu pouvoir mantique d'Euthyphron est rapproché du don de prophétie de Protée, et les définitions successives formulées par l'infortuné interlocuteur de Socrate sont comparées aux métamorphoses incessantes du « vieillard de la mer ». Socrate, qui tient dans cette comparaison le rôle de Ménélas, espère qu'en ne laissant pas aller Euthyphron, ce dernier consentira, de guerre lasse, à formuler la définition tant convoitée. Cf. aussi *Ion* 541e et *Euthydème* 288b-c, où Socrate reproche pareillement à ses interlocuteurs de se comporter comme Protée.

161. Sur ce qu'il faut entendre par « thète », cf. *supra*, note 38.

162. C'est la troisième fois dans ce passage (15c-e) que Socrate, ironique, fait référence à la prétendue science d'Euthyphron concernant le pieux et l'impie. Cette répétition de termes exprimant le savoir et la connaissance n'est pas fortuite : elle renvoie en effet au début de la discussion (4b, 4e-5a), où Euthyphron, en réponse à une question de Socrate, affirme avec présomption que le procès qu'il a intenté à son père se fonde sur une connaissance certaine de ce qui est pieux et de ce qui ne l'est pas. À la définition circulaire d'Euthyphron — qui répète, sans s'en rendre compte, une définition qui a déjà fait l'objet d'une réfutation —, correspond, de la part de Socrate, une allusion ironique et délibérée à la situation initiale.

163. Il ne faut sans doute pas accorder beaucoup de crédit au récit de Diogène Laërce (II 29), qui rapporte qu'Euthyphron aurait abandonné la poursuite contre son père après avoir discuté avec Socrate. Bien qu'il ne se réfère pas à Diogène Laërce, Allen (1970, p. 21 n. 1) estime aussi que la fin du dialogue suggère qu'Euthyphron a renoncé à poursuivre son père. À notre avis, il n'y a rien dans le dialogue qui laisse entendre qu'Euthyphron s'apprête à abandonner cette poursuite ; au contraire, le fait même qu'il fuit la discussion suggère plutôt que Socrate n'est pas parvenu à ébranler sa résolution. Le comportement d'Euthyphron ne correspond pas du tout à celui que Socrate attend de son interlocuteur ; en effet, le répondant réfuté ne doit pas démissionner, ni abandonner la partie, quand bien même il risquerait de s'exposer à une nouvelle réfutation (cf. *Lachès* 194a-b).

164. Ironique, Socrate fait une nouvelle fois référence (cf. *supra*, 12e) à la demande qu'il a adressée à Euthyphron et qui a finalement incité ce dernier à accepter de s'engager dans une discussion sur la piété (cf. 5a-b).

165. La traduction de Robin (« ce n'est plus mon ignorance qui me fait improviser en ces matières et y apporter des innovations ») laisse entendre que Socrate continue d'improviser et d'innover, mais que ce n'est plus du fait de son ignorance. Cette traduction nous paraît fautive, car il est pour le moins invraisemblable que Socrate, une fois devenu savant en questions religieuses, continue d'*improviser* en ces matières. Comme le verbe *autoskhediázein* (« improviser », cf. aussi 5a) a une forte connotation péjorative, il est peu probable qu'un savant se flatte d'improviser sur un sujet qu'il prétend par ailleurs connaître à fond.

166. Cette dernière réplique formule, en condensé, l'essentiel de la thèse socratique de la vertu-science. Aussi longtemps que l'on est dans l'ignorance relativement à une vertu, que ce soit la piété, la justice ou n'importe quelle autre, on risque de commettre des erreurs et de mal agir. La connaissance d'une vertu est au contraire un guide infaillible, en ce qu'elle permet à celui qui la détient de toujours effectuer les bons choix et d'opter sans risque d'erreur pour les biens réels.

ANNEXE

Analyse de l'argumentation développée en 10a-11b

Nous pourrions reprendre mot pour mot, en ce qui concerne le débat portant sur *Euthyphron* 10a-11b, ce que nous écrivions plus tôt à propos de l'argument final du *Lachès* (197e-199e) : ce débat est presque exclusivement anglo-américain et la plupart des études sur ce passage s'inscrivent, de par leur méthode, dans le sillage de la philosophie analytique. Cela dit, il y a tout de même une différence de taille entre ces deux débats : dans le cas du *Lachès*, tout le monde reconnaît la validité de l'argument, mais il n'y a aucun consensus quant à l'interprétation de la conclusion de ce même argument ; pour l'*Euthyphron*, c'est somme toute l'inverse : il n'y a aucune unanimité quant au caractère valide ou invalide de l'argument, mais tout le monde s'entend sur sa finalité [1].

La réfutation de la deuxième version de la deuxième définition a fait l'objet, ces dernières décennies, de plusieurs études, tant les problèmes de logique qu'elle soulève sont d'une interprétation délicate. On ne peut plus dire, comme Hoerber en 1958 (p. 102), que les

1. Sur l'objectif poursuivi par Socrate en 10a-11b, voir l'*Introduction*, p. 217-218.

commentateurs n'ont pas accordé assez d'attention à cette section de l'*Euthyphron*, puisque le passage en question, soit 10a-11b, est sans aucun doute le passage du dialogue qui a été le plus analysé. Le cadre de la présente *Annexe* nous interdit d'entrer dans les détails des problèmes logiques extraordinairement subtils et complexes que soulève cette partie du texte. Nous nous contenterons plutôt de bien identifier les principaux moments de l'argumentation de Socrate et de signaler les difficultés liées à cette même argumentation. Les lecteurs que cette analyse nécessairement sommaire ne satisferait pas pleinement sont priés de bien vouloir se reporter aux études qui portent spécifiquement sur ce passage [2].

A. Structure de l'argument

D'après Hall (1968), l'argumentation de Socrate, qui conduit finalement au rejet de la reformulation de la deuxième définition d'Euthyphron, peut être divisée en six étapes :

I. (= 10a1-4) : Socrate pose la question suivante : « le pieux est-il aimé des dieux parce qu'il est pieux, ou est-il pieux parce qu'il est aimé des dieux ? ». Euthyphron avoue ne pas comprendre cette question.

II. (= 10a5-12) : Afin, semble-t-il, de clarifier le sens de la question, Socrate procède à une première induction : deux formes verbales (un participe présent passif et un participe présent actif) d'un même verbe sont opposées l'une à l'autre pour un certain nombre de verbes (porter, conduire, voir). La même

2. Les principales analyses du passage 10a-11b (en tout ou en partie) sont (citées ici par ordre chronologique) : Hoerber 1958, p. 102-104 ; Brown 1964 ; Rose 1965 ; Geach 1966, p. 376-380 ; Hall 1968 ; Anderson 1970, p. 469-481 ; Cohen 1971 ; Patzig 1972 ; Sharvy 1972 ; Paxson 1972 ; Wolz 1974, p. 499-504 ; Lesher 1975 ; Beckman 1979, p. 48-49 ; Zeigler 1980, p. 295-299 ; Blits 1980, p. 28-30 ; Carabba 1982 ; Versényi 1982, p. 67-88 ; Nola 1982, p. 87-96 ; Rossetti 1984 ; Lewis 1985, p. 41-46 ; Burns 1985, p. 317-319 ; Weiss 1986, p. 441-447 ; Emlyn-Jones 1991, p. 101-103.

opposition est finalement appliquée au cas du verbe « aimer » :

« ce qui est porté » (*pherómenon*) ≠ « ce qui porte » (*phéron*)
« ce qui est conduit » (*agómenon*) ≠ « ce qui conduit » (*ágon*)
« ce qui est vu » (*horṓmenon*) ≠ « ce qui voit » (*horôn*)

Conclusion :
« ce qui est aimé » (*philoúmenon*) ≠ « ce qui aime » (*philoûn*)

III. (= 10b1-c12) : Socrate procède ensuite à une deuxième induction : il emploie les mêmes verbes que dans la première induction, sauf qu'il oppose maintenant le participe présent passif à l'indicatif présent passif. On n'a donc plus affaire à un contraste entre l'actif et le passif. Pour chaque verbe considéré, c'est la forme à l'indicatif qui est présentée comme la « cause » de la forme au participe, bien que les deux soient au passif. Et comme dans l'induction précédente, Socrate conclut en appliquant la même distinction au cas du verbe « aimer ».

« ce qui est porté » (*pherómenon*) ← (parce que) « on le porte » (*phéretai*).
« ce qui est conduit » (*agómenon*) ← (parce que) « on le conduit » (*ágetai*).
« ce qui est vu » (*horṓmenon*) ← (parce que) « on le voit » (*horâtai*).

Conclusion :
« ce qui est aimé » (*philoúmenon*) ← (parce que) « on l'aime » (*phileîtai*).

Le résultat de cette deuxième induction est donc, en résumé, que « X est X parce que Y », où X, qui est un participe présent passif, tient lieu de patient, alors que Y semble jouer le rôle d'agent, bien qu'il soit un indicatif présent *passif.*

IV. (= 10d1-8) : Socrate pose à nouveau la question

formulée en (I). Cette fois, Euthyphron semble en comprendre immédiatement le sens et il affirme, sans hésiter, que le pieux est aimé des dieux parce qu'il est pieux.

V. (= 10d9-11a6) : Socrate va maintenant démontrer à Euthyphron que le pieux n'est pas identique à ce qui est aimé par les dieux. La structure générale de l'argumentation peut être dégagée comme suit[3] :

Euthyphron est amené à reconnaître la vérité des deux propositions suivantes :

(1) Ce qui est pieux est aimé (*phileîtai*) par les dieux parce que c'est pieux. (cf. 10d4-8 ; 10e2-4).

(2) Ce qui est aimé-des-dieux (*theophilés*) est aimé-des-dieux (*theophilés*) parce que c'est aimé (*phileîtai*) par les dieux. (cf. 10d9-11 ; 10e5-8).

Et il reconnaît de même la fausseté de ces deux propositions :

(3) Ce qui est aimé-des-dieux (*theophilés*) est aimé par les dieux (*phileîtai*) parce que c'est aimé-des-dieux (*theophilés*). (cf. 11a1).

(4) Ce qui est pieux est pieux parce que c'est aimé (*phileîtai*) par les dieux. (cf. 11a2-3).

On obtient (3) à partir de (1) en substituant « aimé-des-dieux » (*theophilés*) à « pieux », et (4) provient de (2) en vertu la substitution inverse, c'est-à-dire que « pieux » est substitué à « aimé-des-dieux » (*theophilés*). Or, si « aimé-des-dieux » et « pieux » étaient identiques, ainsi que le croit Euthyphron (cf. 9e), les propositions (3) et (4) devraient toutes les deux être vraies, ce qui est loin d'être le cas. Par conséquent, il n'est pas vrai que « pieux » et « aimé-des-dieux » sont identiques.

VI. (= 11a6-b5) : Enfin, en affirmant que le pieux est ce qui est aimé des dieux, Euthyphron commet l'erreur qui consiste à donner un simple « accident »

3. Nous reproduisons ici l'analyse de Geach 1966, p. 376. Plusieurs auteurs ont proposé d'autres reconstructions de l'étape V (cf. Brown 1964, p. 2-3 ; Rose 1965 ; Cohen 1971, p. 8-9 ; Sharvy 1972, p. 121-122 ; Paxson 1972, p. 181-182 ; Wolz 1974, p. 503).

(*páthos*) du pieux plutôt que sa nature intrinsèque, son « essence » (*ousía*).

B. Aperçu des difficultés soulevées par l'argument

Une fois dégagée la structure de l'argumentation, nous pouvons maintenant faire état des principales difficultés que celle-ci soulève ; en effet, chacune des étapes II à V pose des problèmes et appelle des commentaires. Soumettons-les donc chacune à un examen plus attentif.

Étape II : Cette première induction a manifestement pour but de contribuer à l'éclaircissement de la question (posée sous forme d'alternative) incomprise par Euthyphron (voir étape I). Bien que cette première induction se contente d'opposer l'une à l'autre une forme passive et une forme active d'un même verbe, et qu'aucune relation causale ne soit expressément formulée — à l'aide, par exemple, de la conjonction « parce que » (*hóti*) —, il semble que, pour chacun des exemples retenus par Socrate, la forme active soit présentée comme la « cause » de l'état exprimé par la forme passive [4]. C'est en effet l'activité d'un agent qui fait qu'une chose est dans un certain état. Si l'activité n'était pas accomplie par l'agent, la chose n'aurait pas la caractéristique (« portée », « conduite », « vue », etc.) qu'elle acquiert uniquement en vertu de l'activité de l'agent. L'activité est donc la condition et la cause de l'état particulier (« être porté », « être conduit », etc.) où se trouve une chose. Bref, une chose subit un changement et acquiert une propriété en vertu d'une activité qui s'exerce sur elle.

Mais en quoi cette première induction favorise-t-elle la compréhension de (I) ? Voilà qui n'est pas

4. Plusieurs commentateurs nient cependant que la distinction entre le passif et l'actif exprime une relation causale (cf. Brown 1964, p. 12 ; Wolz 1974, p. 500-502 ; Lewis 1985, p. 42-43, d'après lequel la distinction est purement grammaticale et n'exprime donc pas la relation entre la cause et l'effet, ou entre l'agent et le patient).

clair du tout. L'application de l'induction au cas du verbe « aimer » laisse toutefois entendre que le pieux, selon la définition d'Euthyphron (« le pieux est ce que tous les dieux *aiment* », 9e), est le résultat ou l'effet de l'amour que les dieux lui portent. Le pieux ne serait donc pas la cause de l'amour des dieux, mais tout simplement un effet, une conséquence de cet amour.

Étape III : À première vue, la principale difficulté réside dans cette étape, que certains jugent même « inintelligible et superflue [5] ». Inintelligible parce qu'elle assume une différence de signification entre deux formes verbales (le participe présent passif et l'indicatif présent passif) habituellement synonymes, et qu'elle n'explique pas vraiment en quoi consisterait cette différence. Cette différence de valeur entre les deux formes verbales est clairement indiquée par le fait que l'une, soit l'indicatif présent passif, est systématiquement présentée comme la « cause » — la relation causale est exprimée à l'aide de la conjonction « parce que » (*hóti*) [6] — de l'autre, soit le participe présent passif. Cette étape paraît de surcroît superflue dans la mesure où l'on ne voit pas très bien en quoi elle favorise une meilleure compréhension de la question (I). La raison d'être de la deuxième induction apparaît cependant mieux si l'on tente de saisir le lien qui l'unit à la première induction. Si celle-ci fait état, comme on l'a vu, d'une différence entre patient et agent, il y a tout lieu de croire que l'introduction de la conjonction « parce que » (*hóti*), dans la deuxième induction, annonce une relation entre les deux termes, patient et agent, qui s'inscrit

5. Cf. Hall 1968, p. 5. De façon générale, la plupart des commentateurs observent qu'il est extrêmement difficile, sinon impossible, de saisir le sens de la distinction que Platon établit entre le participe présent passif et l'indicatif présent passif d'un même verbe.

6. Une fois de plus, certains auteurs (e.g. Brown 1964, p. 12 ; Paxson 1972, p. 172) croient que la conjonction « parce que » (*hóti*) n'exprime pas une relation causale entre les deux formes verbales.

dans la foulée de la première induction [7]. Il est possible de traduire les exemples fournis par Socrate de façon à donner à la deuxième induction un sens qui est conforme à l'acquis de la première induction. En effet, une traduction littérale des exemples n'est guère satisfaisante. Que l'on en juge plutôt : « une chose portée (*pherómenon*, participe présent passif) est portée (*pherómenon*) parce que (*hóti*) elle est portée (*phéretai*, indicatif présent passif) [8] ». Il vaut mieux se ranger à l'avis de tous ceux [9] qui considèrent que l'indicatif présent passif joue, dans la deuxième induction, le rôle dévolu au verbe actif de la première induction, et conférer, en conséquence, un sens actif au verbe à l'indicatif présent passif : « une chose portée (*pherómenon*) est portée (*pherómenon*) parce que (*hóti*) on la porte (*phéretai*) ». À l'instar de la première induction, l'étape III affirme l'antériorité de l'activité, du point de vue causal, par rapport à l'état qui résulte de cette activité. C'est au demeurant le sens de la généralisation de la deuxième induction, opérée en 10c à l'aide des verbes généraux « se produire » (*gígnesthai*) et « subir » (*páskhein*), dont on peut croire qu'ils recouvrent, à eux seuls, l'ensemble de tous les verbes, quels qu'ils soient.

Étape IV : Après les deux inductions (= II et III), Socrate pose à nouveau la question (I) et Euthyphron répond cette fois sans détour que le pieux est aimé des dieux parce qu'il est pieux. La principale difficulté posée par IV est de déterminer si la réponse d'Euthyphron découle, comme par voie de conséquence, des deux inductions. Or, on a beau appli-

7. Hall (1968, p. 4 n. 3) est ici d'un avis contraire.

8. Plusieurs commentateurs anglophones (cf. Cohen 1971, p. 4 ; Paxson 1972, p. 171) ont également souligné le caractère absurde d'une traduction littérale, en anglais, des exemples présentés par Socrate.

9. De nombreux auteurs (cf. Cohen 1971, p. 4 et 6 ; Paxson 1972, p. 174 ; Zeigler 1980, p. 296 ; Lewis 1985, p. 43) estiment en effet que l'indicatif présent passif de la deuxième induction a la même valeur que le participe présent actif de l'étape II.

quer le « principe de charité » et essayer de voir comment la réponse d'Euthyphron, en IV, découle nécessairement de II et III, force est de reconnaître que la proposition « le pieux est aimé des dieux parce qu'il est pieux » n'est en aucune façon une conséquence nécessaire exigée par II et III [10]. On pourrait toujours comprendre, à la rigueur, comment IV découle de II et III si IV reposait la question (I) en employant *philoúmenon* (participe présent passif) au lieu de *phileîtai* (indicatif présent passif). Pourquoi ? Si, comme on l'a vu en III, *phileîtai* fonctionne à la façon d'un verbe actif, et joue donc le rôle de cause, et *philoúmenon* celui d'effet et de résultat, on comprendrait que lorsque Socrate lui pose à nouveau la question (I) en employant *philoúmenon*, Euthyphron se rende immédiatement compte que *philoúmenon* ne peut pas jouer le rôle de cause, car une telle forme verbale est apparue comme un résultat à la fois en II et III. Or, la question IV emploie *phileîtai* et le présente comme une cause (*hóti phileîtai*) au même titre que le pieux (*hóti hósion*) [11]. Assez curieusement, Euthyphron comprend immédiatement, en IV, que la cause est le pieux (*hóti hósion*) et non pas l'amour des dieux (*hóti phileîtai*), alors qu'il avait fini par comprendre, en III, que la cause est bien *phileîtai*. Cette dernière remarque explique pourquoi certains

10. Nous suivons donc tous les auteurs (cf. Wolz 1974, p. 503 ; Blits 1980, p. 29 ; Rossetti 1984 ; Lewis 1985, p. 42 et p. 44 ; Weiss 1986, p. 442-443) qui considèrent que II et III ne clarifient pas la question I et ne permettent pas de déduire la réponse qu'Euthyphron donne lorsque la même question lui est à nouveau soumise en IV. — L'analyse de Paxson (1972) représente un cas à part : bien qu'il affirme (p. 179) que IV est invalide car il ne repose pas sur une base inductive, Paxson (p. 179) soutient aussi que les inductions II et III ont préparé Euthyphron à accepter la bonne branche de l'alternative qui lui est soumise en IV. Pourquoi ? comment ? La réponse de Paxson, plutôt déconcertante, revient à dire que c'est finalement en raison d'une « intuition » qu'Euthyphron choisit la bonne réponse en IV. Cette « intuition » est d'une certaine façon favorisée par II et III, mais elle ne dérive pas d'elles.

11. Il en va de même pour la première formulation de la question (= I) : Socrate y emploie *phileîtai* au lieu de *philoúmenon*.

auteurs [12] vont beaucoup plus loin dans leur dénonciation du caractère fallacieux des étapes I à IV. En effet, ils ne se contentent pas d'observer, comme tant d'autres, que la réponse à la question IV ne découle pas de II et III, mais ils soutiennent aussi que II et III permettaient à Euthyphron de maintenir sa définition d'après laquelle le pieux est pieux parce qu'il est aimé des dieux. En d'autres termes, IV a bien une relation avec II et III, mais une relation telle qu'Euthyphron aurait dû choisir la branche de l'alternative qui correspond à sa position (« le pieux est pieux parce qu'il est aimé des dieux ») et non pas à celle de Socrate (« le pieux est aimé des dieux parce qu'il est pieux »). Euthyphron n'était donc pas du tout tenu, en vertu de II et III, d'adhérer à la position de Socrate, au contraire. En effet, l'étape III a montré que *phileîtai* a, malgré sa forme passive, un sens actif et qu'il joue le rôle de cause. Or le cas du pieux représente une espèce d'exception à la règle dégagée par Socrate en II et III. Mais comment Euthyphron pourrait-il saisir que le cas du pieux est inassimilable à II et III, sans que Socrate lui donne la moindre indication en ce sens ? Bref, en vertu de II et III, Euthyphron aurait dû comprendre que le pieux est une chose aimée (*philoúmenon*) des dieux parce qu'il est aimé (*hóti phileîtai*) par les dieux.

Étape V : On doit premièrement se demander quelle est la raison d'être de cette étape, puisque la question posée en I est définitivement résolue en IV. Il faut bien voir que l'étape IV n'a pas pour autant réfuté la définition proposée par Euthyphron en 9e. En effet, même si l'on admet que le pieux est aimé des dieux parce qu'il est pieux (= IV), il reste à montrer que « pieux » et « aimé des dieux » ne sont pas identiques, contrairement à ce que prétend la définition d'Euthyphron en 9e. Car IV laisse ouverte la possibilité que les dieux puissent aimer, outre le

12. Cf. Wolz 1974, p. 503 et note 23 ; Rossetti 1984, p. 27 ; Emlyn-Jones 1991, p. 80, 101-102.

pieux, bien d'autres choses, auquel cas « pieux » et « aimé-des-dieux » n'auraient pas la même extension.

La principale difficulté soulevée par V concerne les substitutions réciproques des expressions « pieux » et « aimé-des-dieux » dans les prémisses (3) et (4). Le principe qui sous-tend ces substitutions est une anticipation de ce que l'on appelle aujourd'hui le « principe de Leibniz », d'après lequel si deux expressions sont identiques, on peut les substituer l'une à l'autre *salva veritate*, c'est-à-dire sans modifier la valeur de vérité des propositions où elles figurent. Ainsi, si « pieux » est identique à « aimé-des-dieux », comme le soutient Euthyphron, on devrait pouvoir remplacer « pieux » par « aimé-des-dieux », et vice versa. Or on s'aperçoit que ces substitutions (= 3 et 4) modifient la valeur de vérité des propositions initiales (= 1 et 2). Il semblerait donc que « pieux » n'est pas identique à « aimé-des-dieux ». Cela dit, nous savons que le principe de Leibniz n'est pas applicable dans certains contextes, en particulier dans les phrases qui emploient la conjonction « parce que ». Soit l'exemple suivant [13] :

(a) Je l'ai frappé parce qu'il est l'homme qui venait de me frapper.

(b) Je l'ai frappé parce qu'il est mon père.

On voit bien que même si l'expression « l'homme qui venait de me frapper » est rigoureusement équivalente, c'est-à-dire coextensive, à « mon père », on ne peut pas substituer celle-ci à celle-là, car une telle substitution transforme une proposition vraie (= a) en une proposition non seulement fausse, mais aussi absurde (= b). Et c'est précisément la conjonction « parce que » qui interdit une telle substitution. Cette conjonction introduit en effet un contexte dit « intensionnel », alors que la substitution n'est valide que dans des contextes purement extensionnels. En outre, « parce que » n'aurait pas la même signification dans les prémisses (1) et (2) : dans (1), « parce que » intro-

13. Nous empruntons cet exemple à Geach 1966, p. 376-377.

duit la raison pour laquelle les dieux aiment le pieux, alors qu'en (2), « parce que » exprime plutôt le rapport agent-patient ou, si l'on préfère, le rapport de causalité et d'antériorité entre, d'une part, un adjectif (*theophilés*), qui équivaut à un participe présent passif, et, d'autre part, un verbe (*phileîtai*) conjugué à l'indicatif présent passif. Toute la question tourne donc autour de la signification de « parce que » (*hóti*) dans l'étape V. C'est sur ce point que le débat fait rage entre les commentateurs ; en effet, selon qu'on considère que *hóti* conserve, ou non, la même signification tout au long de l'étape V, on estimera que le raisonnement de Socrate est ou bien valide (si la signification demeure la même), ou bien invalide (s'il repose sur un usage ambigu de « parce que »). Sans entrer dans les détails, extrêmement techniques et subtils, d'un débat passablement aride qui intéresse avant tout les logiciens, on doit semble-t-il se ranger à l'avis de ceux qui considèrent que l'étape V est fallacieuse, en ce qu'elle se fonde sur un emploi ambigu de « parce que » et qu'elle opère une substitution de termes dans un contexte qui ne l'autorise pas.

Notre analyse de 10a-11b conclut donc à l'invalidité de l'ensemble de l'argumentation qui est déployée dans ce passage [14]. Reconnaissons à la philosophie analytique le mérite de procéder à une étude rigoureuse et sans concession des arguments, parfois douteux, dont se sert Socrate pour réfuter ses interlocuteurs. Mais la philosophie analytique a aussi ses limites. L'un des principaux torts des études qui s'en réclament, ou s'en inspirent, est d'isoler, plus ou moins artificiellement, certains passages de leur contexte immédiat et de perdre ainsi de vue l'ensemble de l'argumentation. Dans le cas de 10a-

14. C'est aussi la conclusion des auteurs suivants : Hoerber 1958, p. 102 ; Brown 1964, p. 2 ; Geach 1966 ; Lesher 1975, p. 27 ; Zeigler 1980, p. 291 ; Rossetti 1984 ; Lewis 1985, p. 42. — Les principaux défenseurs de la validité de l'argumentation sont : Hall 1968, p. 10 ; Anderson 1970, p. 480-481 ; Paxson 1972, p. 171 ; Versényi 1982, p. 73.

11b, qui forme pourtant un tout, on s'étonne de constater que la plupart des études s'intéressent, non pas à tout ce passage, mais uniquement à telle ou telle étape du raisonnement de Socrate [15]. De telles études font peut-être les délices et le régal des logiciens, mais elles laissent l'historien de la philosophie sur sa faim.

15. Quelques études font heureusement exception, en ce qu'elles s'efforcent de rendre compte de l'ensemble du passage 10a-11b. C'est le cas, notamment, de Hall (1968) et de Paxson (1972).

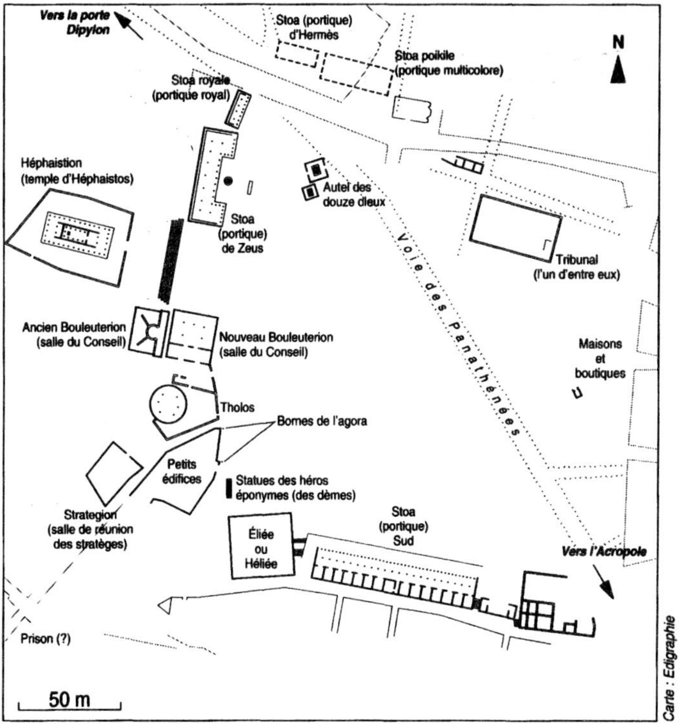

L'agora à la fin du Ve siècle av. J.-C.

D'après *The Athenian Agora.* Results of excavations conducted by the American School of classical Studies at Athens, vol XIV : *The Agora of Athens. The history, shape and uses of an ancient city center,* by Homer A. Thompson and R.E. Wycherley, The American School of classical Studies at Athens, Princeton, 1972

CHRONOLOGIE

Socrate	Platon	Événements politiques et militaires
		750-580 : Colonisation grecque notamment en Sicile.
		508 : Réformes démocratiques à Athènes.
		499-494 : Révolte de l'Ionie contre les Perses. Athènes envoie des secours.
		490-479 : Guerres Médiques.
		4 90 : Bataille de Marathon.
		480 : Bataille des Thermopyles.
		480 : Victoire de Salamine.
		Victoire des Grecs de Sicile sur les Carthaginois à Himère.
470 : Naissance de Socrate, dix ans après la bataille de Salamine.		**478-477** : Formation de la Confédération de Délos. Elle durera jusqu'en 404.
		459 : Guerre de Corinthe contre Athènes.
		449/448 : Paix dite « de Callias » entre Athènes et Corinthe.
441-429 : Socrate semble avoir des liens avec l'entourage de Périclès (avec Aspasie, Alcibiade, Axiochos, Callias).		**447** : Bataille de Coronée.
		446 : Paix dite « de Trente Ans », qui durera quinze ans (446-431).

Socrate	Platon	Événements politiques et militaires
		435 : Guerre de Corinthe contre Corcyre et alliance de Corcyre et d'Athènes.
		432 : Révolte de Potidée (432-429).
		431-404 : Guerre du Péloponnèse.
430 : Hoplite à Samos.		430-426 : Peste à Athènes.
429 : Socrate sauve la vie d'Alcibiade à la bataille de Potidée.		429 : Mort de Périclès et rivalité entre Cléon (belliciste) et Nicias (pacifiste). Capitulation de Potidée.
	428/427 : Naissance de Platon.	428/427 : Révolte de Mytilène.
423 : Les *Nuées* d'Aristophane. À un âge mûr, Socrate se marie avec Xanthippe dont il aura trois fils.		421 : Nicias négocie la paix dite « de Nicias ».
		415-413 : Expédition de Sicile sous le commandement de Nicias, de Lamachos et d'Alcibiade. La mutilation des Hermès.
414 : Socrate sauve la vie de Xénophon à la bataille de Délium.		414 : Trahison d'Alcibiade, qui gagne Sparte.
		412 : Révolte de l'Ionie et alliance entre Sparte et la Perse.
		411 : Révolution des « Quatre Cents » puis des « Cinq Mille ».
		410 : La démocratie est rétablie à Athènes.
		407 : Retour d'Alcibiade à Athènes.
		406 : Défaite d'Alcibiade à la bataille de Colophon.
406/405 : Socrate, président du Conseil. Le procès des Arginuses.		
		405 : Denys Ier, tyran de Syracuse.
404 : Socrate refuse d'obéir aux Trente et d'arrêter Léon de Salamine.		404 : Lysandre impose la paix à Athènes et institue les « Trente Tyrans ».

Socrate	Platon	Événements politiques et militaires
		403 : La démocratie est rétablie à Athènes.
399 : Socrate est accusé d'impiété, de corruption de la jeunesse et de pratique de religions nouvelles, par Anytos, chef de la démocratie restaurée par la révolution de 403. Il est condamné à mort. Il attend un mois le retour du bateau sacré de Délos avant de boire la ciguë.	**399-390** : Platon rédige le *Petit Hippias*, l'*Ion*, le *Lachès*, le *Charmide*, le *Protagoras* et l'*Euthyphron*.	
	394 : Peut-être Platon prit-il part à la bataille de Corinthe. **390-385** : Platon rédige le *Gorgias*, le *Ménon*, l'*Apologie de Socrate*, le *Criton*, l'*Euthydème*, le *Lysis*, le *Ménexène* et le *Cratyle*.	**395-394** : Sparte assiège Corinthe.
		386 : Paix dite « du Roi » ou « d'Antalcidas ».
	388-387 : Voyage de Platon en Italie du Sud où il rencontre Archytas, et à Syracuse, où règne Denys Ier. **387** : Retour de Platon à Athènes, où il fonde l'Académie.	**382** : Guerre de Sparte contre Athènes. **378** : Guerre d'Athènes-Thèbes contre Sparte. **376** : Athènes est maîtresse de la mer Égée. La ligue béotienne est reconstituée.
	385-370 : Platon rédige le *Phédon*, le *Banquet*, la *République* et le *Phèdre*. **367-366** : Platon vient à Syracuse pour exercer, à la demande de Dion, une influence sur Denys II qui a succédé à son père. Dion est exilé.	**375** : Flotte d'Athènes dans la mer Ionienne. **371** : Thèbes bat Sparte à Leuctres : fin de la suprématie militaire de Sparte. **367** : Mort de Denys Ier. Denys II, tyran de Syracuse.
	370-347/6 : Platon rédige le *Théétète*, le *Parménide*, le *Sophiste*, le *Politique*, le *Timée*, le *Critias* et le *Philèbe*.	

Socrate	Platon	Événements politiques et militaires
	361-360 : Dernier séjour à Syracuse.	
	360 : Platon rencontre Dion qui assiste aux jeux Olympiques. L'exilé lui fait part de son intention d'organiser une expédition contre Denys II.	
		359 : Philippe II, roi de Macédoine, père d'Alexandre le Grand (359-336).
		357 : Guerre des alliés (357-346) et chute de Denys II. Départ de l'expédition de Dion contre Denys II.
		354 : Assassinat de Dion.
	347/6 : Platon meurt. Il est en train d'écrire les *Lois*.	
		344-337/6 : Timoléon en Sicile.
		338 : Bataille de Chéronée.
		336 : Philippe assassiné. Alexandre le Grand, roi de Macédoine (336-323).

N.B. : En Grèce ancienne, on comptait les années comme années d'Olympiades. Or les jeux Olympiques avaient lieu au mois d'août. D'où le chevauchement de l'année grecque sur deux de nos années civiles, qui commencent début janvier.

Par ailleurs, la périodisation des œuvres de Platon que nous proposons n'est qu'approximative : rien n'assure que l'ordre de la composition des dialogues correspond à l'ordre dans lequel nous les citons à l'intérieur d'une même période.

INDEX DES NOMS PROPRES

LACHÈS

Les chiffres renvoient aux pages de ce livre, les chiffres précédés de n. aux notes. Cet index, qui, pour l'Antiquité, se veut le plus complet possible, n'est cependant pas exhaustif. Par ailleurs, aucun nom d'auteur contemporain n'y figure.

INDEX THÉMATIQUE

LACHÈS

Les chiffres renvoient aux pages de ce livre, les chiffres précédés de n. aux notes.

INDEX DES NOMS PROPRES

EUTHYPHRON

Les chiffres renvoient aux pages de ce livre, les chiffres précédés de n. aux notes. Cet index, qui, pour l'Antiquité, se veut le plus complet possible, n'est cependant pas exhaustif. Par ailleurs, aucun nom d'auteur contemporain n'y figure.

INDEX THÉMATIQUE

EUTHYPHRON

Les chiffres renvoient aux pages de ce livre, les chiffres précédés de n. aux notes.

TABLE

GF Flammarion

09/07/148456-VII-2009 – Impr. MAURY Imprimeur, 45330 Malesherbes.
N° d'édition L.01EHPNFG0652.C006 – Janvier 1997 – Printed in France.